창비신서 140

삶과 역사적 진실

황광수 평론집

창 작 과 비 평 사

1995

머리말

첫 평론집을 내게 되었다. 오랜 세월에 걸쳐 여기저기에 쓴 글들을 모아 책으로 엮어내는 일이 마음에 걸린다. 그리고 비평의 대상이 다른 만큼 여기에 실리는 글들의 내용이나 성격도 다르지만, 글쓰기의 동기와 비평적 시각에는 그 나름의 일관성이 있다고 생각된다. 창작과비평사에서도 이런 점을 감안했으리라 여겨 염치없이 출간 제의를 받아들이고 말았다.

요즘은 좀 뜸해졌지만, 한동안 '근대성의 기획'에 대해 부정적 견해를 지닌 일부 평론가들이 '역사'나 '민족'까지도 일종의 억압적 이데올로기로 받아들인 나머지 역사소설에서조차 개인의 사적인 생활감정이나 정서의 표출만을 중요한 요소로 치켜세움으로써 역사소설의 특성과 존재이유까지 흐리게 하는 경우를 심심찮게 보아왔다. 이들이 이론적 젖줄을 대고 있는 서구 이론가들의 견해를 간단히 요약하면, 우리 시대의 생활현상은 다양한 영역들로 분화되어 있고, 이러한 영역들을 하나의 논리로 통합할 수 있는 힘이 존재하지 않는다는 것이다. 그러므로 하나의 체계로 세계를 설명할 때 거기에는 필연적으로 삶의 다양성을 무시하거나 억압하는 요소가 깃들일 수밖에 없다는 것이다. 이러한 근대성 비판은 이미 68세대들이 '근대성의 기획'에 기초하고 있는 자본주의와 공산주의를 동시에 부정하기 시작했을 때부터 심심찮게 세계 지식인들의 논의대상이 되어왔고, 동구 사회주의권의 몰락과 함께 그 타당성이 어느정도 입증된 것으로 받아들여지고 있기도 하다. 그러나 통합되기 어려운 다양성이 존재한다는 사실 그 자체로써 그러한 다양성들 사이에 존재하는 연관성까지 부정되는 것인 양 논리가 비약되는 데에서 간과할 수 없는 문제성이 드러나고 있다.

그러므로 나의 기본적 관심은 서로 무관해 보이는 다양한 현상을 떠받치고 있는 시공간적 조건에 대한 인식에 이르지 못한 문학작품에서 드러나는 어떠한 삶의 현상도 파편화·무의미화하여 마침내 허무의 추락을 면할 수 없다는 쪽으로 나아갈 수밖에 없다. 우리 문단의 많은 사람들이 거의 맹목적으로 매달리고 있는 '상상력'만 하더라도 그것이 단순한 몽상과 구별되는 것이라면 생활현상의 다양성에서 공간적 연관성과 시간적 지속성을 찾아냄으로써 그것을 생명있는 현실로 드러내기 위한 능력, 다시 말해 '존재의 총체성'을 회복하기 위한 정신적 능력에 지나지 않는 것이다. 이러한 상상력을 통해 변증법적 연관성을 가장 효과적으로 드러낼 수 있는 것은 글을 쓰는 예술 즉 문학이다. 그리고 장르상의 우열을 따지는 것으로 오해되지 않는다면, 시보다는 소설, 단편소설보다는 장편소설이 그러한 효능에 더 부합된다고도 말할 수 있을 것이다. 특히 우리 근현대사의 현실은 이러한 소망을 생략하고서는 문제의 해결은커녕 그 진상조차 제대로 파악하기 어려울 만큼 복잡하고 폭넓은 의미연관을 내재하고 있기에 나는 그동안 이러한 생각을 다소 고집스럽게 지켜왔다.

싸르트르는 『문학이란 무엇인가?』에서 비평을 죽은 자와의 영적 교감 또는 저승과의 접촉 정도로 폄하했다. 이미 발표된 글들을 책으로 엮어내게 된 나로서는 문학도 따뜻한 음식처럼 김이 날 때 제맛이 난다는 그 말 뜻에 이의를 달 생각은 전혀 없다. 그러나 앞의 책 역시 비평의 범주에 드는 것이니 그는 스스로 올가미를 쓴 셈이다. 그리고 비평은 동시대의 삶에 대한 발언이 될 수 없다는 그의 주장 역시 억지스러워 보인다. 그러나 이런 사상에서 저런 사상으로 옮아다니며 살아있는 생명(작품)들을 관념의 그물로 포획하기를 일삼는다면 비평가는 죽은 자의 관에 못박는 장의사에 비유되어도 할말이 없을 것이다. 이리저리 옮아다닐 만큼 많은 사상에 접해보지 못한 나로서는 이러한 지적조차 주제넘은 것이라 생각하지만, 하나의 관념일지라도 그것이 작품들을 제멋대로 재단할 수 있는 완성된 척도로 생각될 때 그 결과는 비슷해지고 말 것이다. 이것은 나 자신에게 들려주는 말이다.

70년대 말 '자유실천문인협의회'(자실)가 출범했다. 나에게 조금은 낯설어 보였던 그 명칭은 그것을 결성한 문인들의 강한 실천의지를 내뿜고 있는 듯했다. 사회적 고립감에 빠져 스스로 출판편집자로서의 직업적 능력까지 의심하고 있던 나에게 그것은 말 그 자체로서도 하나의 충격이었다. 이 무렵 나는 나이에 걸맞지 않게 실로 단순하기 짝이 없는 생각에 사로잡혔다. '자실에 들어가고 싶다, 그러려면 글을 써야 한다.' 기회가 닿아 글을 썼고, 자실에도 들어갔다. 그런데 어정쩡한 나이와 내성적 성격이 나의 뒷덜미를 잡아당겨 그들과 어울리기 어려웠고, 나는 또다시 실천적 활동에서 멀어졌다. 이때를 전후로 나의 어설픈 글쓰기를 격려해준 두 분의 시인이 있다. 최하림 형과 친구 이시영. 그러니 지금 그들의 얼굴이 떠오르는 것은 지극히 자연스러운 일이다. 그리고 문학이 무엇인지도 모르는 나를 막무가내로 밀어댄 것은 80년대라는 역사적 시공(時空) 그것이었다.

이 책은 주제별로 보면 역사적인 것과 사회적인 것으로 대별될 수 있겠으나 역사적인 주제의 글들은 세 부분에 나누어 실었다. 제2부에 실린 글들은 대체로 역사소설의 보편적 주제를 다룬 제1부의 글들과 구분하여 '분단과 민족통일'이란 주제로 따로 묶었다. 또다른 하나는 역사에 감성적으로 접근한 소설에 관한 글들이어서 '운명과 감성적 현실인식'이란 제목 아래 제4부에 모아놓았다. 제3부에는 민중론과 노동 그리고 리얼리즘에 관한 글들을 실었고, 시에 관한 글 세 편은 제5부에 실었다.

이 무더운 여름날 난삽한 글들과 씨름하느라 땀깨나 흘렸을 창작과비평사 편집국 친구들에게 감사한다.

1995년 8월 18일
황 광 수

6

차 례

과거의 재생과 현재적 삶의 완성

『객주』와 『타오르는 강』을 중심으로

1

과거의 경험은 한 개인에게 그의 삶을 지속시켜주는 중요한 요인으로 작용한다. 그것을 통하여 개인은 자신의 동일성을 유지하고, 자신의 삶에 대한 자각을 일깨워간다. 그것이 없다면 그는 자신의 당면한 문제에 대하여 올바른 결정을 내릴 수 없을 뿐만 아니라 자기 행위의 결과에 대한 어떠한 믿음도 가질 수 없다. 이런 점에서 볼 때 한 개인의 과거에 대한 반성과 숙고의 시간이야말로 행위의 방향이 결정되고 삶의 질적인 변화가 이루어지는 순간이라고 해도 지나친 말은 아닐 것이다. 개인의 일상적인 삶에서는 이러한 회고와 결단의 과정이 거의 자동적으로 이루어진다. 그러나 사회는 이러한 개인들의 집합체임에도 불구하고 과거를 자동적으로 기억하거나 반성하지 못한다. 그것은 경험을 축적했다가 필요에 따라 재생해내는 자동적 기억장치를 지니지 못했기 때문이다. 여기에서 역사가에 대한 사회의 요청이 발생한다. 역사가는 한 사회의 과거 사실들을 추적 정리하여 과거를 망각으로부터 구해내며, 그렇게 함으로써 그 사회가 바로 설 수 있는 바탕을 마련한다. 그러나 과거 사실들을 밝혀내고 정리하는 것만으로 역사가의 임무가 끝나는 것은 아니다. 왜냐하면, "사실(事實)은 빈 자루와 같아서 역사가가 그 속에 무엇인가를 채워넣지 않으면 홀로 서 있을 수 없기"(삐란델로) 때문이다. 여기에서 '무엇'이란 말할 것도 없이 사관(史觀) 또는 역사의식이란 말로 대치될 수 있는 말이다. 그리고 역사의식이란 역사가 개인의 것이지만, 그 사회의 핵심적 가치관을 반영한다는 점에서 사회의식 또는 시대의식의 결정체라고도 말할 수 있는 것이다.

역사소설을 쓰는 사람의 행위 역시 과거에 이루어진 인간행위를 문제삼는 점에서는 역사가의 그것과 비슷하지만, 역사소설을 쓰는 사람은 역사가와는 달리 일차적 사료(史料)보다는 역사가들의 손으로 이루어진 역사서술에 의존하는 것이 보통이다. 역사소설을 쓰는 사람이라고 해서 일차적 사료를 탐색하지 말란 법은 없고, 실제로 훌륭한 역사소설들 중에는 일차적 사료에 대한 철저한 검토를 거쳐서 이루어진 것이 많지만, 그는 어디까지나 픽션을 쓰는 소설가이지 사실을 실증적으로 다루는 역사가는 아니기 때문에 사실 검증을 역사소설가의 의무로 삼을 수는 없다. 역사소설가는 역사가에 의해 밝혀진 과거 사회의 구조와 그 속에서 이루어진 인간행위들 사이의 내적 연관을 밝히고, 그 사회와 좀더 큰 사회와의 유기적 연관을 살피며, 무엇보다도 그 시대를 하나의 거대한 시간의 흐름 속에서 파악하면서 작가로서의 상상력을 최대한으로 발휘하여 옛사람들의 삶의 디테일을 재생시켜간다. 그들은 소재를 선택하고 그것을 하나의 작품으로 구상화시켜가는 과정에서 그들이 몸담고 살아가는 현대사회의 지배적인 관심 또는 그들 자신의 역사의식을 반영함으로써 우리들로 하여금 그들의 작품이 현재적 삶의 완성을 위해 창조된 옛사람들의 구체적인 삶의 공간임을 믿게한다. 이런 점에서 볼 때, 역사의식은 역사가보다는 오히려 역사소설가에게 더욱 절실하게 요청되는 것인지도 모른다.

역사가는 자기가 연구하는 시대와 사회를 현대와의 맥락이나 좀더 큰 사회와의 유기적인 연관 속에서 파악하기를 회피할 수도 있다. 이런 태도는 그들의 능력의 한계에서 비롯된다기보다는 그것을 그들 자신이 꼭 해야 할 일로 받아들이지 않는 데에서 비롯된다. 그러나 역사소설가는 과거 사실을 리얼하게 그려내는 것만을 그의 임무로 삼을 수는 없다. 현재의 복잡다단하고 절실한 문제들을 제쳐놓고 구태여 과거로 눈길을 돌릴 때에는 현재를 더 깊이 이해하기 위한 어떤 목적이나 이유를 가져야 마땅하기 때문이다.

역사적 고찰을 배제하고는 어떠한 방법으로도 손쉽게 해석될 수 없는 현재의 문제들의 연원을 밝힘으로써 그러한 문제들의 본질을 한층 명백하게 드러내겠다든가 단절된 전통적 생활감정이나 미의식의 줄기를 캐어내겠다든가 하는 목적이 없다면, 그들의 과거에 대한 관심은 괴로운 현재로부터의 도피 또는 단순한 호사취미에 지나지 않을 것이며, 아무리 과거 사실을 소상히 드러낸다 하더라도 그것은 현재 속에 살아있는 어떤 힘이 아니라 이미 지나가버린 과거의 그림자로만 남아 있게 될 것이다. 그리고 이러한 현상은 실제로 외국의 역사소설이나 국내의 역사소설에 두루 나타났던 현상이기도 하다.

우리나라에 번역 소개된 외국의 역사소설 가운데 플로베르의 『쌀람보』(을유문화사 1962)와 이노우에 야스시(井上靖)의 『풍도(風濤)』(신구문화사 1968)만 보아도 건전한 역사의식이 배제된 채 씌어진 역사소설이 어떠한 것인지 분명하게 드러난다. 『쌀람보』는 제1차 포에니전쟁이 끝난 직후에 발생한 카르타고 용병군의 반란을 소재로 한 것으로서, 이 소설이 다루고 있는 역사적 사건은 어떤 역사책에서보다도 자세하고 정확하게 묘사되어 있는 것으로 알려져 있다. 그러나 과거 사실을 별다른 역사의식 없이 지나치리만큼 미시적으로 묘사한 나머지 이 소설의 분위기는 치밀하게 묘사된 전쟁의 잔혹함으로 인해 인간에 대한 혐오감을 불러일으키고 있을 뿐이다. 이것은 전쟁의 참상들에 거의 탐미적으로 집착한 작가의 병적인 태도에서 빚어진 것이다. 이와는 달리 『풍도』는 역사를 지나치게 거시적으로 보고 있다. 여몽연합군(麗蒙聯合軍)의 일본 원정을 전후한 시대상황을 정치·외교·군사적 측면에서 사실적으로 묘사하고 있는 이 소설은 고려의 입장을 지정학적 관점——이것은 일본의 사학자들이 한국의 비극적 역사를 숙명적인 것으로 받아들이게 하기 위해 꾸며낸 것일 수도 있다——에서 파악하면서 몽고에 예속된 고려의 비참한 실정을 작가 자신이 선택한 사료를 바탕으로 객관적으로 제시하고 있다. 이 작품은 작가의 상상력을 극도로 배제함으로써 객관성을 얻고 있지만, 작가가 선택한 역사적 기록들은 거의가 고려의 비극을 숙명적인 것으로 받아들이게 하는 것들뿐이어서, 거기에는 몽고군에 대항해 치열하게 싸운 농민군이나 노예군들의 경우와 같은 민

중의 역사참여는 완전히 배제되어 있다. 위에서 살핀 두 소설에서 우리가
얻을 수 있는 것은, 과거 사실들을 미시적으로든 거시적으로든 객관적으로
묘사하는 것은 역사소설가의 의무이기는 하지만 그 자체만으로 미덕이 되
는 것은 아니며, 그러한 묘사의 배후에 작가의 역사의식이 부재할 때, 다
시 말해 자신이 몸담고 살아가는 현대사회의 핵심적 가치관을 통해 과거
사실을 재생하고자 하는 끈기있는 노력이 기울여지고 있지 않을 때 그들이
그려낸 객관적 사실조차도 진정한 의미의 역사를 왜곡할 수밖에 없다는 것
이다. 이 두 소설이 과거 사실을 묘사하는 데 극도로 객관성을 유지하는
것도 따지고 보면 역사적 사실을 왜곡하지 않겠다는 작가적 양심에서 비롯
되었다기보다는 다른 나라의 역사를 아무런 소속감 없이 냉혹하게 바라본
데서 빚어진 것이다.

외국의 경우와는 달리 우리나라의 역사소설들은 처음부터 작가의 예술적
창작의욕보다는 그들이 몸담고 살아간 시대의 역사적 요청에서 비롯되고
있다. 우리나라 최초의 역사소설들인 홍명희의 『임꺽정(林巨正)』, 이광수
의 『단종애사(端宗哀史)』, 김동인의 『대수양(大首陽)』 등이 일제 암흑기에
쓰어졌다는 사실만 보더라도 그것들이 민족의식을 고취하겠다는 의도를 은
밀히 숨기고 있었으리라고 우리는 쉽게 짐작할 수 있다. 그러나 이러한 역
사소설들이 얼마나 확고한 역사의식을 지니고 있으며, 문학작품으로 얼마
만큼 성공을 거두고 있느냐 하는 것은 또다른 문제에 속한다. 성급한 결론
을 내리자면, 이 소설들은 본격적인 역사소설로서는 미흡한 점들을 노출하
고 있다. 『임꺽정』은 다양한 인물들과 풍부한 토속어를 통해 서민들의 생
활상을 생생하고 풍부하게 드러내고는 있으나 왕실이나 상층사회의 동향은
외면하고 있어 조선조 명종 때의 사회를 전체적으로 그려내지는 못하고 있
다. 『단종애사』는 어린 왕 단종의 비극을 통해 나라 잃은 백성의 슬픔을
간접적으로 보여주려는 의도를 숨기고 있지만, 역사적 사실에 대한 진실성
의 결여, 역사적 사건을 바라보는 작가의 감상적 태도 등에 의해 통속소설
의 수준을 벗어나지 못하고 있으며, 이 소설에 대한 반발에서 쓰어진 『대
수양』은 앞의 소설을 극복해야 한다는 강박관념에 사로잡혀 수양이야말로
나라를 구하고 백성을 잘 다스릴 수 있는 유능한 인물이라는 식으로 역사

적 인물들을 너무 편파적으로 왜곡하는 잘못을 범하고 말았다.

그후 우리는 1960년대 후반에 이르기까지 이렇다 할 만한 역사소설의 탄생을 보지 못하였다. 이러한 사정은 물론 일제 말기의 암흑과 해방 후의 혼란, 6·25 이후의 이데올로기적 경직상태 등이 건전한 역사의식의 발전이나 건전한 역사소설의 발달에 장애요인으로 작용하였기 때문이다. 한국의 역사소설은 거의 반세기에 가까운 공백기간을 거친 후 1970년대의 시대적 분위기——생활현실과 민족분단이라는 역사적 현실에 대한 직접적인 관심에서 비롯된 많은 문학작품의 탄생으로 결실된——에 힘입어 뚜렷한 역사의식과 문학작품으로서의 형식미를 갖추고 새로운 모습을 드러내기 시작했다. 박경리의 『토지(土地)』, 홍성원의 『남(南)과 북(北)』, 유현종의 『들불』, 황석영의 『장길산(張吉山)』 등의 역사소설들이 이 시기에 씌어진 것은 말할 것도 없이 그동안에 성장한 사회의식과 역사의식이 결실된 것으로 보아도 좋을 것이다. 이러한 작품들이 역사소설로서 성공한 것은 사건 서술이 사실과 부합한다거나 그 묘사가 리얼하다는 데 원인이 있는 것만은 아니다. 그것은 오히려 이 작가들이 그러한 표면적 사실의 내면에 흐르는 개인이나 민중의 자각 또는 그들이 자신의 역사적 상황과 대결해가는 집요한 생명력을 드러내 보여줌으로써 이미 과거로 소멸해버린 역사적 사실들을 오늘을 사는 우리들에게 풍부한 삶의 의미로 되살려내는 역사의식과 작가정신의 조화를 통해 가능했던 것이다.

『토지』는 개화기로부터 일제 암흑기를 지나오는 동안의 우리 민족의 삶을 탁월한 역사의식과 비상한 통찰력으로써 깊이있게 파헤쳐 현대와 직접 연결되고 있는 가가운 과거의 전모를 성공적으로 드러내고 있다. 좀더 가까운 과거인 6·25를 다루고 있는 『남과 북』의 작가는 이 소설 속에 수많은 인물을 등장시켜 민족분단을 낳은 동족상잔의 비극을 당시 상황으로서는 비교적 객관적으로 그려냄으로써 이러한 비극을 극복하기 위한 전제로서의 역사적 사실에 대한 인식을 우리에게 제공하고 있다. 『들불』은 농민의 아들인 임여삼이란 청년이 동학군에 들어가 빛나는 전공을 세우기까지의 과정을 통해 농민의 참상과 저항을 생생하게 그려내면서 우리 근대사의 빛나는 한 장을 마련한 동학농민전쟁과 그 시대의 질곡을 전체적으로 드러내는 데 성공하고 있다. 『장길산』은 녹림당의 활약과 서울 노비들의 살주계 이야기를 통해 조선조 숙종 때의 하층민들의 자각과 저항을 그려내면서 역사의 원동력인 민중의 상을 극명하게 드러내고 있다. 이밖에도 역사소설로 성공한 작품들을 더 보탤 수 있을 만큼 70년대는 역사소설이 찬란히 꽃핀 시기로도 기억될 만한 시기였다. 그리고 이 시기에 나온 역사소설들은, 그 속에서 조명되는 역사적 사건들을 하나의 거대한 역사적 흐름 속에서 파악함으로써 그 사건들 속에 내포된 역사적 의미를 분명하게 포착할 뿐만 아니라 오늘날의 한국적 현실과도 긴밀한 연관을 갖고 있는 문제로 포착한다는 점에서도 역사소설의 미덕을 충실히 갖추고 있다. 그러나 이 글에서는 이 작품들의 특성이나 성공의 측면을 자세하게 다룰 겨를이 없다. 그것들은 이미 많은 평론들을 통해 상당히 자세하게 분석되었거니와 이 글은 그러한 역사소설들이 이룩한 토대를 발판으로 하여 80년대를 향해 한걸음 내딛고 있는 김주영(金周榮)의 『객주(客主)』(초간본: 창작과비평사 1981)와 문순태(文淳太)의 『타오르는 강(江)』(초간본: 삼민사 1982)을 살펴보기 위해 씌어지고 있기 때문이다.

『객주』는 1878년부터 1885년까지의 8년간을 배경으로 보부상들의 파란만장한 삶을 통해 이 시대 서민생활과 정치·경제적 구조를 광범하게 드러내고 있고, 『타오르는 강』은 1886년 노비세습제가 폐지되면서 풀려난 노비들이 온갖 고통을 이겨내며 마련한 토지를 궁토(宮土)로 빼앗기고 거대한 분노로 타오르기까지의 9년간을 배경으로 하여 동학농민운동으로 이어질 수 있는 군소농민의 참담한 삶을 보여주고 있다. 보부상과 해방노비라는 서로 다른 신분의 사람들과 서로 다른 사회적 배경을 가진 이 두 소설은 우연히도 그 배경으로 삼고 있는 연대들이 끊기지 않고 이어져 있어서, 우리는 봉건적 왕조사회로부터 민주적 근대사회로 격렬하게 탈바꿈해갔던 시대 속에 자리잡은 17년간의 민중사를 일관성있게 살필 수 있게 되었다.

이 두 소설에는 역사적으로 정치의 표면에 나타났던 인물들은 거의 등장하지 않으며, 따라서 이 소설들에 나오는 중요인물들의 활동은 대사건으로 역사에 기록된 정치의 표면적 흐름으로부터는 일정한 거리를 두고 펼쳐진다. 『객주』에는 자본과 권력의 결탁이나, 인정전(人情錢)을 쓰고 일개 등짐장수로부터 군수로까지 출세하는 매관매직의 부패상을 보여주는 장면에서 역사적 대인물들이 잠깐씩 얼굴을 내밀고 있으나, 『타오르는 강』에는 정치적 대인물들은 역사적 배경을 설명하는 대목에서 이름만 잠깐 내밀 뿐이며, 농민을 수탈하기 위해 내려온 조세감독관 정도가 당시 사회의 상층부를 대표하고 있다. 이 두 작품은 이처럼 비교적 순수하게 민중적 시각을 통해 과거의 역사를 드러내지만, 역사소설에서는 이러한 시각이 반드시 바람직한 것만은 아니다. 왜냐하면 이러한 시각은 역사소설의 중요한 조건들 가운데 하나인 한 시대를 그 전체적인 흐름 속에서 파악해야 한다는 점을 충족시키는 데에는 어떤 한계를 지닐 수도 있기 때문이다. 이런 이유에서 역사소설의 이상적인 주인공으로는 정치의 일선에 군림한 역사상의 대인물이나 사회의 한 부분에만 폐쇄적으로 갇혀 있는 최하층민보다는 이 두 계급을 효과적으로 매개할 수 있는 중도적인 인물이 더 바람직하다는 것이 거의 정설로 되어 있다. 이러한 관점은 물론 '역사'라는 것은 본질적으로 모든 계층을 포괄하는 한 사회 전체의 변화 또는 진보를 문제삼는 것이라든가 전체와의 연관 없이는 부분의 의미마저도 제대로 드러나기 어렵다는 데에 근거를 둔 것이지만, 어떤 시대의 특정한 계층에 대한 특별한 관심은 현재의 특수한 역사적 현실로부터 당연히 요구되는 것일 수도 있는 것이다. 특히 보부상이나 노비들이 지금까지 우리의 역사에서뿐만 아니라 역사소설에서조차 소외되어온 계층이라는 점을 감안하면, 여기서 살펴보려고 하는 두 소설이 이들 두 계층의 삶을 집중적으로 파헤치고 있는 점은 우리 역사의 현재적 요청을 성실히 반영한 대단히 뜻있는 일로 받아들여질 수 있는 것이다.

2

김주영은 그 자신의 말처럼 '대단한 걸 쓰겠다고 어깨에다 힘을 잔뜩 주고 쓰는' 소설가는 아니다. 지금까지 나온 그의 소설들만 보더라도 그는 철저하게 민중적인 시각을 소유하고 있음에도 불구하고, 민중은 역사를 움

직이는 진정한 힘이라든가 억압받는 민중의 저항을 통해서 역사는 진보되
어야 한다는 등의 거창한 문제의식을 드러내지는 않고 있기 때문이다. 그
러나 그의 이러한 태도는 정말로 문제의식의 결핍에서 유래한다기보다는
사물을 소박하게 보고자 하는 그의 겸허한 성품에서 자연스럽게 이루어지
고 있다. 그는 거창한 문제에 매달리기 전에 민중——이런 말조차도 그에
게는 좀 버겁게 느껴질지 모른다——을 자기 자신을 사랑하듯 그들의 치
부와 약점까지도 사랑하고자 한다. 우리를 무조건 사로잡는 말들 가운데
'사랑'만큼 포괄적이면서도 제대로 정의하기 어려운 말도 드물 것이지만,
김주영의 경우 그것은 차가운 비판적 눈초리와 논리적 계산을 배제하고 대
상을 무조건 껴안는 자세로 드러난다. 그의 「작가(作家) 노트」(『政經文化』
1982년 2월호)를 보면, 『객주』를 쓰게 된 첫째 이유는 그가 어린 시절을 보
낸 장터에서 본 사람들에 대한 뜨거운 사랑이다. 장이 선 다음날이면, 하
루 동안의 '북새판 뒤에 갑자기 찾아오는 그 적막감'이란 열병을 한 달에
다섯 번씩 겪으면서 낯선 사람들에 대한 그리움과 타인에 대한 끈질긴 호
기심을 불태우면서 언젠가는 그들의 이야기를 써보겠다는 희망이 실현된
것이 『객주』라는 것이다. 이와같이 장꾼들에 대한 그의 사랑은 어린 시절
의 경험을 통해 자연스럽게 형성된 것이기 때문에 맹목적이지만 억누를 수
없는 생명력을 지니고 있다. 이러한 힘이 없었다면 한 세기 전의 장터 풍
물을 그토록 생기있고 정감 넘치게 그릴 수는 없었을 것이다. 이러한 기질
때문에 왕위쟁탈이나 궁중비화 또는 양반네들의 암투나 파쟁을 그리는 것
은 그의 생리에 맞지 않았는지도 모른다. 그러나 그가 역사를 백성 쪽에서
보고 그들의 삶을 그들 자신의 언어로써 그려보겠다는 뚜렷한 생각을 갖게
된 것은 그가 살아온 70년대에 드높아진 민중의식을 받아들여 그것을 성실
히 발전시켜간 데에서 비롯되었을 것이다.

  김주영은 자기의 창작활동의 의미를 역사와 사회에 대한 작가의 당위성
에 비추어 정당화하거나 미화하는 데는 아무런 노력도 기울이지 않고 있는
것처럼 보인다. 그는 그저 자기가 사랑하는 것들——그것은 도시의 거짓
풍요에 홀린 시골청년일 수도 있고, 어린 시절의 자기 자신이나 장터 풍경
일 수도 있으며, 민중 그것일 수도 있다——을 그가 좋아하는 방식으로

그려내어 이름없이 잡초처럼 끈질기게 살아가는 사람들이 빚어내는 끈끈한 삶의 페이소스를 독자들에게 전해주면 그만인 것으로 알고 있다. 『객주』에도, 자신이 사랑하는 사람들의 삶을 그들 자신의 말로써 독자에게 들려주는 것을 작가의 임무로 받아들이고 있는 그의 생각이 그대로 반영되어 있다.

『객주』는 지금(1983년 1월)까지 2부 여섯 권이 출간되었지만, 아직도 연재되고 있는 이른바 '대하소설'이다. 그중 제1부는 네 개의 장(章)으로, 그리고 제2부는 다섯 개의 장으로 이루어져 있으며, 모두 합해 2천여 면에 달하고 있다(1992년 개정, 모두 10권으로 완간).

이 소설의 특징을 이루고 있는 요소들 가운데 가장 중요한 것은 그 소재와 관련된 것이다. 이 소설에 나오는 사건들은 역사책에 기록되었거나 기록될 만한 중요한 사건들과는 일정한 거리를 두고 있으며, 이런 점은 역사소설에 대한 우리의 통념에 반기를 드는 중요한 특징이기도 하다. 김주영이 이미 역사로 기록되어 있는 커다란 사건들을 소재로 삼지 않은 데에는 그럴 만한 이유가 있는 것으로 생각된다. 이른바 '역사적 사건'들이란 대체로 왕조나 조정 또는 통치자들과 관련된 정치·외교사적 사건들이며, 이러한 기록들에는 지배자의 입장에서 역사를 보는 편파적인 역사관이 반영되어 있는 것이 보통이며, 이러한 시각에서 볼 때 민중은 완전히 무의미한 존재이거나 통치대상으로만 객체화되어 나타나는 것이 보통이기 때문이다. 이런 점을 분명히 의식하고 있는 그는 고집스러울 정도로 비역사적인 사람들의 비역사적인 이야기들을 통해 그들의 삶 자체에 스며들어 있는 역사적 의미와 실체를 빈틈없이 드러내려고 엄청난 힘을 기울이고 있다. 그는 하나의 커다란 역사적 사건을 중심으로 인물들이 모여들어 하나의 커다란 역사를 만들어가는 일반적인 역사소설의 발전과정을 따르지 않을 뿐만 아니라 사회 각층의 생활방식이나 사고방식을 구조적으로 짜임새있게 드러내려고 하지도 않았다. 그는 짜임새에 치중한 소설은 논리만 앙상할 뿐 민중의 삶 자체를 생기있게 보여주지 못한다고 믿기 때문이다. 그의 이러한 태도를 반영하는 이 소설의 사건들은 끝없이 세분화된 백성들의 잡다한 삶 속으로 한없이 확산되어가고 있다.

그는 이야기의 자연스러운 흐름에 세심한 배려를 하면서 독자들로 하여
금 이 소설의 중요인물로 등장하는 보부상들의 행로를 따라가면서 그들이
펼치는 사건과 그들의 눈에 비친 풍물들을 하나하나 경험하게 하고 있다.
따라서 이 소설의 줄거리는 하나의 사건으로 수렴되지 않고 여러가지 복잡
한 사건들로 펼쳐져 있으며, 그것을 간단히 요약하는 일을 거의 불가능하
게 만들고 있다. 그러나 이 작품을 읽어보지 못한 독자들을 위해 중요한
사건들만 간단히 살펴보기로 한다.

　문경새재 근처에서 보부상단의 행수인 조성준과 그를 수행하는 천봉삼,
최돌이, 그리고 조성준에게 고용된 두 명의 깍정이들이 조성준을 배반한
젊은 아내의 발뒤꿈치를 작두로 자르고, 그녀를 꾀어낸 송만치의 양물을
자른다. 그후 이들은 뿔뿔이 흩어지게 된다. 선돌을 만나기 위해 안동의
전도가(廛都家)를 찾아간 천봉삼은, 서울 신상(紳商) 신석주의 하수인 조
순득이 매점해둔 계추리를 몰래 산 선돌을 곳간에 가두어둔 것을 알고, 최
돌이와 함께 조순득의 딸 조소사와 하녀 월이를 납치하여 선돌과 교환한
다. 이 사건을 계기로 천봉삼은 수절과부인 조소사와 정분을 맺게 되고,
최돌이는 월이와 결혼하게 된다.

　한편 강경에 들어간 조성준은, 그의 재산을 가로채고 젊은 아내를 겁간
한 후 송만치에게 넘겨준 강경의 거부 김학준을 새우젓장수 길소개와 금광
을 찾아다니는 이용익과 함께 납치하지만, 김학준의 첩 천소례의 꾀에 넘
어가 김학준이 들어 있는 부담농(負擔籠)을 잃어버린다. 일행과 헤어진 길
소개는 김학준의 집으로 되짚어가 두 연놈을 위협 3천 냥을 받아낸 후 그
가 겁간했던 양반 강몽돌의 아내 운천댁과 군산을 거쳐 서울로 도망해버린
다. 그후 김학준은 그의 첩에게 독살되고, 최돌이는 석가에게 피살된다.

　김학준을 참살했다는 누명을 쓴 조성준을 잡으라는 사발통문을 본 천봉
삼은 급히 강경으로 가지만, 조성준이 죽었다는 소문을 듣고 다른 보부상
들과 함께 그의 원험을 풀어주기 위해 천소례를 보쌈하여 강물에 빠뜨린
다.

　서울에 온 길소개는 공명첩을 사 양반으로 둔갑한 후, 양반계급에 염증
을 느낀 선비 유필호가 알려준 방법으로 소과에 급제, 김보현 대감, 신석

주, 민비의 외척이며 선혜청 장관인 민겸호 사이를 오락가락하며 출세길을
넘본다.

서울에 올라와 선돌과 헤어진 천봉삼은 신석주의 첩이 되어 있는 조소사
를 찾기 위해 서울 장안에 들어가 포목난전을 벌이다가 여리꾼들에게 얻어
맞고 감금되었다가 도주, 신석주 심복인 맹구범에게 강간당한 후 그의
하녀가 되어 있는 월이의 방에 들어가게 되며, 그후 맹구범에게 붙들린다.
천봉삼의 됨됨이에 호감을 산 맹구범은 길소개를 움직여 송파 왈짜 두목이
되어 있는 송만치를 죽인 후 천봉삼을 그 자리에 앉혀 신석주·김보현 조
운선단의 총대선인으로 삼고 송파 왈짜들을 뱃사람으로 부린다.

유필호를 행수선인으로 하고 길소개와 천봉삼을 총대선인으로 한 대선단
이 군산포에 들렀을 때, 길소개가 거기에 있다는 것을 알아낸 조성준이 그
를 죽이려다 실패하는 사건이 벌어진다. (조성준은 그동안 화적패에 의탁
하여 목숨을 부지하고 있었다.) 이때 선단을 잠시 빠져나와 피신해 있는
조성준을 만난 봉삼은 송파에서 다시 만나기로 하고 헤어진다. 선단이 서
울에 당도했을 때 유필호와 천봉삼은 신석주의 농간으로 서울에서 추방된
다. 유필호는 양반선비였으나 동대문 밖에서 갖바치가 되기로 하고, 천봉
삼은 송파에 돌아와 마방을 경영한다. 아내의 부정으로 폐인이 되다시피
한 선돌의 도움으로 보부상의 접장(接長)으로 선출된 천봉삼은 뇌물을 쓰
지 않아 광주관아에 잡혀간다. 아전에게 6천 냥을 주고 천봉삼을 살해하려
는 신석주의 음모를 알게 된 유필호의 도움으로 구출된 후, 천봉삼은 그의
부하들과 함께 평강으로 도주, 그곳의 지물도가(紙物都家)의 지물을 안변
까지 운반해주고, 안변 지물도가에서 2천 냥을 입체하여 북어를 사다가 평
강에 팔아 많은 이문을 남기고, 유필호의 도움으로 신석주의 집을 탈출하
여 뒤늦게 평강에 당도한 조소사와 가정을 꾸민다.

한편 길소개는 신석주의 농간에 빠져 민대감에게 불려가 모진 매를 맞은
후 이용익이 운반하던 신석주의 재산 수만냥을 도둑질하며 군수가 되어 조
성준이 우피장사를 하며 살아가고 있는 안변으로 행차하게 된다.

지금까지 조성준·천봉삼·길소개를 중심으로 2부의 끝부분까지에 나타
난 중요한 사건들을 대충 훑어보았지만, 이 소설이 노리는 점은 줄거리 전

개에 따른 사건의 추이에 있다기보다는 20여 명의 중요인물들이 펼쳐 보이
는 여러가지 사건들을 통해 당시 사회의 풍물과 세태를 생생하게 그려내어
그 시대를 살아간 서민들의 생활을 전체적으로 드러내는 데 있다. 김주영
은 이 소설에서 사물을 정태적으로 치밀하게 묘사하지 않고 전국 방방곡곡
을 돌아다니는 보부상들에게 초점을 맞추어 그들의 삶과 그들의 눈에 들어
오는 풍물들을 서정적이면서도 다소 충동적인 서술을 통해 그려낸다. 그의
이러한 서술방법은 판소리가 지닌 운문적 장점을 문장에 도입하여 그가 묘
사하는 사물들에 우리 선인들의 정감과 리듬을 부여하고자 한 그의 세심한
배려에서 이루어진 것이다.

김주영은 특히 시골 장터나 도회의 저잣거리를 묘사하는 데 탁월한 능력
을 발휘하고 있다. 이 소설을 읽으면서 우리는, 작가가 작품의 배경이 되
고 있는 장터나 고갯마루 등을 샅샅이 뒤지고 다니면서 그곳의 지세와 풍
물을 몸에 익힌데다가 장터나 장사꾼들의 삶에 자신의 애정과 상상력을 모
두 쏟아부었음을 뚜렷이 느낄 수 있다. 보부상들이 저자의 초입에 이르면,
그는 자신이 익숙하게 알고 있는 길가에 즐비한 점포들과 거기에서 팔리고
있는 물목(物目)들을 판소리가락처럼 유연하게 읊어낸다. 제3권에 나오는
전주의 저잣거리를 묘사하는 대목에서는 남문에서 서문에 이르는 오리 길
행보에 늘어선 각종 점포들을 무려 50종이나 소개하고 있으며, 연산 장터
에서는 목물전(木物廛)에서 팔리고 있는 물목들을 50여 종이나 설명하고
있다. 그러나 일단 장터 안으로 들어서면, 장사꾼들이 외쳐대는 소리들을
직접 들려주면서 활기찬 장터 분위기를 피부로 느낄 수 있을 만큼 실감나
게 전해준다. 김주영은 우리를 시골 장터에서 흔히 볼 수 있는 엿장수·옹
기장수·담배장수·새우젓장수·짚신장수·연지장수·황화장수 등이 등장
하여 장사꾼들의 예술작품이라 불러도 좋을 만큼 직업적으로 세련된 사설
들을 판소리가락에 실어 외쳐대는 장터 속으로 이끌어들여, 당시 서민들의
물질생활의 이모저모를 싫증이 날 만큼 풍부하게 구경시켜준다. 여기서는
전주 저잣거리에서 분전(粉廛)을 펼쳐놓고 호객하는 장사꾼의 사설 한 자
락만 들어보자.

"잇꽃(紅藍花)물로 만든 두벌홍·세벌홍이요, 단토(丹土)로 찧어낸 흙연지들 사시오. 꺾어진 눈썹에는 깜부기 받아서 만든 화묵청이 제격입니다요. 화묵청이 싫거든 남정화 꽃재(花灰)로 만든 대청을 쓰시면 푸른빛이 들지요. 관솔로 태운 송연묵도 있소이다. 자초화회(紫草花灰)에 금가루를 뿌린 날둑도 있소이다. 엉키는 법이 없이 골고루 잘 먹는 연분도 있고 살결이 고운 이는 칡뿌리에서 뽑아낸 곡분(穀粉)들 쓰시오. 얼굴이 붉은 사람은 진분(辰粉)들 쓰시오. 조개껍데기 태워 만든 호분(胡粉)도 있습니다. 창포탕(菖蒲湯)에 머리 감고 머릿기름들 바르시오. 부서지는 머리 유해지고 한번 발라 사흘 가고 누런 머리 차차 검고 고수머리 펴지고 눈부신 듯 윤이 나고 엉킨 머리 풀리는 머릿기름들 사시오. 괴망한 남행친구, 활발한 무변친구, 용렬한 선비친구, 세설궂은 한량친구, 복색 좋은 대전별감, 눈치 빠른 포도부장, 떼 잘 쓰는 정원사령(政院使令), 숫기 좋은 나장이며 돈 잘 쓰는 선전시정(縇廛市井), 매 잘 치는 집장사령, 패가자제(敗家子弟) 건설방, 허무맹랑 무뢰배, 투전 노는 설레꾼, 조산(造山) 사는 깍정이, 짐 잘 드는 나귀쇠, 팔자(八字)걸음에 육판서, 목이 긴 소리꾼, 엄지머리 노총각, 염소수염에 이방서리, 온갖 잡색 입맛 다른 남정네라 할지라도 연지 찍고 분바른 아낙네를 어느 누가 마다할꼬. 자, 연지나 분 사시오, 연지나 분들 사시오." (3권, 169면)

다소 길게 인용한 이러한 호객소리들에 각설이패의 장타령, 굿중패들의 연기, 배따라기, 상여소리, 곰보타령, 한강 뱃사공 노래, 그리고 심지어는 아이를 재우는 어머니의 자장가까지 요소요소에서 흘러나오고 있어, 이 소설은 당시 서민들의 물질생활뿐만 아니라 그들의 생활감정과 사고방식, 그리고 한(恨)과 풍류까지도 완벽하게 그려내고 있다.

김주영의 이러한 묘사능력은 그 유례를 찾아볼 수 없을 만큼 탁월하지만, 그는 이러한 서민생활을 실감있게 보여준다거나 전국 물산(物産)과 그 이동경로를 소상히 밝히는 것만으로는 만족하지 않고, 보부상들의 뼈아픈 삶의 애환으로부터 권력층의 부패상에 이르기까지 이 시대를 살아간 모든 계층의 삶의 형태와 그 사회가 안고 있던 정치·사회적 문제의 핵심까지 들여다보려고 힘쓴다. 이 소설 속에서 일어나고 있는 큼직큼직한 사건들은 대개가 권문세가와 거상들의 야합, 관리들의 탐학, 권력층의 부패와 같은 그 사회의 핵심적 문제들에서 그 발단을 찾아볼 수 있다. 이 작품의 첫머리를 장식하는 끔찍한 사건만 하더라도 겉으로 보면 조성준 개인의 복수극처럼 보인다. 그러나 그런 참담한 이야기는 작가의 호사취미에서 나온 것이 아니라 당시 보부상의 풍속 한 토막을 보여주는 것이며, 그 사건 자체만 하더라도 송파의 진상아전(進上衙前)이며 읍호인 김학준이 재력과 권력을 이용하여 조성준의 재물을 빼앗고 그의 아내까지 겁간한 데에서 비롯되고 있는 것이다.

이 시대의 타락한 사회상을 반영하고 있는 사건들은 『객주』 여기저기에 산재해 있지만, 권력과 결탁하여 끝없이 재산을 불려가는 서울 신상 신석주의 경우를 통해 가장 전형적으로 그려지고 있다. 상당한 재산을 모은 경주 아전의 아들이었던 그는 아버지가 죽은 후 방탕한 생활을 하다가 나라의 곡식을 축낸 죄로 솔찜질을 당하고 사람구실을 할 수 없게 되자, 벼슬길을 트기 위해 전장(田庄)을 판 돈 5천 냥을 들고 서울로 올라와 엉뚱하게도 상인으로 둔갑한다. 5년간 담배장수를 한 후, 훈조전(燻造廛)의 금난전권(禁亂廛權)을 얻어내는 한편 내수사(內需司)에 뇌물을 바치고 평시서(平市署)에 등록을 올리고, 포전(布廛)·면주전(綿紬廛) 등을 차례차례 손아귀에 넣어가다가 나중에는 육주비전(六注比廛)에까지 손을 뻗치며, 경강에 여러 척의 거룻배를 부리고, 육로로는 상단을 만들어 대처나 나루의 여각들과 직거래를 튼다. 이런 경로를 통해 그는 조정의 신임을 얻고 시전 안에서 상재를 인정받아 도행수가 되며, 고종(高宗)도 그의 어음만은 믿을 만큼 부를 쌓는다. 그는 조순득과 같은 지방부호들을 통해 물산을 매점하거나 김보현·민겸호 대감 등을 움직여 자신의 상권을 끊임없이 확대시켜가며, 개항을 맞은 원산진의 덕원부사로 가게 된 김기수에게까지 손을 뻗쳐 그곳에서 상리(商利)를 꾀하려 한다.

그러나 돈이면 무엇이든 할 수 있다는 생각은 신석주 혼자만의 것이 아니라 그 시대 권력층에 만연한 생각이었으며, 권력과 결탁하여 한 재산 모아보겠다는 간상배들에게서 가장 두드러지게 나타나고 있었다. 신석주가 맹구범을 그의 수하에 넣기 위해 시험하는 문답에서 우리는 이 시대를 풍미한 물질만능주의의 일단을 엿볼 수 있다.

신석주는 손에 집히는 대로 동전 서른 냥을 맹구범에게 던졌다.
"너 그 앞에 던져진 것이 무엇이냐?"
(…)
"예, 돈인 줄 압니다."
"그래? 너 그럼 돈이 무엇이냐?"
위인이 다시 한참을 궁리하더니,
"예, 돈은 날개 없이도 날 수가 있고, 발이 없으나 하룻밤에 만리를 달려갑니다. 청담(淸談)에 지쳐 낮잠을 자고 있는 낙양(洛陽)의 귀공자도 공방(孔方: 漢代의 돈)을 보면 벌떡 일어난다 하였습니다. 격언에 저승에 있는 귀신을 부를 수 있는 유일한 이승의 것은 돈이라 하였습니다." (3권, 216면)

신석주와 같은 인물들이 활개를 칠 수 있는 것은 그 시대의 풍조가 그런 인물을 받아들일 수 있을 만큼 부패했기 때문이다. 『객주』의 시대적 배경이 되고 있는 기간에 우리나라는 대외적으로는 외국의 강요에 못 이겨 상대국의 이권만을 일방적으로 옹호하는 불평등조약들을 체결해갔으며, 국내적으로는 피폐한 재정을 바로 세우기 위해 일반 백성들에게 여러가지 새로운 명목의 세금들을 거둬들이고 양반관리들에게까지 원납전(願納錢) 등을 강제 징수함으로써 관리들의 탐학을 간접적으로 조장하고 있었다. 신석주와 같은 시전상인들은 돈에 궁한 정부에 자금을 제공한 대가로 금난전 특권을 확보하면서 비시전계(非市廛系) 사상인층(私商人層)을 압박하고 특권적 매점상업을 벌임으로써 자본을 축적할 수 있었다.

이 시대의 중요한 사회현상 가운데 하나인 대규모의 신분이동과 매관매직을 통한 신분상승의 경우는 길소개와 같은 인물을 통해 가장 극적으로 드러나고 있다. 일개 새우젓장수에 불과했던 그는 조성준에게 돌아가야 마땅한 돈을 가로챈 후, 서울로 올라가 돈을 써서 양반으로 둔갑하고 소과에도 급제하며, 안변의 군수로까지 출세한다. 다소 과장된 느낌을 주는 길소개라는 인물을 통해, 김주영은 매관매직이 공공연하게 횡행하던 이 시대의 치부를 속속들이 파헤치고 있다.

이 시대의 신분이동은 길소개와 같은 상향적 이동뿐만 아니라 유필호와 같은 하향적 이동으로도 나타난다. 조선왕조 사회에서는 본래 양반층만 관

직을 갖게 되어 있었으나 양반 인구의 증가로 관직을 얻지 못하고 특권층
에서 탈락하여 생활이 급격히 영락해간 양반들이 속출하게 되었으며, 이들
중에서는 활로를 트기 위해 서서히 상업 쪽으로 눈길을 돌려가고 있는 사
람도 나오게 되었다. 유필호는 이런 경우에 해당하는 인물은 아니다. 그는
양반계급의 특권의식과 비리에 혐오감을 느끼고 스스로 벼슬길을 포기한
후 일개 갖바치로 여생을 살아가기로 하지만, 이 시대에 이루어지고 있던
대규모의 신분이동을 주시하면서 신분을 절대시하는 경직된 관습에서 벗어
날 수 있는 안목을 기를 수 있었을 것이다.

『객주』를 이야기하면서 빼놓을 수 없는 문제들 가운데 하나는 옛사람들
의 생활과 감정을 생생하게 그려내기 위해 옛말과 토속어, 그리고 그들의
삶의 지혜와 해학을 담고 있는 속담과 비유가 풍부하고 능란하게 구사되고
있다는 점이다. 옛말과 토속어는 책 뒤에 간단한 사전을 덧붙여야 할 만큼
풍부하게 구사되고 있으며, 속담 등의 비유적 표현은 필자가 참고하기 위
해 적어둔 것만 해도 백여 종이 넘는다. 그래서 우리는 이 소설을 읽어가
면서 옛사람들이 펼치는 옛말의 잔치 속에서 그들과 한마음이 되어 그들의
생각과 느낌을 자연스럽게 공유하게 된다. 그러나 옛사람들의 삶을 그들
자신의 언어로 보여준다는 것은 이런 종류의 즐거움과만 관련되는 것이 아
니라 역사소설의 리얼리즘과도 관련된 중요한 문제이다. 왜냐하면 말이란
삶의 형식이지만 객관적이고 고정적인 틀은 아니며, 그것을 사용하는 사람
들이 그것을 통해 생각하고 표현하는 주체적이고 생동적인 힘이기 때문이
다. 그러므로 김주영이 조선조의 언어를 풍부하게 되살려냈다는 것은 국어
학상의 문제라기보다는 옛사람들의 일상언어와 표현법을 활용하여 그들의
삶에 심층적으로 파고들어가 그들과 함께 호흡하고 있다는 것을 뜻한다.
그래서 그는 시간과 공간의 표현까지도 옛사람들의 방식을 그대로 따르고
있다. 이를테면, '활 한 바탕의 행보'라든가 '담배 한 죽 피울 때'와 같은
표현을 통해 그는 우리를 과거 세계 속에 끌어들여 조금도 어색함을 느낄
수 없도록 세심한 주의를 기울이고 있다.

지금까지 우리는 장터의 풍물 묘사, 시대적 특징을 전형적으로 드러내는
두 인물, 금전과 정치의 결탁, 대규모의 신분이동, 옛말과 속담의 효과적

구사 등을 통해 조선조 말기의 사회상이 거의 빈틈없이 드러나 있는 『객주』의 역사소설로서의 탁월한 점들을 간단히 살펴보았지만, 이 소설에는 그러한 장점들에 못지않은 심각한 결함들도 발견되고 있으며, 이러한 것들은 대체로 모든 소설들에 보편적으로 적용되는 기법의 문제와 관련되고 있다.

김주영이 이야기의 자연스러운 흐름에 많은 배려를 하고 있음은 그의 「작가 노트」에서도 밝힌 바 있지만, 그의 이러한 배려는 반드시 긍정적인 것으로만 해석될 수는 없다. 이야기의 흐름에 지나친 관심을 쏟다 보면 소수의 중요인물들에게 너무나 많은 역할을 감당하게 하는 무리가 따를 수밖에 없기 때문이다. 『객주』에는 중요인물들이 20여 명 등장하고 있지만, 이 소설의 방대한 분량과 복잡다단한 사건들에 비추어보면 그 수는 오히려 부족한 편이며, 따라서 몇몇 주인공급의 인물들에게는 1인 2역 정도의 역할을 맡길 수밖에 없게 되어 있다. 이를테면 길소개·천봉삼·매월이 같은 인물들이 그러한 예에 속한다.

길소개의 경우를 보면, 작가가 그를 통해 출세욕에 불타는 사람의 전형을 드러내려고 지나치게 힘을 기울인 나머지 그로 하여금 새우젓장수, 배신자, 살인자, 도둑, 양반·벼슬의 매입자, 간부(姦夫) 등의 수많은 역할들을 비교적 짧은 기간 동안에 감당해내게 함으로써 시간과 인격변모 사이의 조화감을 깨뜨리고 있다. 매월의 경우를 보면, 온갖 술수에 능한 그녀는 이 소설의 요소요소에서 전혀 다른 직업들을 가지고 불쑥불쑥 나타나 들병이·도둑·계추리장수·매음부·무녀(巫女) 등의 다양한 역할을 능란하게 해내며, 최돌이·천봉삼·석가·이용익, 이름 모를 장사꾼 등과 그때그때 관계를 맺으며 거침없이 살아가지만, 이 역시 한 인물에 맡겨진 역할로는 너무 무거운 것이다. 그리고 천봉삼은 모든 선한 역할은 거의 다 독점하고 있다.

주인공들의 수와 복잡한 사건들과의 불균형은 그 자체의 문제로만 끝나지 않고 인물들의 우연한 상면을 빈발하게 하는 요인으로도 작용하고 있다. 조성준이 송만치를 벌하고 찾아든 주막이 바로 송만치의 사촌누이인 매월이의 집이었다든가, 조성준을 간호해주게 된 여자가 죽은 걸로 되어

있던 천소례였다든가, 천봉삼이 보쌈하여 강물에 빠뜨린 여자가 어렸을 때
헤어진 그의 누나 천소례였다든가, 천봉삼이 도주하다가 뛰어든 방이 마침
월이의 방이었다든가, 길소개가 군수로 부임하게 된 안변에서는 그를 노리
고 있는 조성준이 우피장수를 하고 있다든가 하는 우연들이 그러한 예에
속한다. 그리고 이러한 결함은 이야기를 흥미진진하게 끌어가려는 작가의
안간힘에서 빚어지는 것이기도 하다.

  이야기를 재미있게 이끌어가려는 배려에서 비롯되고 있는 것으로 보이는
또하나의 문제는 『객주』의 앞부분에 많이 등장하고 있는 보부상들의 행동
동기와 관련된 것이다. 보부상들이 전국 방방곡곡을 누비고 다니는 이유는
일차적으로 상리를 위한 것이어야 마땅하지만, 이들의 행위는 대체로 자신
의 물질생활의 안정과 같은 소박한 소망보다는 복수라든가 의리라든가 출
세욕과 같은 데로 쏠리고 있다는 느낌을 준다. 그러나 최돌이와 선돌이는
비교적 순수한 장사꾼으로 나타나고 있으며, 이들은 그만큼 우리에게 친밀
감을 준다. 작은 악을 적당히 저지르며 사는 최돌이는 주막이라도 하나 내
는 것을 소원으로 삼고 있는 소박한 장사꾼이지만, 제대로 살아보지도 못
하고 엉뚱하게도 동료의 발에 짓밟혀 죽고 만다. 선돌은 유능한 장사꾼이
지만, 협객에 가까운 면모도 함께 지니고 있다. 그는 몇달 동안의 장사를
끝내고 귀향하는 길에 봉삼과 함께 번 돈을 몽땅 남겨두고 떠나버린다. 그
의 이러한 행동은 '의리'라는 말로 미화될 수도 있는 것이지만, 오랫동안의
장사 끝에 돈 한푼 없이 처자식이 기다리고 있는 집으로 돌아가는 그의 마
음은 도대체 어떤 것이며, 그는 무엇 때문에 피나는 고생을 하며 방방곡곡
을 누비고 다니는가 하는 의문을 떨쳐버리기 어렵게 만들고 있다. 예나 지
금이나 장사꾼들은 이재에 밝은 사람들임에도 불구하고 『객주』의 보부상들
이 먹고 사는 일에 집착하지 않는 사람들로 나타날 때가 많은 것은 이 소
설의 현실적 분위기에 다소 손실을 초래하고 있으며, 이 점은 작가가 생활
의 절실함을 소홀히 다룬 데서 빚어지는 것으로 생각된다.

  그러나 이러한 문제점은 이 시대 서민들의 삶을 구석구석 완벽하게 드러
내려고 하는 작가의 건전한 야심에서 초래되었을 수도 있다. 앞에서도 언
급한 바와 같이 김주영은 역사상에 나타난 대사건을 소재로 삼기를 거부하

고 백성들의 삶 그 자체를 생생하게 그려내어 우리들로 하여금 "역사의 어느 한 모퉁이를 살아갔던 백성들의 모습"(『작가 노트』)을 뚜렷하게 기억하게 해주고 싶다는 의욕을 불태우며 이 작품을 써가고 있다. 이러한 의도는 지극히 소박한 것처럼 보이기도 하지만, 사실은 다른 어떤 소설적 목표보다도 엄청나게 크고 성취하기도 그만큼 어려운 문제라는 것을 이 작가는 짐짓 모르는 척해 보이고 있을 뿐이다.

이러한 이유에서 『객주』는 보부상들의 자체 징치, 보부상 접주 선출, 장사치의 도리, 양민과 도둑을 함께 가두는 관리들의 부패, 솥찜질, 무속, 심지어는 주사위노름에 이르기까지 백성들의 삶의 디테일을 다른 어떤 역사소설들보다 소상하게 드러냄으로써 과거의 민중상을 성공적으로 그려내고 있으면서도, 농민의 계층분화, 상업자본의 농민 및 공장(工匠)에 대한 지배 현상과 같은 문제를 놓칠 수밖에 없었으며, 구시대의 지배적인 사상인 유교나 불교적인 정신세계와 새로운 사상으로 대두되고 있던 동학과 같은 민중의 정신사적 흐름에는 등한할 수밖에 없었다. 이러한 지적은 물론 작가의 관심이 못 미치고 있는 문제들을 들춰내자는 것은 아니다. 그것은 오히려 작가적 관심을 잡다한 문제들로 끝없이 확산시켜가기만 할 것이 아니라 역사의 핵심에 더욱 직접적으로 접근하기 위한 방법의 필요성, 이를테면 민중의 역사적 체험과 거기에 대한 반응의 관계를 살핀다든가, 낱낱의 사건들을 커다란 역사적 흐름 속에 놓고 보면서 동시에 그 사회의 전체 구조 속에 놓고 본다든가 하는 역사인식의 방법에 대한 필요성을 제시하기 위한 것이다. 그리고 이러한 방법을 무조건 배격하고 사회현상의 디테일에 지나치게 집착하게 될 때, 그것은 역사소설의 미덕이 되기보다는 풍속소설적인 특성만을 강화시키는 결과를 초래할 수도 있다는 생각을 밝혀두기 위한 것이다.

3

『타오르는 강』은 세 권의 단행본으로 출간된 적지 않은 분량의 역사소설이다(1983년 1월까지 세 권으로 간행했으나 이후 후속편을 집필하여 1989년 창작과비평사에서 7권으로 완간했다). 문순태는 이 소설의 머리말 「횃불로 변한 한 (恨)의 민중사(民衆史)」에서, 작가는 오늘을 살면서 "동시에 과거와 미래 를 함께 사는 시간의 영속적(永續的) 존재임을 깨달아야 한다"고 전제하면 서, 작가는 역사의식을 통해서만 "진정한 리얼리즘의 승리를 가져올 수 있 는" 존재임을 밝히고 있으며, 그는 또 "진정한 의미의 산 역사는 민중이 주체가 되어야 하며, 작가는 민중의 입장에서 역사의 모순을 지적하고 민 중의 입장에서 그들의 아픔을 이해해야 한다"고 주장하면서 자신의 역사이 해에 대한 기본 방향까지도 분명히 제시하고 있다.

이러한 입장을 반영하는 『타오르는 강』은 주로 해방된 노비들과 군소농 민들의 생존을 위한 투쟁에 초점이 맞추어져 있으며, 이러한 소재에 걸맞 게 노비세습제가 폐지된 해인 1886년부터 갑오년의 동학농민운동의 초기까 지 이어지는 9년간을 그 시대적 배경으로 삼고 있다.

조선왕조 시대의 노비세습제는 다른 나라에서는 그 유례를 찾아볼 수 없 을 만큼 비인간적인 제도였으며, 그것은 국가의 정치·경제 면뿐만 아니라 개인경제와도 깊은 관련을 가진 매우 독특한 제도였다. 노비들은 공노비의 경우에는 국가에, 사노비의 경우에는 그 소유자에게 신공(身貢) 납부의 의 무와 입역(立役)의 의무를 지고 있었다. 특히 그들이 국가경제에 미치는 영향은 지대한 것이어서, 임진왜란과 병자호란을 겪은 후 국가에서는 경지 면적과 국가세입의 감소를 충당하기 위하여 노비추쇄도감(奴婢推刷都監)을 설치하고, 각 군마다 노비추쇄어사를 파견했던 역사적 사실이 그것을 여실 히 입증해주고 있다. 그러나 이러한 비인간적인 제도는 점차 붕괴되어가 며, 그 가장 결정적인 예는 1801년의 내시노비(內侍奴婢) 혁파로 나타난 다. 이러한 개선은 물론 갑자기 이루어진 것은 아니고, 조선조 후기를 통 해 꾸준히 지속되어온 노비제 붕괴과정 속에서 불가피하게 드러난 것이며, 노비들을 노비로 묶어두는 것은 이들을 양민으로 대우하는 것에 비해 국가 재정상으로도 하등의 이익이 없다는 판단에서 취해진 것이었다. 그러나 세 습제 자체가 폐지된 것은 아니었고, 모든 공노비가 속량된 것도 아니어서 공조·병조의 노비와 역노비 등은 그대로 존속되다가 그후 85년이 지난 1886년에 이르러 노비세습제가 폐지되며, 1894년 갑오경장 때에는 노비제도 자체가 폐지된다.

『타오르는 강』은 노비세습제가 폐지된 후 형식상으로만 자유의 몸이 된
수많은 천민들이 큰물 때문에 버려진 영산강 주변의 황무지를 개간하면서
그들 자신의 삶의 터전을 만들어가는 처절한 고통의 역사를 담고 있다. 이
들은 수마(水魔)라는 자연의 핍박까지 물리치며 맨손으로 일궈낸 생명과도
같은 땅을 3년간에 걸친 큰 가뭄에 버려둘 수밖에 없었으며, 그동안의 세
금을 내지 못했다는 이유로 모두 궁토로 몰수당해버리는 엄청난 관재(官
災)를 겪게 된다. 이것을 항의하다 감금된 농민대표들을 구출하기 위해 이
들은 동학군과 합세하여 나주성을 공격하지만 실패하고, 동학군은 그곳을
떠나버린다. 이들은 야음을 틈타 갇힌 자들을 구해내고 관군을 습격한 후
마을로 돌아오지만, 이제 그곳에서는 살 수 없게 되었음을 알고 마을에 불
을 지른 후 산을 넘어 세상에 태어난 후 처음 가져본 토지와 고향을 버리
고 떠나버린다.

문순태는 조세를 납부하지 못한 3개 면이 궁토로 흡수되어버림으로써 발
생한 이른바 '궁삼면(宮三面) 사건'을 통해 천민들로 이루어진 한 사회의
집단적 운명을 그려내면서도 스토리 전개에 조금도 무리한 점을 드러내지
않고 있다. 그는 노비의 처지에 대해 의식의 눈을 뜬 웅보라는 주인공을
통해 천민들의 삶을 위한 투쟁에 의미를 부여해가면서 그들의 비극적 운명
을 영산강의 한(恨)으로까지 심화시켜가고 있다. 김주영이 어린 시절에 경
험한 장터의 풍물과 장사꾼들에 대한 호기심을 열병처럼 앓았듯이 이 작가
도 "피와 땀과 눈물로 이루어진 … 처음 가져본 땅을 지키기 위해"(「횃불로
변한 한의 민중사」) 자연과 학정의 두려움을 이기고 일어났던 고향사람들에
대한 뜨거운 사랑을 불태우고 있다. 그는 그들의 한스러운 삶을 '한의 민
중사'로 형상화함으로써 한숨과 체념으로 떨어지지 않고 무서운 힘으로 싸
웠던 그들의 '한의 실꾸리'를 풀어주고 있는 것이다.

이 소설 역시 『객주』와 마찬가지로 역사상의 중요인물들이 등장하지 않
고 순수하게 민중적인 시각으로 펼쳐지고 있으며, 당시 사회의 가장 밑바
닥에서 '머리 검은 짐승'으로 살 수밖에 없었던 사람들의 생존 자체에 대한
지극히 원초적인 열망이 어떻게 어엿한 인간으로서의 사회적 삶으로 솟아

오르며, 그것이 우리 근대사에서 어떤 의미를 차지할 수 있는지를 보여주고 있다. 성급한 단정인지는 모르지만, 지금까지 우리는 노비들의 참담한 삶을 그들 자신의 시각을 통해 이렇듯 완벽한 집단적 삶의 형태로 그려낸 소설을 보지 못했다. (구태여 이와 유사한 예를 찾아본다면, 황석영의 『장길산』 3부에 나오는 서울 노비들의 살주계에 관한 이야기를 들춰낼 수 있을 것이다.)

『타오르는 강』이 천민들의 삶을 완벽하게 그려내고 있다고 보는 이유는 두 가지 측면에서 찾을 수 있다. 그 하나는 웅보 자신의 눈을 통해 노비들의 삶의 진상을 깊이있게 보여주고 있다는 점이고, 다른 하나는 이들이 무리를 이루며 살아가다가 삶의 터전을 빼앗기고 가해자인 권력층과의 대화를 통해 그 해결의 실마리를 찾아보려 하지만 그것이 제대로 이루어지지 않을 뿐만 아니라 오히려 더 큰 압력이 되어 그들을 짓눌러오는 관계의 악순환을 드러냄으로써 당시 사회가 하층민들의 극단적인 투쟁을 불러일으킬 수밖에 없을 정도로 심각한 계층적·신분적 모순을 안고 있었으며, 정치가 극도로 부패해 있었다는 것을 보여주고 있다는 점이다.

웅보가 알고 있는 노비들이란 마소와 같은 존재이며, 그가 때때로 즐겨 회상하는 할아버지 시절에만 해도 종 세 사람을 말 한 필과 바꾸었다고 하니 노비는 오히려 마소보다도 못한 존재였다. 이런 처지를 견디다 못해 도망하는 횟수가 세 번에 달하면 잡혀온 노비의 얼굴에 불도장을 찍어 글자까지 새겨넣는다. 종이 양민과 결혼하여 아이를 낳아도 그 아이는 양민이 되지 못하고 종이 될 수밖에 없다. 종들의 이와같은 비참한 처지에 눈을 뜨게 된 웅보가, 종에서 풀려나 제 땅을 갖고 제 뜻대로 사는 것을 소망하는 것은 지극히 당연하고 자연스러운 것이다. 그러나 이만한 자각마저도 저절로 얻어지는 것은 아니며, 이러한 생각을 갖게 되었다 하더라도 당시의 사정에 비추어보면 그것은 누구에게 말할 수조차 없는 불온한 생각일 수밖에 없었다.

웅보가 그런 생각을 갖게 된 것은, 양진사 집에서 세 차례나 도망을 치다 붙잡혀온 후 이마에 불도장이 찍힌 할아버지에게서 받은 영향 때문이었다. 할아버지는 수건으로 이마의 불도장 흔적을 싸매고 다니라고 조르는 어린 웅보에게 그것을 부끄럽게 생각해서는 안된다고 말해주기도 하고, 웅보가 그 상흔을 만지작거리며 이제 도망칠 생각을 포기했느냐고 물으면 죽을 때까지 자기의 소원은 도망치는 것이라고 말한다. 실제로 할아버지는 그후에도 도망을 했다가 붙잡혀와 모진 벌을 받기도 한다. 웅보는 이런 할아버지를 통해 종의 처지에 대한 자각을 갖게 되지만, 그의 아버지 장쇠는 다른 노비들과 마찬가지로 자신의 처지를 운명으로만 받아들인다. "의식의 눈을 뜬 노예는 결코 행복한 노예는 아니다"라는 누군가의 말처럼 의식의 눈을 뜬 웅보는 답답한 마음을 달래지 못하고 도둑고양이처럼 몰래 홍거사(인근 마을에서 벼슬길에 나가지 않고 조용히 살고 있는 선비)를 찾아다니면서 글을 배우게 되며 이런 과정을 거쳐 그의 자각은 신념으로까지 굳어져 마침내 노비의 날(2월 초하루)을 기해 도망을 하다 붙잡혀오는 일까지 일어나게 된다. 노비세습제가 폐지되어 풀려나게 된 웅보가 영산강 지류인 새끼내에 정착하기로 하고 자기와 같은 처지에 있는 사람들을 불러들여 그들로 하여금 그들 자신의 땅과 고향을 만들어가도록 설득할 수 있는 능력을 보여주는 것도 따지고 보면 웅보의 자각과 신념에서 비롯되고 있다. 그리고 그후의 이야기는 앞에서 잠깐 언급한 바와 같은 집단적 생활을 통한 고난의 극복과 관재, 그리고 불타는 항거로 이어진다.

문순태는 이 소설에서 과거 사실을 표면적으로만 살펴보는 것이 아니라, 한 개인의 단순한 생각을 떠받치고 있는 엄청난 분량의 개인적 삶의 역사까지도 꼼꼼하게 밝혀냄으로써 그들의 생각과 행위의 동기를 명징하게 드러내고 있다. 이런 점은 역사소설에서는 드물게 나타나는 **회상**을 통해 이루어지고 있는데, 주로 웅보의 회상을 통하여, 노비의 처지를 체념으로 받아들이지 않고 끝없이 도주하는 강인한 생명력의 소유자인 그의 할아버지의 면모가 드러나기도 하고, 할아버지의 할머니의 아버지가 대보름날 밤 부잣집에 몰래 숨어들어가 복토(福土)를 훔치다 붙잡혀 도둑으로 몰리게 되자 그를 구하기 위해 할아버지의 할머니가 처녀 몸으로 황소 한 마리 값에 양진사 댁의 종으로 팔려오게 된 내력들이 밝혀지고 있다.

낱낱의 행위에 대한 분명한 동기 부여는 삶의 구체성과 역사적 의미를 드러내기 위한 것이지만, 이 소설에서는 그것이 개인의 행동에만 국한되어 있지 않고 집단적 행위에도 나타난다. 새끼내 사람들의 집단적 행동은 모두가 마을사람들의 회의를 통해 가결된 사항들을 실천하는 형태로 이루어지고 있다. 이러한 사실은 물론 이 마을이 자연발생적으로 이루어짐으로써 생기게 될 수도 있는 맹목적인 관습의 지배로부터 벗어나 있으며, 어느 정도 공통된 삶의 목표를 위해 의지적으로 모여든 사람들로 이루어진 일종의 계약사회적 특성을 띠고 있음을 시사해주는 것이다. 그래서 우리는 이 소설의 전개과정을 통하여 한 개인의 자각, 집단적 삶에 대한 요청, 집단의 형성, 외부로부터의 도전, 도전에 대한 응전이라는 과정 속에서 드러나는, 사회적 삶의 전모와 함께 민중운동의 원초적 형태까지도 분명히 살펴볼 수 있다.

이와같이 민중운동의 발생과정을 전형적으로 보여주고 있음에도 불구하고, 『타오르는 강』은 결코 도식적인 소설은 아니다. 위에서 제시한 도식은 새끼내 사람들이 마주친 한계상황과 그것을 타개하는 데 요구되는 극단적인 투쟁으로 하여 손에 잡힐 듯이 분명히 느껴지고는 있으나, 그렇다고 해서 그것이 표면에까지 드러나 작품의 자연스러운 분위기를 해치고 있지는 않기 때문이다. 이 소설의 특성은 오히려 고통받는 사람들의 마음 밑바닥에서 때때로 발견되는 샘물처럼 신선한 서정성에서 찾아볼 수도 있다. 자칫 살벌해지거나 피비린내가 날 만한 소재를 다루고 있음에도 불구하고, 이 소설은 하나하나의 비극적 사건들의 충격이 자연 깊숙이 스며들기도 하고, 그것을 겪은 사람들의 마음속에 깊이 파고들어가 우리들이 흔히 '한'이라고 부르는 정서적 실체로서 그들의 마음 밑바닥에 서서히 자리잡아가는 것을 보여준다.

웅보의 경우를 보면, 감내하기 어려운 고통으로 인해 잠을 이룰 수 없는 밤이면 강가에 나가 옛날에 그의 할아버지가 그랬던 것처럼 영산강의 '숨소리'를 들으며 그의 들끓는 고통을 잠재우고 새로운 생명력을 가슴 깊이 간직하고 돌아온다. 호열자가 휩쓸고 간 처참한 모습의 새끼내로 돌아온 후에도 웅보는 달밤의 강가로 나간다.

달이 떠오르자 어둠 속에 파묻혔던 영산강이 은빛 비늘을 일으키며 큰 구렁

이처럼 꿈틀거렸다.

영산강은 달빛에 젖으면서 다시 살아나고 있었다. 즐치(櫛齒)가 가늘고 촘촘한 영암 참빗으로 삼단 같은 검은 머리를 빗듯 달빛이 어둠을 좍좍 빗어내리자 해넘이 이후 잠시 모습을 감췄던 삼라만상이 지싯지싯 기지개를 펴며 얼굴을 들었다. 나뭇가지 하나 풀이파리 하나까지도 달빛을 머금으며 소롯이 되살아났다.

달빛 속에서 뱀처럼 또아리를 푸는 영산강의 모습은 햇빛을 머금었을 때보다 훨씬 **생명감**이 느껴졌다. 가만히 손 끝을 대기라도 하면 놀라서 꿈틀 몸을 뒤척일 것만 같았다. (1권, 249면. 강조는 인용자)

영산강은 이 작품 속에서는 주로 생명을 재생시켜주는 부활의 강으로 나타나고 있다. 그것은 비단 웅보 개인의 의식 속에서만 생명의 근원으로 작용하는 것은 아니다. 그것은 인근 마을사람들의 집단무의식 속에서도 어떤 신적인 마력을 지닌 존재로 자리잡고 있다. 뱀신을 모시는 토태당에 얽힌 전설이나 신의 비밀을 이용하여 비를 내리게 한 후 영산강에 빠져 죽은 백중의 전설 같은 것은, 그것을 젖줄로 삼고 삶을 영위해가는 그곳 사람들의 심층의식 속에서 자연스럽게 잉태될 수 있는 전설들이다.

웅보는 영산강과의 친화감을 통해 고통으로 얼룩진 마음을 정화시켜가지만, 일생을 비녀(婢女)로 살아오며 모든 고통을 안으로만 삭여온 김치근의 어머니는 아들이 피살되자 그 엄청난 충격을 더이상 견뎌내지 못한다. 아들의 장례날 졸도하여 장지에도 가보지 못한 그녀가 달밤이면 비몽사몽간에 영산강의 갈대밭을 쏘다니기도 하고 아들의 무덤까지 올라갔다 오기도 하는 장면으로부터 큰내림굿을 하게 되는 장면까지에 이르는 제2권 첫머리의 30면을 장식하고 있는 신비스러운 이야기는 일견 이 작품의 전체구조와는 별다른 연관이 없어 보인다. 그러나 바로 이러한 장면에서 문순태는, 양반인 아버지에게서 태어났으면서도 어머니의 역을 따라 노비가 될 수밖에 없었던 자신의 처지를 오히려 다행스럽게 생각하는 김치근의 죽음의 의미를 미쳐버린 그의 어머니의 심층의식을 통해 극명하게 드러내고 있다. 우리는 김치근 모자의 이야기에서, 의식화된 노비의 처절한 운명과 외부로부터의 고통을 스스로 파괴되면서까지 끝없이 내면화시켜갈 수밖에 없도록 길들여진 한 여인의 비극을 통해, 수난의 역사를 살아온 우리 민족이 외부의 충격에 대해 반응하는 두 가지 방식과 극적으로 마주치게 된다.

『타오르는 강』의 줄거리를 이루고 있는 소재들 가운데 태반은 노비에서 풀려난 사람들의 고통스러운 삶과 관련된 것이지만, 그들의 삶이 집단적 저항으로 발전되어가는 과정에서 나타나는 사건들은 당시의 전라도 전역과 전국 방방곡곡에서 농민들의 저항을 불러일으킬 수밖에 없었던 나라 전체의 정치사회적 혼란과 궤를 같이하는 것이다. 새끼내 사람들의 저항과 호응되는 역사적 사건들은 이 작품의 시대적 배경이 되어 여기저기 산재해서 나타난다. 나라의 묵정밭을 기경(起耕)하는 농민들에게서 꼬박꼬박 소작료를 받아내는 양반들의 횡포(1권, 111면), 일본인들에게 딸자식을 팔아넘길 수밖에 없는 천민들의 처지(1권, 115면), 매관매직의 세태(1권, 175~77면), 외세의 침투(1권, 177~78면), 농민수탈(2권, 90~91면), 관리들의 온갖 민폐 (3권, 165~66면), 고부·익산을 비롯한 전라도 전역의 민란(3권, 166면), 창의문을 내거는 동학군(3권, 172면), 동학군과 농민군의 나주성 공격(3권, 220~24면) 등이 그러한 예에 속한다. 산발적으로 나타나고 있는 이러한 사건들은 당시 우리나라 역사의 전반적인 흐름 속에서만 그 의미가 제대로 이해될 수 있을 것이다.

1873년 대원군이 권좌에서 물러난 후 고종-민비 정권은 긴박한 국제정세에 대해 주체적인 시각을 가지고 능동적으로 대응하기는커녕 오히려 외국 세력에 의존하는 경향을 보였다. 국가의 재정은 세수감소, 국내외 사절의 영송(迎送), 배상금 지불, 현대 문명·시설 도입 등으로 인해 극도로 피폐되어 있었다. 이러한 비용들은 관세와 차관으로 충당되기도 했지만, 그 대부분은 농촌에 의존하고 있었다. 국가는 새로운 명목의 세금으로 농민에게 이중 삼중의 부담을 주었을 뿐만 아니라 세금을 징수하는 향리들의 행패도 막심하여 농민들의 불만은 폭발 직전의 상태에 있었다. 게다가 일본 상인들의 약탈적 무역과 고리대금업은 농민의 경제를 심각하게 좀먹어들어갔으며, 이러한 현실 속에서 절망과 위기를 느낀 농민들이 민란을 일으키기도 하고 화적질로 나서기도 했다.

이와같은 역사적 맥락에서 보면, 새끼내 사람들의 저항은 생존 그것만을 위한 소극적인 몸부림에 지나지 않은 것이며, 동학과 같은 정치적·군사적 혁명으로 이어질 수 있는 소지를 충분히 안고 있음에도 불구하고 동학에는 직접 가담하고 있지 않은 점이 오히려 이상하게 생각될 정도이다. 새끼내 사람들은 빼앗겨버린 토지를 찾으려다 나주 관아에 억울하게 갇혀 있는 동료들을 구하기 위해 나주 동헌을 습격하지만, 그 일로 인해 그들은 천신만고 끝에 처음 가져본 고향땅을 등질 수밖에 없는 처지에 놓이게 된다. 여기서 우리가 짚고 넘어가야 할 것은, 그들 자신이 몸담고 살아갔던 움막들에 불을 질러버리고 산을 넘어가는 새끼내 사람들에게 이 소설의 작가는 아무런 의식적인 목표도 제공하고 있지 않다는 점이다. 그래서 우리는 아무런 목표도 설정하지 않은 채 고향을 떠나버리는 그들의 행위에서 정처없이 떠나는 자들의 단순한 비극을 보게 될 뿐이다. 작가가 새끼내 사람들의 이야기를 이 정도 선에서 끝내고 있는 것은 물론, 그들은 이제 집도 땅도 다 잃어버렸고, 갇혀 있던 동료들도 구해냈으며, 관헌들에게 총질까지 해주었으니 할 얘기는 다 한 셈이라고 생각한 데에서 비롯되는 것은 아닐 것이다. 그리고 민중이야말로 산 역사의 주체라고 생각하는 그가, 그의 주인공들을 자기네들의 집단적인 행동에 어떤 종류의 의식적인 목표를 설정할 만한 능력이 없는 사람들로 보았거나 그들의 노예근성──역사적 경험을 수동적으로만 받아들이는──이 아직도 충분히 극복되지 못했다고 보았을 리도 없다. 그는 오히려 새끼내 사람들이 무(無)에서 자기들의 역사를 창조하였듯이 그처럼 미래의 역사도 창조해갈 수 있는 사람들이라고 생각하고 있을 것이다. 그러므로 우리는 이 작가가 그의 주인공들이 역사의 현장에서 떠나버리는 대목에서 소설을 끝맺고 있는 이유를 작가 자신의 역사이해에 대한 한계에서 비롯되는 것이라고 생각할 수밖에 없다. 이러한 한계는 겉으로 보면 유독 이 소설의 끝부분에서만 나타나고 있지만, 그것은 이 작품 전체의 의미구조를 다시 생각해보게 만드는 심각성을 숨기고 있으며, 이 심각성은 주로 역사를 지나치게 작은 집단의 폐쇄적인 생활 속에 국한시키고 있는 데에서 비롯되고 있다.

　새끼내 사람들의 삶은 집단적 저항으로까지 뻗어가고 있지만, 그들이 몸담고 살아가는 사회는 외부세계와의 충분한 교섭을 갖지 못하는 폐쇄적인 집단으로 나타나고 있다. 『타오르는 강』의 무대에는 웅보의 스승인 홍거사와 그의 친구 양의원을 제외하면 새끼내 사람들에게 바깥세상에서 일어나고 있는 역사적 사건들의 의미를 일깨워줄 만한 인물은 단 한 사람도 등장하지 않는다. 그나마 홍거사는 이들과 한 마을에 살고 있지 않을 뿐만 아니라 세속을 등지고 조용히 살아가는, 역사에서 소외된 지식인 또는 은자의 모습으로 나타나고 있으며 웅보가 어떤 교시를 받고 싶을 때에만 찾아가서 만나는 사람이다. 양의원은 인간미가 넘치는 사람으로 그려지고 있지만, 그 역시 이들과는 멀리 떨어져 살고 있어서 이들이 치료받을 일이 있을 때에만 찾아가서 만날 수 있는 인물이며, 이들에게 별다른 정신적 영향을 주지는 못하고 있다. 만약에 작가가 이 소설의 무대로 설정된 사회의 여건 속에서 이 집단과 바깥세계를 연결해줄 만한 어떤 인물의 필요성을 의식했다면, '모두먹기떼'나 천도교인 또는 그밖의 어떤 인물들을 이 집단에 몇명쯤 가담하게 만들 수도 있었을 것이다. 역사적으로 외부의 영향이 어떤 식으로든 미칠 수 없는 상황에 이 집단이 놓여 있었다면, 새끼내와 더욱 큰 바깥세계의 중개자를 설정하기는 힘들었을지도 모른다. 그러나 당시의 우리 역사에는 외세의 침투와 내정의 부패를 극복하기 위해 일어난 동학혁명이 들불처럼 번지고 있었으며, 지역적으로 보더라도 새끼내 사람들은 이러한 역사운동의 중심부에 인접해 있었다.

이 작품 속에 새끼내 사람들이 동학군과 연결되는 장면이 나오지 않는 것은 아니다. 웅보의 동생 대불이 마을에서 도망갔다가 우연히 동학에 가담하게 된다든가 새끼내 사람들과 동학군이 합세하여 나주성을 공격하는 이야기가 나오고는 있다. 그러나 이들의 만남은 표피적인 데에서 끝나버린다. 대불이 천도교인들과 만나 동학에 가담하는 장면은 나오지만, 그가 마땅히 의식의 눈을 떠갔어야 할 과정이 생략된 자리에 엉뚱하게도 문둥병자가 된 말바우어멈의 비극적 이야기가 상당히 극적으로 끼여들어가 있다. 그리고 새끼내 사람들과 함께 나주성을 공격하던 동학군이 실패하고 떠나기까지 새끼내 사람들과는 아무런 대화도 이루어지지 않으며, 따라서 새끼내 사람들은 그들로부터 아무런 영향도 받지 않은 것으로 나타나고 있다. 그래서 이 소설의 끝부분에는, 고향으로부터 추방당하고 역사로부터도 소외된 집단의 비극이 다소 감상적인 색채를 띠고 드러나 있을 뿐이다. 이 집단에게 어떤 비전을 제시해줄 것으로 기대되는 웅보조차도 불타는 마을을 떠나면서, 울음소리를 내는 영산강을 향해 "할아버지, 죄송해요. 우리가 영산강으로 다시 돌아올 수 있게 도와주세요"라고 빌고 있을 뿐이다.

이들이 떠나가는 해인 1894년의 역사, 우리 역사에 나타난 가장 뜻깊은 민중운동인 동학농민운동을 생각할 때, 새끼내 사람들은 가장 처참한 역사의 희생자임에도 불구하고 그들의 생각과 행동을 통하여 역사의 핵심적인 흐름에 직접 가담하지 못하고 역사의 미아가 되어 있는 것처럼 보인다.

4

우리는 지금까지, 보부상들의 활동을 통해 민중의 물질적 삶의 현장을 끝없이 펼쳐가고 있는 『객주』와 노비에서 풀려난 사람들의 삶이 하나의 집단적 저항으로 수렴되어가고 있는 『타오르는 강』을 통하여 당시 서민들의 생산활동 및 소비생활에 얽힌 사회적 삶의 전모를 살펴본 셈이다. 이들을 통해 재생된 우리의 과거는 결코 밝은 것만은 아니었지만, 그 속에서 살아간 사람들은 엄청난 삶의 고통을 때로는 한없이 내면화시켜가면서 민중적 한을 쌓아가기도 했고, 때로는 그러한 고통을 더욱 능동적으로 소화시켜 삶의 지혜와 해학으로 승화시켜가기도 했다. 우리들이 그러한 정서적 실체를 우리 자신의 것으로 받아들일 수 있는 것은 역사소설들이 재생해낸 과거의 세계에 대한 경험을 통해서이다. 그러나 우리는 한이나 해학 속에서만 살아갈 수는 없으므로, 그러한 마음자리 위에 우리들 자신의 과거와 현재에 대한 좀더 뚜렷한 인식을 쌓아가야 하며, 또 그러한 인식을 토대로 하여 우리가 몸담고 살아가는 현실을 개선시켜갈 수 있는 방향과 폭과 한계에까지도 마음을 기울여야 한다. 그렇게 함으로써만 재생된 과거를 통해 현재적 삶을 한층 완전한 형태의 것으로 가꿔갈 수 있으며, 한으로의 침잠과 역사에 대한 능동적 행위의 유기적인 결합 속에서 욕망의 좌절과 극복이라는 삶의 양면성을 온전하게 경험할 수 있기 때문이다.

그런데 우리가 살펴본 두 소설은 과거를 재생하는 데에는 나무랄 데 없이 탁월하지만, 그 속에서 역사를 경험한 사람들의 역사적 반응이 제대로 드러나지 않았거나 드러났다고 해도 올바른 역사인식의 결과를 충분히 반영하지는 못하고 있다. 이런 점과 관련하여, 역사는 살아있는 힘이며, 인간 역시 살아있는 힘으로써 그들의 역사를 움직여가는 존재라는 것을 구체적인 역사와의 긴밀한 관계 속에서 분명하게 보여주는 일이 역사소설의 가장 중요한 존재이유라는 점을 밝혀두고 싶다.

<한국문학의 현단계 Ⅱ, 창작과비평사 1983>

삶과 역사적 진실성

『장길산』론

1

사회인으로 활동하는 사람이 자신의 생활 속에서 의식하게 되는 모든 현실은 역사적 현실이다. 그러므로 모든 사회인은 그 자신의 행위와 더불어 어쩔 수 없이 역사에 참여하게 된다. 그러나 그의 행위가 역사발전에 보탬이 될 만큼 뜻있는 것이 되려면 거기에 현실의 연원·변화·발전의 방향 등에 대한 이해, 곧 역사의식이 갖추어져야 한다.

이러한 역사의식을 갖춘 사람은 모든 역사를 현재적인 것으로 의식하게 되며, 과거의 사실들 속에서 자신을 자극하고 움직이게 할 만한 의미를 찾아내려 한다. 이와같은 역사의식은 소설을 쓰는 것과 같은 창조적 행위에서는 좀더 필수적으로 요청된다. 황석영(黃晳暎)의 「객지(客地)」가 우리나라 소설문학에서 하나의 획기적인 사건이 될 수 있었던 것도, 노동자들의 비인간적인 근로조건을 적나라하게 파헤쳐 1960년대의 우리나라 노동현실을 생생하게 드러내 보여줌으로써 당대의 역사적 요청을 성실히 반영했기 때문이다. 그는 또한 「한씨연대기(韓氏年代記)」에서는 아무 연고자도 없이 죽은 한 노인의 과거를 집요하게 추적하여 그의 초라하기 짝이 없는 죽음에 넘칠 듯한 역사적 의미를 불어넣기도 하였다.

우리는 '역사'라는 어휘에 내포되어 있는 거시적인 안목으로써 삶의 고통과 진실을 사상해버린 과거의 사실 속에서 정서적 만족감을 얻게 하거나 '지성'이란 어휘 속에 내포되어 있는 관념적 시선을 통해 왜곡된 삶의 현상에 형이상학적 의미를 부여함으로써 우리로 하여금 삶의 긴박감에서 놓여나게 하는, 말하자면 우리의 현실도피적 충동에 탈출구를 마련해주는 그러한 방식으로 씌어진 소설들을 많이 보아왔다. 그러나 황석영은 언제나 우리를 삶의 구체적 현실이나 그것의 '구체적 전신(前身)'으로서의 역사 속으로 이끌어 삶의 진상에 우리를 맞세움으로써 우리의 마음속에 뜻깊은 자각을 심어준다. 그러므로 그에게 있어서 역사란, 현재의 테두리를 벗어나 독자적으로 존재하고 있는 과거 사실들의 연쇄가 아니라 현재 속에 살아 움직이며 현재의 중요한 특성을 이루고 있는 과거 사실에 대한 인식이다. 이 작가가 이러한 역사의식을 가지고 「객지」에서 보여준 현실의식을 과거 우리 민족의 삶에 대한 관심으로 확대시키는 자리에서 우리는 『장길산(張吉山)』이라는 역사소설을 만나게 된다.

『장길산』(초간본: 현암사 1976~83)은 지금(1982년)까지 출판된 3부 중권까지만 하더라도 모두 일곱 권으로 약 2천 5백 면에 달하지만, 아직도 연재중에 있으므로 이 작품을 전체적으로 다루기는 불가능한 상태이다. 그러나 이 소설은 어떤 형식적 완결성에 뜻을 둔 것이라기보다는 한 시대의 민중적 삶의 양상을 전체적으로 드러내기 위한 것이며, 작품의 주제를 이루고 있는 농민의 참담한 생활과 생득권까지 박탈당하고 일종의 도구로 전락된 노비들의 참상, 그리고 그들의 집단적 저항의 양상을 보여주는 데에까지 진전되어 있으므로 작품 속에 나타난 시대적 분위기나 주제에 중점을 두고 논의를 펼쳐간다면 그다지 큰 무리는 생기지 않을 것으로 생각된다.

2

'장길산'은 조선왕조 숙종 때에 활약한 의적의 이름이다. 황석영이 광대 출신인 의적을 주인공으로 삼은 것은 당시의 사회를 편벽됨이 없이 광범하게 드러내는 데에 편리한 점이 많기 때문이기도 하겠지만, 정치의 문란으로 백성이 도탄에 빠졌을 때 빈번하게 발생했던 민중의 반란이라는 보편적 소재를 선택한 결과일 수도 있다. 그러나 엄밀히 따져보면 이 소설에는 특정한 주인공이 없고 그 시대의 여러 계층과 신분에 속하는 모든 사람들이 주인공이다. 이들이 삶을 영위했던 그 시대에는 두 차례에 걸친 외족 침입의 여파로 말미암아 나라 살림이 극도로 피폐해 있었다. 전화로 말미암은 경작면적의 감축은 국가 세입의 감소와 재정 궁핍을 초래하는 한편 양반들의 정권욕을 부채질하여 양반관료의 분열과 파쟁을 더욱 격화시켰다. 그러한 분열과 파쟁은 근본적인 정책문제가 아니라 흔히 왕위계승 문제나 예론(禮論)을 둘러싸고 일어났다. 이러한 대립 속에서 정권은 여러 당파들로 옮겨지다가 숙종연간에는 주로 서인(西人), 그중에서도 송시열을 중심으로 한 노론(老論)의 손아귀에 오랫동안 들어 있었다. 그들은 자기네 자제들을 부정수단으로 과거에 합격시켜 그 지위를 세습시킴으로써 벌열정치(閥閱政治)를 그 시대의 특성으로 만들어놓았다. 그리하여 정권에서 밀려나 낙향한 유학자들이 숙종조 46년간에 세운 서원의 수만 하더라도 무려 274개소에 달했다. '산림(山林)'이라 불린, 과거를 외면한 재야학자들은 이 시대의 유림을 대표하며 백성들의 존경을 받았으나, 이들마저 나라의 회유정책에 말려들어 어용화됨으로써 세간에서는 현실부정적 사상들이 머리를 들기 시작했다. 이와같이 문란해진 정치질서 속에서 하층민에 대한 양반관료들의 착취와 억압이 날로 가열(苛烈)해짐에 따라 상전을 버리고 도주하는 노비들과 삶의 터전을 버리고 산에 들어가서 '녹림당'을 이루는 무리들이 늘어갔다.

이러한 하층민들의 참담한 삶을 바탕에 깔고 『장길산』의 이야기는 펼쳐진다. 정월 대보름을 갓 넘긴 어느 날, 팔려간 남편을 찾아 아이를 밴 무거운 몸을 이끌며 도주하는 한 여비(女婢)가 예성강의 벽란나루를 건너려 하지만, 추쇄하는 포교의 눈을 피하기 어렵게 된다. 이때 광대패의 한 사람인 장충이 그녀를 광대로 변복시켜 나루를 건네주지만, 장충의 보살핌에도 불구하고 그녀는 사내아이를 낳은 후 숨을 거두고 만다. 소생이 없는 장충 부부는 그 아이에게 '길산'이란 이름을 지어주고 애지중지 키운다. 생각이 깊고 건장한 청년으로 성장한 길산은 친구인 갑송과 함께 송화 무더리(水回) 장터에서 악소(惡少) 패거리를 혼내준 것이 계기가 되어 송도 거상 배대인의 행수인 박대근을 알게 된다. 길산을 비롯한 재인말(才人村) 광대들은 박대근의 상단이 난장 트는 일을 도우며 전보다 많은 수입을 올린다. 어느 날 그들은 구월산 고개에서 화적패의 습격을 받는다. 길산에게 붙잡힌 부두목 마감동은 길산과 박대근의 도움을 얻어 잔인한 두목 노가를 죽이고 구월산의 두령이 된다. 상단이 해주에 이르렀을 때, 박대근은 그곳의 상권을 장악하고 있는 신복동의 부하들에게 초주검이 되도록 얻어맞는다. 길산과 갑송은 관권과 결탁하여 온갖 악랄한 짓으로 치부를 해온 신복동을 납치해다가 곤장을 때리고 발가벗겨 길가의 버드나무에 매달아놓는다. 이 일로 하여 쫓기게 된 길산은 포졸 몇명을 죽이고 체포되어 사형선고를 받고 옥에 갇힌다. 감옥에서 세상의 비리 때문에 죽어야 하는 억울한 죄인들을 보면서 길산은 자기의 신분을 뛰어넘는 어떤 신념을 갖게 된다. 박대근의 도움으로 탈옥에 성공한 길산은 온 세상의 감옥을 깨뜨리겠다고 굳게 다짐하며 구월산으로 오지만, 그의 꿈을 실현시키기 위한 능력을 기르기 위해 금강산에 들어가 3년 동안의 수도생활을 마치고 돌아온다. 길산을 맞아들인 구월산의 녹림당은 그들의 판도를 자비령에까지 확대시킨 다음, 흉년이 들어 아사자가 속출하는 서흥과 곡산 등지에서 악질 부호들의 창고를 열어 굶주린 백성들을 진휼한다.

　이상은 이 소설의 3부 1장 2절까지에 나오는 장길산 한 사람만의 행적을 지극히 간략하게 요약한 것이다. 여기에 이어지는 3부 1장 3~4절은 한양을 중심으로 하여 일어난 도둑 무리와 양반을 타도하기 위해 이루어진 노비들의 살주계에 관한 이야기로서 아직은 구월산 녹림당과 아무런 관련 없이 진행되므로, 먼저 3부 1장 2절까지만 살펴보기로 한다. (이후 진술상의 편의를 위해 3부 1장 2절까지의 이야기를 '녹림당 이야기', 3부 1장 3~4절의 이야기를 '살주계 이야기'라 부른다.)

　'녹림당 이야기'는 장길산을 축으로 하는 중심선에 중요인물들의 이야기들이 하나둘씩 얽혀듦에 따라 하나의 커다란 흐름을 이루어 세상의 불의와 그릇된 제도를 무너뜨리려는 방향으로 흘러간다. 이 이야기에는 헤아릴 수 없으리만큼 많은 인물들이 등장하여 당시의 민중적 삶의 전모를 드러내는데 제 나름의 몫들을 담당하고 있지만, 장길산에 버금갈 만한 인물들만 하더라도 줄잡아 10명이나 등장한다. 길산의 가장 절친한 벗으로서 길산과 함께 많은 활약을 하다가 아내의 부정에 충격을 받고 중이 되는 이갑송, 길산에게 개인적인 삶을 뛰어넘는 사회적 삶의 의미를 최초로 일깨워준 박대근, 길산과 함께 탈옥한 후 한강 하구에서 도사공 노릇을 하다가 수적 (水賊)의 두목이 되는 우대용, 양반집의 사노(私奴)였다가 그의 아내를 겁탈한 주인집 서방님을 죽이고 도주하여 구월산 화적패의 두령이 되는 마감동, 과거공부하느라 가산만 탕진하고 자살미수 끝에 녹림당의 일원이 되는 김기, 나무 베는 부역을 하다가 내수사의 종을 때려준 죄로 곤장을 맞은 것에 불만을 품고 달마산에 들어가 그곳의 두령이 되는 강선홍, 잠채잡이 (채금꾼) 유복령에게 속아 깊은 산골에서 노예처럼 혹사당하다가 길산에게 구출되어 녹림당에 들어가는 김선일, 종창에 걸린 창기의 몸으로 산속에 버려졌다가 재인말 총대인 손돌영감에게 구출되어 길산과 사랑하는 사이가 되며 길산이 옥에 갇힌 후부터 파란만장한 인생여정을 살아가는 묘옥, 묘옥을 사모하여 사당패를 따라다니다가 살인까지 하고 패가망신하며 대포까지 만들 만큼 뛰어난 재주를 가진 이경순, 사당패 모가비로서 당진의 거부 유치옥의 집에 감금된 사당패들을 구출하려 화적질을 하게 된 후 그것을 업으로 삼게 된 고달근 등이 그러한 인물들이다. 황석영은 이러한 인물들에게 차례로 시선을 옮겨가면서 그들이 왜 한곳에 정착하여 가족들과 더불어 범상하게 살아갈 수 없게 되었으며, 어떠한 경로를 거쳐 직접·간접으로 녹림당과 관련을 맺게 되었는지를 보여준다. 이러한 과정을 통하여 그는 이 인물들을 삶의 터전으로부터 몰아낸 노비제도의 비인간적인 구조, 과거제도의 부패, 관리들의 가렴주구, 관리들과 결탁하여 온갖 부정한 수단으로 재산을 모으는 악질 부호들의 비행, 광부들을 노예처럼 부리는 잠채꾼의 악랄한 치부 등을 낱낱이 밝혀낸다. 다음에 인용하는 구절은 해주의 상권을 손아귀에 쥔 신복동이 공주에서 아전 노릇을 하던 때의 농민 수탈방법을 밝히는 대목 중에서 뽑은 것이다.

　　신복동이 천래의 간교한 술수를 발휘하여 부정을 하는데 겉으로는 국법에 어긋나는 바가 없었다.

은결(隱結)이라 하여 토지대장에 올리지 않은 논밭을 이용하였다. 잡초가 우거진 황폐한 밭과, 홍수에 무너지고 사태가 난 밭이며, 백성들이 흩어져 내버리고 간 밭을 관아에 기록된 원전의 총결수에 메워놓고서, 기름지고 수확량이 좋은 논밭을 대장에서 빼돌리는 것이었다. 따라서 수확량이 모자라니, 그 과중한 충당량을 백성들에게 메워야 하였다. 세(稅)를 수납할 때가 되면 먼저 온 고을 안에서 가장 좋은 전지만을 뽑아서, 그것은 은결에 빼돌려놓고, 그러고 나서는 황무하고 온갖 나쁜 논밭만을 나라의 세금을 징수하는 대상으로 삼았다. 돈을 받고 부잣집의 풍작된 논밭을 거짓 재해지(災害地)로 보고하고, 그 세를 정말 재해를 입은 가난한 백성들의 논밭에 전가하기도 했다. 또는 재해를 답사할 때에 자기 혼자서 재해를 더 많이 잡아두었다가, 돈을 받고 농군에게 팔아먹기도 했다. 수확량의 잉여분을 모았다가 백성들의 세를 감하여 대신 납부해주고, 그 다음에 변리를 붙여서 곱으로 만드는 법도 있었다. (1권, 205~206면)

이와같이 불의가 횡행하는 세태를 예리하게 파헤쳐가면서 ‘녹림당 이야기’는 전개되지만, 이러한 전개과정은 이야기의 주인공들이 녹림당에 들어가거나 연루될 수밖에 없었던 사정을 밝혀가는 과정이기도 하다. 그러나 황석영은 하층민들의 삶의 현장을 생생하게 그려내는 것으로만 만족하지는 않는다. 그는 오히려 가해자인 탐관오리나 악질 부호들과 피해자인 민중 사이의 역학적인 관계에 더 큰 관심을 기울이고 있다. 그러므로 ‘녹림당 이야기’는 수단과 방법을 가리지 않고 자기들의 이기적 욕망을 채우려는 사람들과, 그들로부터 벗어나서 자신의 정당한 삶을 영위하려는 사람들 사이의 대립에서 빚어지는 팽팽한 긴장감을 띤 채 진행될 수밖에 없다. 피해자들은 가해자를 죽이거나 피해 달아나 같은 처지의 사람들끼리 무리를 이루게 되며, 더러는 화적패가 되고 더러는 구월산의 녹림당과 같은 의로운 도적이 되어 단순한 화적질 이상의 의미를 지닌 사회적인 활동을 펴나간다. 이러한 행위를 작가는 ‘징치’나 ‘구휼’이란 말로 표현함으로써 그들의 행위가 사회적 요청에 따른 정의로운 것임을 암시한다. 이와같은 ‘징치’와 ‘구휼’의 폭을 그릇된 사회제도에 대한 개혁의 의지로까지 발전시켜가는 과정 속에서 우리는 역사발전의 원동력을 의식화된 민중의 생동하는 힘에서 찾아내려는 작가의 열망을 읽을 수 있다.

'녹림당 이야기'는 그 방대한 분량 속에 한 사회 전반에 걸친 다채롭고 풍부한 삶의 내용을 담고 있지만, 그 의미구조는 그리 복잡하지 않다. 녹림당의 인물들에 얽힌 이야기들은 대체로 ① 피해・보복・도주, ② 집단화 및 의식화, ③ 징치 및 구휼의 발전과정을 밟고 있으며, 이러한 이야기들이 유기적으로 연결되어 이 작품의 전체 구조를 이루고 있기 때문이다. 이러한 과정에서 ①은 천대받는 하층민의 생활상을 충실히 묘사해 보여주는 단계이고, ②는 이들이 무리를 이룬 다음 그들의 행위에 도덕적 방향을 부여하는 단계이며, ③은 그들 자신의 도덕적 목표를 실현시켜가는 단계라고 할 수 있다. ②의 과정에서 '의식화' 단계는 암담한 시대를 더욱 혼란스럽게 하는 화적질을 '가난한 백성을 돕는' 의로운 행동으로 발전시키는 데 필수적으로 요청되는 것이므로, 이 부분을 좀더 자세히 고찰할 필요가 있다.

예를 들면, 마감동이 피해를 입고 보복을 하고 도망하여 화적패의 일원이 되기까지의 행위는 다분히 사건에 대한 반응의 성격을 띤 것이고, 이와 같은 사건은 당시의 사회가 안고 있는 제도적 부조리를 척결하지 못하는 한 언제 어디서나 되풀이될 수 있는 가능성을 지니고 있다. 그러나 감동의 생각은 제도를 혁파하는 일에까지는 미치지 못하여 화적질을 하며 살아갈 수밖에 없었지만, 그는 다행히도 박대근과 길산을 만나 인간적 변모를 위한 기회를 갖게 된다. 그는 처음에는 박대근에게서 영향을 받아 사회적・윤리적 의미를 부여받을 수 있는 방향으로 자신의 행위를 발전시켜나갈 생각을 갖게 되고, 나중에는 길산을 지도자로 맞아들인 녹림당을 통하여 그와같은 생각을 실천해갈 수 있게 된다.

그러나 길산은 세 차례에 걸친 경험을 통하여 녹림당의 지도자다운 자질을 형성해간다. 박대근의 언행에 접해가면서 개인적 입장을 뛰어넘는 사회적 삶의 의미에 대한 느낌을 갖게 된 것이 첫째번 경험이고, 신복동 징치 사건으로 인해 옥살이를 하면서 비인간적인 삶의 조건 때문에 불법을 저지르고 원통하게 죽어갈 수밖에 없게 된 사람들을 목격함으로써 제도개혁에 대한 신념을 가슴 깊이 간직하게 된 것이 둘째번 경험이며, 그러한 신념을 실현하기 위한 능력을 갖추기 위해 금강산에 들어가 정신적・육체적 수련을 쌓게 된 것이 셋째번 경험이다. 첫째와 둘째 경험은 우연한 기회에 이루어지지만, 셋째 경험은 그가 앞으로 이루어야 할 일에 비추어 스스로 선택한 것이므로, 길산이 의식화되는 과정 가운데 가장 중요한 부분을 이룬다. 운부대사는 그를 찾아온 길산에게 농사일을 시키며, '일하지 않는 자는 먹어서는 안된다'는 평범한 진리를 깨우쳐주려 한다. 그러나 운부대사의 참뜻은, 살기가 어려워지면 아무데로나 훌쩍 떠나버리는 광대 근성으로써는 농토에 뿌리를 내리고 어떠한 괴로움이라도 견디며 살아갈 수밖에 없는 농부들의 처지를 이해할 수 없으며, 농부의 고통을 몸으로 느낄 수 없다면 길산이 꿈꾸는 미래의 행위는 화적질 이상의 것이 될 수 없다는 것을 깨우쳐주려는 데 있었을 것이다. 그리고 3년간의 수도를 마치고 떠나려는 길산에게 운부는, 천민과 더불어 천민을 위해 살아야 하며, 마음만이라도 그들에게서 멀어질 때에는 차라리 죽어버리는 것이 낫다는 사실을 마음 깊이 간직하게 한다.

구월산에 돌아와 녹림당의 지도자가 된 길산이 맨 처음에 보여준 징치와 구휼은 녹림당의 활동이 단순한 화적질이 아님을 분명히 보여주고 있다. 아사자들이 속출하는 대흉년에 구월산의 녹림당은 서흥의 대부호인 조동지의 창고를 개방시켜 아사 직전의 백성들에게 진휼미를 내어준다. 길산은 조동지를 위협하여 인근 백성들에게 진휼미를 나누어준다는 방을 스스로 써붙이게 하며, 진휼미를 받아간 사람들의 이름을 적어놓게 하였다가 이듬해 수확기에 돌려받을 수 있도록 배려해준다. 이러한 배려는 물론 백성들이 의타심을 갖게 되면 스스로의 힘으로 일어설 수 있는 의지를 잃어버리게 될 수도 있다는 염려에서 이루어진 것이다.

지금까지 우리는 '녹림당 이야기' 가운데 마감동과 장길산의 경우를 통하여 이들이 의식화되는 과정을 살펴보았다. 그러나 이들의 이야기는 어디까지나 여러 가닥의 날실들 가운데 하나에 지나지 않으며 이러한 날실들에 수많은 씨실들이 짜여들어 이야기의 전체 구조를 이룬다. 그리고 작가의 의도는 수많은 날실과 씨실들로 짜여진 피륙의 전체, 다시 말해 당시 사회의 전모를 보여주려는 데 있다.

한 사회의 전체상을 드러내는 데에는 끈질긴 투지로써 많은 이야기만 전개시킨다고 해서 되는 일이 아니다. 아무리 방대한 양의 총체소설일지라도, 세부적인 사실들을 생생하게 드러내면서도 그것들을 하나의 거대한 삶의 구조 속에 조화시켜 사람이 몸담고 살아가는 구체적인 현실로 드러내지 못한다면, 그것은 생명 없는 사건들의 거대한 꾸러미에 지나지 않게 된다. 다행히도 황석영은 세부묘사와 작품 전체의 조화를 대단히 독특한 방식을 통해 성공적으로 이루어내고 있다. 그가 이 작품에서 구사하고 있는 표현 방식은 기본적으로 사실주의적 수법에 가깝다. 디테일을 정확하고 생생하게 그려내는 일은 과거의 사실을 소재로 한 역사소설에서 당연히 요구되는 점인데, 이 작품의 '서장' 첫머리만 보아도 이러한 요청이 충실히 받아들여져 있음을 알 수 있다. 이 대목은 예성강 벽란나루터의 풍경을 묘사한 것이지만, 3백년 전의 나루터 풍경이 여실히 드러나 있을 뿐만 아니라 독자들을 나루터의 분위기 속으로 깊숙이 끌어들일 만큼 생기에 넘치고 있다. 특히 엿장수와 떡장수가 타령조로 호객하는 장면에 이르면, 우리들은 자신이 장터의 한복판에 들어와 있는 듯한 느낌을 갖게 된다. 이러한 장면 묘사는 이 작품의 어느 곳에서나 쉽게 발견된다. 나루터, 장터, 광대들의 놀이판에서부터 괴질이 창궐한 마을, 광부들이 노예처럼 혹사당하는 광산, 아사자가 널려 있는 거리에 이르기까지 당시 사회의 이모저모가 대단히 사실적으로 묘사되어 있다.

그러나 이와같은 사실적인 묘사를 통해서도 포착하기 힘든 세계가 있다. 그것은 구체적인 역사를 살며 그것을 움직여가는 사람의 마음, 다시 말해 민중의 심층의식적인 세계 또는 집단무의식적인 세계이다. 황석영은 이러한 세계를 그의 작품 속에 형상화할 때에 비로소 과거의 사실들이 생명을 얻어 살아 움직이게 된다는 것을 깊이 깨닫고 있는 듯하다. 그는 사실적인 묘사의 사이사이에 설화, 민담, 민요, 그리고 옛사람들의 생활기록 등을 알맞게 변형시켜 삽입함으로써 그 시대 사람들의 사고방식이나 시대적인 분위기를 자연스럽게 드러내고 있다. 특히 시대상황을 폭넓고 깊이있게 드러내기 위하여, 민중의 입을 통해 전해내려오다가 『동패낙송(東稗洛誦)』이나 『청구야담(靑邱野談)』 등으로 집성된 민화들을 작품 속의 일화적 사건들로 활용하고 있는 점은 그의 독특한 표현수법으로 지적될 수 있을 것이

다. 한가지 예를 들면, 부정수단으로 재산을 긁어모으기 위해 신복동이 공
주의 도서원(都書員)이 되는 장면에서 작가는 『청구야담』 3권에 실려 있는
「입리적궁유성가업(入吏籍窮儒成家業)」이란 민담을 거의 원형 그대로 이용
하고 있다.

이와같은 옛글의 이용은 옛사람들의 말로써 그들 자신의 세계를 표현하
게 하는 방식으로서 이 작품의 여러 곳에서 발견되고 있다. 이러한 방법에
는 물론 득(得)과 실(失)이 따른다. 유익한 면으로는 시대적 분위기를 표
면적으로만이 아니라 정신문화적 측면까지도 심층적으로 드러내줄 뿐만 아
니라 문화전통의 전승이라는 기능까지 담당할 수 있다는 점이고, 불리한
면으로는 사상적으로나 예술적으로 깊이 해석되지 못한 옛글들을 도입함으
로써 작품의 예술적 창조성에 손실을 초래할 가능성도 있다는 점이다. 이
러한 방법은 또한 민담·전설·민요 등에 깃들여 있는 옛사람들의 생활감
정을 이해하는 데 큰 도움을 주지만, 그것들 속에 깃들여 있는 집단무의식
적 메커니즘이나 과장된 표현으로 하여 창조적 작품에 금기로 되어 있는
우발성을 초래함으로써 작품의 주제적 통일성을 흐려놓을 수도 있는 것이
다. 그러므로 이러한 방법은 과거의 문화유산에 대한 작가 자신의 비판적
연구를 거친 후에, 그것도 작품 속의 상황과의 유기적 연관성에 대한 세심
한 배려 아래 사용되어야 한다. 황석영은 다행스럽게도 그러한 삽화들을
알맞은 곳에 적절히 사용함으로써 시대상을 심층적으로 드러내는 데 많은
효과를 얻고 있지만, 그러한 방법이 너무 빈번히 사용됨으로써 서술의 긴
박감이 이완되는 점도 없지 않다. 이런 점은 작가가 '현재와 과거의 대화'
로서의 역사를 드러내는 데 있어서 과거 쪽에 너무 많은 것을 양보함으로
써 발생한 결과라고 볼 수도 있을 것이다.

역사소설에서 요구되는 역사의식은 과거 사실의 현재적 수용을 위한 재
해석을 위해 필요한 것이다. 특히 현재의 상황을 과거에 투영시킴으로써
현재에 내재한 역사적 의미를 좀더 풍부하고 명백하게 드러내어 현재의 역
사적 흐름에 어떤 질적인 변화를 가져올 것을 목적으로 삼는 역사소설의
경우에는 과거 사실의 표면적·심층적 재구성만으로써 그 목적이 완결되는
것은 아니다. 그러므로 사실을 재구성하는 작가의 방법에는 사실의 참뜻을

드러내기 위한 어떤 조건이 요청될 수밖에 없다. 그러한 요청의 한가지로 과거의 구체적 삶을 드러내되 편벽됨이 없이 전체적으로 드러내야 한다는 점을 들 수 있다. 이것은 모든 부분적 사건의 참뜻은 좀더 큰 상황과의 연관 속에서만 드러난다는, 사건 자체가 지니고 있는 속성 때문에 요구되는 태도이다. 황석영은 이러한 점을 대단히 날카롭게 의식하고, 그것을 성취하기 위해 엄청난 노력을 기울이고 있다. 광대·장사꾼·악질 부호·창기·노비·광부 등의 삶을 광범하고도 생생하게 재생함으로써 하층민들의 삶의 진상을 전체적으로 드러내는 데 성공하고 있을 뿐만 아니라, '살주계 이야기'에서는 권력의 상층부에 앉아서 나라일을 보살피고 의논하고 결정하는 사람들의 사고방식과 권력다툼에까지 상당히 깊은 통찰을 가하고 있기 때문이다.

황석영은 역사는 피상적으로 보면 소수의 지배자들에 의해 이끌려가고 있지만 그것을 움직이고 발전시켜가는 진정한 힘은 민중 속에 내재해 있으며, 민중의 역사 이해와 각성을 통해 어떠한 암담한 현실이든 올바른 방향으로 발전될 수 있는 가능성을 지니고 있다고 믿고 있는 듯하다. 그러므로 이 작품의 주역에 가까운 인물들이 대부분 하층민이라는 사실은 지극히 당연한 일이다. 그러나 이 작품 속에 한가지 아쉬운 점으로 지적될 수 있는 것은, 당시 사회의 민중 대다수가 농민이었음에도 불구하고 농민의 삶을 그들 자신의 눈을 통해 구체적으로 드러내는 데에는 철저하지 못했다는 점이다. 이 작품은 상당한 부분에서 농민의 가난과 굶주림을 보여주고는 있으나, 그 대부분이 탐관오리나 부호들의 착취적 수법이나 녹림당의 구휼 장면을 묘사하는 장면에서 삽화적으로 다루어지고 있을 뿐이다. 이러한 사실은 작가가 여러 사건들을 녹림당의 조직에 수렴시켜가기 위해 녹림당 두령들의 에피쏘드를 중심으로 이야기를 전개해간 데에서 비롯되었을 것으로 생각된다.

'녹림당 이야기'에는 하층민의 참담한 삶의 현장들이 아주 사실적으로 묘사되어 있지만, 녹림당 두령들의 인물과 행동은 대단히 영웅적으로 그려져 있다. 금강산에서 3년 동안 수도생활을 한 길산은 말할 나위도 없고, 뛰어난 칼솜씨를 지닌 감동과 박대근, 아름드리 나무를 뿌리째 뽑아낼 만큼 엄

청난 힘을 가진 갑송, 싸우는 두 마리의 황소를 뜯어말리고 멧돼지를 혼자
의 힘으로 때려잡은 선홍, 심지어는 돌팔매의 명수 김선일이나 자고(크기가
작은 표창의 일종—필자)를 잘 날리는 강말득에 이르기까지 엄청난 힘과 무
예를 지닌 자들이며, 이들은 처음 만나게 되는 장면에서 으레 흥미진진한
격투나 힘겨루기를 보여준다. 그리고 자기보다 강한 자에게는 군소리없이
굴복한다. 이와같이 과장된 인물의 창조는 무력해진 대중의 영웅에 대한
요구와 억눌린 자아로부터의 해방감을 갈구하는 도피적 성향을 반영한 것
이라고 볼 수 있다. 이렇게 탁월한 인물들이 보여주는 행위는 행위 자체의
극적인 성격을 통해 우리의 억눌린 무력감을 해방시켜 흥미진진한 사건 속
으로 몰입하게 하는 특성을 지닌다. 그러므로 독자들은 이들이 벌이는 영
웅적 행위나 상상을 초월한 성적 유희 속에 몰입되어 자신의 억압적인 상
황을 망각해버린다. 그러나 독자들은 이러한 자기망각적 세계의 반대편에
서 어찌 보면 무미건조하기 짝이 없는 현실에 몸담고 살아간다. 이렇게 생
활 속에서 자신의 나약함을 부지불식간에 느낄 수밖에 없는 이들은 영웅적
인 인물들의 기상천외한 행동에 몰입되어 순간적으로나마 자신의 무력감에
서 해방될 수는 있다. 그러나 이러한 해방감은 문제의 근본적인 해결에서
비롯된 것이 아니므로 그들의 나약한 소시민근성을 근본적으로 치유해줄
수는 없는 것이다.

이 작품 속의 영웅주의적 요소는 1960~70년대에 우리나라 대중 독서계
를 석권한 무협소설류와 사이비 역사소설들에서 암암리에 영향을 받은 결
과로 생각된다. 「객지」의 작가인 황석영에게까지 이러한 영향을 끼친 왜곡
된 인간본성은 우리가 살고 있는 현대사회의 비인간적 메커니즘에서 연유
되는 것인만큼 그 근원을 파헤치기는 그리 쉬운 것이 아니다. 에리히 프롬
에 의하면 도피의 메커니즘은 고립된 인간이 느끼는 불안에서 유래한다.
그러나 자아와 세계 사이의 결렬을 망각함으로써 그러한 고립감을 극복하
려는 사람은 스스로의 판단을 포기한 상태 속에서 자기 이외의 사람이나
제도에 의존하려는 경향을 드러내며, 이러한 노력에서 도피의 메커니즘이
발생한다. 그러므로 1960~70년대를 통하여 우리나라 대중 독서계에서 무
협소설이 많이 읽혔다는 사실은 이 기간 동안에 그러한 비인간적 의존관계

가 심화되었다는 사실을 반영한다. 우리는 그러한 의존관계를 유발한 사회현상들을 이 기간의 역사 속에서 찾아볼 수도 있다. 그 가운데 가장 대표적인 것이 대기업의 육성으로 인한 중소기업의 몰락에서 비롯된 경제규모의 양적인 확대와 분배윤리의 질적인 퇴보 현상이다. 이러한 사회경제적 불평등 속에서 경영자와 근로대중 사이의 융화가 이루어지기 어렵게 되어 많은 사람들이 대재벌이나 정치권력에 의존하고자 하는 심리적 충동에 사로잡힐 수밖에 없었을 것이다. 그러므로 1960~70년대의 대중적 독서풍토는 이와같이 크고 힘있는 것의 비호 아래에서 고립감을 벗어보려는 왜곡된 욕망을 무협소설이나 사이비 역사소설 쪽에서 흡수한 데에서 이루어진 것이라고 볼 수 있다.

'녹림당 이야기'의 영웅주의적 측면에는 그것이 의식적이었건 무의식적이었건 간에 「객지」에 나타나 있는 현실의식까지 부정하는 요소가 깃들여 있는 것이 사실이다. 그러나 작품 속에서 영웅주의를 추방하라는 것은 인물을 평균화시키라는 이야기는 아니다. 그것은 인물을 환경에서 분리시키거나 행동 자체의 미학을 위해 인물로 하여금 환경을 초월하는 능력을 발휘하도록 해서는 안된다는 뜻이다. 그러나 이 작품의 영웅주의적 측면은 녹림당으로 수렴되는 두령들의 이야기에서만 주로 나타나고 있으므로, 이 작품의 전체적인 분위기에는 그리 큰 영향을 미치고 있지는 않다. 특히 3부 1장 3~4절의 약 5백 면에 달하는 '살주계 이야기'는 이러한 결함을 완전히 극복하고 있을 뿐만 아니라 역사소설의 장점을 고루 갖추고 있다. 이 '살주계 이야기'는 하나의 장편소설로 독립되어도 손색이 없을 만큼 완벽한 형식미와 내용을 갖추고 있으므로, 따로 분리시켜 살펴볼 만한 충분한 가치를 지니고 있다.

3

광주(廣州) 삼전나루에서 과부인 사촌누이와 조카들을 돌봐주며 살아가던 산지니는, 보쌈을 당한 누이를 구출하면서 판관 한씨를 살해하고 도주, 검계의 일당이 되어 고달근과 함께 행동한다. 인심이 흉흉해진 한양을 피

해 하향하던 이인하 포도대장 집의 이삿짐을 덮치는 등 도둑질을 하던 그
는 달근과 함께 포도종사관 최형기의 부하들에게 쫓기다가 남산에서 살주
계원들을 알게 된다. 양반들을 쳐부수고 천민의 나라를 세울 것을 목표로
하여 계를 짠 이들은 포졸들의 복처(伏處)를 습격하고 성내에서 둘째 가는
부자인 이진사 집을 턴다. 살주계 탐색에 혈안이 된 최형기에게 정체가 탄
로난 북청이 죽음을 당하고, 집에서 붙들린 억기가 동료들을 배신하여 살
주계의 모임은 최형기의 습격을 받는다. 남은 자들은 다시 활동을 개시하
고, 산지니는 배신자 억기를 살해한다. 살주계원들은 행수인 중길의 지휘
아래 사람들 눈에 잘 띄는 곳에 방을 써붙이거나 살포하여 백성들에게 그
들의 뜻을 알린다. 포졸에게 붙들린 계원 하나는 자결하고, 그들의 모임장
소가 다시 발각되자 그들은 검계의 본거지인 솔부리로 피신한다. 그러나
그동안 사촌누이 집에 다녀온 산지니는 최형기에게 체포되고, 살주계가 양
반들의 사주에 의한 것이라고 거짓 주장하여 자신의 사형 집행을 앞당긴
다.

위의 간략한 줄거리에서 알 수 있듯이 '살주계 이야기'는 노예근성을 떨
쳐버린 노비들이 인간다운 삶을 찾기 위해 투쟁하는 이야기이다. 노비들이
스스로 판단하는 힘을 가지고 자기들의 주인은 자기들 자신일 수밖에 없다
고 생각할 때, 그들은 자기들의 삶을 억압하는 사회구조를 전면적으로 부
정할 수밖에 없으며, 비인간적인 제도의 비호 아래서 안일하고 부패한 삶
을 영위해가는 양반들을 타도하지 않고는 그러한 제도를 혁파할 수 없다는
판단에 이르게 된다. 이와같은 살주계원들의 생각은 그들의 마음속에서 끓
어오르는 인간다운 삶에 대한 욕망에서 비롯된 것이므로, 그것은 지극히
소박한 대로 정당한 것이다.

   "어떻게 남의집살이를 하면서 그런 계를 짤 수가 있었나요?"(산지니의 말—
  인용자)
   "비록 하천으로 태어나 대물림으로 가축같이 살아왔으나, 우리들도 사람이
  오. 사람 사는 세상에 어찌 마음이 없을 수가 있겠으며, 마음이 있는데 어찌
  또한 뜻이 없겠소. 우리는 한해 두해의 한이 아니라 수대에 걸쳐 양반들에게

당한 포한이 맺혀서 서로 팔려가며 헤어져서도 처자식 혈육들에게 자기의 설
움을 전하곤 해왔지요. 나두 우리 모친이 죽던 일을 생생히 기억하구 있소이
다. 내게는 같은 배로 태어난 아우들도 있지만 모두 아비가 누구인지 모르고
또한 철이 들기 전에 헤어져서 어디서 뭘 하며 사는지를 모르오. 나는 다행히
목씨 가문의 씨종이라 어머니와 함께 살 수가 있었지요. 어찌 이런 일이 나
하나뿐이겠소. 나는 다른 세도가의 하인들처럼 주인의 장사일에 나다니기 시
작하고 난전을 따라다니며 재산 늘리는 일에 열중하였소. 알다시피 한양 근처
의 동막 삼개 서강 그리고 삼전나루 송파 칠패 이현 등지의 난전꾼들의 반수
가 우리 같은 남의집살이하는 종복들이우. 자연히 눈에 뜨여지게 마련이지요.
살주계가 처음 이루어진 것은 작년 그믐께입니다. 그때에 모신네 주막에서 중
길이와 저희들 십여 명이 모여서 고기값이라도 하고 죽으리라 결심하게 된 것
입니다. 지금은 검계의 계원들과도 서로 닿아서 보다 큰 일을 한판 벌이리라
작정하구 있지요. 저는 잘 모르지만 중길이는 한양에서 울분을 숨기고 사는
선비들과도 안다구 합디다."(북청의 말—인용자) (7권, 41면)

노비들의 처지와 살주계가 이루어진 내력을 밝히는 북청의 말을 듣고,
산지니는 자신의 정상적인 삶의 파탄이 어디에서 연유되었는지 깨닫게 된
다. 그리하여 단순하고 열정적인 성격의 소유자인 그는 살주계를 도와 열
성적으로 활동하다가 자기의 몸을 빌려 미륵불이 현신했음을 느끼며 형장
의 이슬로 사라질 수밖에 없는 고귀한 삶을 선택한다. 그러나 아전의 아들
로 태어난 최형기와 같은 인물은 자신의 굴욕적인 경험에 대해 건전한 반
응을 보이는 대신 아무도 자기에게 수모를 줄 수 없는 높은 지위에 앉으려
는 열망을 불태우며 온갖 수모를 견디면서 무예를 익히는 한편 온갖 계략
을 동원하여 포도종사관 자리를 따낸 다음 살주계 토벌에 혈안이 된다. 산
지니와 최형기의 인물 비교를 통해 우리가 알 수 있는 것은 당시 사회체제
의 근간을 이루고 있던 신분제도가 이 두 인물의 역사적 경험에 대한 반응
을 극단적인 선택으로 몰아갈 만큼 경직된 것이었으며, 따라서 봉건제도
해체와 근대사회로의 성장의 기초가 되는 신분제도의 혁파에 대한 움직임
은 정치의 주역인 양반들 내부의 자각을 통해 이루어지기는 어려웠다는 사
실이다. 이런 점에서 볼 때, 노비들의 신분해방을 위한 끊임없는 저항은

그들 자신의 인간다운 삶을 위한 투쟁이었을 뿐만 아니라 당시 사회의 비인간적인 틀을 부수고 그것을 근대사회로 발전시키는 중요한 원동력이었음을 알 수 있다.

이러한 역사적 의미를 지닌 '살주계 이야기'에서 특히 주목을 끄는 것은, 그들이 양반집을 습격하는 데에만 힘을 기울이지 않고 생명의 위협을 무릅쓰면서까지 사람들 눈에 잘 띄는 곳에 방을 써붙이거나 전단을 살포하는 방식으로 자기들의 뜻을 사회화시키려는 노력을 병행하고 있다는 사실이다. 이러한 방식은 칼로써 한두 명의 악질 부호를 징치하는 것보다 훨씬 중요한 정치사회적 의미를 지닌 것이다. 여기서 황석영은 이들의 뜻이 민중 속에 어떠한 양상으로 심화되어가고 있는지를 보여주기 위해 숙수(熟手)인 개천의 이야기에 미시적 조명을 가하고 있다.

양반의 세상이 끝났다는 소문이 낭자한 한양에서 대갓집 상례나 혼례에 다니며 품을 팔던 개천은, 어느 대가에서 일을 마치고 하인들의 잡담에 끼여들었다가, "세상이 바뀌면 양반은 상놈이 되고 우리는 양반이 될 판인데, 그러면 나는 이 댁 아씨나 들쳐업구 버젓하게 한양에서 살련다"는 말을 한 것이 화근이 되어 검계의 일당으로 몰려 체포된다. 갖은 고문을 당하던 중 그는 자기가 차라리 정말 검계나 되었으면 좋겠다는 생각을 갖게 되어 검계로서 죽기를 자청한다. 개천이 검계가 아님을 알게 된 최형기는 그를 이용하여 살주계를 유인해내는 등 교활하게 써먹는다.

> 최형기는 빙긋이 웃고 나서 이대장에게 속삭였다.
> "우리 좌포청이 죄 없는 자를 죽여서 인명을 가벼이 한다는 공론이 돌아서는 안되겠지요. 그러나 양반들은 또한 그자가 죽어서 없어지기를 바라구 있습니다. 문제는 우리가 소문을 잘 조정해야지요. 태형을 가한 뒤에 포청에서는 일단 내보냅시다. 그러구 나서 사람을 뒤따르게 하여 없애버리지요. 우리는 이미 방송했으나, 양반들이 징치한 것으로 되지요. 방송하여 상민들의 원망을 없이하고 또한 그가 죽으니 양반들은 당연하다 여길 것입니다. 자연히 양반을 능멸하는 자들에 대한 경계도 되겠지요. 여하튼 우리는 개천을 유용하게 썼습니다."(7권, 272면)

이러한 계략도 모른 채 방면된 개천은 그가 아는 색주가에서 저녁을 얻
어먹던 중 최형기의 자객에게 마당에 끌려나와 살해되고 만다. 검계 일당
으로서의 뜻있는 죽음조차 허락되지 않은 개천의 피살은 아무런 힘을 갖지
못한 천민의 무의미한 죽음이어서 더욱 처절한 느낌을 자아낸다. 그러나
자기 죽음의 의미를 깨닫게 되는 산지니의 죽음에서 우리는 미륵사상을 통
해 무의미한 죽음의 비통함을 극복하는 감동적인 장면을 보게 된다.

산지니는 문득 어떤 생각이 지나쳐서 그에 어울리지도 않게 아이처럼 빙긋
웃었다. 그것은 이런 저자 한가운데서, 아이들의 조롱 가운데 저희를 내리누
르는 관헌들 앞에서, 영문도 모르고 공(짜) 구경에만 정신이 팔린 무수한 백
성들의 놀란 눈알딱지 앞에 잘려나갈 그의 목과 몸뚱이는 바로 미륵의 것이라
는 소박한 깨달음이었다. 미륵은 언젠가 오시는 게 아니라 우리의 넋 가운데
시시때때로 찾아들어 이렇게 잠깐 당신을 현신시키고는 넘어진 내 고깃덩이를
넘어 다른 넋으로 찾아가신다. 미륵은 내게 왔다. 미륵은 언제나 이 자리에
있다. 그의 등판이 어째서 둥근 불덩이로 지져졌는가를(검계원들은 어깨를 불로
지져 그들이 검계임을 표시한다―인용자) 산지니는 겨우 알아차렸던 것이다. 미
륵이 두터운 살을 뚫고 전신으로 퍼져가는 아픔이었다. (7권, 370면)

황석영은 1부에서는 풍열스님의 입을 통하여, 그리고 2부에서는 운부대
사의 입을 통하여 세상 개조를 위한 사상으로서의 미륵사상을 보여주었으
나, '살주계 이야기'에서는 산지니의 죽음을 통해 미륵의 현신을 보여줌으
로써 당시의 민중들에게 널리 전파되어 그들의 현세적 삶의 고통을 이겨내
게 해준 미륵사상의 진면목을 보여주고 있다. 산지니의 죽음은 그릇된 제
도에 온몸으로 저항함으로써 보편적 가치의 체현을 보여준 것으로서, 진정
한 비극미는 한계상황에 부딪혀 좌절함으로써 초월하여 포괄자(Umgreifen-
de)를 만나게 되는 데에서 비롯된다는 야스퍼스의 비극론을 충족시켜줄 만
큼 감동적이다. 그러므로 이 이야기는 독자들에게 진정한 비극만이 줄 수
있는 카타르시스를 제공할 뿐만 아니라 진실한 삶에 대한 상승적 열망을
불러일으켜준다.

'살주계 이야기'는『조야회통(朝野會通)』에 기록된 숙종 10년 9월조의 검

계·살주계 사건과 『조선왕조실록』에 기록된 숙종 14년 8월 1일조의 미륵신앙 사건이라는 역사적 사건을 소설화한 것이다. 황석영은 이 '살주계 이야기'를 통하여 당시 하층민의 생활상을 생생하게 그려내면서 사상적으로나 예술적으로 완숙한 경지에 도달한 역사소설의 진수를 보여주고 있다. 이 이야기가 소설적 성공을 거두게 된 가장 큰 이유는, 작가의 관심이 하층민 자체에만 쏠려 있지 않고 그들의 역사적 경험과 거기에 대한 반응으로서의 저항적 행동에 기울여짐으로써, 영웅적인 능력을 가지고 있지 못한 군소인물들이 자기들의 인간다운 삶을 위하여 끈질긴 투쟁을 전개함으로써 역사적 진실성에 몸담고 있음을 여실하게 드러내준 데에 있다.

4

이 글의 첫머리에서 이미 살펴보았듯이 우리의 삶의 현실은 역사적 현실이다. 그러므로 삶의 진실성을 보여주려는 일반 소설과 역사적 삶의 진실성을 보여주려는 역사소설 사이에는 어떠한 본질적인 차이도 있을 수 없다. 앞에서 '녹림당 이야기'의 영웅주의적 기미를 지적한 것은 옛사람들의 삶도 우리들의 삶과 본질적으로 다른 것이 아니라는 것을 강조한 것에 지나지 않는다. 옛사람들의 삶은 어떠한 경우에도 현대인의 정서적 만족이나 도피적 성향을 위해 왜곡되어서는 안되는 것이다. 이러한 점에서 볼 때, 역사소설의 성패는 옛사람들의 삶을 왜곡시키지 않고 우리의 삶의 의미를 풍부하게 드러내줄 수 있도록 그것을 생생하게 재생시켜주는 데 달려 있다고 해도 지나친 말은 아닐 것이다.

지금까지 출판된 3부 중권까지의 내용에서는 '녹림당 이야기'와 '살주계 이야기'가 아무런 연관 없이 진행되고 있으므로, 불가피하게 이 두 이야기를 따로 떼어서 고찰할 수밖에 없었다. 그러나 이 두 이야기는 앞으로의 전개과정에서 밀접하게 연결되어, 농촌과 도시의 의식화된 하층민들이 거센 힘으로 뭉쳐 그릇된 제도를 혁파하기 위한 그들 나름의 뜻있는 행동을 펼쳐갈 것이다. 그리고 이들의 저항이 도달할 수 있는 가능한 영역과 한계, 다시 말해 이들이 다른 하층민과 그들을 현실적으로 지배하는 양반관료들을 움직여 그들의 역사에 영향을 미칠 수 있는 폭과 한계가 작가의 역사적 안목과 예술적 표현능력에 힘입어 생생하게 표출되어갈 것으로 생각된다.

<한국문학의 현단계 Ⅰ, 창작과비평사 1982>

분화된 역사인식과 휴머니즘의 파탄

홍성원 장편소설 『먼동』 1~6

1 역사소설도 분명히 소설이라는 예술적 장르에 속하기에 그 나름의 논리와 내적 규제를 지니고 있을 터인데, 왜 그런지 우리는 역사소설에서 가당찮게 많은 자유와 더러는 방종까지 누리려 한다. 이러한 경향은 특히 90년대의 시작과 더불어 크게 기세를 떨치게 되었고, 주인공이 귀신과 함께 전국토를 유람하는 내용이 담긴 역사소설이 수백만부 팔려나가는 기현상까지 빚어지고 있다. 이처럼 옛날이야기와 소설 사이의 경계마저 스스로 허물어버린 기이한 변종들이 과거라는 끝없이 넓은 시간과 공간을 넘나들며 온갖 종류의 통속적인 욕망들을 실어나르고 있다. 그러기에 아직도 본격적인 역사소설들이 줄기차게 씌어져 나오고 있다는 사실이 오히려 이상하게 느껴질 지경이다. 이러한 현상에 대해서는 70년대 이후 우리의 역사현실이 과거의 역사적 사실을 통해서나마 자기를 표현할 수밖에 없을 만큼 각박한 것이었고, 그러한 현실에의 대응에서 태어난 문학적 표현들이 하나의 커다란 흐름을 이루며 지금까지 이어져오고 있으리라는 추측이 가능하기는 하다. 그러나 요즈음 우리 사회에는 역사소설을 사이에 두고 작가와 독자 사이에 조성되어 있는 불건강한 관계로 인해 본격적인 역사소설들에도 모종의 불성실과 통속성이 침윤되는 경향마저 보이고 있기에, 이 시점에서 우리는 역사소설에 대한 마음가짐을 새롭게 다잡아야 할 필요성을 느끼게 된다.

홍성원(洪盛原)의 장편소설 『먼동』(문학과지성사 1993)은 우리 현대사의 가장 중요한 사건이라고 할 수 있는 국권상실과 3·1운동의 역사적 의미를 천착함으로써 본격적인 역사소설의 흐름에 가세하고 있다. 이 소설에 대한 논의에 앞서, 우리는 먼저 어떤 역사소설을 놓고 '역사성 또는 역사적 의미'라는 말과 관련하여 두 가지 질문을 던져볼 수 있다. 하나는 작품 자체의 역사성에 관한 것으로 작가가 왜 이 시대에 그러한 역사적 사실을 소재로 선택해야만 했는가 하는 것이고, 다른 하나는 그러한 소재에서 작가가 어떠한 역사적 의미를 찾아내고 있는가 하는 것이다. 이 두 질문은 작가가 소설을 쓰기 전부터 그것을 완성하기까지 그 스스로 끊임없이 되풀이하는 것이므로, 그 자신의 주제의식이라는 하나의 의도 속에 이미 내재해 있는 것이기도 하다. 그 다음으로 우리가 던져볼 수 있는 질문은 작가가 그러한 주제의식에 어떠한 문학적 형상을 부여하여 얼마만한 성공을 거두고 있는가 하는 것이다. 이 질문에 대한 답은 일차적으로 독자들이 느끼는 감동의 크기와 깊이에 따라 다양하게 나타날 수도 있겠지만, 기본적으로 소설 일반의 생성과 발전의 역사를 통해 소설의 본질로서 이미 규정되어 있는 최소한의 객관적 기준과 특정한 평자의 주관적 견해에 따라 이루어질 수밖에 없을 것이다.

[2] 작가의 주제의식에 대한 질문은 '무엇을 왜 썼는가' 하는 말로 요약될 수 있다. 『먼동』은 이른바 '대하소설'이라는 말에 손색이 없을 만큼의 양 —— 모두 여섯 권으로 2천 면에 가까운 분량 —— 으로 20세기의 첫머리에 놓인 20년간의 우리 민족사를 다루고 있다. '작가의 말'을 빌리면, 이 "시기는 우리 역사상 가장 참담하며 슬프고도 노여운 시대다." 나라 전체를 빼앗겨 다른 나라의 식민지가 된 것은 이때가 처음이기 때문에 그렇다는 것이다. 그런데 역사에 관심이 있는 사람들 가운데 많은 사람들이 이처럼 어두운 역사에 "실망하고 낙담하여 역사적 허무주의와 냉소주의에 빠지기" 쉽다는 것이 작가의 생각이다. 따라서 작가는 "수많은 개인들의 작은 삶" 속에 살아 숨쉬고 있는 "그들 나름의 격렬한 몸짓"을 그려냄으로써 "역사의 부정적인 진행을 보상하는 … 역설적인 교훈을" 이끌어내기 위해 이 소

설을 썼다고 밝히고 있다.

이처럼 뚜렷한 주제의식을 가지고 씌어진 『먼동』에서는 역사를 보는 주
체가 세 갈래로 분화되어 나타난다. 작가는 양반·중인·노비 세 가계가
겪는 개인사적·가족사적 변화과정을 살피면서 이들의 삶과 의식에 투영된
당대 역사의 의미를 그들 나름의 서로 다른 시각으로 드러내고 있다. 이러
한 시각의 설정은 다양한 계급이 존재하는 사회에서 역사는 중층적 구조와
성격을 지닐 수밖에 없으므로 서로 다른 신분과 입장에 따른 조명을 통해
서만이 그러한 역사의 의미가 제대로 드러나게 될 것이라는 작가 나름의
생각을 반영하고 있는 듯하다. 이러한 삼분법의 사회과학적 타당성 여부를
문제삼지 않는다면, 이 세 가계가 지닌 계급적 특성을 비교적 명징하게 드
러내고 있는 『먼동』은 당대의 사회를 입체적으로 그려내는 데 어느정도 성
공을 거두고 있다. 양반계급에 속하는 김효순 대감댁 사람들은 적극적이건
소극적이건 모두들 조선의 독립을 바라고 있는데, 이것은 물론 일본에 의
한 국권상실로 인해 그들이 누대로 누려온 계급적 특권이 위협받고 있다는
양반계급의 위기의식을 반영하는 것일 터이지만, 이러한 사실을 그들 스스
로 의식하고 있는 것으로는 보이지 않는다. 중인계급에 속하는 박종학 산
사(算士)댁 사람들은 역사를 비교적 현실적이고 객관적인 시각으로 보고
있다. 광혜원에서 공부한 후 양의(洋醫)가 된 인섭(박종학의 아들)은 그의
직업상의 특성을 통해 이 소설에서 다양한 신분과 계층의 매개적인 역할을
하고 있고, 그의 숙부 승학은 1896년에 이미 의병을 일으킨 경험을 지닌
인물로 양반계급의 특권의식을 뼈저리게 느끼고 있으며 일본군의 막강함을
결코 간과하지 않는 객관적인 안목을 지니고 있다. 노비계급에 속하는 송
근술의 가족들은 그들에게 계급적 굴레를 강요한 조선에 대해 아무런 의무
감도 느끼지 않기 때문에 그들이 처한 상황에 따라 친일파가 되기도 하고
독립투사가 되기도 한다. 근술과 그의 딸 쌍순(후에 '보경'으로 이름이 바
뀜)은 친일을 통해 그들 자신의 삶의 목표를 추구하게 되고, 필배(쌍순의
쌍둥이 오빠)는 의병을 거쳐 만주독립군으로 활약하게 된다.

이처럼 신분에 따른 각양한 삶과 역사의식의 분화 현상만을 드러내기 위
한 것이라면, 이 소설의 기본 구도는 어느정도 효과적인 것이라고 생각된

다. 그러나 이러한 구도는 실제의 역사뿐만 아니라 작가 자신이 선언한 의도까지 상당히 굴절시키고 있다. 작가는 역사를 서로 다른 시각에서 보여주려 노력한 나머지 동일한 사건에 대한 반복적 조명과 누구나 알고 있을 만한 역사적 사실에 대한 평면적 서술을 거듭함으로써 주제의 부각에 실패하고 있으며, 소설로서의 문체에도 상당한 결함을 드러내고 있다. 작가는 분화된 역사인식들 사이에 역동성을 부여하기 위해서라도 논쟁적 상황의 설정과 같은 기법상의 문제를 배려했음직한데, 안타깝게도 이 소설에는 그런 장면이 거의 나오지 않는다. 이는 계급적·신분적 차별이 엄존했던 당대의 현실을 감안하더라도 쉽게 수긍할 만한 문제가 아니다.

우리는 여기서 이 작가의 삼분법적 계층구분이 너무 경직된 것이며, 그러한 구분 자체에도 오류가 있다는 사실을 확인하게 된다. 무엇보다 거기에는 농민이 들어설 수 있는 여지가 거의 없어 보인다. 홍성원은 그가 다루고 있는 20년간의 역사과정 가운데 실질적인 중요성을 띠고 있는 합방 이후 9년간의 역사를 배제해버렸는데, 이 기간의 역사야말로 농민이 주체 —— 적어도 주재(主材) —— 가 될 수밖에 없는 역사적 필연성을 지니고 있다. 『먼동』의 끝부분에서 그토록 강조되고 있는 3·1운동만 하더라도 그것이 온 민족이 가담한 거족적인 운동이 된 데에는 전국민의 8할이 넘는 농민들(노동자 포함)이 참여했다는 엄연한 역사적 사실의 뒷받침이 존재한다. 그러므로 이 운동의 전국적인 확산은 1910년부터 8년간에 걸친 일제의 토지조사사업을 통한 광범하고도 철저한 농민수탈을 빼놓고는 상상할 수 없는 것이다. 일제에 의한 한일합방이 정치적 의미의 국권을 빼앗은 것이라면 토지조사사업은 국민의 생존권을 박탈한 것이기에, 3·1운동 이후 우리 국민들은 단순한 민족의식의 각성에 그치지 않고 새로운 단계의 농민·노동운동을 발전시켜갈 수밖에 없었던 것이다. 그런데 이 소설에서는 이 부분의 역사주체가 배제되어버렸기 때문에 3·1운동은 양반지식인이나 친일파, 그리고 부상자를 치료해주는 인섭의 시각으로 뒤늦게 반추됨으로써 도도한 흐름 속의 역사적 필연성보다는 민족정서에 대한 새삼스러운 감동만이 크게 부각되고 있을 뿐이다.

이러한 이유 때문에 작가가 노리는 '교훈'은 등장인물들의 의식이나 말

속에서 찾을 수밖에 없어져버리는데, 『먼동』이 취하고 있는 삼분법적 의미
구도에서 분화되어 나타나는 역사인식들은 하나하나가 그들의 신분적 특성
만을 반영하는 것이기에 설사 그것들을 우리의 의식 속에서 종합해낸다고
하더라도 우리가 지향하는 역사인식을 이루어낼 수는 없는 것이다. 이들
속에서 새롭고 올바른 역사인식이 잉태되려면 이들 사이에 상호지향적 관
계가 설정되어야 한다. 그러나 이 소설의 장면들은 주로 해거름의 주막이
나 사랑방 또는 절간 등에서 이루어지는 동류(同類)들간의 대화나 회상을
보여줄 뿐 생각이 다르거나 이질적인 사람들 사이에서 볼 수 있는 불꽃 튀
는 논쟁은 보이지 않는다. 양반에 대한 반감이 남다른 박승학의 행위도 늘
자신의 고독한 결단에 따라서만 이루어지고, 태환은 주로 동료들과의 시국
담으로 세월을 보낼 뿐이다. 소설이 흔히 '대화적 장르'로 지칭되는 것은
현실에 대한 다각적인 접근을 통해 그것의 실체성을 왜곡없이 생동감있게
드러낼 수 있는 가능성을 지니고 있다는 장르상의 이점 때문이다. 서로 다
른 시각에 의해 현실의 의미가 분화되고 상대화되기만 할 경우 그 현실은
생명있는 현실로서의 객관성조차 상실한 채 해체의 늪에 빠져버린다. 그러
므로 소설의 줄거리는 사건들의 단순한 나열이 아니라 제각기 특정한 성향
과 의식을 지닌 사람들 사이의 관계 또는 사람과 세계 사이의 관계의 중심
에 작용해들어가는 힘들에 의해 빚어지는 운동의 궤적과도 같은 것이다.
그런데 『먼동』에는 이질적인 힘들 사이의 필연적 또는 의도적 만남이 배제
되어 있기 때문에 민족이 처한 절박한 상황에서조차 공통된 투쟁논리가 생
겨날 가능성마저 보이지 않고 있는 것이다.

　　③ 신분과 입장에 따른 역사해석의 분화 이외에 작가가 힘을 기울이고
있는 것은 휴머니즘과 인간심리의 이중성 또는 다중성에 대한 조명이다.
나라를 위해 의병전쟁에 나선 양반들이 보이는 신분적 특권의식을 뼈저리
게 경험한 박승학은 중인계급에 속하는 의병장의 한 전형을 보여주고 있지
만, 이 소설에서 그가 중요한 인물로 부각되고 있는 또다른 이유는 그가
지닌 휴머니즘적 태도 때문이라고 할 수 있다. 그는 일본군과의 정면충돌
을 피함으로써 인명의 손실을 극도로 방지하려 하지만, 부하들과 마을사람

들의 불가피한 죽음조차 자신의 부덕의 소치로 여겨 고뇌하고 은둔하며,
마침내 여하한 명분으로도 백성을 다치게 하는 한 3·1운동도 찬성할 수
없다는 결론에 이르게 된다. 그러나 이 운동은 우리가 익히 알고 있듯이
비폭력투쟁 방식으로 전개되었으며, 농민들이 보인 폭력만 하더라도 일본
군경의 무자비한 발포와 비인간적 포악성(7,509명 살해, 15,961명 부상, 715동
의 가옥파괴, 47개 교회당 파괴[1])에 의해 촉발된 것이다. 그러므로 박승학이
지닌 생명지상주의적 논리를 따른다면 여하한 형태의 독립투쟁도 불가능하
다는 결론이 나올 수밖에 없다. 이런 생각을 가지고 있는 그가 한순간의
판단착오라는 단서가 붙어 있기는 하지만 어떻게 한 마을 사람들을 몰살하
는 만행을 저지를 수 있었는지가 이해되지 않기 때문에, 작가가 혹시 박승
학의 인간적 고뇌와 자기반성의 모습을 더욱 처절하게 부각시키기 위해 복
선을 깔아둔 것이 아닌가 하는 의구심까지 일게 된다. 우리 역사에 기록된
4차에 걸친 의병전쟁 가운데 그가 기병한 것은 1차와 3차에 해당하는데,
짧은 기간의 투쟁을 거친 후 그가 10년 이상씩 은둔한 것도 따지고 보면
인명살상에 대한 자기반성의 행위를 극단적으로 보여주는 예에 지나지 않
는 것이다.

　선과 악이라는 이분법적인 척도로써 인간의 행위를 재단하지 않는다는
점에서 휴머니즘과도 결코 무관한 것이 아닌 인간의 중층적 심리구조에 관
한 작가의 관심은 주로 친일과 같은 악역을 맡은 인물들에 대한 묘사에서
두드러진다. 일본유학을 한 개화파 지식인으로 친일을 일삼으며 출세가도
를 거침없이 달려온 이두헌 같은 사람도 3·1운동이 일어나자 이길 수 없
는 싸움에 온 백성이 하나가 되는 것을 이해할 수 없어 고뇌에 빠져들기도
한다. "조선 백성으루 살아남자면 무엇보다 먼저 헐 일이 우리 백성 번성
허게 허는 일일세"(6권, 261면)라는 말은 평소에 보인 그의 행위로 보아 자
가당착적인 것일 수밖에 없다. 이러한 성향은, 조선이 일본의 속국이 되는
것을 인과응보라고 생각하는 보경이 3·1운동이 일어나자 그 자신조차 이
해할 수 없는 뿌듯한 감동이 솟구침을 느끼는 데에서도 나타난다. 이들이

---

1) 『한국 현대사회운동 사전』, 열음사 1988, 223~29면 참조.

드러내는 민족감정의 편린들은 때로는 인간주의적 호소력을 지니기도 한다.

이처럼 이 소설에는 온전한 의인도 온전한 악인도 존재하지 않는다. 이러한 사실을 확인이라도 하듯 작가는 인섭의 생각을 빌려 "모든 조선 의병들이 의로운 군사가 아니듯이 모든 친일 역당들도 역당 짓만 하는 것은 아니다"(5권, 131면)는 결론을 내리고 있다. 존재론적으로 볼 때 모든 인간의 내면에는 선과 악 또는 미와 추의 가능성이 함께 깃들여 있는 것이 사실이지만, 주어진 상황에서의 고뇌나 가치의 추구를 거쳐 표출된 행위는 일정한 사회적 의미를 지니게 마련이다. 그런데 이 소설의 작중인물들이 지닌 이중성에서 빚어진 가치의 분열은 그 의미가 천착되지 않은 채 그대로 방치되어 있어서 그 자체로서 정당화될 가능성까지 보이고 있다.

4 잘못된 의미구도 때문에 올바른 역사인식과 항일논리의 형성에 일정한 한계를 보이고는 있지만, 『먼동』은 친일파와 같은 부정적인 인물들의 삶에도 일정한 실감과 무게가 실림으로써 인물구성에서 그 나름의 안정감과 힘을 유지하고 있다. 그리고 이 소설은 영웅주의적 면모를 충실히 극복하고 있는 박승학이나 노비 출신으로 그들 자신의 삶을 당당하고 치열하게 살아가는 송근술 부녀와 같은 특이한 개성들의 창조를 통해 우리 역사소설에서 흔히 볼 수 없던 새로운 인간형을 제시하고 있기도 하다. 이 소설은 또한 '염벗'("소금장이들이 솥 걸고 소금을 굽기 위해 갯가에 쳐둔 막", 1권, 30면), 당대 말단관직들의 명칭, 소작인들이 무는 여러가지 잡세와 도조의 방식들, 화승총과 같은 의병들의 군물(軍物)들에 관한 지식 등 당시의 시대적 분위기를 살리는 데 필요한 지식이나 용어들도 두루 갖추어놓고 있다. 그럼에도 불구하고 간간이 드러나는 불충실한 서술과 비현실적 묘사들 때문에 그러한 장점들마저 크게 손상되고 있다. 인물들의 너무도 급속한 성장과 변화, 우연히 물려받게 되는 엄청난 재산들, 상황에 맞지 않는 무리한 상념 등이 그러하다.

시간은 그러나 사내 편이었다. 힘의 균형이 현저하게 기울면서 쌍순의 닫혀진 몸이 조금씩 사내에게 열리기 시작한다. 하늘로 향한 쌍순의 눈에 문득 높고 푸른 가을 하늘이 아득히 올려다보인다. 땅에서는 지금 자신의 몸에 생살을 찢는 듯한 오욕의 고통이 가해지고 있건만, 눈 위로 펼쳐진 높고 맑은 가을 하늘은 아득한 옥색으로 서럽도록 곱기만 하다. 자신이 당하는 바로 이 서러운 고통을 이 땅의 수많은 계집종들 역시 지금껏 행랑에 살며 일상으로 당해왔을 것이다. 똑같은 사람으로 태어나 누구는 상전 되고 누구는 왜 종이 되었는가? 태초에 세상 있어 사람이 처음 점지되었을 때는 상전과 하례는 물론이고 임금도 삼공(三公)도 남녀 구분도 없었을 것이다. 주종(主從)을 구분하고 양반 상놈을 따로 가른 것은 결국 같은 사람들 사이에서 힘세고 교활한 자가 나타나, 제 이익을 확보하기 위해 다른 사람들을 힘으로 강제한 결과일 뿐이다. 이 차등과 불평등을 본래대로 되돌려놓기 위해서는 지금의 힘에 맞설 수 있는 또다른 힘이 필요하다. 이 땅의 천한 백성들이 새로운 힘을 키우지 못하는 한 반상의 차등과 주종의 구분은 이 땅에 영원히 형벌처럼 계속될 것이다. (1권, 101~102면)

이 인용문에서 앞의 세 문장은 작가의 시각으로, 그 다음의 문장들은 쌍순의 상념으로 이루어져 있다. 작가의 시각으로 이루어진 문장들은 문제가 없으나, 그 뒤의 문장들은 별다른 배움도 없는 열여섯살 먹은 계집종의 생각으로 읽히기에는 너무도 빈틈없이 세련되어 있다. 설사 그런 생각을 할 수 있을 정도의 사고와 지적 능력을 지니고 있다 하더라도, 세상에 태어나 남자라고는 경험해보지 못한 어린 처녀가 강간을 당하는 순간에 어떻게 "높고 맑은 가을 하늘"의 고움을 느낄 수 있으며, 당대의 지식인들조차 하기 어려운 비판적 사고를 체계적으로 할 수 있겠는가? 이만한 정도의 사회적 인식이 가능하려면, 적어도 그러한 계급적 불평등을 극복하기 위한 광범한 사회세력의 등장과 성장의 과정을 거친 후 거기에 대한 범사회적인 인식의 고양이 이루어져 있어야 한다. 여기서 우리는 소설 속의 인물은 "계속 진화하고 발전하는, 삶으로부터 배워나가는 인물로 그려져야 한다"[2]는 기본적인 명제를 다시 음미해볼 수밖에 없다.

또한 작중인물들의 나이가 틀리게 나오거나 직업의 명칭이 수시로 바뀌

---

2) 바흐찐, 전승희・서경희・박유미 옮김, 『장편소설과 민중언어』, 창작과비평사 1988, 26면.

는 경우 등의 부정확성도 이 소설의 격을 떨어뜨리고 있다. 예컨대 1901년
에 열여섯살(1권, 100면)이었던 쌍순이 1910년에는 스물여덟살(5권, 54면)로
9년 동안 열두살이나 먹은 것으로 되어 있다. 1901년에 마흔살인 송근술이
스물다섯인 큰아들을 두고 있는데, 양반집 내거노비 신분으로 열다섯살이
라는 어린 나이에 아들까지 낳아 기를 수 있었는지 쉽게 수긍이 가지 않으
며(1권, 33면), 이 큰아들의 나이가 뒤에 가서는 스무살로 되어 있다(3권,
71면). 1909년에 '헌병보조원'(5권, 65면)이었던 종배가 1919년에는 '경찰보
조원'(5권, 33면)으로 종로서에 있는 것으로 나오는데, 다음 장면에서는 다
시 종로서의 '헌병보조원'(6권, 63면)으로, 그리고 또 그 다음 장면에서는
그의 누나 보경의 입으로 "줄곧 순사보로 있다가 얼마 전에 형사"(6권, 129
면)가 된 것으로 나온다.

⑤ 이 글의 첫머리에서 보았듯이, 홍성원은 '수많은 개인들의 작은 삶들'
을 통해 역사허무주의와 냉소주의를 극복하기 위해 이 소설을 쓴 것으로
밝히고 있다. 그러나 그는 때때로 작은 삶들의 실상이나 의미를 설명하고
있을 뿐 구체적 실상을 우리 눈앞에 보여주지는 못하고 있다. 예컨대 가뭄
이 들어 농사를 망친 소작인들이 굶어죽거나 자살하거나 도망갔다는 사실
을 다른 사람의 입을 빌려 말하고 있을 뿐 그들의 참담한 삶 그 자체에 근
접해서 보여주지는 못하고 있다. 게다가 이 소설 전편에 미만해 있는 휴머
니즘적 요소들은 개인의 내면적 고뇌로만 끝나버리기 때문에 사회적 문제
로 연결될 수 있는 계기들을 상실하고 있으며, 역사와 삶의 의미는 작중인
물들의 주관적 번뇌나 자기반성, 정서적이고 당위적인 반일감정, 심지어는
친일과 불의에 대한 자의적 정당화 등을 통해 끝없이 분화되고 있을 뿐이
다. 이러한 주관주의적 상대화를 통해서는 사회적 가치가 형성될 수 없기
에 작가가 의도하는 역사허무주의의 극복 가능성은 무산되고 만다. 사실
역사허무주의 극복의 지평은 독자들의 의식 속에서 열리는 것으로 거기에
는 두 종류의 계기가 필요하다. 하나는 작중인물들이 지닌 의식들 또는 그
것들의 충돌에서 빚어지는 논리적·사상적 지평에서 발견될 수 있는 것이
고, 다른 하나는 작중인물들의 삶 자체의 절실성에 내재해 있는 부정할 수

없는 힘의 연장 속에서 발견될 수 있는 것이다. 그러나 이 두 가지 계기는 역사 차원에서는 따로 분리되어 존재할 수 있는 것이 아니다. 사상이란 현실에서 잉태되어 다시 현실로 돌아감으로써 힘을 지니게 되기 때문이다. 그러므로 역사적 현실을 움직여가는 큰 흐름에서 분리된 개인들 속에서는 역사허무주의의 극복은커녕 올바른 역사의식조차 이루어지기 어렵다. 앞에서 보았듯이 『먼동』은 역사적 흐름의 한가운데 놓여 있는 농민의 삶을 배제해버렸다. 그러나 우리가 알고 있는 실제의 역사는 계급적으로나 민족적으로 가장 열악한 생활조건에 놓여 있었던 농민들의 삶을 위한 치열한 투쟁이 제국주의의 침탈 앞에서도 결코 중단될 수 없는 것이었으며, 이들이 찾아나선 삶의 터전 위에서만 만주의 무장독립운동도 가능했다는 것을 보여주고 있다. 그러므로 박승학과 같은 실천적 인물이 예순이 넘은 노구를 이끌고 만주에까지 가서 '죄닦음'과 같은 종교적 초월 이상의 행위를 보여주지 못하고 있는 것은 참으로 안타까운 일이다.

<창작과비평 1993년 가을호>

해방된 시각의 역사소설

김학철 장편소설 『격정시대』 1·2·3
김달수 장편소설 『태백산맥』 上·下

　요즈음 재외 한인작가들의 문학작품 소개가 활기를 띠고 있다. 올해
(1988년) 상반기에 출간된 장편소설들만 하더라도 『격정시대』『태백산맥』
『화산도』 등이 있으며, 이들은 모두 우리 현대사에서 골라낸 소재들을 현
실주의적 방법으로 그려낸 것들이다. 최근에 이러한 작품들이 많이 출간되
고 있는 현상은, 6월항쟁 이후 정치·경제·사회·문화적 운신의 폭이 꾸
준히 넓혀지면서 특히 올해 들어 각 분야로 힘차게 확산되어가고 있는 민
족자주화·민족통일운동에 힘입은 바 크리라고 생각된다. 그러나 이러한
움직임은 결코 평지돌출적인 것은 아니며, 그동안 우리 사회에서 꾸준히
증대해온 현대사 복원에 대한 강렬한 요구의 계기적 증폭현상임은 말할 나
위도 없다.

　이러한 작품들에 대한 우리의 특별한 관심은, 이들이 우리 현대사의 중
요한 부분들을 형상화함으로써 우리 민족문학의 테두리를 넓혀주고 있다는
사실에서만 비롯되는 것은 아니다. 우리의 관심은 오히려 이러한 작품들이
국내문학의 소재적 (따라서 내용적) 취약성을 보완해주고 있을 뿐만 아니
라 국내문학의 병적인 측면들까지도 상대적으로 뚜렷이 드러내면서 거기에
대한 치유의 가능성까지 함축하고 있다는 사실에서 비롯된 것이다. 우리가
익히 알고 있듯이, 국내문학의 소재적·내용적 취약성이란 8·15 전후의

역사 가운데 민족자주·민족해방·민족통일을 위한 면면한 투쟁의 사실에 대한 연구와 발표가 철저히 차단·응징되었던 현실을 반영한 것이고, 국내 문학의 병적인 측면들이란 분단고착적인 반공이데올로기 및 종속적 자본주의 사회의 불건강한 상업주의·개인주의·심리주의 등과의 일정한 타협에서 비롯된 것이다. 그러므로 이 글은 주로 이러한 국내문학의 부정적 측면을 염두에 두고 대상작품들을 살펴보는 방향으로 나아가게 될 것이다.

『격정시대』(풀빛 1988)의 후기에서 김학철은 이 작품을 '소설 형식의 전기문학'으로 규정하고 있다. 그러나 이러한 규정은 다소 의외적인 느낌을 준다. 이 작품은 주인공의 소학교 4학년 시절에서 시작되어 태항산 항일근거지의 호가장전투(그의 나이 20대 후반일 때)에서 끝남으로써 그의 전체 생애(이것이 상식적인 차원에서 요구되는 전기문학의 내용이다)를 담고 있지 않고, 따라서 주인공의 혁명투사로의 성장과정과 조선의용대와 조선의용군의 항일투쟁에 작가의 관심이 집약되어 마치 장편소설이란 문학형식에 요구되는 '통일된 주제'를 의도적으로 이루어내고 있는 듯한 인상을 풍기고 있으며, 그 서술이 완벽하게 소설적 방법을 따르고 있기 때문이다. 그러므로 『격정시대』는 작품내용과 체험의 일치 여부를 따지지 않는다면, 전기문학으로 규정될 이유가 별로 없어 보인다.

김학철의 문학관은, 문학을 픽션으로 자리매김할 수 없게 하는 요소들을 가볍게 보아넘기는 문학관과는 반대편에 자리잡고 있는 것으로 보인다. 그는 후기에서 "친히 겪은 것을 충실히 재현"(3권, 306면)하는 것을 자신의 '종지(宗旨)'로 삼으면서 『격정시대』의 집필에 임했음을 자랑스럽게 밝히고 있을 뿐만 아니라 태항산 항일근거지의 호가장전투(이후 그는 태항산을 떠났다)가 끝난 자리에서 작품을 끝맺을 수밖에 없게 된 사실을 "아쉽고 섭섭하고 허전하다 못하여 감질이 날 지경"(3권, 306면)이었다고 고백하고 있다. 그러나 정작 우리에게 아쉽게 생각되는 것은, 작가가 '전기문학'이란 틀을 너무 중시한 나머지 자신의 체험 밖의 역사적 사실을 조사·연구하여 작품의 내용을 확충하려는 노력을 하지 않았다는 점이다. 김학철은 자신의 체험내용만큼은 소설적 방식으로 생동감있게 그려내고 있지만, 주제를 확대·완성하는 데에는 소설적 방식을 활용하지 않고 있다.

체험을 중시하는 작가의 뜻을 존중한다면, 우리는 먼저 『격정시대』의 내용부터 살펴보아야 한다. "우리 민족의 자랑스러운 아들딸들이 걸어온 발자취를 망각의 흐름모래 속에 묻혀버리지 않게 하려고 나는 총 아닌 붓을 들고 또 한바탕 분투를 해야 하였다"(3권, 305면)고 작가 자신이 밝히고 있듯이, 이 작품은 우리의 접근이 오랫동안 차단되어 소멸의 위기에 놓여 있었던 소중한 역사적 사실들을 담고 있다. 작가가 붓을 총과 대등한 것으로 병치시킨 데에는, 현재의 시점에서 붓을 들고 과거의 민족투쟁사를 그려내어 널리 알리는 일은 식민지시대에 총을 들고 침략자에게 항거했던 일 못지않게 중요하다는 믿음이 깃들여 있다. 아닌게아니라, 제대로 된 현대사를 가지고 있지 못한 우리에게 현대사 복원은 기억상실증 환자가 기억을 회복해감으로써 비로소 삶 자체가 가능해지는 것에 비유될 만큼 절실한 의미를 지닐 수밖에 없다.

거의 1천 면에 달하는 이 전기소설은 주인공 서선장의 성장과 활동내용에 따라 ① 원산에서의 소학교 상급학년 시기, ② 서울의 보성고보 유학 시기, ③ 중국 상해를 중심으로 한 항일 테러활동 시기, ④ 남경의 중앙군관학교에서 국부군 및 조선의용대(국부군 산하)에 이르는 시기, ⑤ 홍군지역으로 집단탈출한 이후 태항산 항일근거지에서의 조선의용군(팔로군 산하) 시기 등의 다섯 부분으로 구분하여 살펴볼 수 있다.

첫째 시기 또는 원산 시기. 원산의 바닷가에 바짝 다가앉은 고기잡이 마을이 소학교 상급학년인 주인공 서선장이 성장·활동하는 공간이다('船長'이란 그의 이름에는 발동선 선장이 되는 게 꿈인 아버지의 소망이 깃들여 있다). 원산 시기는 서선장의 생활과 에피쏘드를 중심축으로 하여 엮어지고 있지만, 그 내용과 서술이 선장이의 시선에만 의존하지 않음으로써 당대의 사회적 분위기와 시대적 보편성을 얻어내는 데 상당한 성공을 거두고 있다. 이 시기의 등장인물은 아버지·어머니·누나로 이루어진 선장이의 가족, 선장이가 우러러보는 씩씩하고 의리가 있는 갓스물의 청년으로 무정부주의자 조직을 거쳐 적색노조에까지 가담하게 되는 양씨동, 무정부주의자였다가 맑스주의자로 전향하여 적색노조 활동을 하며 양씨동에게도 같은

길을 걷게 하는 한정희, "식민지에서만 볼 수 있는 가장 경제적인 형태의
첩——싸구려첩"(3권, 14면)으로 양씨동과 사랑하는 사이인 손쌍녀('쌍녀'
은 아들을 바라던 할아버지가 홧김에 지은 이름), 학생들에게 민족의식을
불어넣는 한편 부두노동자들을 편들어 투쟁에 가담했다가 해고되는 김영하
선생 등이다. 이들이 활동하는 첫째 시기에서 우리가 눈여겨볼 것은 원산
민중들의 경제적 토대, 토속어, 인간미 넘치는 인간관계, 생활풍속 등의
다양한 삶의 모습과 원산총파업으로 귀결되는 당시(1920년대 말) 원산의
정치경제적 조건과 무정부주의자·적색노조의 활동과 투쟁양상이다.

선장이네가 살고 있는 갯마을 어부 가족들의 경제생활은, 낮에는 남정네
들이 바다에 나가 고기를 잡아오고 밤에는 부녀자들이 그것을 가공하는 일
로써 지탱된다. 낮과 밤을 가리지 않고 일에 매달려도 그들은 궁색한 살림
살이를 면하지 못한다. "고기가 안 잡히면 안 잡혀서 못살지…잡히면 또
잡혀서 못살지"(1권, 32면) 하고 땅을 치는 선장이 아버지의 넋두리만 하더
라도 고기가 많이 잡혀 한꺼번에 밀려들면 시세가 똥값이 되어 잡아들이는
데 들인 밑천조차 건지기가 어렵게 되는 어부들의 생활조건에서 나온 것이
다. 이처럼 가난을 면할 수 없는 생활 속에서도 이곳 사람들은 조금도 구
김살없이 살아가며, 이웃간에 도타운 정을 나누기도 한다(봉건귀족으로서
부족함이 없는 지체와 재력을 갖춘 한진사댁 사람들만 하더라도 가난한 갯
마을 사람들을 인간적으로 포용하고 있다). 이 소설의 앞부분이 우리를 사
로잡는 것은 인정미 넘치는 삶의 여러 모습들이다. 조난된 뱃사람들을 구
조하기 위해 파도 속으로 뛰어드는 양씨동의 용기, 양씨동에게 상금 50원
(쌀 여덟 가마 값)을 선뜻 내놓는 한진사의 인간미와 그것을 거절하는 양
씨동의 자존심, 손쌍녀과 양씨동의 스스럼없는 사랑, 말버릇은 거칠지만
인정이 깊은 손쌍녀과 정실(선장이의 누나)·선장이의 우정, 선장이와 개
구쟁이 친구들의 모험과 놀이, 처녀의 몸으로 험한 일을 가리지 않고 하면
서도 치장에는 관심이 없는 정실이의 소박함 등에서 우리는 이미 오래 전
에 상실해버린 우리의 토속적인 삶의 세계와 정겹게 만나게 된다.

원산 시기의 정치적 활동과 투쟁은 주로 한정희의 행동과 씨동이의 의식
화 과정을 매개로 하여 드러난다. 공사판에서 한진사의 장손인 한정희를

똑같은 노동자 처지에서 만나게 된 양씨동은 한정희의 권유로 무정부주의
자 조직에 나가게 되고, 보복기습을 해온 적색노조와의 패싸움도 겪게 된
다. 한정희는 적을 알기 위해 맑스주의 서적들을 탐독하다가 오히려 그 사
상에 끌려들어 적색노조에 가담하며 그들의 활동자금을 대어주기도 한다.
부두노동자들과 '노조깨기꾼'들 사이에 난투극이 벌어지고, 싸움이 진행되
는 동안 정박중인 일본 배의 선원들은 뱃고동을 울려대며 노조원들을 응원
한다(이때 노조원들은 국제노동자들은 하나임을 실감한다). 노조 편에서
싸웠던 양씨동은 경찰에 체포되고, 한정희는 피신하며, 김영하는 학교에서
쫓겨난다. 양씨동은 탈출에 성공하여 중국으로 떠난다. 원산총파업과 투철
한 노조지도자 주철산의 활약과 피살은 3·1운동 후 10년이 경과된 이 시
기의 식민지적 상황과 당시 노동운동의 수준 높은 모습을 보여준다.

  둘째 시기 또는 보성고보 유학 시기. 친척의 도움으로 보성고보에 유학
하게 된 선장이는 선배들의 친일 교장 축출운동과 광주학생사건의 확산으
로 겪게 되는 동맹휴학 등을 통하여 민족의식에 눈떠간다. 이 시절의 선장
이에게 지워버릴 수 없는 인상과 영향을 준 사람은 보성고보 학생운동의
지도자 김봉구이다(출학 처분을 당한 김봉구는 황포군관학교에 입학하겠다
며 중국으로 떠난다).

  이 무렵 국내외에서 펼쳐지고 있던 독립운동가들의 활동, 특히 윤봉길의
폭탄투척 사건은 선장이에게 잠 못 이루는 밤을 가져오고 남들은 목숨을
걸고 나라의 독립을 위해 싸우는데 자기만 안일하게 공부할 수 없다는 생
각에 이르게 한다. 마침 선장이는 매부가 된 한정희가 보내준 학자금 200
원을 가지고 김봉구의 전철을 밟게 된다. 선장이의 보성고보 유학 4년간
은, 그가 독립운동에 뛰어드는 데 필요한 민족의식과 기본적인 교양을 쌓
는 데 결정적인 계기가 된 셈이다.

  셋째 시기 또는 항일테러활동 시기. 상해에 도착한 선장이는 항일테러리
스트인 이춘근을 만나게 되고 이들 조직이 운영하는 군사훈련장에서 기초
적인 훈련을 받는다(이곳에서 선장이는 양씨동을 만나 그가 전사할 때까지
같은 길을 간다). 이후 선장이는 아편 밀수를 도와주고 거액을 챙긴 세관
원을 습격하고, 조직의 정보를 팔아먹는 임규룡을 타살하고, 일본 총영사

관 고등계 주임 무라다를 쏴죽이고, 일본인들의 축제에 폭탄을 던지는(이 사건은 미수에 그침) 등의 테러활동에 가담한다. 이 무렵 선장이는 조직의 선전부장 성재수에게서, 민족주의적 투쟁방식인 개인테러보다 '민중발동'이라는 공산주의적 투쟁방식이 좀더 본질적이고 힘있는 변혁을 가져온다는 말을 듣고, 그에게서 빌려온 맑스주의 서적들을 탐독하며 새로운 이념에 매료되기도 한다.

넷째 시기 또는 국부군 산하 군관학교 졸업과 조선의용대 시기. 선장이는 조직의 결정으로 중앙군관학교에 입학, 정규과정을 마치고 소위로 임관한다. 그는 졸업 이듬해인 1937년 노구교사건으로 일본의 중국 침략이 노골화되자 일선 소대장을 자임 용감히 싸우고, 무창에서 조선의용대가 결성되자 거기에 가담한다. 이후 1940년 국부군을 탈출하여 홍군지역으로 넘어가기까지 조선의용대는 주로 일본군에 대한 유격활동과 선전활동을 수행한다(훗날 곽말약은 그의 저서에서 "위급한 시각에 우리를 대신하여 대(對)적군 표어를 쓰고 있는 것은 오직 이 조선의 벗들뿐"(3권, 66면)이었다고 회고함). 그동안 선장이는 후방 군인들이 더 잘먹는다는 사실, 돈만 주면 다른 사람을 대신 군대에 보낼 수 있는 징병제도, 장개석의 무모한 초토작전 등 국부군의 부패와 무력상을 알게 된다. 조선의용대는 광복군과의 통일전선을 공고히하기 위한 접촉을 시도하지만, 광복군이 후방에서 실력을 보존하는 데에만 급급한 것을 보고 실망한다. 이 사이 조선의용대 내부에 중국공산당 지하조직이 생기고, 홍군지역에 먼저 넘어가 있던 김봉구의 안내로 조선의용대는 황하를 북으로 건너 홍군지역의 태항산 항일근거지로 탈출하는 데 성공한다.

다섯째 시기 또는 태항산 항일근거지 시기. 태항산으로 넘어온 조선의용대는 그 명칭을 조선의용군으로 바꾸고 전보다 훨씬 열악한 환경 속에서도 뿌듯한 자부심을 가지고 투쟁에 임한다. 이곳에서의 주요 임무 역시 일본군에 대한 기습공격과 선전활동이다. 1941년까지 계속되는 이 시기에 우리의 관심을 끄는 것은 다방면에서 전개되는 조선인들의 다양한 활동들이다. 이 시기의 서술에서 가장 기본적인 축은 물론 조선의용군의 활동과 팔로군 특유의 투쟁방식이지만, 민간인 신분(이발사나 고물장수)으로 위험을 무릅

쓰고 자청하여 정보수집과 연락 활동을 하는 조선인들, 일본군에서 통역을
하다가 아군에 잡혀온 후 항일투사로 거듭나는 조선인, 조선의 두메산골에
서 태어나 이역만리 전선에서 일본군 창녀 노릇을 하다가 잡혀온 후 다른
여자대원보다 열심히 전사들의 투쟁을 뒷바라지하는 조선 처녀들, 적의 앞
잡이(통역, 군인, 헌병, 특수부대 요원, 여비서 등)가 되어 일본인들보다
더욱 열성적으로 침략전쟁을 돕는 조선인들——이러한 조선인들은 때로는
인간에 대한 무한한 신뢰와 깊은 감동을 안겨주기도 하고, 때로는 착잡한
비애와 분노를 불러일으키기도 한다.

특히 우리의 분노를 자아내는 것은 지식인으로 분류될 수 있는 조선인들
의 행태이다. 팔로군과의 연합작전에 승리한 후 적진에서 선장이가 가져온
한 권의 책(김동인의 소설집)은 침략세력의 통치에 안주하던 조선 지식인
의 정신적 위상을 적나라하게 드러낸다. 선장이는 무슨 책인지 모르고 가
져온 그 책에서 「발가락이 닮았다」는 단편소설을 읽은 소감을 "망국의 비
운은 아랑곳없이 너절한 소설을 써서 민중의 의지를 마비시키는 부르조아
문인들의 소행이 가증스러웠다"(3권, 243면)고 적고 있다. 또, 아무리 교육
을 시켜도 "자갈을 솥에 넣고 삶고 또 삶고 하는 거나 마찬가지"(3권, 261
면)로 진정한 조선인으로 거듭날 수 없는, 일본 사업가의 조선인 여비서
(경성여고 출신으로 일본 기업인과 함께 잡혀옴) 역시 식민지시대의 부정
적인 지식인상을 보여준다.

위에서 살펴본 바와 같이 숱한 난관을 헤쳐가며 항일투쟁을 펼쳐가고 있
는 이 소설의 주역들은 낙천적 혁명가들이며, 중대한 결단을 내리면서도
별다른 갈등이나 망설임을 보여주지 않는다. 작가는 또 그러한 결단과 행
동의 필연성을 확보하기 위한 서술적 뒷받침에는 별다른 관심이 없어 보인
다. 이런 점은 '부르조아 사회의 산물'로서의 소설적 기법에 익숙해 있는
우리 사회의 독자들에게는 상당한 당혹감을 불러일으킬 수도 있을 것이다.
그러나 모든 심리적 변화의 섬세한 가닥들이나 흔들림들이 마음 밑바닥에
서 소용돌이치고 있을지라도 그것들은 행위자의 과감한 결단과 행동 속으
로 통일되는 순간에 소멸되어 외부 사람들 즉 타인과의 사회적 관계 속에
서는 아무런 의미도 갖지 못하게 된다. 그러므로 이 소설의 작가는 나타났

다가 스러지고 마는 마음의 작은 갈래들보다는 사회적 의미의 기본적 단위라고 볼 수 있는 외적인 행동의 연쇄를 통해 혁명활동의 역사적·민족적 의미를 엮어가고 있는 것으로 보인다. 이런 점이, 다양한 민족어의 활용과 함께 이 소설의 건강성을 밑받침하고 있는 힘으로 나타나고 있으며, 부르조아 문화에 침윤되지 않은 사고와 행동의 건강성을 보여주는 우리 민족 고유의 민중적 표현양식으로 생각된다.

『격정시대』 주역들의 결단과 행동은 단순하고도 명료하다. 그러나 이들의 단순함이나 명료함은 지능의 결여나 복잡한 세계상에 대한 이해부족을 반영하는 것은 아니다. 그것은 삶의 목표를 명확히 설정하고 그것을 실현하는 데 필요한 사항을 주저없이 실천하는 사람들의 행동방식이다.

이 소설의 내용적 장점은 무엇보다 중국의 정규군대(국부군 또는 홍군) 내부에서 상대적 독립성을 유지하면서 활발하게 항일투쟁=독립운동을 전개한 조선의용대 또는 조선의용군의 활동양상을 구체적으로 보여주는 한편 국부군과 홍군 사이의 이념적·실천적 차이를 뚜렷이 드러내준 것이지만, 이에 못지않게 중요한 형식적 장점은 풍부한 우리말의 구사, 자연스럽고 정감어린 대화, 토속적인 속담과 비유적 표현의 적절함 같은 것을 이루어내고 있는 작가의 능력을 통해 민족적 정서를 풍부하고 온전하게 담아내고 있다는 점이다. 특히 언어구사의 장점은, 일본어와 서구어 구문 및 표현법의 남용으로 우리 말과 글의 본래 모습을 찾아보기 어렵게 된 우리의 언어생활에 대한 부끄러움을 불러일으키는 동시에 다른 민족의 영토 내에서 이만큼 풍요롭게 우리 언어를 가꾸어가고 있는 연변의 조선족들에 대한 민족적 신뢰를 자아낸다.

김달수의 『태백산맥』은 1964년부터 4년간 연재되고 69년에 단행본으로 출간(일본에서 일본 독자를 위해 일본어로)된 것으로 1945년의 8·15에서 1946년의 10·1민중항쟁까지의 역사를 시간적 경과에 따라 총체적으로 서술한 장편소설이다(이 글에서는 임규찬 옮김, 연구사 1988을 참고로 했다). 6백여 면에 달하는 이 소설에서 작가가 일관되게 추구하고 있는 문제의식은 외압에 대한 민족적 저항의 여러 모습들을 표출하는 것인바, 작가는 이러한 문

제의식을 한국어판 서문에서 "자기회복 또는 인간회복"이란 말로 나타내고
있다. "그 점(자기회복·인간회복 — 인용자)을 축으로 하여 인간이란 무엇
이며 어떻게 살아가야 하는가를 추구하는 것인데, 일제라는 외압에 의한
식민지인으로서의 처지를 강요당한 나에게 자기회복·인간회복이란, 동시
에 우리 민족의 회복이 아니면 안되었다. 그러기 위해서는 우리 민족의 회
로애락까지도 그러한 외압에 대한 저항 속에서 분명하게 위치지어져야만
한다. 그러한 외압은 1945년 8·15의 '광복'에 의해서 사라진 것이 결코 아
니었다"(상권, 10~11면). 작가 자신의 말에 뚜렷이 나타나 있듯이, 이 소설
전체를 통해 끊임없이 의식되고 있는 것은 8·15 이후에 들어온 미국은 그
이전의 일본과 지배방식만 다를 뿐 우리 민족을 억압하면서 자신의 이익을
관철해갔다는 점에서는 똑같은 침략자일 수밖에 없다는 것이다. 이런 맥락
에서 볼 때, 미군정의 지배를 음으로 양으로 도우면서 그들의 비호 속에
자신의 정치·경제적 목적을 실현시킨 세력 역시 침략세력에 빌붙은 반민
족적 세력으로 부각되는 것은 당연한 일이다. 이같이 간단명료한 역사의식
을 통해 8·15 직후의 역사를 구석구석 파헤치고 있음에도 불구하고 이 소
설의 서술은 결코 도식적이거나 부자연스럽지 않다. 그것은 이 소설에서
다루고 있는 역사적 사실들이 작가 자신의 객관적인 역사서술, 등장인물들
자신의 정치투쟁을 위한 정세분석 그리고 등장인물들의 대화나 행동 등을
통해 무리없이 드러나고 있기 때문이다.

　역사소설에서 작가가 총체성을 드러내려는 의도를 가질 때, 거기에는 수
많은 인물이 등장할 수밖에 없다는 것이 우리의 상식이다. 그러나 김달수
는 우리의 민족사에서 가장 복잡다단했던 시기의 1년 2개월간의 역사를 샅
샅이 드러내면서도 결코 많지 않은 인물을 등장시키고 있다. 많지 않은 인
물을 통한 역사적 현실의 총체적 표현이라는 모순적 현상이 어떻게 성립될
수 있을까. 한마디로 말해, 작가의 치밀한 계산과 적절한 인물배치에서 그
것은 가능해진다. 이 소설의 많지 않은 인물들은 당시 사회의 각계각층과
연계될 수 있도록 되어 있는 세밀한 계산 아래 배치되어 한사람 한사람이
당시의 역사적 현실에서 뚜렷한 전형성을 획득하고 있기 때문에, 이들의
행위를 매개로 하여 당시 사회의 다양한 계층과 정치집단 및 중요 사건들

의 역사적 성격과 의미가 생생하게 드러나고 있다.

친일파 지주의 아들인 백성오는 일제시대 말기에 '조국광복회' 사건으로 복역하던 중 8·15와 더불어 출옥, 집안의 토지를 소작인들에게 나누어주려던 계획이 아버지의 반대로 수포로 돌아간 후 자신의 신분과 이념 사이의 갈등에 시달리다가 농민 속으로 뛰어들어 자신의 인생을 새롭게 개척해간다. 이러한 백성오를 통해 우리는 친일파 지주들의 친일논리와 처세방법을 알게 되고, 참담한 농촌현실과 농민들이 어떠한 과정을 거쳐 집단적 저항의 길로 나서게 되는지를 경험하게 되며, 10·1민중항쟁의 진행과정을 구체적으로 들여다보게 된다.

독립투사들을 교묘하게 유인·체포하여 일제의 통치에 협력했던 친일경찰 이승원은 8·15 직후 전라도 두메산골로 피신했다가 이승만의 반공연설에 고무되어 상경한 후 대한뉴스사 사장 S. 김(실제는 CIC 총책)의 하수인(직책은 경기도 경찰청 경감)이 되어 정판사 위조지폐 사건의 증인을 조작하고 파업노동자들 속에 프락치를 심어 경찰의 개입을 유도하는 일 등에 참여한다. 우리는 이승원이라는 민족사의 부정적 인물을 통해 반민족세력의 행동논리를 자세하게 알 수 있는 기회를 갖게 된다. 먼저 8·15 직후 잠적했다가 정세가 유리해지자 다시 나와 준동하게 되는 친일 경찰들의 행태, 수단과 방법을 가리지 않는 정치조작으로 좌익과 민족·민주세력을 고립·불법화시켜가는 과정이 적나라하게 드러난다. 무엇보다 우리에게 충격적인 깨달음을 주는 것은, 친일·친미·반공세력의 자기정당화 논리와 조작 및 공작 기술이다. S. 김은 이승원이 결코 단순한 대일협력자나 민족반역자가 아니라는 논리를 전개한다. S. 김은, 미국은 반공국가이므로 지금까지 반공투쟁 경력을 쌓아온 이승원은 미국의 동지라고 말하면서, "이제부터는 정정당당하게, 솔직하게 툭 터놓고 조국을 위해서 일할 수"(하권, 45면) 있어야 한다고 말한다. 이승원은 '조국'이란 말에 너무도 감동하여 눈물까지 흘린다. S. 김은 거기에서 그치지 않고, "그러나 공산주의자들에게는 애시당초 그런 조국이란 게 없어요. 그들은 오히려 조국을 파괴하는 파괴주의자에 지나지 않아요. 그렇기 때문에 바로 그들이야말로 진정한 의미에서 민족반역자라고 해야"(하권, 46면) 한다고 말한다. 이러한 허위논리로 무장한 이들은 공산주의자들을 "이 땅에서 멸종시켜버리"(하권, 47면)기 위해 공산주의를 불법화하여 격파하기 위한 공작을 감행한다.

또하나의 부정적 세력은 자발적으로 일본 군인이 되어 침략전쟁을 앞장 서 수행했던 사람들이다. 이러한 세력의 실상은 우리나라가 식민지가 되었던 것은 우리에게 물리적 힘이 없었기 때문이라고 생각하여 남조선경비 사관학교에 들어가는, 고등학교를 갓 졸업한 김상년이란 청년을 통해 확인된다. 그는 일본군 대위였던 정정호의 감언이설에 걸려들어 사관학교에 가고 돈암장에 있는 이승만의 호위를 맡게 된다. 정정호가 김상년 같은 순진한 청년들을 극우세력으로 꾀어내는 논리는, 국가는 힘(군사력)이 있어야 독립을 유지할 수 있으므로 자기는 일찍이 근대적 군사기술을 배우기 위해 일본군에 들어갔고, '항일빨치산'이란 공산주의자들이 꾸며낸 신화이며, 공산주의자들은 소련의 꼭두각시에 지나지 않는 반민족세력이라는 것이다.

이밖에 농촌 출신 인쇄공으로 공산주의자인 박정출을 통해 노조활동과 노동자의식이 잘 드러나 있고, 백성오가 자금을 대어 만든 민족열사조사소를 이끌어가며 귀중한 역사자료들을 수집·탐독하는 서경태를 통해 한국 근·현대사에 나타난 일본의 침략전쟁 전략과 항일투쟁사의 감추어진 부분들이 드러난다.

이 소설의 장점은 왜곡되거나 감추어진 역사적 사실을 구체적으로 보여주고 있다는 사실에서만 비롯되는 것은 아니다. 그것은 오히려 표면적 역사의 배후에서 대립·갈등·투쟁하며 역사를 만들어내고 있는 사람들의 사상과 행동방식이 역사주체의 시각으로 그려져 있다는 데에서 비롯된다. 『태백산맥』을 번역한 임규찬이 적절히 지적하고 있듯이, 이 소설은 "당대의 역사를, 시대를 추진시키는 주체의 입장에서, 즉 노동자와 민중의 입장에서 냉엄하게 바라보는 데에서"(하권, 317면) 역동성을 얻고 있다. 그러나 '역사주체의 시각으로 역사를 바라본다'는 말은 반민족적·반동적 세력의 시각과 입장을 배제해버린다는 것을 뜻하지 않는다. 그보다는 오히려 제국주의적 반민족세력의 허위논리와 지배방식을 사실대로 드러냄으로써 역사 발전의 역동성, 역사주체의 시각과 행동의 의미를 한층 현실감있게 드러낼 수 있는 조건을 갖추게 된다. 이 소설이 지금까지 우리가 보아온 국내의 분단소재 소설들보다 한걸음 더 나아가 있는 것은, 제국주의적 지배방식과 반민족세력의 논리를 그들 자신의 생각과 말을 통해 적나라하게 보여준 데에서 가능해진 것이다.

이 소설의 이러한 접근방식을 따라 우리는, 8·15 이후의 우리 역사가 우리의 소원과는 전혀 다른 방향으로 왜곡되어갈 수밖에 없었던 내력과 제국주의적 지배방식에 대한 뚜렷한 안목을 제시받을 수 있다. 겉으로 민주주의를 표방하면서 실제로는 제국주의적 지배를 관철해가는 방식은 처음부터 끝까지 철두철미하게 조작 또는 공작을 통해 저항적 민족세력을 분열·고립·불법화시키고 마침내 그러한 방법으로 물리적 폭력까지도 정당화시켜가는 것이다. 이 소설에 나타나 있는 미군정의 중요한 조작·공작 사례를 들어보면, 국민 대다수의 지지를 받고 있는 김구의 귀국을 이승만과 함께 대대적으로 환영함으로써 김구와 인공을 분리시킨 일, 모스끄바 삼상회의를 통해 국민 대다수 및 우익세력의 반탁과 좌익세력의 찬탁을 유도하여 좌익의 고립을 획책하는 한편 좌우익의 대립을 가열시켜 미소공동위원회까지 결렬시킴으로써 남한에 대한 미국의 독자적 전략과 지배를 가능하게 한 일, 정판사 위조지폐 사건을 조작하여 공산당을 불법화시켜 공산주의자들을 체포하고 공산당사를 수색하고 『해방일보』를 폐간함으로써 공산당의 활동을 무력하게 만든 일 등이다.

이상에서 민족세력보다는 반민족세력의 행동논리에 초점을 맞춰 이 작품을 살펴본 것은, 반민족세력의 활동과 행동논리를 구체적으로 드러낸 바로 그 점이 국내 소설들의 취약한 부분을 보완해줄 수 있는 것으로 생각되었기 때문이다.

역사소설의 존재이유는 무엇보다 지금 이곳에서 전개되고 있는 역사적 현실의 근원을 밝혀내어 현재적 사실의 성격과 의미를 바로 알게 함으로써 우리로 하여금 올바른 실천 논리와 방향을 세우고 현재의 실천에 대한 미래적 전망을 확보하게 하는 데 있을 것이다. 그러나 우리는 불행하게도 우리의 가까운 과거인 해방 전후사, 그중에서도 특히 8·15 이후의 민족분단 가속기를 제대로 형상화한 문학작품(작품의 양은 결코 적은 게 아니지만)

을 거의 못 가지고 있다. 이러한 사정 때문에 우리는 재외 한인작가들의 작품들을 통해서나마 국내문학의 내용적 결핍을 충족시켜야 하는 아이러니컬한 처지에 놓여 있는 셈이다. 앞에서 살펴본 두 소설은 이같은 우리의 결핍을 채워주기에 알맞은 것들이다. 『격정시대』는 풍부한 우리말로써 불모지에 가까운 우리 독립운동사의 중요한 한 부분을 그려냈고, 『태백산맥』은 치밀한 구성과 적절한 인물배치 그리고 냉엄한 객관적 서술을 통해 분단고착적 반공논리로 가려져 있던 8·15 직후 1년 2개월의 역사를 탁월하게 교직해내고 있다. 그리고 당연한 얘기지만, 이 두 작품은 분단논리에 조금도 주눅든 흔적 없이 당당하고 거침없는 해방된 시각을 보여줌으로써 우리 역사에 대한 신뢰와 감동을 자아내고 있다. 그러나 이 작품들에 아쉬운 점이 전혀 없는 것은 아니다.

『격정시대』는 혁명주체들에 초점을 맞추고 그들의 투쟁을 혁명적 낙관주의의 시각으로 그려감으로써 적대세력의 성격과 식민지시대의 전반적인 상황의식을 제대로 보여주지 못하고 있다. 이 점은 작가가 철저하게 자신의 체험에만 의존하여 작품을 쓴 결과로 생각되며, 호가장전투를 끝으로 이 소설을 갑작스럽게 끝내버림으로써 미래적 전망까지 단절시키고 있는 결점 역시 체험에의 지나친 의존에서 초래된 것이다.

『태백산맥』은 일본 독자들을 염두에 두고 씌어졌다는 사실(이것은 물론 작품 자체의 결함은 아니다)과 관련하여 한두 가지 아쉬움을 남긴다. 번역문장의 자연스러움에도 불구하고 역자가 작가일 수 없는 이상 지방 사투리의 특색까지 제대로 살리기는 어렵다는 문제점을 드러내고 있는데, 이 점은 어쩌면 외국어로 씌어진 민족문학 작품들에서 나타날 수밖에 없는 어쩔 수 없는 아쉬움일 것이다. 『태백산맥』 작가의 뛰어난 능력은 8월 15일의 정적(靜寂)과 8월 16일의 감격의 폭발 사이에 나타나는 미세한 심리적 추이까지 감지하는 섬세함과 10·1민중항쟁의 감격을 8·15의 그것과 동렬에 놓고 있는 역사의식을 조화시킨 점이다. 8·15의 감격이 외부의 힘에 의해 주어진 것이라면, 10·1민중항쟁의 그것은 우리 민족 자신의 현실인식과 조직·투쟁 역량으로 이루어졌다는 점에서 더욱 뜻깊은 것일 수 있다. 그러므로 이 소설의 감동은 주어진 감격을 이루어낸 감격으로 환치시켜가는 과정에 깃들여 있다. 이 소설은 끝부분에서 10·1민중항쟁의 감격과 함께 그것의 승리에 대한 상승적 전망을 보여주면서 민족역량에 대한 신뢰를 극대화하고 있다. 우리 역사를 모르는 이민족의 독자라면 이 장면이 주는 감동을 온전하게 갈무리할 수 있을 것이다. 그러나 이러한 희망적인 종장은 10·1항쟁 이후 그것의 정당성과는 무관하게 처절한 패배의 길을 걸어야 했던 역사를 뼈저리게 의식하고 있는 국내 독자들에게는 다소 스산하고 허망한 여운을 남길 수도 있다.

　재외 한인작가들의 작품이 활발하게 소개되고 있는 것을 계기로 우리는 '민족문학 지평의 확대'를 생각해볼 수도 있을 것이다. 우리의 특수한 역사과정으로 인해 비록 서로 다른 나라에서 살아가고 있을지라도 재외 한인작가들이 우리의 민족사적 소재를 문학작품으로 만들어내는 작업을 지속해갈 수만 있다면, 우리의 민족문학은 한층 풍요로운 내용을 가지며 지평을 확대해갈 수 있을 것이다. 현재 우리들이 즐겁게 대하고 있는 재외 한인작가들은 대개가 가까운 과거에 우리 민족의 역사를 체험한 사람들이고, 따라서 그들은 민족사에 대한 체험적 지식과 혈연적 애착을 가지고 있다. 그러나 그들의 제2, 3세대들의 경우는 어떻게 될 것인가. 그들이 새롭게 전개되어가는 민족사적 현실을 밖에서 바라보거나 읽는 것만으로 우리의 민족문학에 포함될 만한 작품을 창작할 의욕과 실제로 써낼 만한 능력을 지닐 수 있을 것인가. 내게는 그것이 가능한 일로 여겨지지 않는다. 민족문학 창작의 원동력이 되는 민족의식에 필요한 영양소를 공급해주는 민족사적 현실에 대한 체험이 그들에게는 불가능하거나 극도로 제한될 수밖에 없을 뿐더러 그들은 그들이 나고 자란 그곳의 사회의식이나 가치관으로부터 자유스러울 수 없다는 엄연한 사실 때문이다. 우리가 공유할 수 있는 역사 속에서만 우리는 한 민족으로 만날 수 있고 공통된 민족적 정서를 지닐 수 있을 것이다. 이런 점을 감안할 때, 요즈음 우리가 즐겨 읽는 재외 한인작가들의 문학작품들이 더욱 소중하게 생각되며, 우리 현대사나 현재의 사실을 왜곡됨 없이 올바르게 문학작품으로 형상화하는 일에서 국내 작가들이 책임을 회피할 수 있는 빌미가 더욱 궁색해질 것으로 생각된다.

<실천문학 1988년 가을호>

제 2 부
분단과 민족통일

분단과정의 소설적 표현

분단소재 장편소설론

1. 머리말 ── 분단의 역사와 변혁주체

분단 40년을 맞게 된 1980년대 중반까지, 분단과정을 정면으로 다룬 장편소설들에 대한 독자와 평론가들의 반응은 무조건적인 호의의 낌새마저 드러냈다는 인상을 준다. 분단과정을 '장편소설'이란 문학장르로 표현하는 일이 우리에게 이처럼 중요한 의미를 띠게 된 이유는 어디에 있는 것일까? 이러한 현상은 아마도 분단시대를 살아가고 있는 우리들에게 부과된 최대의 민족적 과제는 분단극복이고, 그것에 대한 올바른 전망을 확보하기 위해서는 그동안 극심하게 왜곡·은폐되어온 분단고착 과정에 대한 올바른 이해와 표현의 매개물을 확보해야 하며, 이러한 일은 장편소설을 통해 가장 효과적으로 성취될 수 있을 것이라는 일반화된 인식을 반영하는 것이리라. 이러한 물음과 대답의 형식을 통해 '분단소재 소설'(이 말의 부정적 함축을 무시할 수는 없지만, 편의상 분단과정의 형상화를 지향하는 소설을 이렇게 지칭하기로 한다)에 접근하려는 태도에서 소설 창작을 실천적 기능 면에서만 보려고 하는 낌새를 발견하고 반발한 사람도 있을 것이다. 그러나 이러한 반발은, 식민지시대로부터 내재되어온 민족 내부의 갈등과 외세에 의해 강요된 이데올로기적 문제가 복잡하게 얽혀 뜨겁게 끓어올랐던 이 시기의 역사적 현실이 역동적인 문학작품으로 형상화되기 위해서는 당시의 역사적 삶 자체에 내포되어 있는 우리 민족의 절실한 갈망이 역사발전적 시각에서 포착되어야 하며, 이러한 작업은 분단극복에 대한 실천적 의지가 깃들이지 않고는 성공을 거두기 어렵다는 사실에 대한 이해를 통해 해소될 수 있을 것이다.

분단소재 소설이 역사적 현실에 대한 총체성과 역동성을 확보하기 위해서는 무엇보다 먼저 작가가 우리 현대사에 대한 올바른 이해를 가져야 할 것이다. 그러나 우리 현대사에 대한 올바른 이해는 주어진 사실들에 대한 풍부한 지식을 갖추는 것만으로 이루어지는 것이 아니고 그러한 사실들을 역사변혁 주체의 시각으로 꿰뚫어볼 때에만 가능한 것이다. 왜냐하면 역사의 발전과 변혁을 달가워할 수 없는 분단시대의 지배계급은 그러한 발전과 변혁의 본원적 힘을 이해할 수 없고, 발전과 변혁을 통해 자신의 욕구를 실현할 수 있는 계급, 즉 역사의 변혁을 통해서만 자신의 삶의 욕구를 충족시킬 수 있는 변혁주체만이 역사발전과 사회이행을 바로 볼 수 있는 가능성을 지니고 있기 때문이다. 그러나 계급적으로 억압받는 위치에 놓인 사람들의 자연발생적인 요구가 역사발전 방향을 그대로 지시하는 것은 아니다. 그들은 역사나 사회를 전체적으로 바라볼 수 있는 시야를 결여하고 있을 수도 있고, 대체로 전 시대나 당대의 지배계급에 의해 주입된 사고방식으로부터 자유롭지 못하기 때문이다. 그러므로 여기서 말하고자 하는 '변혁주체의 시각'이란 변혁을 통해 억압적 상황으로부터 벗어날 수 있는 계급의 입장에 서서 역사와 사회를 이해하려는 사람들이 지닐 수 있는 시각을 의미한다.

그러나 실제의 역사 속에서 변혁에 대한 욕구를 내재하고 있는 변혁주체와 역사의 표면에서 역사의 흐름을 좌우하는 것처럼 보이는 정치적 지도층과의 관계 설정은 쉬운 것이 아니다. 피상적으로 보면, 역사의 변혁은 정치적인 지도력을 지닌 사람들만이 이루어내고 역사주체여야 할 민중은 선동이나 동원의 대상으로만 존재하는 것으로 보일 수도 있다. 우리의 식민지시대 민족운동이 대체로 민중과 괴리된 채 지식인 중심으로 이루어져왔고, 이러한 현상은 8·15 이후에도 쉽게 극복될 수 없었기 때문에 진정한 의미의 변혁주체를 파악하기가 쉽지 않은 것은 사실이다. 게다가 외세까지

막강한 세력으로 개입된 치열한 전면전쟁으로 우리의 역사가 치닫게 되면, 순수한 의미의 역사변혁 주체는 역사의 이면에 깊숙이 감추어져 그 실체를 파악하는 일은 역사를 거시적으로 바라보면서도 민중적 삶의 실체를 놓치지 않을 때에, 그것도 다소 무리한 도식화의 과정을 거쳐서만 가능해진다. 그리고 전쟁이 중단되고 남과 북이 이념을 달리하는 사회구성체로 돌아앉아버린 상태에서 민족 전체를 놓고 역사의 변혁주체를 논하는 일은 상당한 모험을 무릅써야 한다.

이 글에서 다루고 있는 대부분의 소설들은 부분적으로든 전체적으로든 6·25를 문제삼고 있으면서도 그것이 식민지시대로부터 줄기차게 진행되어 온 민중·민족해방에 대한 광범한 요구를 실현시키려는 민중·민족해방 세력과 제국주의 세력의 비호를 받으면서 자신들의 계급적 기득권을 유지하는 한편 정치권력을 장악·강화해가려는 반민족적 세력 사이의 대립과 갈등에서 빚어졌다는 사실을 포착하지 못하고 있는 것도 우리의 현대사가 변혁주체의 파악을 그만큼 어렵게 하고 있기 때문이기도 하다. 이와같이 역사적 사실 자체의 난해성도 문제이지만, 6·25 이후의 고착된 분단상황에서 그것도 반공을 국시로까지 삼고 있는 남한사회에서 6·25를 전후로 한 시기의 민족주체 또는 역사의 변혁주체를 명백히 설정하려는 노력은 섶을 지고 불속으로 뛰어드는 것에 비유될 만한 것일 수밖에 없었다는 사실도 대부분의 분단소재 소설들이 변혁주체의 시각을 확보하지 못하고 있는 또 다른 이유가 될 수 있을 것이다.

민중·민족적 요구가 정치적인 형태로 조직화되거나 그러한 과정에서 이데올로기의 형태로 외화된 경우에 그 순수성이나 진정성은 훼손될 수밖에 없으며, 더욱이 그렇게 외화된 이데올로기가 물리적 힘을 매개로 맞부딪쳐 전쟁상태로 치닫게 되면, 전쟁 자체의 비인간적 메커니즘으로 하여 변혁주체의 계급적 요구는 순수한 형태로 남아 있을 수 없게 된다. 이때 우리는 전쟁의 성격과 거기에 가담한 사람들의 행위의 의미를 추적할 수밖에 없다. 이 글에서는, 전쟁의 근원은 계급적 갈등과 민족해방의 욕구이며, 민족의 미래에 대한 전망은 민주적인 통일된 민족국가를 건설하는 것일 수밖에 없다는 관점을 유지하면서 6·25 전후 분단이 강화된 시기를 시대적 배경으로 삼고 있는 장편소설들을 살펴볼 것이다.

2. 작품분석 —— 시대상황과 소설적 대응

(1) 과잉된 자의식의 파탄

분단과정을 다룬 대다수의 소설들에서 공통적으로 느껴지는 것은 분단상황의 비극성 그 자체가 아니라 작가들 자신이 분단시대의 정치적 제약으로부터 전혀 자유롭지 못하다는 사실이다. 그렇다면 분단을 민족의 문제상황으로 인식하고 그것을 문학적으로 형상화하려는 행위 자체를 억압하는 우리 시대의 정치적 제약은 도대체 어떠한 역사과정을 거쳐 어떠한 성격으로 자리잡게 되었는가? 그것은 일제의 식민지 상태로부터 벗어나 자주적인 민족국가를 건설할 수 있는 절호의 기회였던 8·15가 우리 민족 자신의 힘에 의해 주어지지 못하고 제2차 세계대전을 거치면서 서로 대립적인 이념을 지니게 된 두 개의 강대세력으로 부각된 미국과 소련에 의해 분할점령되는 방식으로 주어진 사실에서부터 비롯된다.

한반도를 양분한 이 강대세력의 전략이 지닌 파괴력은, 결과적으로 볼 때 통일된 민족국가를 건설하려 노력한 우리의 민족역량을 압도할 만큼 강력하게 작용했다. 미국은 자신의 주도하에 세계자본주의 체제를 유지·재편성하기 위하여 새로운 사회주의 국가의 형성·발전을 철저히 분쇄하려 했고, 소련은 일국사회주의 노선을 청산하고 세계혁명의 길로 매진하려는 전략을 세워놓고 있었다. 세계사상 그 유례를 찾아볼 수 없을 만큼 강력한 힘을 가진 이 두 세력에 의해 분할점령된 상황을 극복하기 위해 우리 민족은 가능한 전략과 방법으로 투쟁하는 과정에서 10·1민중항쟁, 4·3민중항쟁, 여순사건, 그리고 6·25와 같은 피비린내나는 전쟁까지 치렀으나 분단을 더욱 강화시키는 결과만을 가져왔고, 끝내는 남과 북에서 서로 대립적인 이념을 추구하는 두 개의 사회구성체로 갈라서게 되었다.

남쪽에서는 건국준비위원회에서 인민공화국에 이르는 자주적 민족국가

건설 노력이 미군정의 방해에 부딪혀 좌절되고, 일체의 자주적인 정치세력
을 인정하지 않은 미군정은 친일·친미파를 보호·육성함으로써 반공친미
적 권력을 창출하여 마침내 이승만의 단독정부 수립을 가져왔다.

이승만정권은 6·25 이후 강력한 반공주의로 일관하는 한편 평화통일적
노력을 용공으로 몰아붙여 억압하였다. 이런 상황에서 이념적인 편견 없이
분단소설을 쓴다는 것은 사실상 불가능한 일일 수밖에 없었다. 이승만이
끊임없이 외쳐댄 '북진통일론'은 군사적인 통일 지향성을 띤 것이라기보다
는 정치적 반대세력과 민주화에 대한 열망을 억압하기 위한 것이었으며,
이런 방식으로 장기화된 그의 독재권력은 1960년의 3·15부정선거에서 촉
발된 4·19민주혁명에 의해 종지부를 찍게 된다. 학생세력을 중심으로 하
여 일어난 이 혁명의 성공은 민주화에 대한 요구에 그치지 않고 통일에 대
한 열망까지 불러일으켜── 학생들의 구호 수준에 머물긴 했으나──"가
자 북으로, 오라 남으로"와 같은 외침을 낳게까지 되었다. 이러한 분위기
는 작가들에게 분단문제에 대한 진지한 탐색을 촉구했으며, 최인훈의『광
장』은 이러한 탐색의 첫번째 결실이었다.

1960년 10월부터『새벽』이란 잡지에 연재되고 5·16이 터지기 3개월 전
에 단행본으로 간행된『광장』(이 글에서는『최인훈전집』제1권, 문학과지성사
1976을 참고했다)은 석방포로를 싣고 중립국으로 가는 배에 탄 이명준의 회
상으로 구성되어 있다. 최인훈은 이 소설에서 6·25 직전부터 반공포로 석
방에 이르는 남과 북의 정치적 현실을 지식인 주인공 명준의 체험과 관찰
을 통해 드러내려 하였다. 명준은 냉정한 관찰자적 시각을 가지려고 노력
한 흔적을 보이지만, 다분히 실존주의적인 반항아의 면모와 '광장'을 추구
하면서도 실제로는 그 자신의 과잉된 자의식의 밀실을 벗어나지 못하는 주
관주의적 성향을 극복하지 못하고 있다. 주인공의 이와같은 이율배반적 성
향 때문에 이 소설은 주제의 통일성을 이루어내지 못하고 있을뿐더러 문제
제기가 구조적이기보다는 감각적이다. 따라서 제기된 문제에 대한 해결 노
력이 시대적·민족적 상황에 대한 고려에서 이루어지지 않고 있으며, 결과
적으로 그것은 역사적 현실 속에서 해결되지 못하고 다분히 주관적이고 심
리적이며, 역사와 그 자신의 삶에 대해 무책임한 현실도피적인 것이 되고

만다.

그렇다면 어떤 점이 이 소설을 그토록 유명하게 만들었을까? 그것은 한마디로 말해 반공 일변도로 치닫던 억압적인 정치현실과의 관계 속에서 빚어진 것이다. 4·19 이후의 자유스러운 분위기에 힘입은 것이기는 하지만, 이 소설은 남한사회의 현실과 북한사회의 비인간적인 권력구조를 그 당시의 사정으로 볼 때 비교적 공평하게 보여주려는 의지를 담고 있다. 그러나 작가의 이러한 의도가 제대로 실현된 것으로 보이지는 않는다. 명준의 자유주의적 지식인의 성향에 이미 내포되어 있듯이 그는 남북한의 이데올로기에 대해 공평한 접근을 하기가 거의 불가능하며 따라서 북한사회가 추구하는 이데올로기에 대해 더 비판적일 수밖에 없기 때문이다.

남한사회에 대한 그의 비판이 신랄하지 않은 것은 아니다. 그러나 그것은 남한사회의 이데올로기에 대한 본질적 비판이 아니라 현상에 대한 다분히 감각적인 비난일 뿐이다. 그가 보는 남한사회는 정치·경제·문화가 모두 타락해 있다. 정치의 광장에는 도둑질하기 위해 나온 정치가들이 득시글거리고, 경제의 광장에는 훔친 물건이 넘치고 있으며, 문화의 광장에는 헛소리와 꽃, 특히 아편꽃이 한창이다. 그리하여 "필요한 약탈과 사기만 끝나면 광장은 텅" 비어 "죽은 곳"이 된다. 이것이 남한이다. (55~57면 참조) 그러나 명준은 텅 빈 광장에 시민을 모으는 일은 "폭군들이 너무 강하니까"(58면) 하기 어렵다고 생각하며, 그의 불만과 비난은 제도 자체에 대한 본질적 비판에는 이르지 못한다. 그는 서구처럼 기독교 정신이 사회의 밑바닥을 흐르고 있다면, 부패한 사회의 쓰레기는 깨끗이 치워지고 끊임없이 정화될 수 있다고 믿고 있다.

한편 북한의 공산주의 이데올로기에 대해서는 상당히 본질적인 비판이 이루어지고 있다. 월북한 아버지 때문에 경찰서에서 수모를 겪고 나서 월북을 결행하고 난 직후 명준이 느낀 북한은 "잿빛 공화국"(117면)이었고, 그 이듬해에 이르면 그는 '호랑이굴'에 스스로 들어온 자신을 저주하게 된다. 그가 보기에 북한사회에는 개인의 행위가 있을 수 없고 '당'만이 생각하고 행동하여 각 개인은 위대한 사상가들이 생각해놓은 대로 따르기만 하면 된다. 그리고 북한의 공산당원들은 "치사하고 비굴하고 게으른 개"(123

면)들이다. 그래서 북한의 "광장에는 꼭두각시뿐 사람이 없다"(130면). 그
래서 광장에는 구호와 플래카드만 있을 뿐 인간다운 사회를 건설하기 위한
노력의 흔적인 "피묻은 셔츠와 울부짖는 외침"(145면)은 없다는 것이다. 명
준은 기독교와 공산주의는 쌍둥이 그림이라고 생각하면서 이 두 이데올로
기를 에덴시대=원시공산사회, 타락=사유제도의 발생, '원죄 가운데 있는
인류'='계급사회 속의 인류'로 대칭적으로 비교해 보인다. 그러나 그것은
공산주의의 어떤 측면을 인정하기 위한 것이 아니라 공산주의가 기독교의
성경을 현대적으로 번안한 것에 불과하며 따라서 독창성이 결여된 사상임
을 보여주기 위한 것이다. 그는 또 공산주의 창시자들의 고지식한 진실성
마저 없어져버린 현재의 공산주의자들은 헛것을 섬기며 푸닥거리나 하는
자들임을 그 자신의 경험을 상기하며 확신하고 있다.

　그는 "김일성 동무"가 "고독해서" 시작한(171면) 참혹한 전쟁이 휴전상태
로 들어가고 전쟁포로가 된 그 자신이 선택의 기로에 놓이게 되었을 때,
북한은 자유가 없고 남한은 타락했다고 생각하며 '중립국안'을 하늘에서 내
려온 밧줄인 양 붙잡는다. 이 선택을 고집하는 장면에서 명준은 가장 단호
하고 투철한 소신을 실천하는 것처럼 보이며, 그러한 모습은 자못 장엄하
기까지 하다. 그러나 인도행 배에 탄 그는 그 자신을 노려보는 눈의 환각
에 시달리다가 끝내 바닷물에 몸을 던지고 만다. 제3국의 선택과 자살로
이어지는 그의 행위는 남과 북이 다 틀려먹었다는 사실에 대한 최상급의
항변이리라.

　그러나 그의 이러한 행위는 틀려먹은 현실의 민족사적 의미와 그것을 극
복하기 위한 방법의 탐색과 실천으로 이어질 수 없으므로 역사로부터의 소
멸과 도피일 수밖에 없다. 그는 남과 북이 각기 권유했듯이, 전쟁으로 피
폐해진 국토와 사회를 재건하며 더 나은 미래 사회를 건설하기 위해 헌신
하는 것이 자신에게 맡겨진 임무라는 것을 꿈에도 생각하지 못한다. 명준
은 자신이 비판한 현실이 바로 그 자신이 속해 있는 민족사회의 현실이며,
그 자신이 개선해가야 할 현실이라는 사실에 대해 무책임하다. 그러기에
그의 해결 또는 선택 역시 그 자신을 역사로부터 소멸시켜버리는 무책임한
것일 따름이다. 그러므로 이 소설의 주제는 광장으로 나아감이 아니라 역

사로부터 개인의식으로의 도피, 즉 밀실로의 퇴각이다. 최인훈이 머리말에
서 보여준 '광장'과 '밀실'에 대한 현학적인 사변은 얼핏 보기에는 그 두 개
념에 대한 변증법적 관계 설정인 듯하다. 그러나 "광장은 대중의 밀실이며
밀실은 개인의 광장이다"(14면)라는 아포리즘적 정의는 광장에 대한 지향
성의 표출이 아니라 밀실에 대한 강한 충동을 숨기고 있다. 개인에게도 밀
실은 어디까지나 폐쇄된 공간이지 타자와의 정상적인 관계가 추구되는 광
장이 되기는 어렵기 때문이다. 그것이 꼭 광장이라고 강변될 때 그것은 한
개인의 방만한 자의식이 뛰놀 수 있는 방종의 광장일 수밖에 없을 것이다
(나는 여기서 광장의 의미를 곰곰이 반추하거나, 광장에서의 행위에 대한
반성과 광장으로 다시 나아가기 위한 결단에 이르기까지의 자기점검을 위
한 공간으로서의 밀실의 필요성을 부인하려는 것이 아니다. 민족현실에 대
한 대안이 없는 비판과 역사적 현실로부터의 퇴각을 보여주는 명준의 행위
와 최인훈의 머리말 속의 그 정의를 견주어볼 때, 그 아포리즘은 부정적으
로 해석될 수밖에 없다는 것을 말한 것뿐이다).

　분단현실에 대한 접근에서 우리가 마음에 새겨두어야 할 것은, 남과 북
의 정치·경제·문화 현실에서 노출되고 있는 부정적 측면들에 대한 비판
이 아니라 남과 북이 민족적·이데올로기적으로 분열될 수밖에 없었던 역
사적 과정에 대한 탐색과 미래에 대한 전망을 세워보려는 노력을 견지해야
한다는 점이다. 역사에 대한 해석과 평가에 이르기 위해서는 무엇보다 당
대 역사주체의 시각을 통해 역사를 들여다보는 태도를 견지해야 하는데,
『광장』의 시각 즉 주인공 명준의 시각은 이미 완성되어 있는 소시민적 지
식인의 시각에서 조금도 벗어나지 않고 있다. 그래서 그 자신은 결코 역사
의 광장이나 역사주체에 몸담지 않고, 역사의 질곡에 대한 투정과 비난만
되풀이할 수밖에 없다.

　이상에서 전개한 『광장』에 대한 비판적 접근은 어디까지나 현재적 시각
에서 이루어진 것이다. 그러나 우리는 이 작품의 당대적 의미까지 부정할
수는 없다. 당시 문인들이 민족의 분단현실에 대한 뼈아픈 반성과 탐색을
회피하고 '헛소리의 꽃', 즉 '아편꽃' 기르기에 열중하고 있었던 사정으로
볼 때 『광장』은 놀라운 성취와 진전을 보여주었다고 해도 좋을 것이다.

(2) 전쟁에 대한 즉물주의적 탐닉과 이데올로기적 균형감각의 파탄

4·19에서 비롯된 민주화의 바람이 5·16이란 벽에 부딪혀 1년 만에 멈추게 됨으로써 최인훈의 『광장』을 통해 이루어진 '놀라운 성취'는 문학사적 흐름으로 자리잡지 못하고 일회적인 것이 되고 말았다. 이처럼 역사에서의 '놀라움'은 공허한 것으로 되기 쉽다. 그러한 현상은 지속적으로 되풀이되지 않는 것이기에 역사의 발전을 보상해주지 못하기 때문이다. 5·16세력은 배고픔을 해결해준다는 핑계로 국민의 자유와 민족화합의 열망을 철저하게 짓밟았으며, 어느정도 성취한 경제성장을 통해 독재권력을 20년 가까이 끌어갈 수 있었다. 이러한 상황에서 1960년대가 끝나고 70년대에 접어들게 되기까지 『광장』을 넘어설 만한 작품이 나타나지 못함으로써 그것을 홀로 빛나게 한 것은 어쩌면 당연한 일이다.

70년대 초에 이르러 황석영의 중편소설 「한씨연대기」(『창작과비평』 1972년 봄호)가 발표되고, 1972년의 7·4공동성명으로 인한 민족화합에 대한 들뜬 기대가 몇달 동안 꿈결같이 스쳐간 이후 윤흥길의 중편소설 「장마」(1973)와 같은 분단소설들이 발표되지만, 이러한 중편소설들은 우리에게 분단의 아픔을 잠시 동안 상기시켜주었을 뿐 분단시대의 역사적 상황을 총체적으로 조명하기에는 미흡한 것이었다. 이 무렵부터 연재된 수준 높은 연작소설로 이문구의 『관촌수필』(1972년에서 1976년 사이에 『창작과비평』에 연재)이 있지만, 주인공의 의식 속에 간간이 떠오르는 어두운 과거는 이 소설의 분위기에 분단시대의 짙은 암영만을 던져주고 있을 뿐이다.

이처럼 70년대가 끝나갈 무렵까지 분단문제에 대한 소설적 인식에서 별다른 진전을 보여주지 못한 것은, 7·4공동성명과 같은 희망적 상황이 민중들 자신의 민족화합에 대한 열망과 실천적 노력을 통해 이루어진 것이 아니라 오히려 민중 내부에 도사리고 있는 민주화에 대한 열망을 잠재우려는 독재권력의 장기집권 전략으로 주어진 데 있다. 여기서 우리는 변혁주체의 실천적 노력에 의해서만 진정한 의미의 역사발전이 보장될 수 있다는 엄숙한 사실을 뼈아프게 확인한 바 있다.

이러한 군사독재의 시기에 6·25를 정면으로 다룬 대하소설로 홍성원의 『남과 북』(1970년에서 1975년 사이에 『세대』에 '6·25'란 제목으로 연재. 이 글에서는 『남과 북』, 문학사상사 1987을 참고했다)이 발표되지만, 전투장면의 세부적 묘사에 치중하거나 우익 지식인 중심으로 인물을 배치함으로써 당대의 사회현실과 6·25의 역사적 성격을 제대로 드러내지 못했다. 홍성원은 전면전이 시작된 바로 그때 그 자리에서부터 전쟁의 총성이 멎는 시점까지 전쟁 자체에 대한 박진감있는 묘사, 기자들의 대화를 통해 드러나는 한국인과 미국인의 견해 차이, 후방에 있는 사람들의 타락상 그리고 포수 박두식의 세 아들이 각기 다르게 전쟁에 대응하는 방식들을 보여줌으로써 6·25 때의 전·후방의 모습과 분위기를 그리는 데는 어느정도 성공하고 있다. 그러나 이 소설은 전체적으로 볼 때, 전쟁의 역사적 원인과 성격을 치열하게 탐색한 흔적을 보여주지 못하고 있을 뿐만 아니라, 이 전쟁의 민족사적·세계사적 자리매김을 명확하게 하는 데는 별다른 성과를 보여주지 못하고 있다.

작가 홍성원은 이 소설의 머리말에서 어린 시절부터 그가 매료되어왔던 폭력 가운데에서도 "최고 최대의 조직적인 폭력"(1권, 12면)으로서의 '전쟁'에 대한 관심에서 이 소설을 썼다고 밝힘으로써 처음부터 우리의 관심에서 비켜나 있다. 그에게는 "소설을 위해 6·25라는 사건이 필요했을 뿐"(1권, 16면)이다. 그는 6·25에 대한 역사적 해명에 관심이 없을 뿐만 아니라 그 자신이 전쟁의 목적을 모르고 있다는 사실마저 그것의 비참함을 부각시키는 방법으로 사용하고 있는 듯하다. 말하자면 전쟁의 부조리와 무의미함을 실존주의적 기법으로 부각시키기 위하여 작가는 전쟁의 맹목성을 강조하고 있는 것이다. 이처럼 역사적 의미가 배제된 채 부각되고 있는 6·25의 부조리와 맹목성은 도대체 우리 시대의 독자들에게 어떠한 영향을 줄 수 있을까? 그것은 무엇보다 전쟁도발자(사실은 이러한 개념 자체가 전쟁의 근본적 원인에 대한 의미있는 탐색을 가로막고 있다)에 대한 적개심과 역사에 대한 허무의식을 유발할 뿐이다.

제목은 '남과 북'이지만 이 소설은 남과 북의 현실을 균형있게 보여주지 못하고 있다. 이 소설에 등장하는 30여 명의 중요인물들 가운데 북한측에 속해 있는 인물은 정치보위국원인 신학렬 한 사람뿐인데, 그나마도 대단히 부정적인 시각으로 조명되고 있다. 전쟁의 부조리함을 강조하기 위해서는 알 수 없는 적, 보이지 않는 적, 맹목적인 적을 설정할 필요가 있을지도 모른다. 그러나 3년 동안이나 세계사에서 유례가 없을 만큼 치열하게 전개된 전쟁을 소재로 한 이 소설의 중요한 인물 구성이, 남쪽의 인물과 월남한 인물들만으로 이루어져 있다는 사실은 이 소설의 시각이 대단히 편파적인 것일 수밖에 없다는 혐의를 떨쳐버릴 수 없게 한다.

이 소설에서 전쟁상황에 대해 자신의 견해를 피력하고 있는 사람들은 로이 킴, 에드워드 킬머와 같은 미국인 기자들, 터너 중령, 올슨 소령과 같은 미국 군인, 그리고 한국인 신문기자 설경민 등이다. 미국인들은 "왜 우리가 당신들의 나라에서 피를 흘리며 죽어야"(4권, 265면) 하느냐고 적반하장 격의 실로 터무니없는 역정을 내거나, 미국은 책임만 다하고 얻은 것은 없기 때문에 "한국전쟁은 미국 전사상 가장 인기없는 전쟁"(6권, 253면)이었다고 말한다. 이들은 인류역사에 대한 막중한 책임만을 맡고 있는 의로운 자리에 미국을 올려놓고 있는 것이다. 이 소설에서 가장 비판적인 지식인으로 묘사되고 있는 설경민은, 미국의 간섭이 없었다면 한국은 전쟁에 휘말려들지 않았을 것이라고 미국인에게 말할 수 있는 정도의 양식을 가지고 있고, 터너 중령에게 "우리는 지금 공산주의와 싸우고 있는 거지 우리 동포와 싸우는 게"(3권, 21면) 아니라고 말함으로써 민족주체성을 가지고 미국을 비난하는 듯한 느낌을 주지만, 그의 언행을 전체적으로 볼 때 그는 북한보다는 미국에 더 호의적이다. 설경민은 미국인 기자 킬머가 잔인한 만행의 장면을 찍은 "사진을 두드려 보일 때, 그의 비난이 한국인이 아닌 북괴군에 국한되기를 희망"(2권, 69면)함으로써 우리의 조국을 남한으로 국한하고 있음을 명백히 드러낸다. 그의 말투는 공산주의와 싸운다는 명분만 주어지면 북한 사람들은 우리 동족이 아니어도 좋다는 식이다.

이 소설에서 가장 많은 분량을 할애하고 있는 전투장면의 주역들은 전시의 군인이라는 점을 감안하더라도 성격이 너무 단순하며, 따라서 별다른 갈등 없이 전쟁을 단순한 활극으로 만들어놓는 역할들을 해낼 때가 많다. 수많은 전투장면, 여러 사건과 사실들을 담고 있는 이 소설이 당대 현실의 총체성에 이르지 못하고 있는 것은, 앞에서 본 바와 같은 편파적 시각을 극복하지 못한데다가 그러한 사실들을 역사주체의 발전적 시각으로 조명하려는 의지가 작가에게 결여되었던 데서 비롯되고 있다.

『남과 북』에서 본 바와 같은 역사의식의 빈곤과 이데올로기적 균형감각의 파탄은 5·16정권이 몰락하기 1년 전에 나온 김원일의 『노을』(문학과지성사 1978)에서 더욱 치명적인 모습을 드러낸다.

이 소설은 작은아버지의 부음을 듣고 고향에 내려간 한 출판사 직원의 회상을 통해 6·25 직전 진영에서 일어난 남로당의 테러행위를 그려내는 데 많은 지면을 할애하고 있다. 열네살 때의 주인공의 시야에 들어온 것은 백정 출신으로 남로당의 말단 행동대원이었던 아버지의 난폭한 언행과 잔혹한 인간살상 행위이다. 이처럼 폐쇄적이고 편파적일 수밖에 없는 어린아이의 관점은, 우리의 시각과 관심을 국부적인 사건들에 감각적으로 매달리게 함으로써 역사의 진상을 포착하기 위한 폭넓은 조망을 어렵게 한다. 이러한 관점에 의해 좌익의 활동은 그들의 테러행위를 통해 조명되고 있으며, 그러한 결과로서 이 소설은 당시 남로당에 대한 편견과 심정적 반공의식을 유포하기에 알맞은 것이 되고 있다. 이 소설의 뒷부분에 좌익활동을 하다가 전향한 이후 별탈없이 잘살고 있는 인물에 대한 이야기를 삽입시키고 있는 것은, 공산주의의 비인간적 요소와 허구성을 깨닫고 전향하는 것이 당시의 좌익이 걸었어야 할 최선의 길임을 암시하는 듯한 인상을 준다.

김원일의 이같은 관점은 이후의 작품들에서도 크게 달라지지 않고 있다. 작가는 『불의 제전』(문학과지성사 1983) 앞부분에서, 한 인물의 입을 통해 좌익 일을 하는 사람은 "다 백정 칼 솜씨를 배아야"(1권, 39면) 한다고 말하는가 하면, 한때 좌익운동가였던 지식인의 온건한 민족주의자로의 전향에 대한 묘사를 통해 좌익사상의 허구성을 간접적으로 비판하기도 한다. 이 소설 역시 6·25 직전의 진영을 무대로 삼고 있는데, 작가는 담담하게 객관적으로 서술해나가다가 때때로 지식인 주인공인 심찬수의 격앙된 어조를 빌려 좌익에 대해 무모하기 짝이 없는 욕설을 해대고 있다. "잘들 처먹고 무산대중을 위해 실컷 미쳐봐라!"(1권, 153면), "몽매한 인민의 피나 사들이는 혁명의 신봉자들"(1권, 167면), "좌익 놈들의 그 상습적인 테러"

(1권, 172면) 등등. 이 소설에서 김원일은 지식인의 정신적 방황, 야산대의 출몰, 농지개혁의 실패 등 6·25 직전의 정치상황과 사회분위기를 어느정 도 성공적으로 그려내고 있지만, 당시의 역사적 상황에서 우리 민족이 풀 어가야 할 과제가 무엇인지에 대해서는 적극적인 탐색을 보여주지 못하고 있다. 따라서 6·25 직전의 시대상을 담고 있으면서도 6·25의 원인이 근 원적으로 탐색되지 못한다. 이러한 이유로 인해 이 작품 이후에 나온 『바 람과 강』(문학과지성사 1985)의 6·25에 대한 언급에서도 보이듯이 민족사적 과제와 역사주체를 포착하지 못한 채 6·25에서 대리전쟁 이상의 의미를 찾아내지 못하고 있다(대리전쟁 문제에 대해서는 뒤에 언급한 『겨울골짜 기』에서 다루기로 한다).

이상에서 살펴본 일련의 작품들을 통해 분단문제를 집요하게 천착하고 있는 김원일의 노력은, 많은 문제점을 드러내고 있음에도 불구하고 '분단' 의 해명이 우리 문학의 중요한 과제임을 줄기차게 일깨워왔다는 점에서 문 학사적인 평가를 받을 수 있을 것이다.

(3) 지식인 주인공의 세 유형

1979년의 10·26사태에서 1980년의 광주민중항쟁에 이르는 기간 동안 우 리는 민주화에 대한 폭발적 기대와 처절한 좌절의 역사를 경험했다. 부마 민중항쟁의 열기가 엉뚱하게도 5·16세력 내부에 있던 한 사람의 결기에 의한 대통령 암살을 초래, 또다른 군의 정치개입을 불러옴으로써 70년대의 반독재민주화운동은 참혹하게 왜곡된 결과를 가져오고 말았다. 군 내부의 권력다툼으로 정권을 쥔 세력은 정당성을 결여한 권력을 유지하기 위해 수 많은 사람의 생명과 자유를 압살하며 공포의 통치를 해나갔지만, 이 사이 에 이루어진 민중운동과 민주화투쟁은 80년대 전반기를 민족사의 한 전환 기로 규정하게 할 만큼 뚜렷한 진전을 보여주었다.

이러한 민중운동의 진전과 더불어 우리의 민중운동도 양적·질적 발전을 가져왔고, 분단을 소재로 한 문학작품들도 다양한 결실을 맺을 수 있었다. 80년대 전반기에 발표된 분단소재의 시와 중·단편소설들은 헤아리기 어려울 정도이고, 장편소설들만 하더라도 이정호의 「움직이는 벽」(『제3문학』, 한길사 1983), 김원일의 『불의 제전』, 이병주의 『지리산』(1970년대 초부터 15년간 집필. 이 글에서는 기린원 1985~86을 참고했다), 이문열의 『영웅시대』(『세계의 문학』 1982년 가을호에서 1984년 여름호까지 연재. 이 글에서는 민음사 1984를 참고했다) 등 주목할 만한 작품들이 발표·간행되었다.

분량 면에서 큰 작품은 아닌 「움직이는 벽」은 1·4후퇴 때 월남한 작가 자신이 6·25 전후에 북한에서 겪은 체험을 바탕으로 하여 씌어진 것이다. 이 소설은 인민학교 여교사인 하정임의 시각으로 당시 북한사회의 교육제도와 현장교육에 나타나고 있던 문제점들과 '무상몰수 무상분배'의 토지개혁이 실시된 이후의 북한 사람들의 생활상, 청소년들의 이념 적응과 실패, 전시의 불안한 사회상 등을 보여준다. 이 소설이 발표된 시점까지 소설을 통해서조차 들여다볼 수 없었던 북한사회의 실상을 담고 있다는 점에서 이 소설은 소재적 참신성을 지니고 있고, 실제로 우리의 궁금증을 풀어주는 데는 상당한 성공을 거두고 있다. 사상적으로 중립적인 위치에 있는 정임은 이념보다는 인간을 우위에 둘 뿐만 아니라 이념과 조직의 굴레를 벗어날 수 없는 사회인보다는 자연인으로 살기를 갈망한다는 점으로 볼 때, 이념을 강조하는 북한사회에서 삶의 의미를 발견하기는 어려운 인물이다. 신흥군 전체에서 4년제 여학교를 나온 사람 수가 네 명밖에 안 된다는 점을 감안하면, 여학교를 나온 정임은 그 사회에서는 소수의 지식인집단에 속하는 인물이다. 그러나 이념적인 공백상태에 있는 것으로 보이는 정임의 인간주의는 그녀를 좋은 교사(이것도 그녀 자신의 생각이다)가 되는 데는 도움을 주지만, 정치적 발언이 지배적인 회의에서는 그녀를 무능하게 만들고, 요주의 학생을 감시하는 일에서는 태만한 교사이게 하고, 이념적 편향을 띠어가는 동생에 대해서는 별다른 영향을 줄 수 없는 누나이게 한다. 그녀가 동생에게 할 수 있는 말은 "세상에서 가장 소중한 것은 사람이야. 사람을 소중히 여기지 않는 사상이나 주의는 그다지 좋은 것 같지 않다" (286면)는 정도가 고작이다. 이처럼 정임은 우리의 분단소설들에서 상투적으로 되풀이되고 있는 인간과 이념을 대립시키는 사고방식을 드러낸다.

이러한 시각으로 북한사회의 생활상을 들여다보면 이런 식이 된다. "노

동은 신성하다. 좋은 말이었다. 일하지 않는 자는 먹지 말라. 그래서 북한
전역에 일하지 않는 자가 없다고는 하는데 배가 부른 사람은 얼마나 되는
것일까. 노동에 의하여 분배한다는 사회주의 원칙이란 삼 홉 오 작의 쌀배
급을 말하는 것이다. 여자도 육십까지 일함으로써 받을 수 있는 삼 홉 오
작의 쌀.”(320면) 그러나 북한의 생활상이 열악하다는 사실을 보여주는 위
의 서술보다는 토지개혁으로 몰락하게 된 외갓집의 경우를 통해 지주계급
출신자들의 생활상을 보여주는 부분이 훨씬 자연스럽고 실감도 난다. 정임
이 외갓집에서 먹게 된 점심은 “갓 지은 밥이라 그래도 맛이 있었다. 감자
와 팥을 알맞게 섞어서 구수했”고, “소금 돋힌, 고등어 자반을 구운 것이”
(318면) 곁들여진 것이었다. 정임에게는 대농이던 외갓집의 살림살이가 무
척이나 스산해 보였겠지만, 6·25 직전의 남한의 농촌 살림살이에 비해 열
악하다고는 할 수 없는 정도이다.

　전쟁이 일어난 이후의 북한사회의 생활상은 남한의 그것과 별로 다를 것
이 없고, 국군 치하의 북한에서 대한청년단의 일에 자의반 타의반으로 가
담한 주인공이 흥남철수로 LST를 타게 되는 마지막 부분은 일종의 허탈감
까지 불러일으킨다. 하정임의 인식을 지배하고 있는 이념의 무중력 상태는
치열하게 이념을 추구하며 역사의 소용돌이에 휘말려든 사람들이 빚어낸
참혹한 역사에서 별다른 상처를 입지 않은 채 보존되고 있다. 이런 점이
오히려──비록 착각에 의한 것일지라도──진지하게 이념을 관철하려고
하는 사람들을 돋보이게 할 수도 있다.

　『지리산』의 박태영은 이념에 대한 태도에서 볼 때 「움직이는 벽」의 하정
임과 대칭적인 자리에 놓일 수 있다. 하정임과는 달리 박태영의 진지한 이
념적 탐색과 치열한 삶은 우리에게 깊은 인상을 남겨놓기 때문이다.

　모두 일곱 권으로 이루어진 대하소설 『지리산』은 1938년부터 1955년 사
이의 역사를 배경으로, 박태영이란 한 혁명적 지식인의 성장과정과 공산주
의 이념과 실제 사이에 노정된 괴리를 뼈아프게 확인하면서도 끝까지 빨치
산으로서의 생애를 마치게 되는 그의 참담한 좌절과정을 담고 있다. 그러
나 박태영이나 그의 친구인 이규와 같은 천재적 소년들이 지식인으로 성장
해가는 과정이 그려져 있는 이 소설의 전반부보다는 박태영이 이념적 결단

과 정치적 투쟁을 펼쳐가는 후반부에 우리의 관심은 집중될 수밖에 없다.

그의 절친한 친구이며 온건한 사학도인 이규, 대지주이면서도 학식과 교양이 풍부한 하영근, 10년간 공산주의자의 길을 걷다가 전향한 반공적 자유주의 이론가인 권창혁과 같은 인물들 사이에서 뚜렷한 지식인의 면모를 갖춰가는 박태영은 그들에게 인간적인 친밀감을 느끼면서도 이념과 정치적 실천에서는 독자적인 공산주의자의 길을 간다. 일제 말엽 지리산에 민족지도부를 건설하겠다는 포부를 가지고 입산한 박태영은 거기서 8·15를 맞게 된다. 이때 지리산에서 알게 된 이현상이 친일반동분자들을 색출·숙청하여 혁명을 완수함으로써 노동자·농민이 주인 되는 사회를 만들어야 한다고 역설하자, 박태영은 해방되자마자 동족간에 피를 흘리는 일은 좋지 않다고 반대한다(3권, 127~28면). 이러한 그의 태도에서 드러나듯이 박태영은 순수한 젊은이답게 이상주의자에 가까운 느낌을 준다. 8·15 이후 그는 공산주의자의 길을 가면서도 남로당의 파벌성을 띤 전략에 깊은 회의를 품거나(3권, 254면) 개인적으로 반탁을 지지하여 3개월간의 근신 처분을 받고(4권, 96면), 프로문학가들과 그들을 이용하려는 당에 환멸을 느끼거나(4권, 131~41면) 조선공산당이 맑스주의를 이탈해 있으므로 맑스주의 이념에 맞는 조직을 만들어야 한다고 생각하며(4권, 325~26면), 심지어는 "무정견한 짓을 일삼고 있는 남로당에 힘을 빌려줘선 안된다"고 말하거나 "우리 마음속의 공산당이 가장 확실한 공산당"이라고까지 주장하며(5권, 278면) 끝까지 입당을 거부한다. 그러므로 강력한 조직성과 혁명성을 지닌 공산주의 이론을 받아들이고 있으면서도 박태영은 당과 조직을 통하지 않고 개인적인 차원에서 자신의 이념을 실천하려 하는 인물로 부각된다. 전쟁이 일어나고 인민군 치하의 서울에서 어쩔 수 없는 사정에 몰려 기자가 된 그는 전주까지 내려갔다가 인민군이 후퇴하게 되면서 전북도당의 유격대에 편입된다.

이후 지리산의 빨치산 투쟁으로 이어지는 그의 생활은, 부대 재편성으로 인한 전출과 전입, 극도의 추위와 굶주림, 치열한 전투와 결사적인 도주, 위험을 무릅쓴 보급투쟁과 북한 정치세력에 대한 회의 등으로 이어진다. 이러한 고난이 견디기 어려워질수록 태영은 자신의 잘못된 선택의 대가로

벌을 받는다고 생각하며, "절대로 나는 나를 용서하지 못한다"(7권, 128면)
고 마음속으로 부르짖는다. 태영은 그 자신의 빨치산으로서의 행동에서 모
든 역사적·사회적 의미를 박탈해버리고 남부군 사령관인 이현상의 '화선
입당' 권유까지 거절하면서 마음속으로 "너는 너 혼자를 위한 파르티잔일
뿐"(7권, 309면)이라고 굳게 다짐한다. 자신의 고통을 연장하기 위해 끝까
지 살아남겠다고 결심하는 태영의 행위에서 우리는 단순한 자학 이상의 엄
숙성을 느낄 수 있지만, 동시에 우리는 태영을 끝까지 공산당에 넘겨주지
않으려는 작가의 의도가 작품 속에 작용하고 있음을 감지할 수 있다.

앞에서 보았듯이 태영은 조선공산당이나 빨치산 투쟁에 가담하고 있으면
서도 정신적으로는 끝까지 자신의 알리바이를 주장하고 있다. 그는 하영근
이나 권창혁 같은 우익 지식인들과는 달리 공산주의 이념 자체를 노골적으
로 비방하지는 않지만, 그 자신이 실제로 겪은 체험을 통해 조선공산당은
파벌성을 띤 비혁명적·비인간적 조직임을 끊임없이 매도함으로써 더 근원
적인 측면에 타격을 가하려 한다. 태영에게 이같은 임무를 맡긴 것은 이
소설의 작가가 '반공'이란 국시에 주눅이 든 탓일까? 이러한 의문은 이 소
설의 후기를 보면 쉽게 풀린다. 작가는 "옳은 사상, 옳은 주장이 그런 무
모한 짓을 할 까닭이 없"으며, "따라서 공산당은 악"이라고(7권, 368면) 명
백히 규정하고 있기 때문이다. 이처럼 이 소설의 작가는 역사적 사실을 민
족사적 맥락을 통해 깊이있게 해석하려 하지 않고 전쟁 자체의 비인간적인
메커니즘을 통해 즉물적인 평가를 가하고 있다. 작가는 공산주의자들의
"선동과 조종을 받아 그 많은 청년들이 공비라는 누명을 쓰고 죽어야 했
다"(7권, 369면)는 데 대한 억제할 수 없는 '의분'을 주제로 소설을 썼다고
밝히고 있지만, 역사적 사실의 근원적 동기가 배제된 상태에서 솟구치는
'의분'은 역사의 객관적 인식에 방해가 될 수밖에 없는 것이다.

이러한 의분은 작가로 하여금 공산당의 활동을 묘사하는 장면에서 자신
의 혐오감을 무절제하게 노출하게 만든다. 전평의 총파업 준비에 대해 "공
산당을 비롯한 좌익들은 내일이라도 혁명이 일어날 것처럼 **설쳤다**"(5권, 69
면)고 쓰거나, "공산당은 동요하기 시작한 민심을 선동하기에 **광분했다**"(5
권, 81면)는 표현을 하고 있다(강조는 인용자). 8·15 이후 필연적으로 분출

할 수밖에 없었던 노동자들의 정당한 욕구를 정치적 힘으로 규합한 전평의
활동에 대해 작가 자신이 어떠한 견해를 갖고 있든 간에, 자신의 감정을
무절제하게 노출하는 것은 작가로서의 올바른 태도라고 할 수는 없을 것이
다.

『영웅시대』의 주인공 이동영은 출신성분이나 공산주의자가 된 내력, 그
리고 이념적 지향성이나 투쟁방식 등에서 『지리산』의 박태영과 뚜렷한 차
이를 드러내고 있지만, 이 두 사람은 자신들이 속한 공산주의 조직에 끝까
지 융화되지 못하는 관념적 지식인이라는 점에서 비슷한 유형의 인물들이
다. 이들은 모두 자신의 선택에 대해 참담한 후회를 짓씹으며 내키지 않는
투쟁의 길을 걷고 있다. 그러나 동영은 태영보다 인생편력이 많은 만큼 노
회하고, 정치적 투쟁은 덜 치열하다. 이동영의 비극적 종말은 이 소설의
첫 대목부터 그의 회의적이고 이상주의적인 생각 속에 암시되고 있으므로,
이 소설의 줄거리는 이미 예고된 파탄을 향해 지루하게 이행되어가고 있는
듯한 느낌을 준다.

6·25를 시대적 배경으로 삼은 『영웅시대』는, 이념적으로는 아나키스트
에 가까운 공산주의자 이동영의 정치적 좌절과정과 남한에 남아 있는 그의
가족의 고난에 찬 살아남음의 모습을 번갈아 보여주면서 북한 권력체계의
비인간성과 공산주의 이념의 한계를 드러내는 방향으로 진행되어간다. 이
소설에서 간간이 시도되고 있는 공산주의 이념과 투쟁에 대한 회의적 발언
과 비판은 주로 이동영과 그의 친구들의 만남에서 이루어진다.

이 소설은 주로 아나키즘을 거쳐 공산주의에 입문했다가 전향하거나 이
념적 파탄에 이른 동영과 그의 친구들을 통해 북한 공산집단이 그들의 이
념과 얼마나 다른 길을 가고 있는가를 고발하고 있지만, 그들의 회의와 반
발은 역사적 현실에 대한 과학적 이해에 접근하지 못하는 데 기인한다. 이
념 자체의 '아름다움' 때문에 아나키스트가 되었던 이들은 구체적인 역사적
현실이 요구하는 행동을 취하기보다는 관념적인 차원에서 선택한 이념의
순수성을 표준으로 하여 북한의 권력집단을 비판하고 있는 것이다. 그러나
아나키스트 시절 그들의 스승이었던 박영창에게 동영이 고백한 내용을 보
면, 그러한 이념마저 순수한 동기에서 선택한 것이 아님이 드러난다. 동영

의 고백에 따르면, 그는 봉건귀족의 붕괴가 필연적인 마당에 프롤레타리아
트가 주인이 될 미래세계에서 살아남기 위해 그러한 이념을 선택하고 재산
을 반납하였으며, 소외된 계층을 위한 그의 분노는 가면이었을 뿐이다. 이
러한 고백을 들은 박영창은 가장 진실하고 훌륭한 자아비판을 들었다고 감
탄한다. 이런 점에서 볼 때, 동영은 『지리산』의 박태영처럼 그가 선택한
이념과 그가 속해 있는 조직에 대한 알리바이를 주장하고 있는 셈이며, 이
러한 인물을 등장시킨 작가의 의도 역시 공산주의 이념과 공산주의자들의
행위를 고발하고 반공주의적 이념을 설파하려는 데 있다는 사실을 부정할
수 없게 된다. 동영은 탈출선을 타지 않기로 결심하면서, 공산주의 이념은
"한 비뚤어진 천재의 어두운 열정이 빚어낸 오류의 연쇄"이며, "눈앞에서
자식이 굶어죽는 꼴을 봐야 했던 한 박식가의 거대한 경제 콤플렉스가 산
출해낸 평면적 역사해석과 파괴의 독기서린 예측"이라는(596면) 독설을 뿜
어낸다.

　이문열은 소설 자체의 내용만으로는 자신의 의도가 충분히 드러나지 못
했다고 생각했는지, 이 소설의 끝부분에 배치된 '동영의 노트'를 통해 소설
미학은 완전히 포기한 채 본격적인 공산주의 비판에 열을 올리고 있다. 여
기서 동영은 우리 현대사의 적극적 의미와 공산주의 이념을 깡그리 부정하
면서 비코의 영웅시대론을 설파하는 한편, 기독교의 예언성과 혈연에 바탕
을 둔 '민족'을 이념적 가치의 가장 높은 자리에 올려놓고 있다. 휴머니즘
과 '민족' 이외의 여하한 이념도 부정하는 동영은, 남과 북의 대립은 이념
적인 대립조차도 될 수 없는 맹목적인 것이라고 생각한다. 남북의 대립이,
"한쪽은 어쭙잖은 항일투쟁의 경력과 해방군 정치사령부의 위세를 업은 무
산계급 출신의 무장집단이 이데올로기까지 장악하게 되었고, 다른 한쪽은
강대국 극우세력의 비호를 받는 이류 독립운동가와 일단의 친일파가 야합
하여 또한 이데올로기까지 장악"(613면)한 결과에서 비롯되었기 때문이라는
것이다. 그러므로 처음부터 강대국의 '불행한 대행자'일 수밖에 없었던 남
과 북의 분단과 대결은 무의미한 살육만을 빚어냈고, 우리 민족의 몫은
"지정학적인 운명을 마침내 극복하지 못한 비탄과 치욕"(632면)뿐이라는 것
이다. 이러한 상황 속에서는 아무리 뛰어난 영웅일지라도 좌절할 수밖에

없다.

동영은 그의 노트에 이렇게 적고 있다.

영웅시대란 낡고 무너진 세계의 폐허 위에 새로운 세계를 건설하기 위해 초
인적이라 할 만큼 비상한 인간의 노력이 필요한 시대를 말하며, 영웅이란 아직
남은 낡고 불합리한 것들의 파괴와 새로운 세계의 건설을 아울러 수행하는, 그
비상한 노력에 자기를 던지는 비상한 능력의 인간들을 말한다. … 그런 의미에
서, 아시아적 전제국가의 폐허 위에 어제까지 압제와 수탈의 대상이었던 인민
대중을 진정한 주역으로 하는 새로운 사회를 건설해야 하는 지금은 이 땅의 영
웅시대라 할 수도 있을 것이다. (645면)

프롤레타리아 사회가 도래하기 직전의 시기는 '영웅시대'라 불리기보다는
'혁명의 시기'라 불려야 마땅하지만, 이러한 사실에서 한발 물러나 비코나
헤겔과 같은 사상가들의 역사철학을 보더라도, 이 사상가들이 중요시하고
있는 뛰어난 인물(영웅)들은 그들 자신보다 훨씬 더 뛰어난 힘의 도구라는
사실을 거의 알지 못하는 사람들이며, 일반대중의 지지를 받지 못하는 한
이러한 영웅적인 인물들은 빈 껍질과 같은 존재에 지나지 않는 것이다. 그
러나 기실 동영은 위의 인용문보다 앞부분에서는 "인민대중을 진정한 주역
으로 하는 새로운 사회"의 도래 자체를 부정함으로써 그러한 시대를 앞당
기려고 노력하는 영웅의 존재 가능성까지 부인하는 모순을 드러낸다. 성악
적인 요소를 지니고 있는 부르조아 사회에서 성선적인 프롤레타리아 사회
가 나올 수 없다고 궤변을 늘어놓으면서, 동영은 예언자의 어투를 빌려
"어떻게 성악의 나무에서 성선의 열매를 거두는 일이 가능하겠는가"(637면)
라고 말하고 있는 것이다. 이처럼 한 사회의 질적 지양 또는 변혁을 통한
사회발전을 전혀 인정하지 않는 이동영은 "그 어떤 도움도 필요로 하지 않
고 이루어지게끔 되어 있는 확정성을 가지고 있"(636면)는 진정한 '예언',
즉 기독교적 예언으로 돌아갈 것을 권유하고 있다. 역사적 현실을 매개로
하지 않는 기독교적 예언은 구체적인 역사를 통해 검증될 수 있는 성질의
것이 아니므로, 그의 논의는 현실적·과학적 차원으로부터의 이탈이라는

점에서 논점의 회피일 수밖에 없다.

이처럼 동영은 구체적 역사를 토대로 하는 과학적 이념을 부인한 자리에
다 종교적인 대안이나 인간주의를 밀어넣고 있다. 그는 끝으로 모든 대항
이념들을 지워버리고도 "그 마지막에 남는 것 중에 하나가 휴머니즘"(651
면)이며, "아무리 지우고 지워도 지울 수 없는 것은 우리의 몸을 도는 피
이며, 아무리 거역하고 거부하려 해도 끝내 거기서부터 자유로울 수 없는
집단은 민족이다. 그리고 또한 그 집단은 우리 모두를 묶을 수 있는 유일
한 집단인 것이다"(655면)라고 적어두고 있다. 동영은 모든 인위적인 이념
과 모든 역사적 발전단계들을 초월하여 혈연적 본능의 세계로 환원하면서
70면에 달하는 그의 노트, 그 지루한 오류의 연쇄를 마무리하고 있다.

이 소설의 작가 이문열은, 처음부터 끝까지 공산주의 세계에 대한 회의
와 비판으로 일관하는 이동영을 '원산폭격'이란 말로 연상되는 원산에 살게
하면서도, 그러한 폭격의 주역인 미군에 대해서는 한마디도 언급하지 않을
뿐만 아니라 원산의 폐허 그 자체에 대한 묘사는 추호도 보여주지 않는다.
그가 고발하는 것은 오히려 교회의 종탑을 헐어낸 자리에 국기게양대를 만
든 흔적의 조잡함 같은 것이다. 동영은 그 흔적에서 피흘리는 상처를 연상
하면서 "신이란 어떤 악의롭고 교묘한 관념덩어리가 아니라 인격과도 흡사
한 산 실체 같은 느낌이 들었다. 인간을 학대하고 착취하는 가해자로서가
아니라 아늑하고 고요한 신화의 바다에서 인간의 주술에 걸려 땅 위로 끌
어올려진 뒤 몇천년 그들을 위해 혹사당하다가 이제 버림받아 죽어가는 피
해자로서였다"(563면)고 그의 생각을 굴려간다. 그 참혹한 폐허에는 아랑곳
하지 않고 교회를 개조한 흔적에만 가슴 아파하는 인물을 통해 작가 이문
열은 도대체 무엇을 말하려고 했는가? 그것은 아마도 비인간적인 공산주
의와 기독교 정신의 숭고함을 대비시키기 위한 것이리라(우리는 여기서 동
영의 입을 통해 설파되고 있는 휴머니즘의 실체와 관념적 지식인의 위선을
반어적으로 확인하게 된다).

『영웅시대』 전체 분량의 절반에 가까운 동영의 가족들에 대한 이야기는
공산주의자를 가장으로 둔 가족들이 남한사회에서 겪는 수난사인 동시에
동영의 영웅적인 이념적 좌절의 비극성을 상대적으로 두드러지게 하는 음

각적인 효과를 주기도 한다. 말하자면 가족을 참혹한 전쟁터에 버려두고 공산주의자들을 따라다닌 동영이 얻은 게 무엇인가 하는 반문이 이 소설의 밑바닥에 무시할 수 없는 힘으로 도사리고 있는 것이다. 고난에 찬 살아남음의 과정 속에서 정인(동영의 아내)이 남편에게서 배운 공산주의적 사고방식을 버리고 기독교인으로 거듭나는 모습에서, 우리는 허깨비 같은 이념을 추구하는 동영에게서보다 더욱 절실한 삶의 모습을 볼 수 있다. 그럼에도 불구하고『영웅시대』를 동영의 행적을 통해 비판적으로 검토하면서, 그것에 못지않게 중요한 그의 가족들의 수난사를 살펴보지 않는 것은 동영과 관련된 부분에 그냥 보아넘길 수 없는 심각한 문제점들이 너무도 많이 노출되고 있기 때문이었다.

(4) 개인 수난사적 시각의 함정

동영의 가족들의 수난사와 같이 전쟁이 강요하는 참혹한 삶을 묵묵히 받아들일 수밖에 없는 서민들(특히 여성들)의 이야기는 우리의 분단소재 소설에서 하나의 큰 흐름을 이루어왔다. 김주영의 장편소설『천둥소리』(민음사 1986)는 그러한 작품들의 대표적인 예가 될 수 있을 듯하다. 이 소설은 8・15 전야로부터 6・25에 이르는 시기에 온갖 고난과 풍상을 겪어내는 신길녀라는 한 여인을 통해 "극도의 희생과 인내"(「작가의 말」,『천둥소리』, 306면)로 점철된 삶의 모습을 보여주기 때문이다.

이러한 소재의 소설들에 나오는 인물들이 대개 그렇듯이,『천둥소리』의 주인공 역시 자신이 겪을 수밖에 없는 사건들의 역사적 의미나 자신이 살아가야 할 방향에 대한 판단력을 결여하고 일방적으로 주어지는 외부의 충격을 묵묵히 견뎌낼 수밖에 없다. 그러므로 이 소설의 줄거리는 길녀의 수난에 찬 삶에 초점이 맞춰지고 있는 셈이다. 두 차례나 겁간당하여 불륜의 아이를 둘이나 낳게 되거나, 생선장사를 하며 아이를 찾기 위해 산골을 헤매거나, 아버지가 인민군과 국군에게 두 차례나 수난을 겪다 죽게 되는 일을 당하거나, 그녀가 사랑하는 황점개의 총살 장면을 목격하는 일 등을 겪게 된다. 작가가 이러한 과정에서 가치를 부여하고 있는 것은 역사의 수레바퀴에 깔리고 모진 풍파에 찢기면서도 생명과 인정의 꽃을 피워내는 길녀와 두터운 사랑으로 길녀를 도와주는 황점개의 인간미 정도일 것이다. 우리 현대사에서 가장 처절했던 5년간의 역사적 현실이 이처럼 개인 수난사적 차원에서만 접근될 때, 거기에는 간과할 수 없는 위험이 배태된다. 작가의 의도와는 상관없이 우리의 현대사가 모순과 고통으로 가득 찬 비극의 도가니로만 묘사됨으로써 역사허무주의로 빠지게 될 뿐만 아니라 길녀와 같은 순박한 시각에 잡히는 사건들은 우연적이고 단편적일 수밖에 없으므로 역사적 필연성을 띨 수 없다는 것이다. 이 소설의 또하나의 약점은 반공주의적 시각에 침윤되어 있다는 점이다. 이 소설에 나오는 빨치산들이 하는 일이란 관리들을 살해하거나 마을을 분탕질하는 것뿐이다.

『천둥소리』가 6·25가 빚어낸 한 개인의 수난사를 그리고 있다면, 김원일의 『겨울골짜기』(민음사 1987)는 한 마을 주민의 집단적인 수난을 다루고 있다. 이 소설은 이른바 '거창양민학살사건'으로 우리에게 알려진, 국군에 의한 동족살육이 자행되기까지 약 두 달 동안 거창군 신원면의 '산'과 '마을'에서 일어난 사건들을 담고 있다.

모두 여섯 개의 장으로 이루어진 이 소설은, 장이 바뀔 때마다 '산'과 '마을'을 번갈아 보여준다. 세 차례에 걸친 '산'의 묘사에서는 인민군들 자신의 시각에 의해 추위와 굶주림, 고된 훈련과 사상교육, 오락시간, 이잡기, 심지어는 추잡한 비역질에 이르기까지 인민군의 산생활이 세밀하게 드러난다. 이처럼 인민군의 투쟁과정을 그들 자신의 시각으로 세밀하게 조명한 것은 다른 소설들에서는 볼 수 없었던 탁월한 성과이다. 한편 '마을'은, 이쪽저쪽에 물질과 노동력을 빼앗기고 끝내는 떼죽음까지 당하는 주민들의 반응을 통해 인민군과 국군(또는 경찰)의 행동방식을 반영해주는 거울로서의 역할을 하고 있다. 전쟁 당사자들의 사상이나 행동방식의 정당성 여부는 이 마을 사람들의 심리적 반응을 통해 간접적으로 조명된다. 이 마을 사람들은 어느 한쪽에 호감을 갖고 쏠리기보다는 점령군들에게 그때그때 적당히 협조함으로써 목숨을 부지하는 유동적 태도를 보인다. 산과 마을을 번갈아 보여주면서 작가는 또한 세 차례의 치열한 전투를 보여주는데 인민군의 작전계획과 전투에 대한 묘사는 박진감이 넘칠 만큼 탁월하다. 그런데 김원일은 인민군의 산생활, 마을 점령, 이념정착 사업, 국군의 재탈환, 대대적인 양민학살로 이어지는 이 소설의 전과정을 통해 치밀한 묘사를 보여주면서도 국군에 대해서는 인민군의 전투대상으로만 묘사하거나 양민학살 장면만 담담하게 보여줄 뿐이다.

국군의 내면을 들여다보지 못했다는 취약점을 제외하면, 이 소설은 전반적으로 보아 구성과 묘사에서 상당한 성공을 거두고 있다. 그러나 작가는 그 자신의 이념적 화신으로 보이는 김익수라는 인민군을 통해 공산주의와 '인민해방전쟁'에 대해 이데올로기적 비판을 시도함으로써 소설의 내용에 파탄을 초래하고 있다. 공산주의 사상에 대해 묻는 소년병에게 그는 공산주의 사상이 "포장 잘된 말들뿐"이라고 대답한다. 인민군으로서 전혀 어울리지 않는 그의 말들을 추려보면, 우리 민족은 "남의 총대나 잡고 대리싸움이나 하는 병신들"(73면)이고, "세계 이데올로기의 패권다툼에 인민들이 개값도 못하고"(246면) 죽게 되며, "혁명이 뭔지 투쟁이 뭔지, 이건 인간을 인간답게 삶을 꾸려주는 것이 아니라 생매장시키는 것"(477면)이고, "이 해방전쟁이야말로 터져서는 안될 무모한 살상"(488면)이라는 것이다. 6·25의 참혹성에 주목할 때, 김익수의 발언은 그럴듯해 보인다. 그러나 그는 역사의 주체에 대한 의식이 부족하며, 어느정도 역사적 사실에 접근하고 있다는 점을 인정하더라도 그것에 대한 해석에서는 본질적 오류를 범하고 있다. 6·25는 8·15 이후의 국내적(이전에 일어난 내란들에서 이미 10만 명이상이 사망했고 이승만의 '북벌' 발언과 모택동의 중국대륙 장악으로 고조된 남침 가능성 등) 그리고 국제적(미국이 한반도에서 펼친 '봉쇄'와 '롤백' 정책) 사정에 의해 거의 필연적으로 일어날 수밖에 없었고, 우리 민족은 그 험난한 역사과정을 통과하여 통일된 민족국가를 세우려고 노력한 역사의 주체였지만, 정치적 역량의 부족과 막강한 제국주의 세력의 간섭에 의해 좌절했을 뿐이며, 그러한 민족적 염원의 실현은 지금까지도 우리에게 주어진 과제가 되어 있기 때문이다. 김익수가 공산주의 사상을 "구역질만 날 뿐"인 한낱 "포장 잘된 말들"(73면)이라고 말하는 것 자체는 나무랄 수 없는 것일 수도 있지만, 그러한 비판이 정당한 것이 되려면 무지몽매한 인물에게 하는 설교나 강의로서가 아니라 그러한 비판에 반격을 가할 수 있는 상대와의 대화를 통해 이루어져야 한다. 그리고 지식인의 입을 통해 공산주의 사상과 혁명전략을 비판하려면, 거기에 대한 더 본질적인 접근을 시도해야 한다. 그러므로 김익수는 공산주의 이념에 대한 비판자나 인민해방전쟁의 오류에 대한 비판자이기보다는 역사적 현실의 방관자, 나아가서는 역사허무주의자로 비칠 수밖에 없다.

『겨울골짜기』의 역사적 시간과 공간은 대단히 폐쇄적이다. 한정된 시간과 공간에서 일어난 사건일지라도 그것들은 맥맥히 흘러가는 역사적 시간의 한 토막이고, 우리 민족뿐만 아니라 세계인이 공유하고 있는 문제의 한 부분일 수밖에 없으므로, 작품 속의 사건들은 역사적 시간·공간과 유기적으로 연관되면서 역사적인 의미를 지니게 된다는 점에서 볼 때, 사건들 자체에 숨막힐 듯한 긴박감을 고조시키면서 마을사람들의 수난과 희생에 막막한 절망감을 불러일으킬 뿐 역사성으로부터는 상당히 떨어져 있다.

개인적인 것이든 집단적인 것이든 '수난'에 초점을 맞추고 우리 현대사를 서술하면서 수난극복에 대한 의지를 담고 있지 못할 때, 역사의 주체이어야 할 민족성원들은 외세와 분단고착세력이 요구하는 사고방식과 생활방식을 갖게 됨으로써 주체성의 상실을 가져오고, 나아가서는 민족사 또는 세계사의 객체로만 존재하는 모습으로 드러나게 된다. 이것은 우리의 역사를 피상적으로만 보거나 처음부터 분단고착적 이데올로기를 통해 역사를 바라보고 서술한 데서 비롯된 것이며, 지금까지 나온 대부분의 분단소설들이 이런 지적과 무관한 것이 아니다.

(5) 농민생활의 파탄과 역사변혁 주체의 등장

1980년 5월에 일어난 광주민중항쟁은 남한의 정치권력과 미국의 존재에 대한 근본적인 의문과 반성의 계기를 가져왔다. 80년대를 반독재·민주화 투쟁의 시기로 규정하는 데 이의를 달 사람이 없을 만큼 이 시기의 변혁운동은 광범하고 지속적인 힘을 지니고 있었고, 이러한 시대적 분위기와 맞물려 한국현대사에 대한 탐구의 열기도 가히 폭발적이라 할 만큼 고조되었다. 빈민문제와 한국현대사의 질곡 등을 파헤치면서 해방 이후의 왜곡된 사회구조에 남다른 비판의식을 보여왔던 조정래는 광주민중항쟁으로 인해 심한 충격과 함께 자기반성의 계기를 갖게 되며, 해방 이후사의 빈 곳을 채우고 뒤틀린 곳을 바로잡지 않고는 작가로서의 시대적 임무를 다할 수 없다는 판단을 갖기에 이른다(『작가연보』, 『우리 시대 우리 작가』 16, 동아출판사 1987, 418면 참조). 이와같은 구체적 동기에서 잉태된 『태백산맥』은 해방에서 분단에 이르는 과정의 역사에서 그 변혁주체를 뚜렷이 포착해냈다는 점에서 앞에서 살펴본 분단소재 소설들은 물론 조정래 자신의 전반기 소설들을 분명하게 뛰어넘고 있다. (『태백산맥』은 『현대문학』 1983년 9월호부터 연재되기 시작하였고, 1987년 1월부터는 『한국문학』에 연재되어 1989년 11월호로 집필이 끝남과 동시에 한길사에서 10권으로 완간되었으며, 1995년 1월 해냄출판사로 출판권이 넘어가 '제2판'이 새로 출간되었다. 이 글의 『태백산맥』에 관한 부분은 이 평론집의 출간을 계기로 다시 씌어졌으며, 해냄출판사 1995를 참고했다.)

이 소설은 8·15 이후에 제기된 민족사의 핵심적인 과제와 그것의 해결을 둘러싼 각 계층이나 정치세력들 사이의 투쟁과 그 전개과정, 6·25와 휴전, 그리고 빨치산의 궤멸에 이르는 역사를 다루고 있다. 여순사건으로부터 6·25 전야까지를 시대배경으로 삼고 있는 이 소설의 전반부는 주로 일제시대부터 소작쟁의와 적색농민운동을 주도해온 인물들이나 소작지를 빼앗긴 후 입산하는 농민들의 경우를 통해 당시의 가열(苛烈)했던 정치투쟁이 단순한 이념적 갈등 때문이 아니었다는 사실을 그들 자신의 구체적 삶과 투쟁을 통해 소상히 드러내고 있다. 말하자면 이 소설은 일제시대부터 누적되어온 사회적 모순에서 촉발된 민중의 생활상의 요구가 시대적 특수성과 맞물려 당시의 치열한 투쟁으로 이어졌다는 사실을 밝혀냄으로써 역사에서 민중이 차지하는 몫을 제대로 그려낸 최초의 소설로서 역사학과 역사소설의 본질적 차이가 무엇인지를 분명히 보여주었다. 그러므로 이 소설의 시대적 분위기는 반란 잔존세력의 지도급 인물이나 학식이 풍부한 지식인들보다는 소작인들의 비참한 생활과 삶을 위한 몸부림을 통해 더욱 풍부하게 밑받침되고 있다. 예컨대 이 소설의 전반부에서 중도적인 민족주의자로서 좌우파의 화해를 위해 애쓰고 있는 김범우에게 그의 집 소작인 문서방은 나라가 농지개혁 약속을 지키지 않고 있는 판에 지주들이 친척들

명의로 전답을 슬금슬금 빼돌리기 때문에 소작인들이 공산당에게 의지하게 된다고 말한다(1권, 156면 참조). 당시 역사의 표면에 드러나고 있던 이념적 갈등과 투쟁의 근원을 꿰뚫고 있는 이러한 지적은 이 소설 전반부의 주제를 한마디로 요약하고 있다고 해도 지나친 말이 아니다.

『태백산맥』의 전반부는 소작인과 지주들 사이의 대립과 갈등에 대한 풍부한 묘사를 바탕으로 가난한 농민들에 대한 심리적 전술까지 구사해가며 민중·민족해방을 이루어내려는 좌익세력과 미국을 등에 업고 농민을 억압하며 그러한 세력을 제거하려는 우익세력 사이에 벌어지는 온갖 종류의 투쟁을 세밀하게 그려내고 있다. 이러한 과정에서 드러나는 당시의 현실은 소작인들과 지주의 문제가 원만히 해결되기 어려운 것 이상으로 좌익과 우익 사이의 화해 가능성도 희박한 것이었으며, 이러한 사정이 갈수록 악화되어 무력투쟁이 치열해지던 중 6·25라는 전면전쟁이 일어난다. 전쟁이 일어나기 직전 서울에서 유학하고 있던 김범우는 신문기자 이학송의 도움을 받아 민족분단의 피해상황을 정리, 1946년 이후 4년 동안 남쪽에서 죽은 사람만 해도 10만여 명에 달한다는 사실을 확인한다. 작가 조정래는 이러한 사실 확인을 매개로 이 전쟁이 외세에 의한 대리전이나 어느 한쪽의 기습으로 돌발한 것이라기보다는 앞에서 살핀 바와 같은 민족 내부 모순의 필연적 분출에 의한 것이었음을 암시하고 있다.

전쟁이 일어나자 좌우파의 화해를 통해 민족화합을 이루어내려고 노력하던 중도파는 설 자리를 잃어버린다. 역사의 흐름에 대해 비교적 객관적인 거리를 유지했던 중도파들은 좌나 우의 어느 한쪽으로 가담할 수밖에 없어지고, 이 소설의 후반부에서 이루어지고 있는 6·25의 성격에 대한 조명은 좌파 쪽의 시각으로 기울게 된다. 전쟁이 일어난 후 『해방일보』 기자가 된 이학송의 눈에는 밤을 틈타 한강을 건너는 피란민들에게 미군 비행기들이 무차별한 폭격과 기관총 소사를 가하는 장면이 민족간의 갈등의 축도로 보인다. 그는 "미국의 참전, 한국군의 유엔 편입, 미국에게 넘어간 통수권" 등을 떠올리며 6·25는 "조선 인민과 미국과의 전쟁"이라는 결론을 내리게 된다(6권, 340면). 조정래는 전쟁의 원인과 성격을 다각적으로 보여주면서도 민족 내부로 눈길을 던질 때에는 '민중'을, 민족 외부로 눈길을 돌릴 때

에는 '민족'을 역사의 주체로 설정하고 있다는 사실만은 분명하게 드러내고
있다.

전쟁이 좌파의 패배 쪽으로 기울어가면서 작가의 시선은 빨치산 투쟁 쪽
으로 집중되어간다. 이들의 투쟁은 어쩔 수 없이 처절한 좌절로 끝나지만,
작가는 '역사투쟁'이란 개념을 통해 이들의 역사적 역할과 지향의 정당성만
은 확보해두고 있다. 절망감에 빠져드는 부하들을 독려하는 이 소설의 주
인공 염상진의 말은 여전히 강렬한 힘을 내뿜는다. "당은, 지난 '오·일오
결정'이 내려진 그날로부터 우리의 투쟁이 현실투쟁에서 역사투쟁의 단계
로 바뀌었다는 것을 분명하게 밝히는 바입니다. … 현실투쟁은 인민해방을
우리가 살아 있는 동안 눈앞에서 성취시키는 것이며, 역사투쟁은 인민해방
을 우리가 목숨을 바쳐 뒷날 역사 속에서 성취시키는 것입니다. … 여러
분, 앞서 죽어간 그 많은 동지들은 우리의 정의로운 싸움이 역사 속에서
기필코 승리한다는 것을 믿었습니다. 또한 인민해방의 진리를 지키는 싸움
에 바친 자신들의 목숨이 역사 속에서 틀림없이 되살아난다는 것을 믿었습
니다. 그렇습니다, 우리도 그 사실을 철통같이 믿어야 합니다. … 우리는
역사의 주인입니다. 우리가 흘리고 죽어간 피는 인민해방의 꽃으로 역사
위에 찬란히 피어날 것입니다."(10권, 266~67면) 염상진의 말에 따르면, 그
처절한 죽음 앞에서도 그들은 여전히 '역사의 주인'이다.

그러나 북한의 권력자들은 전쟁 패배('남조선 해방'의 실패)에 대한 책임
을 남로당 출신들에게 뒤집어씌우고 그들을 제거해버린다. 지리산에 이러
한 소식이 전해지고 빨치산 내부에 동요가 일어나자 김범준은 '역사선택'이
란 말로 그들을 진정시킨다. 말하자면 북한정권은 어떠한 방식으로든 인민
에 대한 약속을 이행하지 못한 책임을 지기 위해 그러한 선택을 할 수밖에
없었다는 게 그 요지이다. 그렇다면 "박헌영 동지께서 스스로 역사선택을"
한 것이냐고 묻는 이해룡에게 김범준은 "진정한 공산주의자들은 죽음도 나
눈다는 것을 알 필요가 있소. 그건 이미 볼셰비키 당사가 입증하는 바이
고, 그건 이미 볼셰비키의 전통이기도 하오"라고 대답한다. 그러나 김범준
은 "왜 하필 박헌영 동지가 역사선택을 해야" 했느냐는 이해룡의 의문을
풀어주지는 못한다. (10권, 327면) 빨치산들의 분열을 방지하기 위한 것이든

'역사선택' 자체를 정당화하기 위한 것이든 김범준의 말은 『태백산맥』에 맥맥히 유지되어온 주제의식에 얼마간의 손상을 가져올 수밖에 없는 것으로 보인다. 이 장면의 바로 앞부분까지만 하더라도 빨치산들은 단순한 설득의 대상이 아니라 그들 자신의 대의에 따라 투쟁을 견지해간 역사의 주체로 묘사되었기 때문이다.

지금까지 살펴보았듯이 『태백산맥』은 대부분의 분단소재 소설들이 빠지고 있는 역사인식의 오류, 즉 관념적 지식인을 통한 이데올로기의 일방적인 왜곡과 비판, 전쟁의 잔혹상에 대한 맹목적인 고발, 속수무책의 수난으로 인한 민중의 역사객체로의 전락 등을 시원스럽게 극복하고 있다. 우리는 또한 이 소설에서 역사변혁 주체의 시각이 건강하게 자리잡고 있는 사실을 확인하면서 우리가 바라는 민족통일이 어떠한 조건과 방향에서 이루어져야 할 것인지에 대한 역사적 전망을 가질 수 있게 되었다.

(이상은 이 글의 주제에 맞추어 『태백산맥』에 드러나 있는 역사의 변혁주체에 대해서만 간략하게 살펴본 것이다. 이 소설의 분량과 비중에 비해 이 부분의 서술이 소략해진 것은 이 평론집 제2부에 실린 「한의 모닥불에서 역사투쟁까지」와 내용상의 중복을 피하기 위한 것이기도 하다.)

3. 맺음말 ── 반성과 전망

지금까지 6·25를 전후로 한 분단가속기의 역사를 형상화한 장편소설들을 발표된 순서에 따라 살펴보았다. 작품의 대상이 되고 있는 역사적 시간의 흐름에 따르지 않고 작품이 씌어진 순서를 밟은 이유는, 역사의식과 문학적 표현의 발전적 측면을 추적할 필요가 절실히 요구되고 있다고 생각했기 때문이다. 그리고 이 글이 대체로 비판적 시각으로 씌어진 것은, 대부분의 작품들이 적어도 1980년대 후반을 살고 있는 필자의 눈에는 긍정적인 면보다는 부정적인 요소를 훨씬 더 많이 내포하고 있는 것으로 보였기 때문이다.

그러나 이 글의 서술방식에서 불가피하게 노출된 약점을 눈감아버릴 수

는 없을 것이다. 작품의 제작시기에 따른 서술로 인해 여러 작품들이 공통
적으로 안고 있는 문제점들이 산만하게 제시되었다는 점이다. 그러므로 이
글을 끝맺는 자리에서 그간의 우리 분단소재 소설들이 드러낸 부정적 측면
들을 몇 갈래로 나누어 간략하게 제시해두기로 한다.

  첫째, 대부분의 작품들이 공통적으로 드러내고 있는 약점은 우리 현대사
에 대한 이해가 남한사회의 정치권력층에 의해 유포된 역사지식의 수준을
크게 넘어서지 못하고 있다는 점이다. 작가도 사회적 존재인만큼 우리 사
회의 통념을 완전히 벗어던질 수는 없을 것이다. 그러나 모든 예술작품은
적어도 당대의 통념이나 선입관에 대한 안티테제로서의 존재이유를 지닐
때 비로소 새로운 세계에 대한 전망을 담을 수 있는 것이다. 우리의 현대
사를 통해 남한사회에서 정치권력을 획득하게 된 세력이 끊임없이 유포시
키고 있는 분단고착적 역사왜곡을 생각한다면, 분단소재 문학의 통념에의
안주는 역사발전을 저해하는 결과를 빚어낼 수밖에 없을 것이다. 역사소설
은 최소한 역사적 사실을 왜곡함으로써 권력의 부당성을 은폐하려고 하는
권력집단의 시각만큼은 극복해야 할 것이다.

  둘째, 우리의 역사적 현실에 뿌리내리지 못한 지식인을 등장시켜 우리
역사의 전개와 공산주의 이데올로기에 대한 비판을 일삼고 있다는 점이다.
『광장』의 이명준, 『지리산』의 권창혁과 박태영, 『영웅시대』의 이동영, 『겨
울골짜기』의 김익수와 같은 인물들이 대표적인 경우인데, 이들은 주로 분
단이 고착된 이후의 남한사회의 공식적인 이데올로기를 무기삼아, 북한의
정치세력과 그들이 이념적 지주로 삼고 있는 공산주의 이데올로기 등을 비
판하면서 원인보다는 결과에, 전체보다는 부분적 현상에 초점을 맞춤으로
써 역사와 이념을 모두 왜곡하고 있다. 작가가 이러한 인물들의 시각에 의
존하는 한 역사의 변혁주체인 민중의 시각은 철저하게 배제될 수밖에 없으
며, 이런 결과로 역사가 생명이 없고 무의미한 소란스러움으로 그려지거나
우리 민족은 외세가 조종하는 대로 움직이는 역사의 객체 또는 꼭두각시로
묘사될 수밖에 없다(최인훈은 민중의 삶의 모습에 대한 묘사를 전혀 보여
주지 않았고, 이문열은 그들 자신이 이해할 수 없는 가해적 상황에 시달리
는 동영의 가족들을 통해 그런 상황을 있게 한 이데올로기에 대한 혐오감

을 유발하고 있고, 김원일은 무방비상태에 노출되어 있는 마을사람들이 겪는 고통과 참혹한 집단피살을 통해 역사허무주의를 드러내고 있을 뿐이다). 이러한 지식인 주인공들은 작품들 속에서 대체로 실패한 공산주의자로 묘사되고 있지만, 모두 그들이 지닌 순수성과 이상주의를 통해 현실을 관망하면서 왜곡된 역사에 대한 알리바이를 주장하고 있으므로, 그들의 이상주의는 궁극적으로 이념적 순수성으로 포장된 이기주의일 수밖에 없다.

이러한 실패한 공산주의자의 사상은 작가 자신의 공산주의 이데올로기에 대한 몰이해의 소치일 가능성이 많다. 왜냐하면 이들이 보여주는 언행은 부르조아지의 그것에 가까우며, 이들은 그러한 세계관을 고수하면서 프롤레타리아 혁명을 비판하고 있기 때문이다. 이러한 인물들의 창조자인 작가들은 공산주의에 적응할 수 없는 부르조아 지식인들을 마치 이념적으로 모자람이 없는 이상적 공산주의자인 것처럼 묘사하면서 끝없는 불평·불만·혐오감을 쏟아놓게 하고 있다. 그리하여 6·25를 '김일성 동무'가 '고독해서' 일으켰다고 규정하거나, 공산주의 이념을 '한 비뚤어진 천재의 어두운 열정이 빚어낸 오류의 연쇄'라고 매도하는 무지와 역사에 대한 무책임을 스스럼없이 토해내기에 이른다.

셋째, 개인 수난사적인 측면에 초점을 맞춤으로써 역사적 전망을 흐려놓고 있다는 점이다. 『노을』『영웅시대』의 후반부에 있는 가족묘사 부분, 『천둥소리』『겨울골짜기』등이 이에 해당된다. 이 소설들은 분단의 피해적 측면에 미시적으로 접근하면서 소박한 인정주의와 휴머니즘, 자연주의와 실존주의적 접근들을 통해 역사와 이데올로기에 대한 몰이해를 호도하고 있다. 작품의 미학적 측면을 살리기 위해 역사적 사실을 무시하거나 왜곡할 수 있다는 사고방식이 엿보이는 이런 작품들은 운명 수락적이거나 수난의 원인에 대한 분노 때문에 전쟁의 원인이나 이데올로기의 세계사적 배경에 눈을 돌리지 않거나, '불법남침'이나 '인민해방전쟁'에 대한 감정적·주관적 서술로 일관한다.

그러므로 이런 작품들의 서술은 대체로 역사의 질곡을 혁명적으로 극복하려는 노력이나 그러한 욕구를 집단적·물리적으로 실현시키기 위한 모든 인위적 행위 자체에 대한 분노로 치닫기도 한다. 이런 작품들의 주인공 또는 작가들은 전쟁 자체의 메커니즘에 의해 극단적으로 물화된 현상에 대한 분노를 '인민해방전쟁'의 주체들에게 돌리거나, '대리전쟁론'을 설파하면서도 그들이 전쟁의 주체로 보고 있는 미군이나 중공군에 대해서는 아무런 묘사도 보여주지 않는다. 이들은 또 하나같이 6·25를 이데올로기 전쟁으로 보면서도, 그것이 왜 이데올로기의 종주국인 미국과 소련 사이의 전쟁이 아니었는가에 대해서는 추호도 의심하지 않고 있다.

끝으로 방대한 양의 서술을 통해서도 우리 민족현실의 총체성을 드러내지 못하고 있다는 점이다. 『남과 북』『지리산』이 가장 대표적인 경우일 것이다. 홍성원은 역사의 총체성보다는 박진감있는 전쟁묘사에 치중함으로써 그러한 결과를 빚어냈고, 이병주는 작품의 군데군데서 시도하고 있는 역사점검을 작품의 내용과 문학적으로 융화시키지 못함으로써 그런 결과를 빚어내고 있다. 이병주는 비록 이태의 수기에 전적으로 의존하고 있지만 국내에서 최초로 지리산의 빨치산을 소설로 형상화했다는 점에서 분단소재 문학의 새로운 경지를 개척한 것으로 평가받을 만하다. 그러나 주인공 박태영의 시각이 앞에서 살핀 지식인들의 그것을 크게 뛰어넘지 못함으로써 내용적인 면에서 별다른 진전을 보여주지 못하고 있다.

앞에서 긍정적으로 평가한 『태백산맥』의 경우도 그 방대한 양으로 볼 때 당대의 민족사적 현실에 대해 만족할 만큼의 총체성을 확보한 것으로 보이지는 않는다. 특히 1, 2부에서 이 소설의 주제를 감싸고 있는 수많은 곁가지들은 이 소설의 세계를 풍요로운 삶의 세계로 만들어주는 큰 역할을 하고 있음에도 불구하고 때로는 역사의 흐름에서 다소 벗어나 있으며, 농민의 동맹세력으로 당연히 조명되었어야 할 노동자계급에 대한 서술이 거의 없기 때문이다(제1권의 개정판에 1946년 화순탄광 광부들의 투쟁과 잔인무도한 미군정의 탄압에 대한 구체적 묘사가 첨가됨으로써 이러한 약점이 상당히 완화되기는 하였다).

앞에서 지적한 바와 같은 부정적인 요소를 극복하지 않는 한 우리의 분단소재 소설들은 분단극복과 통일의 전망을 마련하기 어려울 것이다. 통일의 전망을 확보하기 위한 이론적 차원의 조건은, 분단이 고착되어간 시기의 역사와 분단이 고착됨으로써 왜곡될 수밖에 없었던 지금의 현실에 대한 올바른 이해이다. 전 시대의 역사적 사실과 민중·민족적 열망, 그리고 그러한 열망이 이데올로기의 형태로 외화되거나 이미 외화되어 있는 이데올로기에 흡수됨으로써 구체화된 정치적 투쟁의 성격을 올바로 이해함으로써 우리들이 수립해야 할 통일전략의 성격이 바르게 규정될 수 있기 때문이다. 그러나 이러한 조건은 분단을 극복하고 통일을 이루어내는 직접적인 실천의 과정이 아니라 통일에 대한 올바른 전망을 확보하기 위한 준비적인 성격을 띤다. 지금까지 살펴본 분단소재 소설들, 즉 분단이 고착되어간 시기의 정치적 투쟁을 소재로 한 소설들에서 우리가 기대했던 것은 바로 이러한 조건을 문학적으로 형상화하는 것이었지만, 앞에서 살펴본 대로 대부분의 소설들이 이와같은 일차적 요구조차 실현시켜주지 못했음을 확인할 수 있었다.

엄격한 의미에서 분단소재 소설은 현재 우리가 몸담고 살아가고 있는 남한사회의 분단고착적 성격을 올바로 드러내고 통일을 위한 실천적인 가능성을 형상화시킨 소설이어야 한다. 여기서 중요한 것은, 통일이 두 개의 체제와 국가가 무조건적으로 결합하는 게 아니라 식민지시대부터 축적되어온 민중·민족적 요구를 실현하는 방향에서 발전적으로 이루어져야 한다는 것이다. 이와같은 문제는 분단이 고착된 결과에서 빚어진 우리 사회의 왜곡된 현상들을 다루고 있는 소설작품들을 논하는 글을 통해 더 효과적으로 논의될 수 있을 것이다.

<변혁주체와 한국문학, 역사비평사 1990>

빨치산 기록물과 그 소설화

1. 강요된 체험과 표현의 제약

금년(1988년) 들어 한국현대사를 소재로 한 재외 한인작가들의 장편소설과 빨치산 경험자들의 수기가 활발히 출판되어 감추어진 역사에 대한 우리의 갈급증을 꽤 많이 풀어주고 있다. 그 가운데 이태(본명은 이우태)의 수기 『남부군(南部軍)』(두레출판사 1988)은 '폭발적'이라는 말로밖에는 표현할 길이 없는 엄청난 독서열을 불러일으키고 있다. 이러한 현상은, 한반도와 그 겨레붙이들이 제국주의 세력의 직접적이고도 전면적인 지배에서 벗어나기가 무섭게 이번에는 초강대 외세에 의한 분할통치에 빠져들어 분단고착의 길을 걸었고, 남과 북에 서로 다른 사회구성체가 터잡힌 이래 제국주의 세력에 의한 간접적이지만 실제적인 지배 아래 놓인 남쪽 절반에서 전사회에 뿌리깊이 내면화된 반공이데올로기에 사로잡힌 학자와 작가들이 가까운 과거에 대한 객관적 서술이나 문학적 형상화 작업을 하는 데 엄청난 위협과 제약을 받아왔으며, 그 결과 그들의 작업에 정신적 젖줄을 대고 있는 일반 독자들이 가까운 과거에 대한 정확한 역사지식과 올바른 역사의식을 지니기가 거의 불가능한 상태에 놓여 있었다는 사실을 웅변적으로 말해준다. 한국의 정치현실에 지배받지 않는 제3국에 삶의 터전을 두고 있는 재외 한인작가들이 한국현대사를 소재로 다루면서 비교적 객관적인 관점을 유지할 수 있었던 것과는 달리 강요된 역사의 한가운데서 치열한 싸움을 전개한 빨치산 체험자들이나 그와같은 역사체험자들이 포함된 분단문제에 남다른 관심을 가진 국내 작가들, 다시 말해 누구보다 표현의 필요성을 절감하고 있는 사람들에게는 지금도 시퍼렇게 살아있는 반공이데올로기와 그것의 재생산구조(크게는 국가권력 그 자체, 작게는 국가보안법과 같은 직접적 제재수단)의 엄격한 통제를 벗어날 길이 아직 열리지 않고 있다. 이러한 이유로 인해 지금까지 발표되고 있는 대부분의 수기나 문학작품들은 각기 정도의 차이는 있으나 역사적 사실의 객관적 인식과 문학적 표현, 나아가서는 반제국주의를 내용으로 하는 민족자주·민족통일 운동적 차원에서 상당한 혼선을 빚어내고 있다.

정치적 현실의 여러 제약과 관련된 것이긴 하지만, 이러한 문제점을 간과할 때 폭발적 독서욕구를 불러일으키고 있는 이러한 역사물들이 독자들의 의식, 나아가서는 우리 사회의 변혁방향과 실천전략에 대한 올바른 판단을 저해할 가능성까지 내포하고 있다는 점에서 우리의 비판적 검토를 요하고 있으며, 이러한 작품들의 미진한 부분에 대한 보완적 작업이 어떠한 방향에서 어떻게 추구되어야 할 것인지에 대한 진지한 검토가 뒤따라 제기되어야 할 필요성도 대두하고 있다. 이런 점을 염두에 두고, 이 글에서는 개별 작품들에 대한 세밀한 분석보다는 역사적·문학적·사회변혁적 차원에서 빨치산 수기 또는 그런 소재의 소설들이 안고 있는 문제점들을 『남부군』을 중심에 놓고 살펴보려 한다. 구태여 이 수기를 중심에 놓고 문제에 접근하려는 이유는 이 작품이 무엇보다 빨치산 문제를 가장 포괄적으로 다루고 있어서 단순한 수기 이상의 성과를 얻고 있을 뿐만 아니라 저자 나름대로 빨치산 투쟁의 역사적·정치적 의미에 대한 해석과 일정한 비판까지 가함으로써 작자의 의도가 어디에 있든간에 그냥 보아넘길 수 없는 문제점들을 드러내고 있기 때문이다. 또하나의 이유를 덧붙인다면, 이 글에 언급될 두 편의 장편소설이 『남부군』의 출간 이전에 이 수기의 초고에 영향을 받아 씌어졌음에도 불구하고 관념적이고 방관자적인 지식인 주인공을 내세워 이데올로기적 간섭을 가함으로써 역사적 사실에 대한 해석을 오도하고 있거나 빨치산 투쟁의 극히 일면적인 부분에 편협하게 매달리면서 역사적 사실 자체를 심하게 왜곡하고 있는 점을 밝힐 필요가 있다는 것이다.

2. 역사적 사실과 역사해석의 굴절

빨치산 수기나 이와 유사한 소재를 다룬 장편소설들이 광범한 독자층의 호응을 얻고 있는 것은 이 작품들의 적극적인 측면, 다시 말해 작품의 내용 및 형식의 측면에서 이루어낸 우수성에 기인한다기보다는 특이한 소재에 대한 지적 호기심, 빨치산과 직접·간접적으로 연루되어 있는 사람들의 응어리진 정서의 분출, 한국현대사에 대한 지적 공동(空洞)을 채우고 왜곡된 역사인식을 바로잡음으로써 민족사와 민족통일에 대한 올바른 전망을 확보하고자 하는 누적된 욕구 등에서 비롯되는 가열반응이라 할 수 있다. 지금의 시점에서 볼 때, 한국현대사의 왜곡이나 반공이데올로기의 제도적·전국민적 차원에서의 내면화 과정에 대한 인식은 어느정도 보편화되어 있는 게 사실이고, 바로 이러한 점이 정치권력으로 하여금 이 글에 언급될 작품들의 출간을 눈감아주게 한 여론적 바탕을 이루고 있기도 하다. 그러므로 우리는 지배세력이 이런 작품들에 대한 출간 허용을 통해 이념적 개량화 작업을 꾀할 수도 있다는 점을 간과할 수 없다.

이러한 작품들의 출간과 불붙은 독서열에 내포된 역사적·정치적·사회적 의미가 무엇이든간에, 남한 빨치산 투쟁이 종지부를 찍은 지 35년(이것은 일제의 식민통치 기간과 맞먹는다)이란 긴 세월이 지나도록 우리는 좌익운동 특히 빨치산 투쟁을 전개한 사람들의 이야기를 직접 들어보거나 읽어볼 기회를 전혀 가져보지 못했다. 이러한 상황에서 『남부군』의 출간은 이루어졌다. 이 수기의 작자에게는 국가기밀도 공개하는 30여 년이란 지리하고 숨막힐 듯한 기다림의 시간이 있었지만, 어느 날 갑자기 우리 앞에 나타난 이 '빨치산 수기'는 일반 독자들에게는 말할 것도 없고 전문적인 작가에게조차 지금까지 이루어진 '분단'을 소재로 한 문학적 작업들을 송두리째 무화시키는 듯한 발언(이호철, 「이 수기를 읽고」, 『남부군』 상권, 23~27면)을 하게 할 만큼 충격을 던져주었다. 내용만을 문제삼는다면 이 수기의 상당부분은 이미 이병주의 『지리산』(기린원 1985~86)에 소개되어 그다지 새로울 것이 없지만(이 수기는 발표되기 몇년 전부터 원고 상태로 몇몇 작가들에게 읽혔고, 『지리산』 후반부는 거의가 이 원고를 토대로 씌어졌다), 이 논픽션이 제공해준 처절한 역사의 한 부분과 직접·간접으로 연루되어 있는 사람들 사이에서 일어나고 있는 비상한 정서적 울림은 이 시대를 살아가는 우리들에게 또하나의 특이한 역사적 체험과 함께 민족사적 과제에 대한 자각을 일깨워주고 있다. 따라서 이러한 기록이 개인의 정서적 차원에서 불러일으키는 격렬한 반응은 단순한 한풀이에서 그치는 게 아니다. 그것은 작가에게는 자신의 정체성(正體性)을 확립함으로써 자신의 삶을 우리의 사회 속에서 건강하게 회복하려는 욕구의 표출이며, 독자에게는 간접체험을 통해서나마 정신적 공동에 역사적 내용물을 채워넣고자 하는 강렬한 욕구의 표출이라고 할 수 있다. 물론 이러한 개인 의식상의 절실함이 아무리 강렬하고 빨치산 또는 좌익과 연루된 사람들이 아무리 많다 할지라도 이런 사실들만으로 빨치산 기록이 지니는 역사적 의미가 제대로 포착되는 것은 아니다. 그것은 민족사의 전체적 구도에 놓일 때에만 비로소 올바른 의미를 띠게 되며, 동시에 전체 역사 자체를 보완하면서 그것을 새롭게 조명하는 계기를 제공해줄 수 있기 때문이다. 그것은 또한 이같은 역사적 의미의 확대재생산의 과정을 거쳐 민족적 자주성의 확립이라는 우리 시대의 역사적 과제를 해결하기 위한 실천의 장으로까지 그 의미망을 넓혀갈 수 있는 가능성을 지니게 된다.

『남부군』은 도대체 이러한 가능성을 얼마나 지니고 있는가. 이런 쪽으로 쏠리는 우리의 관심을 잠시 접어두고, '남부군'이라 불린 유격대가 우리 현대사 특히 남한 빨치산의 역사에서 차지하고 있는 위치와 성격을 먼저 살펴볼 필요가 있다. (여기서는 '남한 빨치산 약사'라는 제목으로 『남부군』의 상권에 짜임새있게 서술되어 있는 부분에서 뼈대만 간추려보기로 한다.)

1946년 가을 철도노조의 파업을 시발로 하여 남한 전역에 확산된 '10·1 민중항쟁' 이후 경찰의 수배를 받던 좌익 동조자들이 태백·소백산맥에 숨어들어 '야산대' 활동을 시작하였으나 이것은 연고선을 통해 식량을 조달하며 은신하는 정도의 초보적이고 비조직적인 형태의 것이었다. 이것이 조직적인 투쟁으로 틀잡혀간 것은 1948년의 2·7투쟁 이후인데, 이 사건으로 밀양과 삼랑진에서 상당수의 청년들이 체포를 피해 입산하여 야산대에 합

류하게 되자 이를 계기로 남로당은 군사경험이 있는 청년당원들을 야산대에 투입하여 유격활동을 지도하는 한편 경상·전라도를 2, 3개의 야산대 블록으로 나눠 지구사령부를 두는 등 체계화하였으나 본격적인 무력투쟁을 전개하지는 않았다. 그러나 제주도에서는 남로당 중앙의 지향과는 달리 4·3항쟁을 계기로 남로당 제주당부 자체가 입산하여 전술적 유격투쟁 단계로 들어서버렸으며, 이후 1년 동안 격렬한 무력투쟁을 전개했다. 4·3 초기의 지도자 김달삼은 그해 8월 섬을 탈출하여 해주에서 열린 인민대표자대회에 참석하여 대의원으로 선출되었고, 평양에서 강동정치학원을 나온 후 1943년 3월 약 3백 명의 유격대를 이끌고 안동·영덕 지방으로 침투하여 게릴라 투쟁을 전개하는 등 과감한 투쟁을 전개하다 6·25 초에 전사하였으며, 김달삼을 이어 유격대를 지휘하던 이덕구가 1949년 6월 사살된 후 백여 명이 남아 명맥을 유지하던 유격대가 6·25 때 활동을 재개하였으나 1956년 마지막 5명이 사살됨으로써 '한라산유격대'는 만 9년 만에 완전히 자취를 감춘다. 그러나 제주도 게릴라 투쟁은 1948년 10월 19일 여수 14연대의 반란을 유발하였고, 남로당 연락부장으로 일제 때 지리산에 은신한 경험이 있는 이현상이 자진해서 지리산에 들어가 반란군 잔여세력을 수습하고 인근의 야산대까지 규합하여 '지리산유격대'를 조직함으로써 남한 빨치산 투쟁에 일대 전기를 몰고 온다. 남로당이나 평양 당국에게는 결코 달갑지 않은 돌발사태였던 이 반란사건을 계기로 군대 내부의 좌익세력은 완전히 뿌리가 뽑히는 큰 타격을 입었으나 남한에서 유격활동이 고조되어가자 평양 당국은 그 지원책을 모색, 남로당 월북자 중 강동정치학원 출신을 유격대로 편성, 1948년 11월부터 이듬해 7월까지 주로 오대산지구에 6백 명의 유격대원을 투입하지만 별다른 성과를 거두지 못한다. 이 해 6월 30일 남북 노동당이 합당하여 조선노동당이 탄생한 이후 박헌영·이승엽 등 남로계가 대남 정치공작과 유격투쟁을 전담하게 되었고, 이승엽은 남한 빨치산을 '인민유격대'라는 이름 아래 지구별로 3개 병단으로 통합·체계화하였는데 오대산지구가 제1병단, 지리산지구가 제2병단, 태백산지구가 제3병단이 되었다. 제2병단은 제3병단과 함께 1949년 9월 남로당의 모험적인 총공세 지령을 따른 작전에서 궤멸적 타격을 입고 명맥만 유지하다가 6·25

를 맞아 지상으로 나오지만 곧 낙동강 전선에 재투입되었다. 1950년 9월 말 연합군의 북진과 인민군의 패퇴에 따라 다시 비합법지역으로 들어가게 된 각 도당들은 기관원, 민청·여맹원, 인민군 낙오병 등을 규합, 도·군·면 단위의 유격대를 긴급히 구성함으로써 남한의 유격전선은 급변하게 된다. 한편, 이현상은 2백여 명으로 줄어든 부대를 이끌고 11월 강원도 세포군 후평리에 도착하였으나, '조선인민유격대 총사령관'의 직책을 띠고 후퇴하는 패잔낙오병과 기관원 등을 유격대로 편성해 다시 내려보내고 있던 이승엽의 명령에 따라 대열을 재정비·보강한 후 연합군의 북상물결을 거슬러 다시 남하하는데, 이때의 공식명칭은 '조선인민유격대 독립제4지대'였고, 통칭은 '남반부 인민유격대'였으며, 수안보에 이르렀을 때 '조선인민유격대 남부군'(보통 '남부군'이라 부름)으로 명칭을 바꾼다. 남부군은 청주시를 습격하여 일시 점거하는 등 과감한 무력투쟁을 전개하면서 남하하여 지리산에 이르게 되며, 1951년 5월 이현상 주재로 열린 '남한 6도 도당위원장회의'에서 남한 전역의 빨치산 조직체계 형성과 투쟁방안을 협의하여 지리산에 설치할 이현상의 남부군 사령부 지휘하에 군사행동을 체계적이고 일원적으로 해나간다는 것을 골자로 한 6개항을 결정한다. (전남도당 위원장 박영발만은 이 결정에 불복 독자노선을 걸었다.)

이상이 『남부군』의 작자 이태가 남부군 승리사단에 편입되기 이전까지의 '남한 빨치산 약사'의 굵은 뼈대만 간추린 것인데, 이태는 그 이전에 조선중앙통신 기자로 전주까지 남하했다가 1950년 9월 말의 후퇴시 전북도당 유격대에 들어간 이래 반년 남짓한 빨치산 생활을 경험하였다. 남한 빨치산의 이같은 역사와 구도를 바탕에 깔고 전개되는 이태의 수기를 우리는 기록자 자신의 체험적 부분과 역사해석적 부분으로 나누어 살펴볼 수 있다.

이태는 무엇보다 그 자신이 '기록자' 또는 '기자'임을 강조한다. 신문기자 출신이기 때문에 전사편찬의 임무를 맡았던 그에게 대학생이던 한 청년이 "대장동무는 꼭 살아서 돌아가주세요. 그리고 역사의 수레바퀴에 깔려 죽어간 우리들의 삶을 기록해주세요"라고 한, 다소 감상적인 말에 그가 전적으로 공감하고 있다는 사실에서도 그러한 마음가짐이 짙게 배어나온다. 이태는 머리말에서 "남한 최초의 좌익 게릴라 부대"이며 "유일한 순수 유격 부대"였던 남부군의 '비극'을 객관적으로 "기록에 남기고자 노력"했다고 말하고 있다(상권, 15면). 수기의 집필에 대한 이러한 의도가 어느정도 성취되었는지는 뒤에서 살피겠지만, 어쨌든 그가 기록의 객관성에 일차적인 강세를 두고 있는 것은 사실이다.

우리는 이태의 복잡다기한 '체험적 회상'들을 그대로 따라가며 세세하게 살펴볼 수는 없지만, 빨치산 생활도 인간의 보편적 삶의 양상과 일치되는 면이 있고 유사한 사건들이 거듭되는 면도 있는만큼 남부군의 산생활을 가능한 범위 내에서 유형화시켜 살펴볼 수는 있을 것이다. 지리적으로나 물질적으로 제한된 여건 속에서 강대한 적과 비합법투쟁을 전개하는 빨치산인만큼 이태가 속한 남부군 역시 대체로 자신을 노출하지 않고 끊임없이 이동해 다니다가 주로 밤에만 토벌대나 경비대의 보루를 기습하거나 보급투쟁을 하고, 국군토벌대나 전투경찰대의 우세한 전력에 쫓겨 몇날 며칠을 먹지도 자지도 못하며 도망다니는 일이 허다하게 반복된다. 이러한 생활이 거듭되는 동안 대원들이 전사하거나 병사하거나 굶어죽거나 얼어죽는 일이 끊임없이 이어진다. 큰 전투가 끝날 때마다 부대를 재편성하게 되고, 또다시 기습과 패주가 반복되고, 전사자·병사자·아사자가 속출하여 세력은 점점 약화되어간다. 세력이 강하고 여유가 있었던 초기에는 경찰포로에게 다시는 경찰에 들어가지 않겠다는 각서를 받고 노자를 주어 돌려보내기도 하고, 부상자에겐 응급치료를 하여 돌려보내기도 했지만, 궁지에 몰리게 된 후부터는 포로를 처단해버리는 광포성을 띠기도 한다. 유격대 생활에는 연예대의 위문활동도 있고, 용감한 소년병사의 분전도 있고, 토벌대의 포위공격에 말려들어 갈팡질팡하는 부대원들을 사지에서 구출해내기 위해 분투하는 부대장의 불사신 같은 활약도 있고, 남녀 대원들 사이의 청순한 사랑도 있고, 낭만적인 문학청년들의 은밀한 대화와 회의적인 발언도 있고, 규율을 어긴 대원을 가차없이 처형케 하는 사령관의 엄격함도 있고, 시인·작가·화가의 창작활동도 있다. 그러나 일반에 널리 유포되어 있는 바와 같은 맹목적인 살인·방화·강간은 없다. "한방에서 남녀 단둘이 잠자리를 같이한다 해도 정상 사회에서 생각하는 것처럼 이성관계가 생기지"

(상권, 217면) 않고, 무거운 짐을 짊어지고 험산준령을 뛰어다니면서도 다리 아픈 것을 느끼지 않으며, 얼음구덩이 속에서 아무것도 먹지 못하고 사나흘을 지내도 얼어죽지 않을 정도로 모든 신체적 기능과 생리현상까지도 빨치산 생활에 맞도록 변화되어간다.

이러한 산생활을 예외없이 겪어낸 이태 역시 전투에서 부상당해 '환자트'(환자 아지트)에서 치료를 받기도 하고, 동상·각기병·재귀열·늑간신경통 등으로 죽을 고비를 넘기기도 하고, 여성 동지와 정신적인 사랑도 나누고, 열흘 동안 물밖에 못 마시고 사나흘간 한잠도 자지 못하면서 끝없이 쫓기기도 하고, 북쪽 출신들에게 미움을 사기도 하며, 끝내는 '산돼지'(부대와 선이 끊어져 고립된 빨치산)가 되어 방황하다 포로가 되고 만다.

이태가 포로가 된 1952년 2월엔 지리산유격대는 사실상 궤멸된 상태에 있었고, 이듬해 9월 남한 빨치산의 최고지도자 이현상은 매복군에 걸려 10여 발의 총탄을 맞고 쓰러지며, 1954년 1월 변복하고 지방도시에 숨어들었던 "제4지구당 군사부장 남도부가 체포됨으로써 남한 빨치산의 이름은 일체의 기록에서 사라져버린다."(하권, 250면)

체험적 기록과 역사적 해석이 뒤섞여 있는 『남부군』을 끝까지 읽고 나면, 이 수기의 궁극적인 목적이 무엇인지에 대한 의문에 빠져들게 된다. 한때는 남한 병력의 3분의 1에 해당되는 군사력을 지리산 주변에 묶어둠으로써 정전선 획정에 상당한 영향을 미친 것으로 평가되고 있는 남한 빨치산 투쟁이 무모하기 짝이 없는 것이었음을 강조하면서 이태는 빨치산의 "생명에 대해서 조그만 고려도 관심"(상권, 18면)도 보인 적이 없는 북한정권을 고발하는 쪽으로 기울고 있기 때문이다. 이같은 역사해석을 언급하기 전에 먼저 이태가 보여준 남한에서의 유격투쟁 불가능론을 요약해보면, 첫째로 근거지가 될 만한 공간이 없었고(지리산은 반경이 겨우 15킬로미터인 원 속에 갇혀 있는 셈이다), 둘째로 보급수단이 없었으며(북한과 단절되어 보급원이 없었을 뿐만 아니라 일정한 해방지구를 갖고 있지 않아 주민들에 대한 약탈에 의존할 수밖에 없었다), 셋째로 주민들의 지지협력을 얻을 수 없었다는 것이다. 이러한 이유로 해서, 북한의 전문가들이 남한 빨치산의 최대수명을 2년으로 보았던 것처럼 "말라붙은 늪 속의 고기떼처럼 조만간

사멸될 운명을 지니면서 죽는 날까지 극한적인 고통"(하권, 71면)을 견뎌내
야 했다는 것이다. 이태의 이러한 지적은 타당한 것이고, 이런 점에서 볼
때 남한 빨치산 투쟁은 남로당의 중대한 오산의 결과라고 할 수도 있을 것
이다. 그러나 이러한 판단에는 상당히 중대한 문제가 간과되고 있다. 4·3
사건이나 여순반란사건이 일정 지역 내부의 사정에 의해 거의 자연발생적
으로 일어난 투쟁이었거나 같은 인민에게 총부리를 겨눌 수 없다고 항거해
일어난 돌발적인 반란이었다는 점을 감안할 때 남로당이 특정 지역이나 특
정 집단 내부의 조직에 대한 지도의 통제를 강력하게 유지할 만한 힘을 갖
지 못한 데에서부터 이들의 패배는 예정된 것이었다는 점이다. 1950년 9월
말 이후 지리산을 중심으로 빨치산 투쟁이 전개된 것도 추풍령지구가 철저
하게 차단됨으로써 후퇴로를 찾지 못한 패잔병들이나 기관원 등이 불가피
하게 지리산지구로 몰려들었다는 점은 이영식의 『빨치산』(행림출판 1988)을
통해서도 확인되며, 이승엽이 강원도 후평에서 유격대를 재편성하여 내려
보낸 것도 지리산을 중심으로 한 지역에서 빨치산 투쟁을 전개할 수밖에
없는 사정에 따른 후속조치적 성격을 띤 측면도 고려될 수 있을 것이다.
한마디로 말해, 남한 빨치산 투쟁은 민중항쟁이나 6·25라는 전면전쟁에서
패퇴하여 일정 지역에 모여든 좌익세력을 무력투쟁을 전개할 수 있는 유격
대로 재편성함으로써 본격화된 것으로 볼 수 있다.

　그러나 문제는 빨치산 투쟁의 승산 여부나 그것에 대한 이태의 해석에
있는 것이 아니다. 그것은 오히려 승산없는 유격전을 전개함으로써 무모하
게 인명만 소모시켰다는 그의 판단이, 생존 가능성이 전혀 없는 빨치산을
휴전회담에서 거론조차 하지 않은 북한정권에 대한 고발로 이어지고 있다
는 데 있다. 휴전회담에서는 비정규적인 투쟁세력에 대한 규정은 하지 않
는 게 상례라는 점은 차치하더라도 이태의 이러한 고발은 일면적으로만 타
당한 것으로서 궁극적으로는 역사의 전체적 흐름을 파악하는 데 상당한 장
애를 초래할 수도 있다. 현시점에서 우리가 주목해야 할 것은 한 국가 내
의 당내 헤게모니 투쟁적 성격을 띠는 북로계에 의한 남로계의 숙청에 대
한 비판이 아니라 이들이 무엇을 공동의 목표로 삼고 정규적·비정규적 전
력을 전면적으로 가동하여 그토록 처절하게 투쟁했는가를 밝히는 데 있다.

이러한 문제가 해결된 이후에라야 이태의 고발은 비로소 의미있는 것이 될
만한 가능성을 지니게 된다.

그의 성급한 고발은, 그의 의도가 어디에 있든간에 빨치산 투쟁에 가담
한 모든 사람들의 처절한 삶에서 모든 역사적·혁명적 의미를 박탈해버리
는 결과를 가져오며, 그 자신의 노력에도 불구하고 끝내 공산주의자가 되
지 못하고 자유주의적 휴머니스트로 머물고 만 작자 자신의 기록과 비판에
만 역사적 의미를 부여하게 되는 아이러니를 낳게 된다. 앞질러 결론을 내
린다면, 이태는 빨치산 투쟁을 기록함으로써 빨치산 투쟁뿐만 아니라 고락
을 같이한 동료들의 투쟁이념까지도 표백시켜버리고 만 셈이다.

'역사의 수레바퀴에 깔려 죽어간' 동지들의 원혼을 위무하기 위한 수기
집필의 동기와 가혹한 희생만을 강요한 북한정권을 고발하기 위한 동기 모
두에 오류의 씨앗은 깃들여 있고, 이 두 동기는 내면에서 긴밀히 손잡고
있다. 혁명적 투쟁에 몸담은 사람들이 자신을 역사의 수레바퀴에 깔려 죽
어갈 수밖에 없는 존재로만 인식할 때 그들은 사실상 진정한 의미의 투쟁
을 포기한 것이며, 그들은 정신적으로 이미 패배자일 수밖에 없다. 정규군
들에 의한 전쟁은 물리적 힘의 대결에 의한 승리와 패배가 법칙적·논리적
으로 도출될 수 있으며, 거기에는 도덕적 의미가 깃들일 만한 여지가 미미
하거나 거의 존재하지 않는다. 그러나 물리적 힘이나 조직상으로 우세한
정규군대를 대상으로 전개하는 게릴라전은 물리적인 승리에 목적이 있다기
보다는 도덕적·정신적·이데올로기적 영향력의 전파에 더 큰 목적이 있
다. 남한 빨치산들의 이념적 선전성은 그들의 세력이 강했을 때의 포로에
대한 처리방식이나 방화·살인·강간을 극도로 절제했다는 사실에서도 간
접적으로 드러나고 있다. 그러므로 작자는 빨치산들의 이념적 실체와 그것
의 선전에 대한 노력이 어떻게 전개되었으며, 그것이 우리의 민족사에서
지닐 수 있는 의미를 좀더 진지하게 천착해보려는 노력을 기울였어야 했
다. 이태 자신이 지적하였듯이 사멸의 운명에 놓여 있던 지리산유격대가
궁지에 몰리게 되면서 본래의 이념적 지향성을 상실해가거나 단지 살아남
기 위해 발버둥치는 존재들로 전락해간 경우들이 많았다는 점도 무시할 수
없겠지만, 한편 그런 속에서도 끝까지 자신들의 이념을 포기하지 않고 투

쟁한 수많은 동지들의 불굴의 정신 역시 무모하거나 무의미한 것일 수만은 없을 것이다.

앞에서 지적한 『남부군』의 부정적 측면의 원인은 남한 지배세력의 이념적 경직성과 무자비한 반공정책에서도 찾아질 수 있겠지만, 이태 자신이 지닌 자유주의적 지식인의 세계관에서 싹트고 있음이 산견(散見)된다. 그 자신이 수기의 끝부분에서 영탄조로 자문하고 있듯이 그는 당원이 되고 나서도 공산주의 이념과 빨치산 투쟁에 대한 회의를 떨쳐버리지 못한 자유주의적 감상주의자의 체취를 짙게 풍긴다. 이러한 점은 이 수기 전체에 편재되어 있지만, 특히 생포되기 직전과 직후에 급변해가는 그의 의식의 흐름에서 적나라하게 드러나고 있다. '산돼지'가 되어 자기의 부대로 돌아갈 수도 없고(돌아간다 해도 자신에게 맡겨진 임무를 방기했으므로 처형될 운명에 놓여 있었다) 그렇다고 투항할 수도 없는 처지에서 그는 "지구상에 내 편은 하나도 없다"(하권, 235면)는 적막감에 싸였다가 닷새 동안 한끼밖에 못 먹은 자신에게 생각이 미치면서 허기를 느끼게 되고, 그리하여 "혁명을 위한 한 개의 무기에 지나지 않았던"(하권, 237면) 자신의 육신에서 '생리'를 느끼게 된 사실에 스스로 놀란다. '생리'를 느낀다는 것은 자신이 살아 있음을 느낀다는 것을 의미하며 그것은 살고자 하는 본능적 욕구의 표현으로 자연스럽게 진전된다. 그리하여 그는 "인간이 사는 세계"(이런 표현은 빨치산 투쟁이 전개되는 '산'은 인간이 살 곳이 아니라는 판단을 역설적으로 드러낸다)로 가서 "마을사람들이 달려들더라도 저항을 말자"고 자기방기적인 마음을 갖기에 이른다(하권, 237면). 그렇게 마음을 결정하고 나니 다시 사살될지도 모른다는 불안감에 사로잡히지만, 그는 또 "몇억 광년을 흐르는 세월 속에서" 자신의 죽음은 "정말 보잘것없는 일"이라고 마음 편히 생각해버린다(하권, 237~38면). 그리고 그는 마을로 내려가 전투경찰에 포위되어 그의 "모든 것"이었던 총을 버리고 손을 들면서 "그 저주스러운 총과 함께 나의 신앙도 끝나버린 것"이라고 생각하고(하권, 238면), 구타당해 눈 위에 떨어진 자신의 핏방울을 보며 마음속으로 조용히 "아아 자유, 그리고 어머니……"(하권, 239면)라고 불러보는 것으로 이 수기는 끝난다. 이처럼 시시각각으로 굴절되어가는 이태의 의식에 전혀 공감할 수 없는 바는 아니지만, 그가 적으로 삼고 싸웠던 사람들에게 포로가 되는 순간에 느끼는 '자유'란 도대체 어떤 종류의 자유일까? 우리의 역사적 현실에 대한 판단을 기초로 하여 제국주의 및 그 동조세력을 상대로 민족의 해방과 통일을 염원하며 절망적인 상황 속에서도 가열한 투쟁을 전개해가는 것이 자유인가, 아니면 자신의 이념적 추구를 포기하고 될 대로 되라고 자포자기 해버리는 것이 자유인가? 그 해답은 자명하다. 자기방기는 자유의 획득이 아니라 자유의 포기이니까.

'자유'라는 말로써 진정한 의미의 자유를 부정해버린 이태는 머리말에서 모든 사실을 객관적으로 서술했다고 말하면서도 빨치산의 죽을 수밖에 없는 운명을 방치해버린 북한정권(북한정권과 남한 빨치산 사이에는 통신이 두절되어 북쪽의 지령이 지리산에 도달하는 데 1년이란 시간이 소요됐다는 사실만 보더라도 북한정권이 빨치산을 버렸다기보다는 빨치산의 사정을 전혀 몰랐으며, 그래서 민간에의 침투로 전략을 바꾸라는 비현실적인 지령도 내렸을 것이다)을 고발하기 위해 그 부분만은 상세히 서술했다고 말함으로써 전체적인 구도로 볼 때는 그의 수기가 결코 객관적으로 서술된 것이 아님을 간접적으로 실토하고 있다. ('역사서술의 객관성'이란 기록된 내용의 사실성에서만 주어지는 것이 아니라 사실 선택에서의 주관성 배제와 선택된 사실들 사이의 양적인 균형에 대한 배려까지 갖추어질 때에만 온전히 주어지는 것이다.)

자유와 자기방기, 기록의 객관성과 전체적 구도상의 주관성이 드러내고 있는 자가당착적인 현상은 단순히 작자의 서술태도에서만 빚어지는 것이 아니라 더 근원적으로는 작자와 그가 속했던 집단 사이의 이념적 괴리에서 빚어지고 있는 것이다. 이태는 수기의 이곳저곳에서 자신은 공산주의자가 아니었으며, 유격대원들 가운데는 그와같은 사상적 부동자(浮動者)들이 많았다는 사실도 밝히고 있다. 말하자면, 이승만정권의 부패상에 대한 혐오감과 극우세력들의 흑백논리에 대한 반감, 그리고 공산주의자들이 내건 이상주의적인 문구에 현혹되어 좌익에 가담하게 된 사람들이 대단히 많았다는 것이다. 그의 이러한 주장이 타당한 것이라면, 문제는 빨치산 투쟁의 주체가 될 수 없는 인물이 자신의 체험을 토대로 수기를 쓰면서 역사적 해

석과 비판까지 가함으로써 빨치산 주체세력의 이념을 무화시키는 결과를
초래할 가능성이 매우 높아졌다는 사실에서 발생하고 있는 것이다.

3. 표현형식의 활용과 남용

'수기'란 기록과 보고를 전제로 한 의도적인 조사와 체험의 문학적 표현
이 아니기 때문에 체험자 자신의 주관적이고 자의적인 서술이 되기 쉽다.
이러한 약점을 피하기 위해 기록자가 자신의 개인적 체험을 당시의 현실이
나 역사의 전반적인 흐름 위에 놓고 객관화하는 데 주의를 기울인다 하더
라도 그러한 작업 자체가 결코 쉬운 일은 아니며, 개인적인 체험을 통해
당시 역사의 핵심적 의미에 도달하려는 노력을 기울이더라도 거기에 무리
가 따르면 오히려 체험내용을 미화시키거나 왜곡하는 결과를 가져올 수도
있다. 이러한 위험성을 성공적으로 극복하고 있지는 못하지만, 『남부군』의
작자가 지리산을 중심으로 한 남한 빨치산의 투쟁을 비교적 폭넓은 구도
속에서 소상히 그려내는 데 성공하고 있는 점은 그가 전사편찬위원으로서
자신의 저널리스트적 기질을 발휘할 기회를 가질 수 있었고, 그 스스로 자
신에게 부여한 역사적 기록의 임무를 실천하기 위하여 역사적 기록물들을
광범하게 천착한 데에서 힘입은 바 클 것이다. 『남부군』이 단순한 수기 이
상의 성과를 얻고 있는 점은 이영식의 수기 『빨치산』과 대비해보면 뚜렷이
드러난다. 이영식은 자신이 소속되어 있던 전남도당 유격대에 대한 전체적
인 묘사는 물론이고 자신이 통신임무를 수행하며 가까이할 수 있었던 도당
위원장 박영발의 사람됨이나 사상의 편린조차도 제대로 보여주지 못하고
있기 때문이다. 『남부군』을 읽은 독자라면, 이영식의 수기에서 지리산의
빨치산에 관한 한 새로운 사실을 찾아내기 어렵다. 그러나 이영식이 중학
생 신분으로 월북을 감행하여 강동정치학원과 제3군관학교를 마치고 정규
적인 인민군에 편입되어 6·25에 참가했다가 9월 말의 후퇴시 추풍령에서
퇴로가 차단됨으로써 빨치산이 되기까지의 기록만은 『남부군』에서 다루어
지지 않은 새로운 점이다. 이 수기에서 가장 새롭고 인상적인 것은, 어떤

회사의 사환으로 근무하면서 야간중학교를 다니던 이영식이 "이북에는 부자도 없고 가난뱅이도 없는 다 똑같이 잘사는 정치가" 있으며 "공부도 무료로 시켜주고 우등생은 소련유학도 공짜로 보내준"다는 친구의 말을 듣고 (14면) 그와 함께 월북하게 되는 과정, 강동정치학원과 제3군관학교에 들어가 받게 되는 군사훈련, 정치학습, 자아비판과 상호비판, 구타가 전혀 없고 가르치는 사람도 똑같이 훈련에 임하는 인민군 내부 생활, 강동정치학원에서 「산사람들」이란 연극에 참여하며 경험하게 되는 문화적 분위기, 박헌영·이승엽과 같은 남로당의 거물급 지도자들과의 개인적 면담에서 내비치는 그들의 인간적 면모 등이다. 그러나 이 모든 것은 기록자의 개인적 체험의 범위를 조금도 넘어서는 것이 아니며, 이영식은 자기 나름대로 역사적·정치적 해석이나 비판을 가하려는 모험도 노력도 보여주지 않는다. 이영식은 다만 생포된 이후에 받게 된 재판의 최후진술에서 꼭 한번 그 자신의 투쟁의 의미와 역사에 대한 해석을 보여줄 뿐이다. 그는 판사와 검사에게 자신은 중학교를 중퇴한 사람이므로 공산주의가 무엇인지도 잘 알지 못했다고 변명하면서 "못사는 우리나라를 잘살게 하고 갈라진 남북을 통일시키는 가장 애국된 길이라고 믿었기 때문에 오직 그 길을 위해 최후까지 싸워 조국을 위해 이 한 목숨 바치려 한 것인데 왜 죄가 됩니까? 재판을 하시고 사형을 시키려거든 이 땅의 그 많은 생명을 앗아가고 나라를 잿더미로 만든 장본인들인 이승만 대통령이나 김일성 수상을 불러다놓고 재판해주십시오"(305~306면) 하고 웅변을 토해낸다. 우리는 이러한 그의 말에서 역사의 의미를 깊이 천착하고 그 속에 자기를 세울 만한 의지나 능력이 결여되어 있다는 사실만을 확인할 뿐 별다른 비판을 가할 만한 여지를 찾기 어렵다. 이영식의 수기에서 우리는 그가 자신이 체험한 역사적 현실에 대해 다소 방관자적인 태도를 지니고 있다는 사실을 느낄 수 있다. 이태와 마찬가지로 이영식 역시 역사에서 거의 완벽하게 감추어져 있던 부분을 회상을 통해 상당히 자세하게 보여주고는 있지만, 그것이 이 시대를 살아가는 동시대인들의 역사의식의 발전에 어떤 도움을 줄 수 있을지에 대해서는 치열하게 고민하지 않았다는 아쉬움을 남겨놓고 있다.

수기의 작자들은 대개 자신의 체험이 남다른 것이기 때문에 세인의 호기

심을 끌 만하다거나 그것을 세상에 알려야만 할 의무가 자신들에게 있다는
생각에서 집필을 결심한다. 이태나 이영식의 경우도 예외는 아니다. 그러
나 이태가 그 자신의 개인적 체험에 다른 참고문헌들에서 취한 자료나 다
른 경험자들을 취재한 내용을 첨가하거나 하여 수기의 내용을 확충·보강
하여 일종의 보편성을 얻으려고 노력한 것과는 달리 이영식은 주로 그 자
신의 개인적 체험에 대한 회상으로만 일관하고 있다. 이 두 경우만 보더라
도 우리는 작자의 태도 여하에 따라 수기가 성취해낼 수 있는 가능성에는
상당한 폭과 편차가 존재할 수 있다는 사실을 확인할 수 있다. 수기는 개
인적 체험에 의존하는 형식이지만 작자의 의도에 따라서는 르뽀적인 취재
방식을 활용하여 객관적이고 폭넓게 서술될 수도 있으므로, 특히 소재 자
체가 사적인 의미만 띠는 것이 아니라 역사적·사회적 구조에 연관되는 것
일 경우 개인적 체험과 그것을 넘어서는 역사적·사회적 사실 사이의 유기
적 연결고리를 찾아내는 방향으로 서술될 필요도 있을 것이다. 여기서 우
리는 수기를 통해 성취할 수 있는 가능성 또는 이상적인 수기가 갖추어야
할 조건을 생각해볼 수 있을 것이다──개인적 체험의 특수성과 역사적
현실의 보편성과의 관계, 사건의 우발성과 역사법칙의 필연성과의 내적 연
관, 변화의 원인·진행·결과의 연속성, 작자의 개인적 의도와 사회적 의
미의 대비, 행동 주체와 객체 사이의 변증법적 역관계 등에 대한 탐색이
이루어져야 한다고. 이러한 요구가 충족될 수 있다면, 수기는 소설처럼 총
체성을 띤 문학장르로서의 위치를 당당히 확보할 수도 있을 것이다. 그러
나 이같은 요구는 전문작가가 아닌 수기 집필자들에게는 무리한 이상론일
수밖에 없다. 지금까지 보아온 분단소재의 소설들만 하더라도 전문작가들
조차 소설이라는 가장 자유스러운 장르적 장점을 충분히 활용하기는커녕
오히려 역사를 왜곡하는 쪽으로 남용한 사례가 너무도 많았기 때문이다.

　『지리산』의 경우만 보더라도 박태영이란 이상주의적 지식인을 주인공으
로 내세워 조선노동당과 북한정권에 대한 비판의 수단으로 삼고 있다. 우
리의 마음속에 있는 공산주의와 공산당만이 가장 확실한 것이라고 믿고 있
는(5권, 278면 참조) 박태영은 강력한 조직성과 혁명성을 지닌 공산주의 이
론을 받아들이고 있으면서도 공산당에는 가입하지 않고 당과 조직을 통해

자신의 이념을 실현하려는 노력을 포기한 채 그 자신의 개인적 행위를 통해서만 공산주의 이념을 실천하려는 자가당착적인 모습을 보여준다. 이태 (『지리산』은 인명까지도 『남부군』의 것을 이용하고 있다)와 함께 지리산 빨치산이 된 박태영은 산생활의 고난이 견디기 어려워질수록 그 자신의 잘 못된 선택의 대가로 벌을 받는다고 생각하며 행동에서 모든 역사적·사회적·이념적 의미를 스스로 박탈해버리고 오직 자기 자신만을 위한 빨치산으로 존재하려는 무모한 열정의 노예로 전락해버린다. 공산주의자이면서도 끝끝내 조선노동당이나 지리산유격대의 투쟁에 대한 자신의 알리바이만을 주장하는 박태영을 통해 작가 이병주는 반공이데올로기를 전파하기에 여념이 없다.

비교적 최근에 나온 『천둥소리』(민음사 1986)는 빨치산을 방화나 살인만을 일삼는 무리로 보고 있는만큼 논외로 하고, 김원일의 『겨울골짜기』(민음사 1987)를 잠시 살펴보자. 이 소설의 절반 가량은 빨치산의 산생활과 경찰서 습격 등을 보여주고 있다. 빨치산의 산생활을 그들 자신의 시각으로 치밀하게 묘사한 최초의 것이란 평가를 받은 바 있는 이 소설 역시 사실의 왜곡과 이데올로기적 간섭을 상당히 적극적으로 감행하고 있다. 김원일은 살인적인 추위와 굶주림, 고된 훈련과 사상교육, 오락시간, 심지어는 이 잡는 모습들에 대한 묘사에서 눈에 잡힐 듯한 사실성을 이루어내고 있지만, 분대장이 밤마다 부하대원을 상대로 비역질이나 하고 중대장이 걸핏하면 부하대원들을 개 패듯 한다는 식으로 사실을 왜곡하여 독자들로 하여금 이들에 대해 혐오감을 갖도록 하고 있다. 그러나 정작 문제가 되는 것은, 작가가 그 자신의 이념적 화신으로 보이는 지식인 김익수라는 인물을 통해 공산주의와 '인민해방전쟁'에 대해 무절제할 정도로 이데올로기적 비판을 가하고 있다는 점이다. 그래서 이 소설의 '역사읽기'에는 치명적인 오류가 생길 수밖에 없고, 김익수는 반공이데올로기의 전도사로 떨어질 위험성마저 내비치게 된다.

이태·박태영·김익수의 '소외감'은 부르조아 자유주의자들이 공산주의자들의 투쟁조직 속에서 겪을 수밖에 없는 소외감이며, 따라서 그것은 구체적인 역사적 현실과 역사발전의 필연성에 대한 더욱 확고한 이해──이들은 지식인들이므로 그들의 노력 여하에 따라 얼마든지 이러한 역사이해에 도달할 수 있는 위치에 있었다——를 통해서만 극복될 수 있는 성질의 것이다. 그러나 이들은 하나같이 소외된 자신과 그것의 원인으로서의 부르조아 자유주의를 은밀하게 갈무리하는 쪽으로 나아감으로써 그들의 소외를 더욱 심화시키는 길을 걷고 있다. 이태가 말하는 '자유'란 그 자신이 극복하지 못한 낭만주의와 감상주의의 자기 내면에서의 '해방'일 따름이다. 그것은 사회적 관계의 변화를 담보하지 못한 관념적 해방이지, 민중의 해방을 통한 전인간의 해방으로 나아가는 진정한 의미의 해방은 아니다. 이들은 자신의 소외의 원인을 그들이 속한 집단의 비인간성에 돌리고 그것을 비판하고 있지만, 거기에 대한 올바른 비판의 척도를 확보하지 못함으로써 그들 자신의 행위와 그들 집단의 역사적 의미만을 심각하게 왜곡시키는 결과를 초래하고 있을 따름이다.

수기이건 소설이건 지금까지 살펴본 네 작품들이 공통적으로 지니고 있는 약점은, 작품 속의 주인공들이 그들이 속해 있는 집단 속에서 주도적인 역할을 함으로써 역사의 주역으로 등장하고 있는 사람들이라기보다는 그 집단의 투쟁은 물론 그 집단이 존립하고 있는 근거로서의 이데올로기, 나아가서는 우리 현대사의 흐름 자체에 대해 방관적이고 허무주의적인 태도를 견지하고 있다는 점이다. 이러한 현상은 우리 민족의 역사를 고통과 수난의 역사로만 보면서 그러한 질곡을 배태한 원인에 대한 천착을 포기하고 있거나 처음부터 분단고착적인 반공이데올로기에 사로잡혀 왜곡된 역사 자체를 즉물적으로 받아들이고 있는 데서 비롯되고 있다.

이런 함정에서 비교적 멀리 벗어나 있는 것은 『태백산맥』이라고 생각된다. 여순사건 직후의 벌교를 무대로 하여 시작되는 이 소설은, 반란 잔존세력으로 입산하여 빨치산 투쟁을 전개하는 염상진이나 하대치 같은 인물들(이들은 일제시대부터 소작쟁의나 적색농민운동을 전개해왔다), 소작지를 빼앗긴 농민들의 경우를 통해 8·15 이후의 가열한 정치투쟁과 좌우익의 갈등이 외부에서 들씌워진 단순한 이념투쟁만은 아니었다는 것을 구체적으로 보여준다. '빨치산 투쟁'이란 측면에서 볼 때, 이 소설은 생존의 절대적 조건인 토지를 빼앗긴 소작인들이 이념적 투쟁집단인 지방유격대에 흡수되어 이전과는 전혀 다른 삶을 전개시켜가는 과정을 소상히 보여주고 있는 것이다. 민중의 정치세력화에 대한 이와같은 서술의 정당성은 『남부군』의 작자 이태가 『역사비평』과의 대담(1988년 가을호)에서 "남한 지배층에 대해 이를 북북 갈고 증오하는 한 여자를" 보면서 지방 빨치산의 치열성의 이유를 전혀 이해하지 못했던 그가 『태백산맥』을 보고 "아하 그래서 그랬었구나" 하고 느꼈다고 고백한 데에서도 입증되고 있다. 이 소설의 작가 조정래는 빨치산의 산생활과 투쟁에 대한 묘사를 통해 그들의 행동적 필연성과 혁명의식의 실체를 보여주는 데 힘을 기울이고 있다. 경찰과 토벌대, 우익 모리배와 악질지주에게 타격을 가하는 한편 굶주린 민중을 구휼하는 데 주력함으로써 염상진의 야산대는 착취세력에게는 공포를 주고 민중에게는 희망과 투쟁의지를 불러일으키고 있는 것이다. 이러한 사실을 통해 우리는 열악한 조건 속에서 제한적인 무력투쟁을 전개할 수밖에 없었던 남한 빨치산 활동의 실상과 함께 그들의 궁극적인 투쟁목표가 어디에 있었는지를 뚜렷이 알게 된다.

위에서 보았듯이, 역사적인 문제를 다룰 경우 수기이든 소설이든 변혁주체의 형성 배경을 천착하고 그들의 이념과 시각을 통해 우발적인 것으로 보이는 사건들에 역사적 필연성과 의미를 부여하는 일이 역사의 기록이나 문학적 형상화의 성패를 좌우하는 관건이다. 이 글에서 중심적인 분석대상으로 삼은 『남부군』이 남한 빨치산의 약사와 빨치산의 객관적인 성립조건, 그리고 남로계와 북로계의 갈등구조를 통해 남한 빨치산의 위상 및 무력투쟁의 한계를 뚜렷이 보여주었음에도 불구하고 역사해석상의 문제에서 상당한 혼란을 야기하고 있는 것도 주로 역사변혁 주체의 시각을 배제해버린데에서 비롯된 것이다. 이러한 사실과 더불어 우리는 아직도 '사회안전법'이라는 탈헌법적 조치에 묶여 풀려나지 못하고 있는 전향거부자들의 절규("나에게 공산주의자냐고 묻지 말라. 양심의 자유가 있다면 '전향'을 요구해야 할 이유도 없다", 『동아일보』 1988년 10월 20일자)에 접하면서 좌익투쟁에 확신을 가지고 가담했고 아직도 그들이 선택한 이념과 투쟁이 옳았다고 믿고 있는 사람들의 수기도 나와야 한다는 느낌을 갖게 된다. 이들의 증언이나 수기가 나와야 하는 이유는, 그들에게도 의사표시의 기회를 주어야한다는 민주주의적·인도주의적 원칙에서만 주어지는 것이 아니라, 역사변혁의 핵심지대에 그들의 몸과 마음을 바친 사람들의 증언이야말로 사로잡혀 있는 그들 자신과 그들의 신념의 해방은 물론 분단이데올로기에 의해암장되어 빛을 보지 못하고 있는 역사적 사실들의 해방을 의미하며, 우리의 우리 역사에 대한 정신적 불구를 치유해줄 수 있는 가능성은 이러한 작업을 통해서만 열린다는 데 있다. 이러한 문제가 해결되지 않는 한 우리는우리의 현대사를 우발적 사건들의 단속적 연쇄나 공상적 역사서술, 나아가서는 역사허무주의적 시각으로부터 구출해낼 수 없을 것이다.

<창작과비평 1988년 가을호>

한의 모닥불에서 역사투쟁까지

『태백산맥』의 역사성과 문학성

40년간의 식민지시대는 결코 짧은 것이 아니었지만, 우리는 그 기간에 민족해방이라는 역사적 과제를 우리 손으로 해결하지 못한 채 타력에 의해 일제의 굴레에서 벗어나게 되었다. 게다가 세계 초강대세력에 의한 분할점령은 우리 민족 내부에 잠재해 있던 이념적 갈등을 표면화시켜 분단을 가속시키는 한편 분단상황을 매우 복합적인 것으로 만들어놓았다. 이후 우리의 근현대사는 이념과 체제를 달리하는 남과 북의 지배세력에 의해 왜곡과 은폐의 대상이 되었다. 바로 이러한 조건이 작가들로 하여금 분단현실에 뛰어들게 하였지만, 대부분의 경우 분단체제의 본질을 꿰뚫어보지 못함으로써 역사적 사실들을 바르게 형상화하는 데 실패하였고, 때로는 반공주의와 같은 분단논리만을 강화시키는 결과를 초래했다. 이러한 현상의 배후에는 물론 지배세력의 감시와 탄압이 무시할 수 없는 조건으로 작용하고 있었다. 그러기에 이 시기를 다루려는 작가들은 위험천만한 역사의 지뢰밭을 파헤치는 위험성까지도 감수해야 했다. 그러나 1980년 5월의 광주민중항쟁은 작가 조정래에게 당시의 역사적 성격을 규정해온 과거의 역사에 대한 새로운 인식을 요구하였으며, 이에 대한 응답으로 그는 해방 8년사를 1만 6천여 매의 원고로 형상화한 『태백산맥』(이 글에서는 해냄출판사 1995를 참고했다)을 우리 앞에 내놓았다.

『태백산맥』은 '대하소설'이란 이름 매김에 걸맞게 당시 역사의 지평 위에

수많은 인물들과 다양한 삶의 모습들을 펼쳐가며 역사적 현실에 구체성을
부여하고 있다. 그러나 그 복잡다단한 현상들의 갈피를 들춰보면 숨통을
조여오는 각박한 삶의 조건을 깨부수지 않고는 삶을 영위할 수 없는 민중
들의 한서린 분노가 사회의 구조적 변혁을 요구하는 힘으로 응축되었다가
계기가 주어지면 혁명적 투쟁으로 뻗어나아가는 맥맥한 흐름이 한눈에 들
어온다. 이 소설 전반부의 가장 중요한 무대가 되고 있는 벌교는 여순사건
의 직접적인 영향권에 들었던 농촌 소도시로서 일제시대에 미곡을 실어내
가기 위해 개발된 포구를 끼고 있어 소상업도시적 성격까지 겸비한 곳이
다. 이러한 조건 때문에 벌교는 해방 이후의 정치경제적 사건들을 형상화
하기 위한 이 소설 공간으로 알맞아 보인다. 벌교에는 여러 계층의 다양한
인물들이 그들 나름의 독특한 전형성을 보여주면서 밀도있는 역사적 공간
을 만들어가고 있다. 이 무렵의 통계(1945년 말 현재 순수한 자작농가는
13.8%에 지나지 않았다)가 보여주듯이 이 소설에는 수많은 소작인들이 등
장하고 있고, 이와 함께 일제시대부터 소작쟁의 등을 통해 농민운동에 가
담했거나 여순사건에 직접 뛰어들었던 입산세력, 필요에 따라 수시로 이합
집산하는 지주・자본가・경찰・토벌대・군인・관리 등으로 이루어진 우익
세력, 이 세력들 사이에서 민족의 단합을 최우선의 과제로 삼고 활동하는
중도적 민족주의자와 휴머니스트들이 등장한다.

　벌교의 소작농민들은 일제시대부터 농민수탈의 수단으로 이용되어온 지
주-소작제적 조건이 조금도 개선되지 않은 상태에서 간신히 목숨을 이어가
고 있고, 여순사건에 가담했거나 연루된 사람들의 집들은 지주들의 결의에
의해 소작권마저 몰수당하는, 말 그대로 생존권조차 위협당하는 조건 속에
서 허덕이고 있었다. 작가는 이같은 첨예한 계급적 모순의 전모를 서민영
과 같은 지식인 농민운동가의 입을 통해 정리해 보여주기도 하지만, 문제
의 당사자인 소작농민들 자신의 입으로 직접 표출하게 하는 데 더 많은 노
력을 기울임으로써 그들 자신의 문제 인식 수준과 행동방향에 대한 전망을
자연스럽게 드러낸다.

　　나라에서는 농지개혁헌다고 말대포만 펑펑 쏴질렀지 차일피일 밀치기만 허

지, 지주는 지주대로 고런 짓거리 허지, 가난허고 무식헌 것들이 믿고 의지헐
디 옳는 판에 빨갱이 시상 되먼 지주 다 쳐옳애고 그 전답 노놔준다는디 공산
당 안헐 사람이 워디 있겠는가요. 못헐 말로 나라가 공산당 맹글고, 지주덜이
빨갱이 맹근당께요. (1권, 156면)

  소작인·지주·국가의 관계를 집약적으로 드러내고 있는 이 소작인의 말
은 해방 이후의 모든 이념적 갈등과 투쟁이 계급적 모순에서 필연적으로
발생하고 있다는 사실을 암시한다.
  이 소설의 전반부에서 작가는 소작농민들과 지주들 사이의 갈등 사례들
을 박진감있게 그려냄으로써 이 소설의 주제를 벌교 사람들의 구체적인 생
활상으로 탄탄하게 밑받침하고 있다. 지주-소작인 관계의 가장 전형적인
사례는 정현동·서운상과 같은 악덕 지주들과 강동기·마삼수·김종연·노
덕보 등의 소작인들 사이에서 이루어진다. 농지개혁이 피할 수 없는 현실
로 다가오자 소작인들 몰래 땅을 헐값에 팔아넘긴 정현동은, 매매계약을
풀거나 팔아넘긴 값에 땅을 다시 살 수 있도록 다리를 놔주거나 새 주인이
팔 값의 차액을 부담해 달라는 소작인들의 요구를 모두 거절해버린다. 소
작인들은 땅을 사들인 서운상을 찾아가 소작을 부치게 해달라고 애걸하지
만, 서운상이 "벌거지 겉은 것들 죽으나 사나 나 알 일 아니다"(4권, 248
면)는 모욕적인 말을 내뱉자 이에 흥분한 소작인 강동기가 그를 삽으로 찍
어버린다. 강동기는 그후 입산해버린다.
  이 소설에서 두 차례에 걸쳐 극적으로 묘사되고 있는 이와같은 사례들이
실제 역사에서 얼마나 빈번하게 발생했었는지를 확인할 만한 통계는 없지
만, "작인덜치고 속맘으로 지주고 마름이고 쥑여보지 않은 사람덜이 워디
있겠소"(4권, 295면) 하는 소작인 서인출의 말은 그 시대 그곳에서 그러한
사건이 일어날 만한 개연성이 충분히 있었음을 시사해준다. 정치적으로 중
립적인 위치에 있었던 순박한 농민들의 생존을 위한 몸부림은 '한풀이'의
차원을 크게 벗어나지 못하고 있지만, 지주 살해와 같은 극적인 사건에 말
려들게 된 사람들은 불가피하게 기존의 좌익집단으로 흡수되어 가장 치열
하게 정치투쟁을 전개하는 빨치산의 일원이 되어 싸우다가 죽어갈 수밖에

없게 된다.

작가는 지주-소작인 사이의 갈등적 관계가 정치적 투쟁의 형태로 외화되어가는 과정에서 드러나는 여러 계층들의 행위에 대한 입체적인 묘사를 통해 이 문제가 전사회적·국가적·민족적 차원으로까지 확대되어가는 모습을 보여준다. 예컨대 여순사건에서 피해를 본 지주들이 반란에 가담했거나 연루된 사람들의 집에 소작을 내주지 않기로 결의하고, 입산세력들은 해방구 주민들에게 쌀을 분배하거나 밤중에 벌교로 치고 들어가 지주들에게서 거두어들인 쌀가마들을 사람들의 눈에 잘 띄는 곳에 쌓아놓고 "벌교 인민 여러분! 이 쌀을 고루 나눠 설을 쇠십시오"(4권, 179면) 하는 방문을 써붙여 민심을 선동하는 모습은 좌우익 사이의 단순한 세력다툼 이상의 역사적 의미를 띠고 우리에게 다가오는 것이다. 또한 이러한 사태의 사회경제적 배경은 사태 해결의 책임자인 계엄사령관과 기독교사회주의적 농민운동가 사이의 대화를 통해 명료하게 정리된다. 이들의 결론은 지주-소작인의 문제가 해결되지 않는 한 '빨갱이 문제'도 해결되지 않으며, 농지개혁을 단행하여 논밭을 무상분배하지 않는 한 입산한 농민들을 산에서 내려오게 할 수는 없다는 것이다. 그러나 소작인들에게 정작 주어진 농지개혁의 방식이 '유상몰수 유상분배'임이 드러나자 소작인 남정네들은 "긍께, 나라 다시린다는 눔덜이 다 지 명대로 못 살고 죽을라고 환장들을 혀서 짚북데미에 불처질르는 것이네, 시방" 하며 결기를 돋우고, 여인네들은 "음마, 해도해도 너무 허네웨, 돈으로 땅 사고팔고 허는 것이사 누가 몰르간디 고런 것을 인자사 법이라고 맹글어?" 하고 빈정댄다(5권, 208~209면). 이처럼 농민문제가 지주·입산세력·관리·지식인·농민 등의 시각을 통해 입체적으로 조명됨으로써 농촌사회의 기본모순이란 커다란 틀거리에 직접·간접으로 얽혀 있는 모든 사회현상의 유기적 연관성이 자연스럽게 드러나며, 이러한 과정 속에서 잡다한 사건들은 역사적 현상으로서의 의미를 띠어간다.

위에서 보았듯이 일제시대부터 누적되어온 지주-소작인 문제를 정치권력이 미봉책으로 호도함으로써 역사의 내면 깊숙이 언제 타오를지 모를 불씨를 묻어둔 셈이었다. 1949년 6월에 공포된 농지개혁법에 의한 농지분배는 1951년 4월에야 마무리되는데, 실제로는 대상 농지의 절반 정도만이 소작농에게 분배되어 소작농은 영세성을 면하지 못한데다가 상환기간마저 너무 짧아 농민의 부담이 가중되었으며, 정부의 농가보호시책이 뒤따르지 못하여 농가경제는 고리채에의 예속 끝에 수매농지의 전매, 지주층의 재생, 소작제도의 부활, 이농현상 등이 급속히 진전되어 그나마의 개혁조차 실효를 거두지 못하고 말았던 것이다.

『태백산맥』은 해방 직후의 사회적 성격을 정치경제학적 측면에서 정확히 규명하고 문학적으로 형상화하는 데 성공했다는 점에서 해방 이후 우리 문학의 가장 탁월한 성과로 평가될 수 있다. 이 소설이 분단 40년의 역사 속에서 끊임없이 궁지에 몰려온 민중해방적 운동과 이념의 역사적 위상을 구체적인 삶의 현실로 밑받침해줌으로써 분단시대의 왜곡된 의식의 견고한 매듭을 풀어준 것도 틀림없는 사실이다. 그러나 이 소설에서는 기층민중의 시각만이 일방적으로 관철되고 있는 것은 아니며, 중간적 지식인의 시각 역시 대단히 중요한 역할을 부여받고 있다. 이들은 좌우익 모두에 대해 적절한 비판적 거리를 유지하면서 그들의 이념과 투쟁을 객관적으로 해석해내는 역할을 함으로써 이 소설의 흐름에 균형감각을 주고 있을 뿐만 아니라 국내외의 정치현실을 폭넓게 조망함으로써 당시의 역사적 상황을 거시적으로 읽어내는 역할을 해내고 있다.

특정한 이념의 선택보다는 민족의 단합을 먼저 추구해야 한다는 생각을 지니고 있는 김범우와 중도파 지식인들에 대한 의미부여는 작가가 당시에 존재했던 중도세력의 좌우합작 노력을 긍정적으로 반영하는 데에서 비롯된 것이지만, 조직과 민중적 지지를 확보하지 못한 이들의 노력은 당시의 급박한 상황 속에서는 이상주의적이고 비현실적인 것으로 비칠 수밖에 없었다. 김범우 외에 사회주의자 전력을 가진 그의 친구 손승호, 공동농장을 경영하는 서민영, 그리고 자애병원 원장 전명환 등이 이런 부류의 인물들인데, 그들은 대체로 좌우익 사이에서 중재적인 역할을 담당하면서 때때로 농민들의 정당한 요구를 대변하는 역할도 해낸다. 그들은 공평무사하고 소신이 뚜렷한 계엄사령관 심재모를 움직여 지주들의 가혹한 행위에 제동을 걸거나 야학을 운영하거나 좌우익 모두에게 공평하게 인술을 베풀기도 하고 땅을 빼앗긴 농민들을 규합하여 시위를 벌이기도 한다.

그러나 이들의 인간주의적 노력은 삭막하고 살벌한 역사무대에 작은 인정의 꽃들을 피울지언정 문제의 근본적인 해결을 가져오지는 못한다. 이들의 충고를 받아들여 선정을 펼쳐가던 계엄사령관 심재모마저 좌익척결위원회의 모략에 걸려들어 용공분자로 체포되고, 벌교 사회에서의 역할에 한계를 느낀 김범우는 남은 공부를 마저 하기 위해 서울로 떠나가며, 전향한 휴머니스트이자 시인인 손승호는 보도연맹 위원장이 되라는 신임 계엄사령관의 강요를 못 견디고 서울로 도망해버린다. 벌교에 끝까지 남아 있는 사람은 벌교에 삶의 토대를 두고 있는 중년의 서민영과 전명환 원장뿐이다.

김범우·손승호의 떠남과 계엄사령관 체포 사건은 비판적 중도세력조차 현실적 발판을 잃을 수밖에 없었던 당시의 각박한 정치현실을 반영하는 것이지만, 한편으로 작가는 이들의 벌교 사회로부터의 일탈을, 이 소설의 무대를 벌교라는 농촌사회로부터 우리 민족 전체의 역사적 현실로 확대시키는 계기로 활용한다. 심재모를 구출하기 위해 만나게 된 이학송·민기홍 두 기자와 절친해진 김범우는 이들과의 대화를 통해 급박하게 전개되는 정치적 변화들을 이해할 수 있는 기회를 갖게 되며, 이러한 소설적 구도를 통해 작가는 당시 중앙의 정치무대에서 벌어지고 있던 큰 사건들을 깊숙이 들여다보고 그 의미를 밝혀내는 효과를 얻어내고 있다. 작가는 이러한 장치를 이용하여 반민특위에 대한 경찰의 보복습격과 김구 피살 사건 등을 현지 취재기자들의 시각으로 객관적으로 그려내는 한편 중도파나 민족주의 정치가조차 설 땅을 잃게 되는 민족사회의 극단적 양분상태를 참담한 현실로 우리 앞에 제시한다. 이러한 과정을 통해 충격적으로 확인되는 한 가지 사실은 김구의 피살 날짜와 미군철수가 완료된 날짜가 일치한다는 점이다. 이러한 사실은 미국의 대(對)한반도 전략이 건전한 민족주의자조차 포용할 수 없을 만큼 남한을 세계 이념지도상 '반공의 보루'로 구축하는 데에만 집착했음을 암시하는 게 아닐까.

김범우는 이학송의 도움을 받아 민족분열의 피해상황을 정리하여 8·15 이후 남쪽에서 죽은 사람만 해도 10만여 명에 달한다는 사실을 확인하고 놀란다. 작가는 이러한 사망자 숫자의 확인을 통해 8·15 이후 끈질기게 전개되어온 민중·민족적 요구와 이것을 역사에서 말살시키려는 세력 사이의 각축과 무력투쟁이 한국전쟁의 내재적 원인임을 암시한다.

인류역사상 단위 공간, 단위 시간 속에서 가장 큰 파괴력을 과시한 한국전쟁은 그 원인·주체·목적·경과·의미 등 어느것 하나 제대로 해명받지 못한 채 하나의 냉엄한 귀결로서 우리 앞에 놓여 있다. 작가들은 그동안 엄청난 유혹과 좌절을 동시에 내재하고 있는 이 역사의 괴물에 대한 도전을 끊임없이 시도하였으나 얻어낸 결과는 참담한 패배뿐이었다. 어떤 이는 엄청난 양의 전투상황에, 어떤 이는 참혹한 민중 수난상들에, 또 어떤 이는 날조된 이념들의 늪에 빠져 헤어나지 못함으로써 또다른 피해자의 흉측한 모습들만을 내보였을 뿐이다. 이들이 우리 문학에 기여한 바가 있다면, 그것은 한국전쟁의 총체적 형상화와 그 의미의 새로운 구성을 위해 역사적·미학적·이념적 탐색이 더욱 철저하게 이루어져야 함을 반어적으로 입증해준 것이다.

작가 조정래 역시 이 괴물 앞에서 선두주자들에 못지않은 크나큰 유혹과 공포에 사로잡혔을 것이다. 그러나 그에게는 다행히도 그것과 싸워낼 만한 무기가 있음을 이 소설의 전반부가 보여주었는데, 그것은 다름아닌 민중이라는 역사주체의 시각으로 그 복잡다단한 사건들을 꿰어 엮어내는 것이다. 그러므로 한국전쟁 기간에 이루어지고 있는 다양한 삶과 투쟁의 단면들에 대한 묘사는 전쟁 그 자체를 그려내기 위한 것이 아니라 역사주체인 민중이 어떻게 대응했는지를 보여줌으로써 독자들 스스로 전쟁의 성격을 파악하게 하고 있다. 이러한 과정에서 작가는 자신의 규정적 서술을 통해 역사의 의미를 드러내는 것이 아니라 직업과 성향을 달리하는 사람들의 다양한 시각과 생각을 통해 드러낸다.

'남침'에 관한 방송을 들으며 남로당원 이지숙은 '인민해방'전쟁이 본격화되었다고 감격하고, 벌교 경찰서장 권병제는 '멸공북진통일'의 기도가 불법적인 것이 아니라면 '공산혁명통일' 역시 불법적일 수 없다고 생각하며, 『해방일보』 기자 이학송은 전쟁의 여러 양상들을 살핀 끝에 이번 전쟁은 "조선 인민과 미국과의 전쟁"(6권, 333면)이 되었다는 결론을 내린다. 그러나 이러한 관측들은 나름대로의 정치적 입장을 가진 사람들의 의식에 의해 여과된 전쟁의 성격들이며, 이것은 어느정도 작가 자신의 견해가 여러 사람들의 생각과 말을 통해 분화되어 표출되고 있다는 느낌을 준다. 그러므로 북한이 내세우는 이른바 '인민해방'의 실체와 내용이 무엇인지를 농민들 자신의 반응을 통해 구체적으로 점검하고 있는 부분이 더 큰 실감과 호소력을 지닌다. 전쟁기간 북측이 남한의 농촌지역에서 빠른 속도로 진행한 '무상몰수 무상분배' 형식의 토지개혁에 대한 자세한 묘사는 매우 독특한 형태의 전쟁양상을 보여줄 뿐만 아니라 이 소설의 전반부에서 중심적인 주제로 다루어진 농민문제를 전혀 다른 방향에서 재조명하는 효과까지 얻어내고 있다(7권, 130~36면 참조).

전쟁은 인명과 재산의 파괴뿐만 아니라 관습과 도덕성의 파괴를 동반한다. 보도연맹과 예비검속자에 대한 대량학살뿐만 아니라 어느 모로 보나 적일 수 없는 국민방위군과 산간지방의 양민들에 대한 이승만정권의 잔혹행위는 그 사례들이 제대로 밝혀지지 않은 지금의 시점에서 보더라도 경악을 금할 수 없는 것으로, 민족사에서 지워버릴 수 없는 커다란 수치이다. 작가 조정래는 그 가해적 집단의 세력이 아직도 꺾이지 않고 있는 상황에서 그 참혹한 사건들을 냉엄한 객관적 시각으로 그려냄으로써 그의 분노와 수치감을 엄격하게 갈무리하고 있지만, 그의 서슬 퍼런 비판의식은 치밀하게 계산된 묘사와 문맥을 통해 우리의 의식 속으로 파고든다. 그러나 작가는 전쟁의 피해상황에 대한 묘사에서 가해자에 대한 고발과 분노만을 보여주는 것이 아니라 일종의 해원과 재생의 모습까지 제시한다. 미군이 휩쓸고 간 한 마을에서 피해를 입은 처녀들에게 실시되는 '몸씻기굿'에 관한 감동적인 묘사는 재생을 위한 엄숙한 종교의식의 의미뿐만 아니라 민족의 재생을 결의하는 제의적 상징으로서도 실로 뜻깊은 성찰을 보여준다(7권, 262~68면 참조).

미군의 인천상륙 이후 전선이 압록강으로까지 북상하면서 중공군을 불러들여 전쟁은 국제전 양상을 띠게 되며, 추풍령에서 북상이 차단된 인민군들이 구빨치에 가세함으로써 지리산을 중심으로 한 산악지대에는 6만 명에 달하는 거대한 유격구가 형성된다. 이 대목에 이르러 『태백산맥』의 무대는 여섯 개 유격지구를 거느린 전남도당으로 옮겨진다.

작가 조정래가 그려낸 빨치산 투쟁의 가장 특징적인 면, 다시 말해 최근 2년 사이에 출간된 수많은 빨치산 기록물들과 명백히 다른 점은 빨치산들의 투쟁과 활동을 여러 각도에서 객관적으로 조명하면서도 투쟁주체인 빨치산들 자신의 시각, 특히 역사변혁의 기본 동력인 기층민중의 시각으로 그려냄으로써 그들의 활동이 맹목적인 이념투쟁이 아니라 기층민중의 삶을 위한 저항의 연장선상에 놓여 있음을 확인시켜 준 데 있다. 이러한 점은 빨치산의 지구정치학교에서 지식인 지도자들이 하는 학습의 내용에서도 확인되지만, 농민·백정·노동자·머슴 등이 빨치산 활동을 통해 삶의 수동성이나 무지에 대한 열등감을 극복해가는 과정 속에서 직접·간접적으로 확인된다. 이들이 염원하는 세상은 말할 것도 없이 누구나 고르게 잘사는 세상, 노동자·농민이 주인 되는 세상이며, 이것을 위해 그들은 하나같이 생명을 건 투쟁에 과감히 떨쳐나서는 것이다. 그러므로 이 소설의 빨치산 투쟁 묘사에서 가장 감동적인 부분은 당이론에 밝은 지도층의 행위에서 주어진다기보다 손승호와 같은 지식인이 머슴 출신 솥뚜껑과 같은 사람의 헌신과 겸손함에 바탕을 둔 '혁명의 순수한 진정성'에 감동하여 민중에 대한 깊은 신뢰와 함께 민중성을 회복해가는 장면이다. 이 두 사람의 뜨거운 우정과 상호 존경에 대한 감동적 묘사는 계급을 초월한 인간애의 가장 전형적인 모습을 보여주며, 계급연합의 구체적 실례와 계급융화의 인간적 기초에 대한 뜻깊은 성찰을 보여준다(8권, 205~209면; 9권, 66면 참조).

거듭되는 국군의 대토벌작전과 재귀열과 같은 전염병, 추위와 굶주림 속에서 빨치산 세력은 급속도로 궤멸되어가지만, 이 소설에 등장하는 대부분의 빨치산들은 자신이 "당과 함께 존재하고 당과 함께 소멸하는 당의 정치군대"(9권, 152면)임을 망각하지 않고 '인민해방'과 '조국해방'을 위해 분투한다. 이러한 과정에서 이들은 '최후의 순간'을 맞이하게 된다. 이같은 상황에서 당은 그들의 투쟁을 현실투쟁에서 역사투쟁으로 바꾼다. '역사투쟁'이란 현실에서 성취할 수 없는 것을 뒷날의 역사 속에서 성취되기 바라며 목숨을 바쳐 싸우는 것을 의미한다. 말하자면 이들은 피할 수 없는 패배와 죽음을 능동적으로 맞이함으로써 그들의 이념이 미래의 역사에서 되살아나기를 꿈꾸는 것이다(10권, 266~68면 참조). 이들의 역사투쟁의 범주에는 위장 귀순이나 감옥살이까지 포함된다. 그러나 북측의 남로당 숙청까지 "역사선택"(10권, 327면)으로 정당화하는 김범준의 말은 이 소설의 주제와 걸맞지 않다는 느낌을 준다. 거기에 대해 작가 역시 별다른 비판적 관점을 보이지 않고 있다. 이러한 작가의 의도에는 기존의 소설들에 광범하게 나타나고 있는 반공주의적 시각에 대한 항변과 함께 지금 우리들에게 시급하게 요구되는 것은 좌파들의 투쟁과 이념에 대한 비판이 아니라 매몰된 역사적 사실의 복원을 통해 우리의 역사서술에 균형을 잡아주는 것이라는 판단이 깔려 있는 듯하다.

지금까지 이 소설이 포착하고 있는 역사적 의미를 밝히는 데 힘을 기울였지만 이 작품의 문학적 의미는 올바른 역사이해와 그것에 대한 균형있는 표현만으로 완성되는 것은 아니다. 이 소설의 작가는 개성이 뚜렷한 수많은 인물들을 등장시켜 『태백산맥』을 빈틈없는 삶과 투쟁의 공간으로 창조해내고 있을 뿐만 아니라 민중의 의식에 투영된 자연에 대한 묘사와 그들의 참담한 삶과 처절한 희망을 상징하는 전설을 창조해 넣음으로써 표면적인 현실세계와 내면적인 정서의 세계를 자연스럽게 융화시키고 있다. 예컨대 가장을 잃고 척박한 삶을 일구어가는 입산자 부인들과 그 아이들, 허기에 못 이겨 온종일 진달래를 따먹고 설사를 하거나 술찌끼를 먹고 취하여 동네 아이들의 놀림감이 되는 아이들, 무식하면서도 영악하게 잇속을 챙기는 청년단장, 인정과 사랑의 화신인 젊은 무당, 좌우익을 가리지 않고 인술을 베푸는 의사, 토지를 무상분배하고 빨갱이로 몰리는 스님, 남편의 원수를 갚기 위해 빨치산이 되어 중대장으로까지 발전하는 여인, 동료의 가족을 십시일반으로 도와주는 의로운 농부들과 남의 소작지를 얻어내려고 뇌물을 쓰는 교활한 농부, 그리고 월남한 반공주의자들, 전쟁을 축재의 기회로 이용하는 모리배, 출세를 위해 빨치산을 많이 때려잡아야겠다고 결심하는 군인장교, 중립적 자세를 견지하는 경찰 등 수많은 유형의 인물들이 이 소설 공간에서 다양한 삶의 모습들을 펼쳐가며 분단시대의 분위기에 현실감을 불어넣고 있다.

작가는 이 방대한 소설을 통해 역사학자들조차 접근하기를 꺼리는 현대사의 금기지대를 정면으로 돌파하면서 왜곡되거나 숨겨진 역사적 사실과 그 의미를 생동하는 삶의 모습으로 드러냈다는 점에서 우리 문학의 질과 역사인식의 수준을 한 단계 끌어올려놓았다. 그러나 이 소설에도 간과할 수 없는 몇가지 문제점이 발견된다. 때때로 주제에서 이탈된 인물과 사건들에 대한 세밀한 묘사 때문에 작품의 전체적인 흐름이 산만해지거나 몇몇 중요인물들의 능력과 성격이 너무 완벽한 것으로 묘사됨으로써 그 인물들의 리얼리티에 손상이 초래되기도 한다.

이러한 약점은 방대한 이 소설의 전체적 구도 속에 놓고 보면 그다지 문제시될 만한 것은 아니다. 그러나 한국전쟁이 계속되는 동안 전선이 한차례씩 남쪽 끝에서부터 북쪽 끝까지 오르내렸음에도 불구하고 북쪽 인민의 생활상이 구체적으로 포착된 예가 보이지 않는 점은 해방 8년사를 총체적으로 그려냄으로써 민족통일의 전망을 확보하려는 이 소설의 창작동기로 볼 때 간과할 수 없는 약점이 되고 있다. 이러한 점은 물론 분단된 한반도의 남쪽에 살고 있는 모든 작가들이 지닐 수밖에 없는 한계라고 말할 수도 있겠으나 작가가 취재에 더욱 큰 힘을 기울이면 어느 정도까지는 극복될 수 있는 문제라고 생각된다.

분단소재 장편소설의 존재이유는 무엇보다 우리가 몸담고 살아가는 분단시대의 역사적 성격을 바르게 드러냄으로써 민족통일의 전망을 창조하는 데 있다. 민족통일이 남북으로 갈라져 있는 두 개의 체제와 국가가 무조건적으로 결합하는 방식으로 주어질 수도 없는 것이고 또 민중의 생활상의 요구의 실현을 내용으로 하는 역사발전의 방향에서 이루어지는 통일만이 뜻깊은 내용을 지니게 된다는 것을 감안할 때, 북한 민중의 생활상과 남한에 대한 그들의 인식 정도를 바르게 그려내는 일은 90년대의 작가들에게 주어진 커다란 과제 중 하나가 될 것이다.

<문예중앙 1990년 봄호>

빨치산 소재 문학, 어떻게 읽을 것인가

1. 되살아나는 역사

우리 민족의 현대사를 놓고 볼 때, '역사'란 그저 씌어지는 것이라기보다는 전취(戰取)되는 것이다. 특히 미국의 제국주의적 성격을 형상화했거나 남한의 빨치산 투쟁을 소재로 한 문학작품들이 그러한 경우의 가장 뚜렷한 전형들을 보여주었다.

1987년에 발표되어 충격적인 반향을 불러일으킨 서사시 「한라산」의 시인 이산하가 구속에서 풀려나기까지 1년간 옥살이를 한 것이나 1988년 12월에 간행된 이기형의 실록연작시집 『지리산』에 판금조치가 취해진 것은 이러한 사실을 웅변적으로 말해준다.

체험자들은 흔히 빨치산들은 세 번 죽는다고 말한다——맞아죽고, 얼어죽고, 굶어죽고. 1955년 7월, 지리산 빨치산의 마지막 부대를 이끌던 노영호가 대원사 골에서 배신자의 흉탄에 쓰러질 때까지 8년 동안 수만명의 빨치산들이 한라산이나 지리산 등에서 그렇게들 죽어갔다. 그러나 이들의 죽음은 그것으로 끝나버린 게 아니었다. 그들에게는 '역사'에서의 죽음이란 또 한번의 죽음이 기다리고 있었던 것이다. '토벌'에 가담한 자들의 기록은 그들의 전과가 돋보이도록 제멋대로 조작되거나 과장된 채 금단의 창고 속에 깊이 처박혔고, 가까스로 살아남은 극소수의 빨치산들에게는 전향의 강요와 감옥형이 기다리고 있었으며, 빨치산이나 좌익의 남겨진 가족들에게는 삼엄한 감시와 핍박이 가해졌다. 이처럼 빨치산들에게는 '역사에서의 말살'이란 네번째의 죽음이 강요된 채 40년의 세월이 흘러갔지만, 그것이 완전한 죽음일 수는 없었다.

빨치산들의 처절한 투쟁의 역사는 이제 기나긴 시간의 저류 끝에 여기저기서 재생과 부활의 물줄기들을 뿜어올리고 있다. 소설·시·수기를 통해 드러나고 있는 그들의 투쟁은 이제 거칠게 그려진 몽따주처럼 어렴풋하게나마 그 모습을 드러내기 시작했다. 그러나 이러한 작품들 가운데에는 취재와 자료 부족, 반공·분단의식의 침윤, 의도적 왜곡 등으로 인하여 역사적 사실과 의미가 이지러지거나 뒤틀리거나 뒤집힌 사례들이 심심치 않게 눈에 띄고 있어, 독자들에게 상당한 혼란을 불러일으킬 수도 있다는 우려를 자아내고 있다. 빨치산 투쟁을 체계적으로 서술한 역사책이 없는 지금의 사정을 고려할 때 그와같은 부정적 요소들에 내포된 위험성을 들춰내는 한편 빨치산 소재의 문학작품들이 갖추어야 할 기본적인 조건들을 점검해 볼 필요성이 높아진다.

2. 역사는 사실 이상의 것이다

어떠한 형태의 역사적 서술이든 그것은 사실을 토대로 하여 이루어져야 하지만, 그것은 또한 사실들의 단순한 집합과 정리 이상의 것일 수밖에 없다. 말하자면 역사는 사실의 재생이면서 동시에 역사의식을 통한 사실의 극복이기도 하다. 역사가 올바르게 재생되기 위해서는 먼저 충분히 확보된 역사적 사실들에 대한 엄밀한 검증과 취사선택의 과정을 거쳐야 한다. 사실의 취사선택에서 어떻게 객관적 진실성과 올바른 방향성을 확보할 것인가 하는 문제, 다시 말해 역사의식의 문제는 역사서술의 성격과 의미를 결정하는 본질적 중요성을 내포한다. 그러나 지금 우리에게 시급한 문제가 되고 있는 것은 사실 그 자체의 빈곤함이며, 따라서 단편적으로나마 우리에게 알려진 소량의 역사적 사실들의 중요성은 그만큼 강조될 수밖에 없다. 이처럼 역사사실과 역사지식의 빈곤함은 우리로 하여금 시·소설·수

필과 같은 문학적 형식에 크게 의존할 수밖에 없도록 하고 있지만, 문학적 형식은 그 유용성 못지않게 여러가지 부정적 측면을 노출할 가능성도 그만큼 큰 것이다.

첫째 객관적 검증을 거치지 못한 데서 비롯된 역사적 사실의 부정확성, 둘째 올바른 역사의식을 갖추지 못한 데서 비롯된 전반적인 역사왜곡, 셋째 지엽적인 문제들에 대한 과도한 묘사에서 비롯된 균형성의 상실 등이 그것이다. 그러나 첫째 경우는 역사학의 영역으로 이 글의 범주를 벗어난 것이므로 둘째와 셋째 경우를 중심으로 논의를 전개하는 수밖에 없겠다.

앞에서 말했듯이 빨치산 소재의 문학작품들 가운데에는 우리의 제한된 역사적 사실과 지식마저도 크게 왜곡하거나 잘못 해석하여 우리의 역사인식을 오도한 경우가 많다. 최초로 빨치산 투쟁을 본격적으로 형상화한 이병주의 대하소설 『지리산』은 빨치산 체험자인 이태의 수기를 토대로 삼고 있으면서도 간간이 주어진 사실조차 왜곡하고 있을 뿐만 아니라 빨치산 투쟁의 역사적 의미를 적대적 시각으로 형상화함으로써 역사적 의미를 전도하여 심각한 문제를 야기하고 있다. 이러한 잘못은 정치권력의 강요 아래 일방적으로 유포되어 있는 편견, 즉 반공이데올로기에 작가 자신이 편승하고 있는 데에서 비롯된다. 이 소설의 지식인 주인공 박태영은 이상주의적 공산주의자로서 내심으로 조선공산당과 북한정권 그리고 빨치산 투쟁을 혐오하면서도 자신의 잘못된 선택에 대한 형벌로서 그 자신을 빨치산 투쟁의 중심에 놓고 자학을 하며, 북한정권에 대한 비난과 빨치산 투쟁의 무모함을 설파하고 있다. 이와 비슷한 유형의 인물로는 김원일의 장편소설 『겨울 골짜기』의 주인공 김익수가 있다. 그는 치열하고 가혹한 빨치산 투쟁을 강대국들의 대리전쟁 때문에 당하는 이유없는 고통으로만 생각하며 틈만 나면 공산주의 이념과 북한정권 나아가서는 이른바 '인민해방전쟁'을 신랄히 비판하는 데 열을 올리고 있다.

이들이 공산주의와 북한정권에 가한 '비판' 그 자체에도 오류는 있지만, 그보다는 오히려 우리의 민족적 과제가 되고 있는 민족통일을 앞당기기 위하여 무엇보다 먼저 그들에 대한 올바른 이해를 가지고 민족 공통의 역사이해에 도달하려는 노력을 견지해야 한다는 사실을 몰각하고 분단고착을 조장할 만한 편파적 견해를 드러내고 있다는 데 심각한 문제가 있다.

3. 역사의 능선을 확보하자

역사의 핵심적 흐름에 접근하는 길은 큰 산의 정상에 이르는 길처럼 무수하게 널려 있다. 그러나 우리는 불행하게도 여기저기 끊기고 허물어져 갈피를 잡기 어려운 토막난 소수의 길밖에 알지 못하며, 그것들이 큰 산줄기의 어떤 부분에 어떤 방향으로 놓여 있는지조차 가늠하기 어려운 상태에 놓여 있다. 이러한 사정이 몇몇 작가나 기록자들로 하여금 주어진 사실들에 즉물주의적으로 집착하게 만드는 결과를 빚어내고 있다. 이러한 경우의 가장 대표적인 예를 우리는 『겨울골짜기』와 『정순덕』(정충제 기록, 대제학 1989)에서 볼 수 있다. 김원일은 '고통의 극한'을 휴머니즘의 시각으로, 정충제는 '기록자로서 객관적인 입장'에서 서술하겠다고 책머리에서 선언하고 있지만, 그들이 이루어낸 것은 양적인 균형감각과 올바른 방향성을 상실한 치밀함이며, 이러한 사실은 결과적으로 전쟁의 잔혹성과 무의미함을 강조하게 됨으로써 역사변혁을 위한 치열한 투쟁 자체에 대한 혐오감을 조장하게 된다. 팔로군 출신 분대장이 신입대원을 상대로 밤마다 비역질이나 하고 중대장은 지식인 주인공을 걸핏하면 개 패듯 구타한다는 식으로 역사적 사실을 왜곡한 경우는 문제삼지 않더라도 김원일의 역사서술은 상당한 문제점을 안고 있다. 그가 사용하는 문체와 묘사방식 자체는 일종의 냉엄함과 객관성을 띠고 있지만, 그러한 서술의 결과로서 도달하게 되는 전체적인 역사인식은 객관성과 균형을 잃고 있다. 그것은 큰 흐름 속의 한 부분을 폐쇄적으로 고립시켜 세부적으로 묘사함으로써 작은 부분에 내재해 있는 역사의 보편적 의미를 왜곡하게 된 데에서 빚어지고 있다.

정충제는 빨치산들이 힘없는 민간인들을 '인민재판'이란 이름으로 살해하는 장면을 극사실적으로 묘사함으로써 빨치산 투쟁에 대한 혐오감을 유발하는 데 초점을 맞추었다. 빨치산들이 경찰의 연락편지를 지닌 농민을 붙잡아 "마치 움직이는 장난감을 놓고 한껏 즐기는 표정"으로 귀를 자르고 배를 가르는 장면을 묘사한 후, 정순덕의 시각을 빌려 "일순간에 창자가 불컥불컥 쏟아져내리며 후끈한 피비린내가 코끝에 는적는적 엉겨붙었다. 쏟아진 창자에서는 김이 모락모락 피어오르고 돼지를 잡았을 때의 창자 냄새 같은 비릿한 내음이 진동했다"고 대단히 감각적인 묘사를 하고 있는 것이다(184면). 이밖에도 그는 사람을 불구덩이에 밀어넣어 태워죽이거나 임신한 여자의 배를 갈라 태아가 튀어나오게 하는 등 잔인이 극에 달한 경우를 보여준다. (이 책이 나온 후 정순덕을 취재한 일이 있는 임종일은 『정순덕』의 잔혹한 장면들은 정충제가 독자들에게 충격적인 흥미를 주기 위해 거짓으로 꾸며낸 것임을 확인했다.)

우리는 이미 이태의 『남부군』이나 이기형의 실록연작시집 『지리산』 등을 통해 빨치산들이 포로들에게 서약서를 받고 돌려보내거나 여유있을 때는 부상자를 치료해서 돌려보내기도 했다는 사실들을 알고 있다. 인민재판만 하더라도 초기엔 더러 있었으나(대개의 경우 인민재판이라기보다는 개인적 원한으로 인한 보복적 성격을 띠었다) 곧 철저하게 금지되었다는 사실을 모르고 있는 독자라면, 그렇게 끔찍하고 잔인한 살인행위가 빨치산들에 의해 무시로 자행됐다는 그릇된 생각을 갖게 되기 쉽다. 그런데 정충제는 빨치산들이 하지도 않은 잔혹행위들을 매우 세밀하게 묘사해 보여주고 있다. 그러한 참혹한 살해행위가 실제로 있었다고 할지라도 그것이 지나치게 강조될 때 전체 역사는 왜곡될 수밖에 없으며, 기껏해야 이쪽저쪽이 모두 잔혹했으므로 무고한 양민들만 피해를 보았다든가 정권에 눈이 어두운 이승만과 김일성에게만 책임이 있다(이영식의 『빨치산』이 이런 시각을 전형적으로 보여준다)는 식의 무사상적이고 비주체적인 온정주의나 허무주의로 전락할 수밖에 없다. 이러한 경우가 바로 객관성을 빙자한 역사왜곡의 본보기이며, 그것은 주로 사건의 특수성을 역사의 보편성에 바르게 접맥시키지 않은 데에서 비롯되는 것이다. 그러므로 이러한 서술자들에게 우리는 파편화된 작은 길들을 한눈에 굽어볼 수 있는 역사의 능선을 먼저 확보하라고 권유할 수밖에 없다.

4. 역사이해와 변혁주체의 시각

앞에서 간단히 살펴본 빨치산 소재 문학작품들의 부정적 측면들, 즉 역사의식 빈곤과 역사적 사실에 대한 편파적 시각은 기본적으로 한국현대사의 기본 골격에 대한 몰이해에서 비롯되지만, 작가 또는 기록자들이 역사변혁 주체의 위치에 바르게 서서 역사를 보려는 자세를 결여하고 있는 데에서도 비롯된다. 이러한 이유로 해서 그들은 분단과 전쟁의 원인을 제대로 볼 수도 없었을 뿐만 아니라 그것을 천착하려는 치열성과 용기도 지닐 수 없었던 것이다.

역사란 원인과 결과의 변증법적인 운동의 연쇄이므로, 우리는 분단과 전쟁을 그 원인과 결과의 변증법적 운동이란 시각으로 간단하게 살펴볼 필요가 있겠다. 다 알고 있듯이, 분단은 우리 민족이 자주적 민족국가를 건설할 수 있는 절호의 기회였던 8·15가 우리 민족 자신의 힘에 의해 주어지지 못하고 2차대전을 거치면서 서로 대립적인 이념을 지니게 된 두 개의 강대세력으로 부각된 미국과 소련에 의해 분할점령되는 방식으로 주어진 사실에서부터 비롯된다. 한반도를 양분한 이들 강대세력, 특히 미국의 전략이 지닌 파괴력은 결과적으로 볼 때 통일된 민족국가를 건설하려 투쟁한 우리의 민족역량을 압도할 만큼 강력하게 작용했다. 세계역사상 그 유례를 찾아볼 수 없을 만큼 강력한 힘을 지닌 미국은 자신의 주도하에 세계자본주의 체제를 유지·재편성하기 위하여 새로운 사회주의 국가의 형성·발전을 철저히 분쇄하려 했고, 이러한 전략의 일환으로 한반도를 분단하고 그 남쪽 절반을 반공의 보루로 만들려는 속셈을 하나하나 관철해갔다. 우리 민족은 미국의 전략을 분쇄하고 분단상황을 극복하기 위해 가능한 전략과 방법을 총동원하여 투쟁하는 과정에서 10·1민중항쟁, 4·3민중항쟁, 여순 민중항쟁, 그리고 6·25와 같은 피비린내나는 전쟁까지 치렀으나 결과적으로 분단을 더욱 강화시키게 되는 쓰라린 좌절을 겪었고, 끝내는 남과 북에서 서로 대립적인 이념을 추구하는 두 개의 사회구성체로 갈라서게 되고 말았다. 이러한 과정은 또한 미국이 건국준비위원회에서 인민공화국에 이

르는 자주적 민족국가 건설 노력을 철저히 분쇄하고, 일체의 자주적인 정
치세력을 거세시키면서 친일·친미파를 보호·육성하여 반민족적인 반공·
친미세력을 창출하여 이승만의 단독정부 수립을 가져온 후 6·25를 계기로
한반도의 남쪽 절반을 철통 같은 반공의 보루로 만들어내는 과정이기도 하
다. 이후의 역사에서 미국과 이승만정권 이후의 역대 독재정권들은 회유와
협박, 왜곡과 조작, 도발과 폭압의 메커니즘을 절묘하게 구사하며 오늘에
이르고 있고, 이에 대응하여 1960년대 이후 서서히 대두되어 지속적으로
성장해오고 있는 민주·민족통일 세력은 갖은 폭압을 무릅쓰며 가열한 투
쟁을 전개해오고 있다.

　이같은 역사인식을 바탕에 깔고 빨치산의 생성과 투쟁, 그리고 궤멸의
과정을 볼 때 비로소 남한 빨치산의 역사적 의미가 제대로 드러날 수 있다
(이러한 역사인식을 가장 '전형적으로 그려낸 것이 제주도의 4·3민중항쟁
을 형상화한 이산하의 서사시 「한라산」이다). 그러나 이러한 수평적이고
직선적인 역사서술로 놓치기 쉬운 부분은 빨치산이 생겨나게 된 좀더 직접
적이고 본질적인 측면, 다시 말해 대다수의 빨치산을 포함하는 기층민중의
물적·계급적 토대와 구조이다. 일본 제국주의 세력이 한반도에서 물러가
자 수십년 동안 식민지 민중으로 박탈당해온 경제적 권리에 대한 요구가
거세게 분출되었으나 미군정과 친일세력은 이들의 요구를 철저히 억압하였
으며, 조금이라도 저항할 때는 빨갱이로 몰아 생존권을 박탈했다. 이러한
상황에서 궁지에 몰린 기층민중이 인민해방·민족자주화의 이데올로기를
지닌 정치세력에 흡수되는 것은 오히려 자연스러운 것이다(이러한 과정을
가장 탁월하게 형상화한 것이 조정래의 대하소설 『태백산맥』 1, 2부이다).

　지금까지 나온 빨치산 수기(또는 기록물)들 가운데 지리산 빨치산들의
투쟁을 가장 포괄적이고 체계있게 그려낸 것은 『남부군』이며, 이 수기는
다른 역사소설들에 소중한 소재를 제공해주었다는 점에서도 대단히 중요한
자리를 차지하고 있다. 그러나 이 수기는 두 가지 면에서 우리의 역사인식
을 혼란에 빠뜨리고 있다. 하나는 기록자이며 주인공인 이태가 역사변혁
주체의 자리에 자신을 정립시키지 못하고 끝내 방관자적 시각을 극복하지
못하고 있다는 점이고, 다른 하나는 빨치산이 남·북의 정권으로부터 버림

을 받았다는 일종의 피해의식에서 헤어나지 못하고 있다는 점이다. 그러나 크게 보면 뒤의 측면은 앞의 것으로 수렴될 수밖에 없다. 『지리산』의 박태영, 『겨울골짜기』의 김익수의 원형(原型, archetype)으로 보이는 이태의 시각에서 드러나고 있는 문제점은, 주인공 그가 빨치산이 될 수밖에 없는 필요충분조건을 갖추지 못한 부동적(浮動的) 지식인이라는 데에서 싹트고 있다. 이태는 자신이 처음부터 공산주의 이념에 동조하여 좌익에 가담했다기보다는 이승만정권의 부패와 야만적 반공주의에 대한 반감 때문에 공산주의를 선택했다는 점을 강조하며 간간이 빨치산에 대한 자신의 알리바이를 주장하고 있다. 그러기에 생존을 위해 빨치산이 된 사람들처럼 빨치산 투쟁(크게 보면 인민해방과 민족통일을 위한 투쟁)을 자기 자신을 위한 투쟁으로 받아들이지 못하고 어정쩡하게 다른 사람들의 뒤를 따라다니는 방관자적 면모를 떨쳐버릴 수 없으며, 남한정권이나 북한정권의 배려나 비호를 받아 무의미한 고통과 죽음으로부터 벗어나야 한다는 은근한 기대를 갖게 되고, 이러한 기대가 빗나갔음을 확인하면서부터는 특히 북한정권에 대해 배신감을 느낀 나머지 자신의 빨치산 투쟁의 의욕과 의미를 상실해버리게 되며, 그가 총부리를 겨누고 대적하였던 상대에게 포로로 잡혔을 때 "아, 자유…" 하고 마음속으로 부르짖게 되는 것이다. 적에게 포로가 된 데서 해방감을 느꼈던 이태와는 달리 빨치산 투쟁을 자신의 투쟁으로 받아들인 사람들은 몸과 마음을 온통 불살라 끝까지 투쟁할 수 있었던 것이다.

이태의 경우는, 역사주체의 자리에 자신을 바르게 세우지 못할 때 아무리 역사를 바르게 인식하려 해도 그 노력은 끝내 허사가 되고 만다는 사실의 좋은 본보기가 된다. 이태는 다른 누구보다도 빨치산 투쟁의 전모를 왜곡되지 않게 묘사해내기 위해 노력한 흔적들을 많이 보여주었고, 실제로 『남부군』이 빨치산 투쟁의 감동적인 모습들을 가장 풍부하게 지니고 있음에도 불구하고 역사의 큰 줄기와 빨치산 투쟁의 역사적 의미를 올바로 잡아내는 데 실패하고 만 것도 역사주체의 시각을 결여한 데에서 비롯된 것이다.

빨치산 소재의 문학작품은 궁극적으로 통일지향적인 민족문학 속에 바르

게 놓일 때 올바른 문학적·역사적 의미를 지닐 수 있다. 이러한 사실을
염두에 두면서 우리는 민중의 생활상의 요구의 관철을 기본적 내용으로 하
는 역사발전을 담보하지 못하는 민족통일은 그 의미가 반감될 수밖에 없을
뿐더러 이러한 시각을 결여한 민족통일운동은 역사의 변증법적 운동의 법
칙을 몰각한 관념적 허구일 수밖에 없다는 것, 그리고 통일운동이 이같은
관념적 허구에 머물 때 언제든지 제국주의 세력 및 반민족세력의 왜곡과
조작에 말려들기 쉽다는 사실을 마음 깊이 새겨둘 필요가 있다.

<예향 1989년 5월호>

민족적 열패감의 극복을 위하여

소설 속의 한국인과 미국인

1. 관계의 메커니즘에 대한 반성

'인간은 사회적인 동물이다'라는 명제는 인간이 생존하기 위해서는 사회적인 관계를 이루어가야 한다는 뜻만이 아니라 사회적 관계가 성립됨으로써만 인간은 인간으로 존재할 수 있다는 뜻을 동시에 함축한다. 다시 말해 개인으로서의 생존 이전에 사회가 먼저 존재한다는 뜻이기도 하다. 이러한 관점은 물론 발생론적인 것이 아니라 인간 존재의 삶의 조건에 대한 현상학적인 통찰에서 비롯된 것이다.

사회적 관계는 개인과 개인, 개인과 집단, 집단과 집단 등의 다양한 형태들을 내포하며, 그것이 어떠한 관계이든 당사자들에게는 긍정적이든 부정적이든 얼마간의 영향을 끼칠 수밖에 없도록 되어 있다. 그러므로 관계 당사자들은 그들이 주고받는 영향이 그들이 원하는 방향으로 원하는 만큼만 주어지기를 바라지만, 일단 발생한 관계는 그 나름대로 메커니즘을 갖게 되어 당사자들간에 부단한 협의가 이루어지지 않는 한 예기치 않은 부작용과 피해를 가져오게 마련이다. 이러한 관계가 강자와 약자 사이에서 이루어질 경우에는 그 시초부터 약자의 희생이 전제된 경우가 많은데, 이때 강자는 관계의 메커니즘에 편승하여 약자의 희생에서 비롯되는 온갖 이득을 당연한 것으로 받아들이게 되고 약자 또한 이러한 관계에서 강요되는 피해와 손실을 당연한 것으로 받아들이는 경향마저 나타나게 된다.

세계의 정치학자들은 이미 오래 전부터 나라와 나라 사이의 관계는 철저한 이기주의의 바탕에서 이루어지는 것임을 역설해왔다. 이러한 사실은 약소국들에게 강대국들과의 관계에 대한 경각심을 불러일으킬 수도 있지만, 강대국들로 하여금 약소국들을 지배하며 자신에게 유리한 관계만을 지속시켜가는 것을 당연한 것으로 받아들이게 할 위험성도 함께 내포한다. 제2차 세계대전 이후의 국제관계를 보면, 강대국들은 그들의 속셈을 표면적으로 드러내지는 않는다. 강대국들은 대체로 약소국들에게 경제적으로는 자본과 기술이라는 생산수단을 제공하는 시혜자의 얼굴을 하고 약소국의 노동력을 실질적으로 이용하였고, 정치적으로는 보호자적인 제스처를 보이면서 국제적 팽창주의를 실현시켜갔으며, 문화적으로는 그들의 다양한 문화형태들을 끊임없이 주입시켜 민족적 저항의식을 약화시키고 전통문화를 파괴해왔다. 제3세계적 관점과 제3세계적 협력에 대한 요청은 바로 이와같은 세계사적 상황 속에서 고통을 겪은 약소민족들의 각성에서 비롯된 것임은 말할 나위도 없다.

강재언은 그의 『한국의 근대사상』(한길사 1985) 머리말에서 "한국의 근대사는 봉건체제를 지양하지 못한 채 자본주의 열강의 침입을 전면적으로 받았던 위기적 상황 속에서 국권의 방위와 근대적 변혁을 쟁취하기 위하여 일어났던 민중투쟁이 엮어내는 역사적 과정"(3면)이라고 명료하게 지적했다. 이 글에서 문제삼게 될 미국 역시 그러한 자본주의 열강에서 제외될 수 없다는 것은 우리의 역사가 뚜렷이 보여주는 엄연한 사실이다. 한국과 미국의 관계의 역사는 백년을 넘는 것이지만, 미국이 한국현대사라는 역사운동 속에서 가장 강력한 힘으로 작용하기 시작한 것은 1945년 8월 15일 이후의 일이다. 식민지시대 36년간의 역사가 일본을 제외하고는 성립할 수 없듯이 미국이란 존재를 제외하고는 분단시대 40년의 역사는 성립되지 않는다.

한국현대사에 관한 지금까지의 연구업적들이 보여주듯이, 미국은 한반도에 첫발을 들여놓은 후 일제의 식민통치에 협조한 친일세력들의 도움을 받아가며 군정을 실시해나갔으며, 이승만과 그 동조세력들의 정치적 보호자

역할을 수행하면서 부일·반민족 행위자들을 보호하여 이들이 권력과 부의 주도세력으로 등장할 수 있도록 도와줌으로써 장차 이 나라 민주주의를 그르칠 무서운 독소를 남겨두는 결과를 초래하였던 것이다(송건호, 「해방의 민족사적 인식」, 『해방전후사의 인식』I, 한길사 참조).

그럼에도 불구하고 미국에 대한 비판적 안목을 가다듬을 시간적 여유조차 가져보지 못한 상태에서 밀어닥친 6·25로 하여 우리 국민들 대다수는 미국을 가장 가까운 우방 또는 공산화의 위기를 막아준 혈맹으로 생각할 수밖에 없었다. 4·19 이후에 고조된 민족적 각성의 분위기 속에서도 미국은 비판적 세력과 정면충돌한 일이 없었으나 1980년 5월의 광주민중항쟁과 최근의 한·미 무역관계 속에서 남한에 대한 정치적 지배와 경제적 실리 추구만을 앞세우는 그들의 속셈이 표면화됨으로써 미국에 대한 우리 국민의 기대는 분노와 실망으로 변질되었고, 대학생들의 미국문화원 점거와 같은 사건들을 통하여 우리 사회에 잠재해 있던 민족감정이 표면화됨으로써 지금의 현안문제로 부상하기에 이르렀다.

위에서 보았듯이 우리 국민은 분단을 빚어낸 배경까지도 우리의 체제·속에 수용해야 하는 역설적인 현실에 처해 있으며, 때로는 현실문제의 근원에 대한 논리적 추구까지도 위축당할 수밖에 없는 어려운 형편에 놓여 있다. 이러한 상황 속에서 문학활동을 전개해가기 위해서는 어떠한 문제든 너무 깊이 캐들어가면 안된다는 금기를 고통없이 받아들여야 하는데, 이러한 태도가 8·15 이후의 이른바 '순수문학'의 기본적인 사고방식을 형성했고 이러한 사고방식은 속으로야 어찌 되었든간에 겉으로는 권력층과의 무갈등 상태를 지속시켜왔다. 적어도 1950년대까지는 이러한 상태가 우리 문단의 지배적 현실이었다.

그러므로 이러한 상황 속에서나마 문학활동을 영위해갈 수밖에 없었던 50년대 작가들은 6·25와 분단현실을 일면적 시각에서만 다루거나 절망적인 삶의 조건, 냉소와 허무와 자학, 인간본성으로의 은둔, 역사와 사회를 초월한 보편적인 인간문제 등을 다루면서 한국적 현실과 역사적 실체성으로부터 얼마만큼의 거리를 유지해왔다. 50년대 후반부터 나타나기 시작하는, 미군과 관련된 소재의 소설들에서도 문제의 핵심을 피한 채 드러난 상처에만 시각을 집중시킴으로써 역사적 증언을 보여주는 작품일지라도 자칫 한탄스러운 운명 수락으로 독자들을 이끌어갈 소지를 안고 있었다.

이 글에서 다루게 될 소설들에는 미국인과 관계를 맺고 살아갈 수밖에 없는 사람들이 등장하는데, 그들은 대체로 그들이 처한 상황의 역사적 의미를 모른 채 그들의 처지를 숙명적으로 받아들이는 체념적 인간형들이다. 이들의 상대역으로 등장하는 미국인들은 거의 전부가 미국 군인들인데, 그들과 직접적인 관계를 맺고 있는 사람들은 대부분 '양공주'란 이름의 창녀들이거나 그들에게 기생하고 있는 사람들이다. 오직 신상웅의 중편소설 「분노의 일기」(『상황』 1972년 봄호. 이 글에서는 『분노의 일기』, 을유문화사 1974를 참고했다)와 조정래의 단편소설 「타이거 메이져」(『한양』 1973년 3월호)에만 미군들과 대등한 관계를 확보하려는 과감한 행동을 보여주는 한국 군인들이 등장하고 있다. 이런 점에서 볼 때, 미국인이 등장하는 소설들의 주류가 '기지촌 소설'이라고나 불림직한 것들로 이루어지고 있다는 사실은 한·미관계에 대한 여러가지 착잡한 생각에 빠져들게 한다.

2. 공포와 죽음에 이르는 상처

한 사회가 변혁에 대한 욕구를 잉태하고 있을지라도 그것의 표출이 금기로 되어 있을 때에는 그러한 금기를 과감히 깨뜨려줄 수 있는 용기있는 사람의 도래를 기다릴 수밖에 없다. 그리고 때로는 표현방식을 바꿈으로써 금기의 시선을 벗어날 수도 있는데, 이러한 방식은 표현대상을 직접적으로 드러내기보다는 그러한 사실에 대한 암시로만 끝나는 일종의 '노예언어적' 성격을 띠는 경우가 많다. 이러한 방식도 변혁에 대한 욕구를 증대시켜준다는 점에서 역사발전에 얼마간의 기여를 한다고 볼 수는 있다.

1957년 『문학예술』지의 '특집'에 당선된 송병수의 「쑈리 킴」(이 글에서는 『한국단편문학전집』 12, 신화사 1979를 참고했다)은 금기에 도전하는 의지와 함께 새로운 방법의 효과적인 구사를 보여준 점에서 50년대의 우리 문단에 참신한 충격을 던져주었다. 우리 사회의 어두운 측면과 함께 미군 병사들의 추한 면을 꼬집는다는 것은 적어도 50년대의 분위기에서 보면 다소 용기를 필요로 하는 일이었다.

깔끔한 짜임새를 보여주는 이 단편은 '쑈리'라는 어린 소년의 시각으로 전개된다. 이 소년의 눈에 비친 미군들은 사타구니를 까내놓고 "그것을 주물러달라거나 흔들어달라고 징글맞게 놀 때"(175면)를 제외하면 말굽쇠를 던지거나 화약 터뜨리기를 하며 노는 재미있는 사람들이다. 그러나 어느날 쑈리는 '따링 누나'가 싫어하는 부르도크의 청을 거절하고 호되게 얻어맞게 되고, 따링 누나는 헌병들에게 잡혀가고, 따링 누나와 함께 모았던 그들의 전재산 8백 달러를 훔쳐가는 찔뚝이를 쑈리의 친구인 딱부리가 칼로 찔러버리는 일이 벌어짐으로써 그들의 미군부대 생활은 끝나게 된다.

무엇보다 이 소설은, 국민학교에나 다녀야 할 나이의 소년들이 미군의 하우스보이 노릇을 하거나 팸프 노릇을 하며 살아가는 전후의 암담한 사회적 분위기를 예리하게 포착하고 있는 점에서 돋보인다. 이 땅 어디에도 이 소년들이 「저 산 너머 햇님」을 부르며 마음놓고 살 만한 곳은 없다. 이 소년들은 청계천 도둑소굴로부터, 고아원의 굶주림으로부터 탈출하여 일선지구의 미군부대까지 굴러왔지만, 그곳 역시 이 소년들이 살 만한 곳은 아니었다. 그러나 쑈리는 찔뚝이가 칼을 맞고 쓰러진 후 도망치면서 이렇게 생각한다. "이젠 이곳 양키부대도 싫다. 아니, 무섭다. 생각해보면 양키들도 무섭다. 부르도크 같은 놈은 왕초보다 더 무섭고, 엠피는 교통순경보다 더 밉다."(188면)

이 소년의 공포와 혐오감을 통해 미군부대의 분위기가 어느정도 드러나고 있고, 이 이야기 자체가 미군부대와 그 주변에서 일어나고 있기는 하지만, 사실은 이 소년들이 그런 곳으로까지 굴러떨어질 수밖에 없었던 전후 사회의 비리에 대한 고발에 이 소설은 초점을 맞추고 있다고 볼 수 있다. 그러나 좌절을 모르는 쑈리의 낙천적인 시선은, 현상의 껍데기를 깨고 역사적 실체를 들여다보기에는 너무도 여린 것이다. 그러므로 우리는 소년의 시각에 의한 현실파악은 금기의 시선을 피하면서 진상을 드러내는 하나의 방법이 될 수 있다는 것을 인정하면서도, 그것은 결국 금기와의 일정한 타협의 산물이라는 점도 또한 인정할 수밖에 없는 것이다.

전쟁고아인 한 소녀의 처절한 고백을 담고 있는 오영수의 「안나의 유서」(『현대문학』 1963년 4월호)는 갖은 고생 끝에 양공주가 될 수밖에 없었고, 그런 생활을 4년 7개월 지탱한 후 방광암과 자궁전이(子宮轉移)라는 병으로 28년간의 짧은 생애를 마무리할 수밖에 없는 한 소녀의 삶의 내력을 보여준다.

이 작품은 두 가지 면에서 문학사적인 의미를 지닌다. 첫째는 소위 '순수문학'의 원리에 따라 작품생활을 해왔던 중견작가가 사회적으로 아무런 보호도 받지 못하고 기지촌으로 밀려나 그곳에서 삶을 의탁하다가 죽어갈 수밖에 없는 한 소녀의 이야기를 통해 현실에 대한 강력한 고발의지를 보여주었다는 점이다. 이 소설은 또한, 한 작가의 내면에 도사리고 있던 사회적 양심이 오랜 침묵 끝에 금기를 깨뜨리고 분출했다는 점에서만이 아니라 4·19라는 역사적 사건을 통해 작가들이 우리 민족의 현실을 더이상 덮어두어서는 안된다는 각성에 이르게 되는 시대적 분위기의 표출로서도 중요한 의미를 갖는다.

이 작품은 피란길의 평택에서 유엔군 비행기의 오폭으로 1천 명의 사상자를 낸 사건으로 어머니를 잃은 박명애라는 소녀가 어린 동생과 함께 부산 피란민 수용소를 거쳐 자유시장에서 헌옷장사를 하다가 두 식구의 생계가 걸려 있는 네 벌의 '사지'(serge) 군복을 헌병에게 압수당하고 상경하여 다방 레지 생활을 하게 되고, 우연히 만난 이모부 집에서 식모생활을 하다가 새 이모의 구박으로 집을 나와 동두천에 있는 친구를 찾아가 양공주 생활을 시작할 수밖에 없었던 내력을 '유서' 형식으로 보여주고 있다. 이 유서의 시작과 끝은 먹고 입을 것이 없는 전쟁고아가 아무리 발버둥쳐보아도 결국은 죽음에 이를 수밖에 없는 사회적 비리에 대한 항변을 안나의 육성으로 들려주고 있다. 이 소설의 끝에서 안나가 부르짖는 "내게는 죄가 없다!"(91면)라는 절규에서 알 수 있듯이, 이 작가는 개인으로서는 도저히 극복할 수 없는 상처로 인해 파멸해가는 한 인간과 그러한 파멸을 가져올 수밖에 없는 사회적 조건을 날카롭게 대치시키고 있다. 이런 이유에서 그녀가 개인적으로 상대했던 로버트나 브라운과 같은 미국 군인들은 나쁜 사람이 아니었고, 처음에 만났던 윌리암은 정신적으로나 물질적으로 많은 도움을 주었었다고 회고되고 있다.

쑈리나 안나처럼 자기 이름조차 온전히 부지할 수 없는 소년·소녀들의 이야기는 우리 사회가 마땅히 책임져야 할 미성년자들조차 보호할 수 없었던 전후의 참상과 정책적 배려의 부재를 보여주지만, 이문구의 「해벽」(『세대』 1972년 2월호)의 경우는 새로 주둔해 온 미국 군인들의 소행으로 한 어촌의 민간인들의 삶과 풍속이 여지없이 파괴되어가는 것을 보여주고 있다.

「해벽」은 한 해변 마을이 겪게 되는 60년대 초반의 역사적 상황을 주인공 조등만의 회고를 통해 펼쳐 보이고 있는 중편소설인데, 미군부대 진주에서 빚어지는 마을사람들의 상처는, 상당히 긴 이 소설의 중요한 부분을 이루고 있다. 이 마을이 피폐해가는 원인은 크게 두 가지로 나눠볼 수 있다. 하나는 평화로운 어촌에 미국 유도탄부대가 들어와 자연을 훼손하고 인간과 풍속을 함께 파괴해간다는 것이고, 다른 하나는 돈과 권력의 비호를 받는 자가 폐항을 단행하고 간척공사를 벌임으로써 바다에 생계를 걸어온 사람들이 삶의 터전을 잃게 된다는 것이다.

미군들이 경치가 수려한 숭산의 산마루를 깎아내고 부대를 건설한 후 산기슭의 쇠게는 양공주촌이 되고, 미군의 심한 수색으로 승객과 화물이 줄어드는 대신 미장원, 양화점, 술집, 다방, 위스키 시음장 등이 들어선다. 조등만은 사포곶의 이러한 변화에서 나라 전체의 피폐를 짐작하는데, 이러한 생활환경의 파괴와 함께 인간의 몸과 마음의 파탄이 동시에 진행된다. 밀밭에서 미군에게 강간당한 새댁이 자살하자 그녀의 시아버지와 남편이 따라서 자살하는 사건이 일어나고, 미군들이 30달러를 주고 위안부와 미군 경비견을 교미시키며 영화를 촬영하거나 수음을 하는 사건이 벌건 대낮에 일어나는 등 이 마을의 풍속과 생활이 참혹하게 짓밟힌다. 그러나 주민들은 이러한 봉변을 피하기 위해 외지로 이사를 갈지언정 집단적으로 항거하거나 법에 호소하는 일은 엄두도 내지 못한다.

쑈리와 안나의 이야기에서 주인공들이 불가피한 사정으로 미군부대나 기지촌을 찾아가는 것과는 달리 「해벽」의 경우는 미군부대가 들어와 주민들을 간섭하고 그들의 삶을 파괴한다는 점에서 더욱 큰 충격을 준다. 앞의

이야기들에서도 주인공들이 사회적인 보호를 못 받았듯이, 「해벽」의 피해
자들도 미군을 걸어 고소조차 못할 정도로 행정적·사법적인 보호조차 못
받고 일방적인 피해에 노출되어 있다. 이 소설의 주인공 조등만은 미군부
대가 들어온다는 소문이 떠돌 때부터 이러한 사태를 예견하지만, 주민들
대부분은 말로만 듣던 원조를 실감하며 좋아하기도 하고, 사포곶 어협 조
합장 자리를 탐내고 있는 오갑성 같은 사람은 그런 것은 지역발전과 주민
들의 개명에 도움이 된다고 주장하기도 한다. 그러므로 이 이야기는 우리
들로 하여금 심한 민족적 열패감과 함께 놀람과 분노를 억누를 수 없게 하
며, 앞의 두 소설들보다 미국과 한국의 관계를 훨씬 더 확대·심화시켜 보
여주고 있다고 할 수 있다.

3. 자기확립을 위한 몸부림

남정현의 「분지(糞地)」(『현대문학』 1965년 3월호)는 미국과 한국의 관계를
가장 비판적이고 신랄하게 그리고 포괄적으로 보여주어 주목을 끌었을 뿐
만 아니라, 그 작품이 발표된 1965년 7월부터 무려 2년 2개월 동안이나 작
가와 작품이 당국의 조사대상이 되고 재판을 받아야 했던 사건으로 문학창
작의 자유와 관련해 중대한 문제를 일으킨 작품으로도 유명하다.

이 작품은 홍길동의 10대손인 홍만수가 저승에 있는 어머니에게 자기의
억울한 처지를 호소하는 독백체로 구성되어 있는 단편소설이다. 이 독백은
향미산에 숨어 있는 주인공을 죽이기 위해 미국의 펜타곤이 향미산 전체를
폭파하기로 한 시각이 되기 20분 전부터 시작되고 있기 때문에 그만큼 절
박하고 격앙된 분위기를 띠고 있다. 해방 후, 독립운동을 하던 아버지는
돌아오지 않고 무슨 환영대회엔가 나갔다가 미군에게 강간당하고 돌아온
어머니는 알몸이 되어 만수의 머리를 끌어다 자기의 더러워진 밑구멍을 보
게 한다. 그후 만수는 어머니를 생각할 때마다 그때 본 밑구멍의 환영을
지워버리지 못하고 괴로워한다. 6·25가 터지고 군에 갔다가 제대해서 돌
아온 만수는 잃어버렸던 여동생 분이를 찾게 되지만, 여동생은 미군 상사

의 첩이 되어 있었다. 그후 만수는 미제물건 장사를 하며 살아가는데, 스피츠 상사는 밤마다 분이의 밑구멍이 본국에 있는 그의 본처 것만 못하다고 투정을 하며 분이를 구박한다. 그러던 어느 날 스피츠 상사의 부인 비취 여사가 남편을 찾아온다. 만수는 한국의 산천을 안내해주겠다고 그녀를 향미산으로 유인, 하반신을 보여달라고 요청하다가 거절당하자 그녀를 강간해버린다. 그 일이 있은 후 만수의 어머니는 그 참혹한 밑구멍의 환영 대신 자애로운 모습으로 만수에게 떠오르게 되지만, 만수는 향미산과 함께 폭사해야 하는 운명에 처하게 된다. 그러나 만수는 어머니에게 홍길동의 후손으로서 기적을 보여주겠다고 하며, 태극 마크가 새겨진 그의 러닝으로 깃발을 만들어 구름을 타고 미국에 가 미국 여인들의 배꼽에 깃발을 꽂겠다고 말하는 대목에서 이 소설은 끝난다.

이 작품의 주제는 우리 현대사 속에서 차지하는 미국의 악영향에 대한 비판을 우화적이고 상징적으로 표출한 것이지만, 이것과 병행하여 이 작품은 또한 빈부의 차가 격심한 사회현상에도 메스를 가하고 있다. 그리고 만수의 광기어린 독설들은, 어린 시절에 당한 상처로 인한 분노와 복수심 때문에 그의 행위가 정상인의 한계를 넘어설 수밖에 없었다는 것을 암시해주기에 충분하다. 그러한 행위는 또한, 스피츠 상사의 아내를 강간하고 난 이후에야 비로소 어머니의 자애로운 얼굴을 보게 되었다는 만수의 고백으로도 드러나듯이, 사회적으로는 도저히 용납될 수 없는 강간과 같은 과격한 행위를 통해서밖에 그의 내재된 분노를 표출할 길이 없었던 절망적인 상황의 암시이기도 하다. 이 작품은 또한, 거짓 애국자들의 위선적인 행위에 대해서도 신랄한 비판을 가한다. "민중을 위해서 투쟁한 별다른 경험이나 경륜이 없이도 어떻게 '반공'과 '친미'만을 열심히 부르짖다 보면 쉽사리 애국자며 위정자가 될 수 있는 것 같은 세상"(68면)이라고 분개하는 만수의 말 속에서 우리는 분단현실을 교묘하게 악이용하며 개인의 영달만을 꾀하는 무리들에 대한 가차없는 비판의식을 느낄 수 있다. 그러나 이러한 금기를 뛰어넘은 말들이 이 사회의 보이지 않는 암초들에 걸려 좌초하고 말았음을, 우리는 이 작가가 이 작품 이후 이렇다 할 작품을 보여주지 못한 사실에서 뼈아프게 확인했다.

남정현의 치열한 말들과는 달리 한 지적인 관찰자의 차분한 시선을 통해 묘사되고 있는 천승세의 「황구의 비명」(『한국문학』 1974년 8월호)은 한·미관계의 기본적 특성을 가장 극적으로 보여준 단편소설이다. 이 작가가 자칫 인정있는 주인공이 펼쳐 보이는 미담 정도로 끝나기 쉬운 줄거리 속에서도, 소설적 주제를 이처럼 훌륭하게 살려낼 수 있었던 것은 기지촌의 분위기를 깊이있게 들여다볼 수 있는 통찰력에 크게 힘입고 있다.

주인공 '나'는 그의 아내의 돈을 떼어먹고 달아나버린 '담비 킴'이란 창녀를 찾아 파주 용주골에 가게 된다. 그는 담비 킴이 손님을 받고 있는 방 앞에 놓여 있는 두 켤레의 신발이 보여주는 대비에서 심한 충격을 받는다 —— 작은 고무신과 커다란 워카. 처음엔 기어코 돈을 받아가야겠다고 벼르지만, 그는 담비 킴의 방에서 하룻밤을 지내며 알게 된 그녀의 참담한 생활에 연민을 느끼면서 돈 받기를 포기하는 쪽으로 생각이 기운다. 다음날 그녀와 함께 비 내리는 야산에 올라간 그는 커다란 수캐와 작은 암캐의 흘레붙는 장면에서 또 한번 충격을 받는다. 작은 암캐가 큰 수캐의 무게를 지탱하지 못하고 자꾸만 주저앉자 수캐가 암캐의 뒷다리를 물고 질질 끌고 암캐는 죽어가는 듯한 비명을 지른다. 이 광경을 보고 마음을 굳힌 나는 비 맞은 은주(담비 킴의 본명)의 어깨를 감싸주며 이사할 집의 계약금으로 가지고 있던 돈에서 5만원(은주는 그곳에서 그만큼 빚지고 있다)을 내어준다. 그리고 그녀에게 고향으로 내려가라고 말한다.

이 소설은 빚 받으러 갔다가 오히려 돈을 주고 돌아오게 되는 주인공의 심리변화 과정을 통해 기지촌 창녀들의 참담한 삶을 보여주는 데는 성공하고 있지만, 은주로 하여금 그곳 생활을 청산하도록 설득하는 대목은 다소 호소력이 약하다. 주인공의 인정이나 도덕적인 결단으로 치유되기에는 은주의 생활의 무게가 너무도 클 것으로 생각되기 때문이다. 그러나 신발들과 개들의 크기 비교에서 극적으로 드러나듯이 큰 것과 작은 것으로 상징되는 강자와 약자의 관계에서는 약자가 파멸할 수밖에 없으며, 이러한 사태를 면하기 위해서는 그러한 관계 자체를 거부할 수밖에 없다는 점을 뚜렷이 부각시켰다는 점에서 이 작품은 우리의 주목을 끌기에 충분하다.

「분지」의 만수가 강한 보복심리를 통해 자기회복을 꾀했고 「황구의 비명」의 '나'가 약자가 파괴될 수밖에 없는 관계의 청산을 꾀한 것과는 달리, 1972년 『상황』 봄호에 발표된 신상웅의 「분노의 일기」는 일방적으로 우월감을 표출하는 미군들과 그들의 태도를 비굴하게 받아들이면서 안일과 물질적 이득을 탐하는 카투사병들 사이에 놓인 김대위가 이러한 왜곡된 관계를 바로잡음으로써 민족적 자존심을 회복해보려고 과감하게 행동하는 모습을 보여준다.

이 소설이 미군 주제의 다른 소설들과 다른 점은 미군 대 한국군, 다시 말해 미국 남자들과 한국 남자들의 관계를 통해 한·미관계의 양상들을 집중적으로 파헤치고 있다는 점이다. 김대위가 미8군에 파견되어간 후 만나게 되는 사건들은 거의가 그의 한국인으로서의 자존심을 건드리는 것들이다. 파견 첫날 위병소에서부터 그는 굴욕적인 상황에 맞닥뜨린다. 위병으로 근무하는 미군 병장이 그의 특명지에 '김치 대위'라고 낙서하는 모욕적인 장면을 목격한 것이다. 그는 카투사병들을 집합시켜놓고 한국군끼리는 영어로 말하지 말라고 엄명하는 한편 그들의 해이해져 있는 기강을 바로잡고 긴장된 병영생활을 유지하기 위해 외출금지 명령을 내린다. 그러나 이러한 조치의 결과는 실로 엉뚱한 것이 되어 그에게 되돌아온다. 선임하사가 병사들에게 외출증을 팔아먹게 되고, 그러한 일이 미군에까지 알려져 김대위는 영문도 모른 채 부대 참모인 해리슨 중령에게 불려가 한국인의 특질은 '게으름과 도둑질'이라는 모욕적인 언사까지 듣게 된 것이다. 분개한 김대위는 카투사병 전원을 집합시키고 연병장에서 구보를 시킨다. 낙오병 중 최병장이 항의하는 일이 발생하는데, 이때 김대위는 최병장이 한국군의 치욕스러운 이야기를 미군에게 퍼뜨린 배신자라는 것을 알게 된다. 그는 병사들에게 외국 열등의식을 타파하고 자긍심을 가져야 하며, 도저히 자긍할 수 없는 것은 그것을 솔직히 드러내는 용기를 가져야 한다는 내용의 훈시를 한다. 그후 김대위는 선임하사인 유상사와 최병장을 국편(한국군으로 편입)시켜달라는 상신을 한다. 한편 카투사인 송병장이 미군 사고병 크리스를 폭행한 사건이 일어나 김대위는 송병장 역시 국편시켜달라는 상신을 할 수밖에 없었지만, 그 사건의 내막을 알고 난 뒤 무척 마음 아프게 생각한다. 그런데 나중에 상신한 송병장 국편 특명은 곧 내려왔지만 먼저 상신한 유상사와 최병장의 것은 내려오지 않던 중 유상사와 최병장을 국편시키지 말라는 협박을 받고 돌아오다가 어둠 속에서 벌어진 폭행사건에 연루되어 부대장 부캐넌 대령으로부터 즉시 그 부대를 떠나라는 명령을 받는 것으로 이 소설은 끝난다.

이상이 이 중편소설의 간략한 줄거리인데 이 작품은 미군부대에 파견되어 있는 한국군들의 썩어빠진 정신상태, 미군들의 일방적인 우월감, 그리고 미군들의 인간성이나 인격 정도도 모른 채 무조건 미국 군인을 동경하는 여대생 등에 대한 타오르는 분노를 보여주는 한편, 김대위와 송병장의 경우를 통해 한국인으로서의 꿋꿋한 자존심과 미국인과 대등한 관계를 회복하려는 강력한 의지를 보여주고 있다는 점에서 일방적으로 상처만 입는 다른 작품들과는 뚜렷이 구별된다.

김대위는 게으름과 도둑질이 한국인의 특질이라고 말하는 해리슨 중령에게 한국인이 "도둑질의 공모자가 된 것은 미군 진주가 낳은 오점"(357면)이라고 분연히 말하며, 한국인은 미국을 고맙게 생각해야 한다고 말하는 부캐넌 대령에게는 "식탁에 놓인 햄을 보고 나이프와 포크에 대해 감사하란 말씀이군요"(374면) 하고 대답함으로써 미국과 한국의 관계를 명징하게 표현해 보이고 있다. 송병장 역시 차별대우를 받는 한국군 병사들의 처우를 개선해갔을 뿐만 아니라, 사고병 크리스에게 반하여 한국 남자들을 모욕하고 미국이라는 파라다이스에서 다시 태어날 수만 있다면 당장에라도 목숨을 끊겠다고 말하는 여대생을 혼내주고 크리스와 격투까지 벌이면서 한국인의 자존심을 지켜간다. 이들의 행위 이면에는 말할 것도 없이 한국과 미국 사이의 왜곡된 관계와 이 관계의 메커니즘 속에서 미국인은 한국인에 대해 당연히 우월감을 느끼고 때로는 한국인에게서 고맙다는 말까지 듣기 원하는 반면 대부분의 한국인들은 이러한 곤욕스러운 관계를 청산하려고 하기는커녕 그것을 어떻게든 유지하면서 개인적인 이득만 취하면 된다는 썩어빠진 생활태도를 유지하고 있는 현실에 대한 예리한 비판의식이 깔려 있다. 김대위와 송병장은 이러한 현실에 대한 분노를 불태우며 끝까지 그들의 의지를 굽히지 않음으로써 민족적 열패감을 훌륭히 극복해내고 있다. 신상웅이 이러한 인물들을 창조할 수 있었던 것은 그의 남다른 상황인식에서 비롯된 것이겠지만, 60년대를 통하여 우리 사회 전반에 걸쳐 고조된 민족의식의 반영으로 보아도 좋을 것이다.

이 소설과 유사한 소재를 다룬 것으로 조정래의 단편소설 「타이거 메이져」가 있다. 이 작품은 '타이거 메이져'(호랑이 소령)라는 별명을 가진 카투사 파견대장 박준혁 소령이 걸핏하면 주먹을 휘두르는 강철 상병을 미군과의 권투시합에서 이기게 하여 그의 마음속에 응어리진 분노를 풀어준다는 내용을 담고 있다. 이 소설은 미군과의 정면대결도 불사하는 한국군 장교와 사병 간의 내밀한 동류의식과 용기있는 행동을 통해 미국인에 대한 피해의식을 완전히 극복하고 있는 거의 유일한 예가 되고 있지만, 한·미관계의 어두운 측면을 충분히 드러내지는 못하고 있다. 하나의 단편소설이 복합적인 관계의 명암을 다 드러내기는 어렵다는 점을 감안하면, 그늘에 대한 조명이 부족하다는 점이 이 소설의 단점으로 지적될 수는 없을 것이다. 그러나 미국인이 등장하지 않기 때문에 이 글의 주제에서는 벗어났지만, 조정래의 중편소설 「미운 오리새끼」(『소설문학』 1978년 5월호)는 양쪽에서 버림받은 기지촌의 혼혈아들을 통해 양국관계가 남긴 그늘을 심도있게 조명하고 있다.

4. 체념과 자아상실의 늪

이 글에서는 미국인이 등장하는 한국 소설들을 살펴보고 있지만, 1962년 『사상계』 11월호에 발표된 전광용의 「꺼삐딴 리」는 일본, 소련, 미국이라는 외세에 잽싸게 편승해가며 자신의 안락한 삶을 꾸려가는 데만 힘쓰는 인물이 등장한다는 점에서 일별을 요한다.

이 소설의 주인공 이인국은 모든 국민이 외세에 시달리더라도 자기만은 남다른 능력을 가지고 민족적 피해에서 손쉽게 빠져나올 뿐만 아니라 오히려 그 외세에 빌붙어 자신의 영달까지도 꾀할 줄 아는 교활한 인간이다. 일제시대에는 일본어만 사용하면서 일본인 상대의 정갈한 병원을 경영했고, 해방 후 그의 친일이 문제 되어 감방에 갇혀 있을 때에는 소련군 장교의 수술을 성공적으로 끝낸 덕택에 그의 아들을 모스끄바에 유학시키며 '꺼삐딴 리'라고 불리는 친소파로 변신했다가, 1·4후퇴 때에는 남하하여 의사로서 치부를 해가며 잘살아갈 뿐만 아니라 영어를 지껄이며 미국 대사관 직원과 교제하고 우리나라 골동품까지 선사해가면서 미국 국무성 초청을 받아 도미수속까지 밟는다.

이인국은 외세에 쉽게 타협하는 지식인의 전형이다. 그의 이야기를 통해 알 수 있는 것은, 이른바 지식인들이 지니고 있는 '지식'이 외세와 쉽게 타협하는 수단으로 이용될 수도 있다는 점이다. 이인국의 경우를 보면 그의 의술과 능란한 외국어 실력이 외국인과 그를 우호적으로 관련시키는 매개물이 되며, 그의 교활함은 그가 식민지 백성으로서의 처지에서 빠져나와 식민 통치자들의 집단에 편승하게 해주는 역할을 한다. 여기서 우리는 민족적 각성과 역사적 책임이 면제된 지식과 지식인의 위험성을 뚜렷이 인식하게 된다.

조해일의 중편 「아메리카」(『세대』 1972년 6월호)는, 대학에 다니다가 군복무를 마친 한 청년이 ㄷ읍의 기지촌에 있는 당숙네 집 '얄루 클럽'을 찾아가는 대목에서 시작된다. 그는 처음 몇달 동안 반반한 양공주들의 방을 다 찾아다니며 도색적 편력을 하지만, 기옥이란 여인이 흑인 병사에게 목졸려 죽는 사건을 겪고 나서부터 자신에 대해 부끄러움을 느끼며 여자들 방에 찾아가는 것을 자제하게 된다. 기옥의 장례식, 씀바귀회(창녀들 자신이 만든 자치회) 회원들의 미군부대 앞에서의 시위, 홍수 때 목격하게 된 개눈박이 영옥의 지폐다발, 씀바귀회 회장과의 면담, 당숙과의 대화 등의 사건을 통해 이 지식인 청년은 기지촌 생활의 실상을 깨닫게 되고 그곳의 생활 개선을 위해 노력할 것을 암시하기에 이르는 과정이 이 소설의 개략적 줄거리이다.

이 작품은 짜임새와 문체, 그리고 기지촌 생활에 대한 탁월한 세부묘사를 보여준다는 점에서 일단 성공한 작품이다. 그러나 대학까지 다닌 주인공치고는 다소 안일한 현실파악을 보여주고 있다. 가령 그의 당숙의 입을 통해 듣게 되는, 미국 사람들은 사람을 돕는 것을 좌우명으로 삼고 있다든가, 주인공 자신이 그곳 사람들의 삶을 이해하고 그들과 함께 살며 그들을 돕겠다는 뜻을 비치는 것 등이 그러하다. 이러한 현실파악은 「분노의 일기」에서 지식 수준이 높은 윌슨 상병이 "전 한국인을 대할 때마다 죄의식을 느낍니다. 삼팔선을 만든 것은 바로 미국이기 때문이죠"(382면)라고 고백하는 장면과 너무도 대조적이다.

물론 지식인이라고 해서 모두가 투철한 역사의식과 폭넓은 상황인식을 갖고 있으란 법은 없으며, 어찌 보면 「아메리카」의 주인공 정도의 결심을 하게 되는 것이 우리가 현실적 삶에서 만날 수 있는 최선의 경우일 수도 있다. 그러나 작가는 주인공을 통해 현실을 구성하고 있는 좀더 근원적 구조를 보여주어야 하며, 그러한 과정을 통해 만나게 되는 불가항력의 장벽 앞에서 좌절하기도 하고, 그러한 인식을 가지고 그러한 좌절을 잉태하고 있는 새로운 상황으로의 고통스러운 전진을 계속해야 할 사회적 의무를 지닌 사람들이다. 외지에서 들어온 지식청년의 시점에서 전개되는 소설에서 현실에 대한 묘사와 그 현상적 범위 속에서의 안이한 해결만을 보여주는 것이 흔히들 말하는 '그 나머지 것은 독자의 해석에 맡겨져야 한다'는 식으로 변명되어서는 안된다. 왜냐하면 현상과 진상 사이의 간극을 독자의 의식으로만 극복하게 내버려둔다는 것은 작가의 책임회피일 수밖에 없기 때문이다.

강석경의 일련의 기지촌 소설들도 조해일의 경우처럼 독자들에게 맡겨진 부분이 크다는 점에서 상당한 문제점을 안고 있다. 단행본 『밤과 요람』(민음사 1983)에 실려 있는 두 편의 단편소설 「낮과 꿈」「밤과 요람」에는 창녀치고는 지식 수준이 높은 여자들이 주인공으로 등장하고 있으며, 그녀들의 시선에 의해 기지촌 창녀들의 생활이 낱낱이 드러나고 있다. 그녀들은 생계수단 때문에 어쩔 수 없이 그런 직업을 선택한 것도 아니고 그렇다고 돈을 벌기 위해 적극성을 보이지도 않는다. 그러므로 강석경의 주인공들은 신세타령이나 너절한 자기 변명을 늘어놓지 않으며, 담담한 관찰자로서의 역할만 충실히 수행할 뿐이다. 그래서 독자들은 과연 이러한 창녀들도 있을 수 있는가 하는 의문에 휩싸이기도 하지만, 아무튼 그녀들의 담담한 시선으로 묘사되는 기지촌은 그 어떤 소설에서보다 사실적으로 드러나고 있으며 왜곡됨이 없어 보인다. 따라서 객관적 묘사만을 작품평가의 기준으로

삼는다면, 이 소설들은 지금까지 언급된 기지촌 소설들 가운데 가장 탁월
하다고 말할 수도 있다.

이 주인공들에게 문제가 되고 있는 것은 돈과 사랑인데, 돈은 살아가는
데 필요한 만큼만 벌면 되는 것이어서 별문제가 아닌 것으로 보이고 사랑
역시 해피 엔딩으로 끝난다(「낮과 꿈」에서는 오브튼의 귀국으로 두 사람은
헤어질 수밖에 없지만, 공항에서의 격렬한 입맞춤은 이들의 사랑이 파탄에
이른 것이 아님을 충분히 시사하고 있다). 그러므로 독자들의 예상과는 달
리 적어도 표면적으로는 이들은 상처도 입지 않고 삶의 파탄도 보여주지
않는다. 그렇다고 해서 이들의 삶에 상처나 파탄이 전혀 없는 것은 아니
다. 그들의 파탄은 사실은 파탄 이상의 것이다. 그들은 생존을 위해 먹을
것을 찾아 기지촌에 온 것이라기보다는 다른 사정에 의해 그곳에 오게 된
것이고, 그녀들에게는 기지촌에 대한 강한 저항감도 없을 뿐만 아니라 오
히려 그곳에 오기 전부터 그곳에서 접하게 되는 미국 문화의 찌꺼기들에
익숙해져 있으므로, 그녀들의 파탄은 그곳에 오기 전에 이미 완결돼 있는
것이라고 할 수 있다. 이런 점에서 보면, 그녀들의 정신적 파탄에 대해서
는 한국사회 전체가 공범자라는 유추가 성립된다.

강석경의 두 소설은 위에서 본 바와 같은 해석이 가능하도록 열려 있다.
그러나 작가 자신이 그러한 비판적 안목을 보여주고 있는 것은 아니며, 두
소설 전체를 통해 가장 비판적인 구절은 미라를 죽인 기둥서방을 두고 "나
쁜 새끼, … 찌꺼기 먹은 게 어디 저 하나야? 대한민국 전체가 남의 나라
찌꺼기 먹고 살았는데"(「낮과 꿈」, 21면) 하고 애자가 욕하는 장면뿐이다.
우리는 이 작품들을 통해, 기지촌은 이제 단지 먹고 살아남기 위해서 어쩔
수 없이 양공주가 된 여인들만이 비참함을 감수하며 살아가는 곳이라기보
다는 기지촌의 삶을 별다른 저항 없이 받아들이고 그 속에서 그런대로 즐
거움도 찾으며 살아갈 수 있을 만큼 미국 문화의 찌꺼기에 침윤된 여성들
도 제 발로 찾아갈 수 있는 곳임을 알게 됨으로써 충격을 받게 된다. 그리
고 그것은, 여고시절에 영어를 '평화와 부의 상징'으로 생각하며 즐겁게 공
부했던 여주인공들이 결과적으로 자신도 모르는 사이에 기지촌 여자가 될
수 있는 가능성을 쌓아올리고 있었다는 것을 알게 되는 데서 오는 충격,

다시 말해 주체성의 확립보다는 강자에 빌붙을 수 있는 능력으로서의 교육을 받은 사실에 대한 충격이기도 하다. 그러나 이러한 충격들은 독자들이 너무도 긴 유추의 회랑을 거친 후에야 만나게 되는 충격이다. 작가는 실상 이러한 현실에 대해 어떠한 비판의식이나 극복의지, 심지어는 아픔이나 갈등조차도 보여주지 않고 있기 때문이다. 이런 점에서 볼 때, 강석경은 작가의 사회적 책임이 현실에 대한 객관적 묘사 이상의 것은 아니라고 생각하고 있는 것으로 보이며, 그래서 기지촌에서 생활을 영위해가고 있는 작중인물들은 그들의 삶의 질곡에서 벗어나보려는 몸부림조차 보여주지 않는다. 이런 점에서 볼 때 강석경이 '요람'으로 생각하고 있는 기지촌은 자아를 상실해버린 그곳 사람들로서는 탈출해볼 꿈조차 꿔볼 수 없는 늪처럼 생각된다.

5. 현상과 진상의 거리

지금까지 우리는 미국인이 등장하는 10여 편의 소설들을 통해 죽음에 이를 수밖에 없는 치명적인 상처를 입게 되는 한국인, 불평등관계를 청산하고 상대와 대등한 위치에 서보려고 몸부림치는 한국인, 그리고 체념과 거짓 화해의 늪에 빠져 헤어날 엄두조차 못 내는 한국인 등을 보았다. 이러한 삶의 형태들은 우리가 눈을 씻고 바라보면 쉽게 알 수 있는 한국인과 미국인 사이의 관계 양상들인데, 어느 한 가지도 쌍방의 공통된 이익과 목표를 위해 자발적으로 협조하는 관계들은 아니다. 이러한 관계들은 꼭 필요한 것들이라면 개선되어야 할 관계들이고, 그런 것이 아니라면 관계 자체를 폐기해야 할 것이다. 그러나 이 글의 첫머리에서도 간단히 살펴보았듯이, 미국과 한국의 관계는 세계사적 대세 속에서 불가피하게 맺어진 관계이므로 그것의 폐기는 말할 것도 없고 개선 역시 피나는 노력을 전제로 하지 않으면 기대할 수 없는 것이다.

이러한 관계에 대한 문제제기는 물론 분단된 지 40년에 이른 현시점에서의 역사적 요청에서 비롯된 것이지만, 현재 우리의 정치적 현실에서 제기되고 있는 한·미관계에 대해 우리의 소설들은 어떠한 시사점을 던져줄 수 있으며 한·미관계의 올바른 정립을 위해서는 어떠한 역할을 해낼 수 있는가 하는 가능성을 탐색해보기 위한 것이기도 하다.

기지촌 창녀들의 삶을 다루고 있는 소설들은 대체로 물질적 어려움이 그러한 삶의 결정적 동기로 제시되고 있으므로, 밉든 곱든 미군들은 그녀들의 물질적 삶을 가능하게 해주는 재원의 유출자로 나타날 수밖에 없다. 그리고 창녀들이 만나게 되는 미군들이 선량한 모습이든 표독스러운 모습이든 그것은 그들의 개인적 특성에 지나지 않는 것이다. 그러므로 이런 소재의 소설들은 궁극적으로 여주인공들로 하여금 그곳에서 몸파는 일을 할 수밖에 없도록 내몬 사회적 현실에 대한 고발 이상의 것이 되기는 어려우며, 한국인과 미국인의 특수한 만남의 역사적 배경에까지는 이르기 어렵다는 소재적 한계를 노출한다. 다시 말해 이런 소설들이 보여주는 현실접근 방식은 현상과 진상의 거리를 효과적으로 메워주기 어려울 뿐만 아니라 자칫 잘못하면 관계의 진상을 덮어둔 채 민족적 열패감만을 조장할 우려마저 안고 있다.

조해일의 「아메리카」는 기지촌 자체의 삶의 실상에는 성공적으로 접근하고 있지만 정작 문제가 될 수 있는 미국과 한국의 관계에 대한 천착이 생략되어 있고, 강석경의 두 소설은 한국인의 의식 속에 미국의 불건전한 문화가 침윤되고 있는 좀더 보편적이고 무서운 현상을 암시하고 있음에도 불구하고 다소 이국적인 문화 취향을 가지고 있는 주인공들의 시각을 통해 드러나는 기지촌의 삶이 아픔이나 갈등보다는 일종의 우수의 분위기를 깔고 있어서, 이러한 작품들에서 우리는 얼마간은 운명 수락의 몸짓과 낌새를 느끼게 된다.

이 글에서 다룬 대다수의 소설들이 공통적으로 안고 있는 문제점은, 작가들이 그들 자신이 선택한 문제들에 온몸으로 덤벼들지 않고 한발만 걸쳐두고 있는 듯한 느낌을 준다는 점이다. 이러한 느낌은 그 주제들이 장편으로나 소화될 수 있는 문제점들을 내포하고 있는 것들임에도 불구하고 단편이나 중편에서 그치고 있다는 사실과도 깊은 연관을 갖는다. 이 소설들은 한·미관계의 극적인 단면을 보여주고 있을 뿐만 아니라 우리 사회의 어두운 측면을 보여주는 것들인만큼 문제의식의 폭과 깊이가 어정쩡한 상태에 머문다거나, 왜곡된 관계의 극복에 대한 의지가 나타나지 않거나 결여될 때 우리 사회의 치부 자체만을 드러내는 자학적 충동 또는 극적인 소재 자체에 탐닉하는 성향의 노출에서 끝나버릴 위험성을 지니게 된다. 그러므로 이러한 소설들은 현상과 진상 사이의 간극을 메워가는 데 일차적 관심을 기울이면서 진상을 떠받치고 있는 보이지 않는 힘을 극복하기 위해 어떤 행위들이 요청되며, 그러한 행위들이 부딪히게 될지도 모르는 난관은 어떤 것들이 있을 수 있는지에 대해서도 좀더 고통스러운 탐색을 견지해가야 할 것이다.

<한국과 미국, 실천문학사 1986>

제 3 부

민중, 노동, 리얼리즘

80년대 민중문학론의 지향

1. 글머리에

민중·민중문학·민중운동을 논의하는 사람들은 하나같이 80년대의 특성으로 역사에서의 민중의 대두와 그것의 구체적 계기로 '80년의 광주'를 말하고 있다. 이러한 역사적 상황은 문학분야에서는 '문학'의 기존 개념이나 범주에 대한 근본적인 재검토의 계기가 되었으며, 특히 '문학'을 민족·민중해방을 위한 전체 운동과의 관련 속에서 고찰함으로써 '운동으로서의 문학' 또는 '문학운동'과 같은 논의점들을 대두시켰다. 그리고 이러한 논의들이 구체화되어가는 과정에서 큰 주제들에 대한 지향점들은 대체로 일치되어가고 있음에도 불구하고 '운동'에 중점을 두느냐 '문학'에 중점을 두느냐에 따라 아직도 표면적으로는 상당한 차이점들을 드러내고 있다.

70년대 초부터 그 싹을 보이기 시작한 민중문학론은 주로 백낙청에 의해 민족문학론의 일환으로 전개되면서 민중과의 거리를 꾸준히 좁혀가는 과정을 걷게 되며, 80년대의 전반기를 거치는 동안 '민중 자신에 의한 문학'의 이론으로 발전되어간다. 그러나 아직도 민중(주로 직접생산자층) 자신에 의한 문학은 태동기에 있으며 현단계에서의 문학활동 또는 민중문학활동은 주로 전문문학인(지식인문학인)에 의해 이루어지고 있다. 이러한 전환기적 현상으로 하여, 민중 자신에 의한 문학을 진정한 민중문학으로 보려는 움직임과 민중 자신의 문학이 확대되는 현상을 고무적인 것으로 보면서도 지식인작가의 전문성(역사적 발전과정에서 진정한 노동으로부터 소외되어 특권적·매판적 성격을 얼마간 지니게 되었음을 인정하면서도)에 여전히 역점을 두는 움직임 사이에 다소의 혼란이 야기되고 있다. 그러나 현단계에서 민중문학론은 기층민중의 현장성을 매개로 한 실천적 운동성에로의 접근과 지식인작가의 실천적 운동성을 매개로 한 현장성에의 접근을 통해 하나의 큰 흐름을 이루어갈 수 있다는 인식으로 수렴되고 있는 듯이 보인다.

그간에 여러 방향에서 전개된 민중문학론들은 대체로 세 가지 경향으로 나뉠 수 있다. 첫째, 민중문학·민중문학론에 대한 호의적 관심을 가지고 있음에도 불구하고 그 자신이 민중문학자가 아니어서 80년대의 민중문학론에 대해 다소 미심쩍어하는 입장이 있다. 이 입장을 취하는 사람들은 기본적으로 기존 문학관과 문학적 태도를 거의 수정하지 않고 기존의 문학적 태도에 내재해 있는 일정한 수준의 비판성에도 현실개선(따라서 민중현실의 개선)의 의지와 기능이 있다는 점을 강조한다. 이러한 경향의 대표자로 생각되는 김병익은 "민중적 현실에 대해 직접 묘사하지 않으나 현실의 잘못된 구조를 반성·비판적으로 바라보게 하는 문학작품"들의 가치를 내세우면서, 그동안 현실변혁의 운동성을 그 의미내용으로 축적해온 '실천'이란 개념에 대한 수정을 요구하고 있다. 둘째, 70년대부터 '민중'을 민족해방의 주체로 인식하면서 일정하게 민중지향성을 유지해왔으며 궁극적으로는 민중 자신이 만드는 민중의 문학이 본격화되어야 한다는 주장을 하기에 이른 입장이 있다. 이들은, 지식인집단의 전문성에는 일정한 수준의 매판성이 도사리고 있지만 전문성의 올바른 사용은 민중문학의 발전에 필수적인 것이라고 주장하며, 민중문학은 민족문학론적 지평에 올바르게 자리잡아야 함을 강조하고 있다. 셋째, 민중(이때 '민중'은 주로 직접생산자로서의 기층민중을 의미한다) 자신이 주체가 되는 문학에 더 많은 의미를 부여하며, 끝내는 민중 자신이 쓰고 읽는 문학을 통해 기존 문학의 노동소외 현상이 극복되어야 한다는 입장이다. 이들에게는, 지식인의 전문성이 역사발전 과정에서 이데올로기적 왜곡을 겪은 것이어서 일차적 극복대상이 되는 것이지만 그 전문성 속에 들어 있는 일정한 기능은 잠정적으로 민중문학의 창작기법 또는 형식 면에서 이용될 가치가 있는 것이며, 지식인집단은 그들이 지닐 수 있는 선도성(이것도 어디까지나 잠정적이다)을 실천적 운동 속에서 적극적으로 발휘함으로써만 '잠정적인' 존재이유를 획득할 수 있는 것으로 이해된다.

첫째 경우는 80년대에 들어서면서 민중이 실제적인 역사운동의 주체로 부상하고 있는 현실을 '문학' 개념에 대한 근본적 재검토의 계기로 생각하고 있는 것 같지는 않다. 이러한 문학적 태도를 가지고는 민족사적 전환기로 이해되고 있는 80년대의 현실을 능동적으로 수용하기는 어렵다고 생각되며, 따라서 이 글에서는 이러한 견해들을 먼저 간략하게 다루고 난 후, 역사적 변화에 따라 민중문학의 의의를 적극적으로 발전시켜가는 둘째와 셋째 경우로 논의를 옮겨갈 것이다. 둘째 경우는 이미 70년대 초에 싹터서 10년간의 발전과정을 거치면서 80년대에 이어지고 있으므로, 이들 주장의 연원이 어떠한 역사적 상황과 이데올로기에 근거하고 있는지를 확인하기 위해, 그리고 80년대의 민중문학론이 어떤 점에서 70년대의 민중문학론을 이어받으면서 질적인 성장을 이룩하고 있는지를 대비적 관점에서 살펴보기 위해 70년대의 민중문학 논의부터 간략하게 살펴볼 것이다. 셋째 경우는 주로 80년대의 신진평론가들에 의해 이루어진 것으로, 사회과학적 인식틀을 바탕에 깔고 다소 계급론적 경향을 보임으로써 첫째와 둘째 입장으로부터 일정한 비판을 받았으므로, 이들에 대한 서술에서는 어느정도 이러한 특성에 무게중심을 두게 될 것이다. 끝으로 이 글은 둘째와 셋째 경우의 주장의 엇갈림은 주로 '민중' 개념에 대한 견해 차이에서 연원되고 있다고 보고 '민중' 개념에 대한 간단한 고찰과 함께 두 경향 사이의 통합 가능성을 살펴보는 데까지 나아갈 것이다.

2. 80년대의 '반성적' 민중문학론과 70년대의 민중문학론

(1) '반성적' 민중문학론의 의미

김주연은 1979년에 「민중과 대중」이란 글에서 "참다운 민중은 대중 속에 뿌리를 박고 지식인다운 고뇌를 통해 성립되는 그 어떤 깨어 있는 정신일 것이다. … 우리는 '대중'의 실체를 인정하고, '민중'을 실체 아닌 방법 정신으로 인식함으로써 문학의 민주화를 향한 정직한 방법론을 개발할 수 있을 것이다"[1]라고 주장함으로써 사회적 실체로서의 민중 대신 일종의 엘리뜨주의적 민중론을 전개한 바 있다. 그러나 80년 이래 민중의 존재는 누구도 부인할 수 없는 사회적 실체로 대두하였으며, 유재천은 그동안 민중에 대한 논의들에서 일정한 합의가 이루어졌음을 간명하게 보여주었다. "첫째, 민중은 역사의 주체이며 사회적 실체이다. 둘째, 민중은 정치적·경제적·문화적 지배관계에서 피지배층을 의미한다. 셋째, 민중은 역사적 경험 속에서 각기 다른 모습으로 파악되어야 한다. 즉 민중은 항구적인 종말론적 실체이기는 하나 역사 속에서 개념상의 외연과 내포를 달리한다는 것이다."[2]

이처럼 '민중' 개념이 비교적 명료화될 수 있었던 것은 노동자를 중심으로 한 민중세력의 질적·양적 성장과 거기에 따른 지속적인 연구 결과에 힘입은 것이다. 이같은 사실은 또한 민중문학·민중문학론에 전면적이고 질적인 변화와 성장을 가져왔으며, 논의 자체가 다방면에서 심화·확대되는 동인으로 작용하였다. 1985년에 이르기까지 수많은 논자들이 민중문학에 대한 견해들을 표명하였으며, 민중문학에 대해 "이해와 공감을 유지하면서도 그것에 아직 전폭적으로 수용하기에는 많은 유보가 있음을 숨기지

---

1) 성민엽, 「민중문학의 논리」, 성민엽 편, 『민중문학론』, 문학과지성사 1984, 164 면에서 재인용.
2) 유재천, 「민중 개념의 내포와 외연」, 유재천 편, 『민중』, 문학과지성사 1984, 12면.

못하는"[3] 평론가들까지 민중문학에 대한 본격적인 논의를 제기하기에 이른다. 김병익은 1985년의 시점에서 민중문학이 '장외'에서 '장내'로 들어와 있음을 확인하면서 "민중과 민중문학 등에 대한 일련의 주장들"에 대한 "태도 점검 또는 자체 정비"의 필요성이 대두하였다고 말한다. 그는 민중 문학론은 '전문성'에 대한 문제를 놓고 70년대의 선배세대와 80년대의 소장 세대들 간에 '현격한 거리'를 드러내고 있다는 것, 민중문학론은 (특히 전문문학인에 대한) 배타성보다는 포괄성을 지녀야 하고 "민중에 의한 민중 문학"에의 일방적 경사는 "보다 높은 가치에로 정진하려는 인간의 자연스러운 창조의욕을 부인하고 피라밋형의 문화적 가치서열 체계를 혼란시키는 것이며, 그리하여 문학과 예술의 진정한 의미를 하락시키는 결과를 낳는다"는 것, 그리고 "민중운동이 개혁을 통해 성취하려는 체계의 구체적 모형이 무엇이며 그것을 수행하는 데 대한 미래전망과 그 방법론이 실천적으로 제시되어야 한다"고 주장한다. 그는 또 80년대 민중문학론에서 제기된 "장르의 해체 또는 확대"는 "우리의 정서형태에 알맞은 적절한 장르"의 개발이나 "예술가들간의 유기적 교호작용을 통한 예술 문화 전반의 발전을 기대케" 하지만, 민중문학이 "복고적 구비문학 또는 서민연희 형태"를 ·지향하고 있을뿐더러 "봉건체제적 가치체계로의 회귀"를 하고 있다는 우려를 표명한다.

이와같은 김병익의 견해에 대해서는 백낙청의 적절한 언급이 있다. 그는 먼저 '전문성'에 대한 논의는 "원칙적으로는 민중문학론 내부에서 거의 합의에 달해 있"으므로 김병익이 생각하듯이 이 문제를 놓고 선후배간에 '현격한 거리'가 노정된 것은 아니며, 전문성에 대한 "비판이 끊이지 않는 것은 우리 사회에서 '전문성'이 '매판성'의 대명사로 쓰임직한 구석이 있기 때문"이라고 말하고 있다. 그리고 민중문학 및 민중운동이 성취하려는 체제의 모델을 밝히라는 데 대해서는, 민중문학론이나 민중운동론이 "국내외의 변화하는 여건에 최대한의 주체적 역량으로 대처하면서 통일을 추구하는 현실주의적 구상이지 무슨 '이상적 모델'을 미리부터 만들어놓고 시작할

---

3) 김병익, 「민중문학의 실천적 과제」, 자유실천문인협의회 편, 『민족문학』 제5집, 이삭 1985, 47면.

일"은 아니라고 말하고 있다. [4] (나는 이러한 백낙청의 언급에, "피라밋형
의 문화적 가치서열 체계"라는 김병익의 말에서 느껴지는 엘리뜨주의적 낌
새를 지나쳐버릴 수 없다는 점을 덧붙이고 싶다.)

성민엽은 1984년에서 85년 사이에 민중문학에 대한 글을 네 편 발표하였
다. 「민중문학의 논리」 「형성과정 속의 민중문학론」 「문학과 계층의 목소
리」 그리고 「백낙청·김지하의 문학선언」 등이 그것이다. 이 가운데 특히
「민중문학의 논리」는 1984년까지 전개된 민중문학론의 이론적 변모과정을
명쾌하게 정리한 것으로, 그 끝부분에서 성민엽은 80년대에 대두한 민중문
학론들의 특정 부분에 날카로운 비판을 가하고 있다. 그러나 그의 글들은
대체로 다른 사람들의 민중문학론들에 대한 비평적 고찰이며, 글의 중간중
간에 혹은 끝부분에서 '아지·프로'와 문학의 분리를 주장하거나 "수기는
문학이 아니다"와 같은 민중문학에 대한 범주 규정을 시도함으로써 80년대
의 민중문학 논의들이 '문학'의 본질과 범주에서 벗어나고 있는 듯이 보이
는 점들에 대한 우려를 표명한다.

그는 '민중문학'이라는 개념은 주체적 실천에 의해 형성되어왔고 또 형성
되어가고 있는 전략적·상대적 개념이지, 일의적으로 미리 주어지는 고정
불변의 선험적·절대적 개념이 아니"[5]라고 '민중문학'에 대해 탄력성있는
정의를 하고 있지만, 이것을 '문학' 일반에 대해서 그대로 적용하지는 않고
있다. 그는 "오늘날 문학이라 하면 '상상력에 의한 창작'으로 '허구성'을 그
본질적 속성으로 하는 것이라는 합의가 이루어져 있다"[6]고 문학의 본질을
규정하고 나서, 그러므로 수기는 문학이 아니라고 명백하게 말하고 있다.
'문학'의 '본질적 속성'이라는 말에서 드러나듯이, 그는 문학에 본질적 속성
이 있다고 생각한다. 이런 관점에서 형식논리적으로 따져보면, "형성되어

---

4) 백낙청, 「민중·민족문학의 새 단계」, 『창작과비평』 57호, 창작과비평사 1985,
16면.
5) 성민엽, 「민중문학의 논리」, 김병걸·채광석 편, 『민족, 민중 그리고 문학』, 지
양사 1985, 107면.
6) 성민엽, 「문학과 계층의 목소리」, 김병걸·채광석 편, 『민중, 노동 그리고 문
학』, 지양사 1985, 254면.

가고 있는 전략적·상대적 개념"인 '민중문학'은 '본질적 속성'에 의해 규정될 수 없으므로 문학의 본질 자체를 부정하는 것이 되며, 따라서 '민중문학은 문학이 아니다'라는 명제로까지 발전될 수 있는 것이다.

테리 이글턴은 문학을 '상상적인 글' '언어를 사용하는 특별한 방식' '비실용적 담론' 등으로 정의하는 데에는 많은 모순이 발견됨을 지적하면서 문학에는 결코 '본질'이라는 것은 없으며, 그것은 "사람들이 글에 자신을 관련시키는 어떤 방식"[7]이라고 말한다. 민중문학론, 특히 80년대의 민중문학론에 접근하기 위해서는 '문학' 개념에 대해 이처럼 탄력적이고 포괄적인 이해를 전제로 하지 않으면 안된다. 그래야만 70년대 말 이후의 노동자문학들이 단순히 개인적 사실이나 체험들을 수동적으로 나열한 것이 아니라 개인적 열망은 물론 노동자집단의 전반적인 문제점들을 드러냄으로써 새롭게 대두되는 민중집단의 생활상의 요구가 무엇인지에 대한 이해와 더불어 동시대의 질곡과 아픔이 어디에 있는지를 감동적으로 전달해주는 훌륭한 문학일 수 있음을 인정할 수 있게 된다. 수기·일기·보고문 등을 문학이 아니라고 주장한다고 해서 그것들에 깃들여 있는 운동적 가치나 감동이 훼손되는 것은 아니며, 그것들을 문학영역에 포함시킨다 해서 그것들에게 영광스러운 일이 되는 것은 더욱더 아니다. 이와 관련하여 우리는 석정남의 수기가 그의 소설보다 더 감동적이었다는 점을 떠올려볼 수도 있다. 이글턴에 의하면, "영문학이 처음 제도화된 것은 종합대학들에서가 아니라 공업학교들, 근로자를 위한 대학들, 순회 공개강좌 등에서였"으며, 이것은 노동자계급이 지닐 수 있는 "정치적 아집과 이데올로기적 극단주의에 효능있는 해독제를 (문학이— 인용자) 제공할 수" 있었기 때문이라는 것이다.[8] 이러한 사실은 민중적 세계관을 갖지 못한 지식인들이 창조한 문학작품의 노동자들에 대한 역할을 웅변적으로 말해준다. 이렇게 보면 '문학'이건 '민중문학'이건 역사적·사회적 변동과 민중의 요구를 능동적으로 반영함으로써 시대적 현실과 문학 사이의 관계를 활성화하고 문학으로 하여금 생명있는 문화적 기능으로서의 힘을 지니게 하기 위해서는 문학의 본질을 미리

---

7) 테리 이글턴, 김명환 외 역, 『문학이론입문』, 창작과비평사 1986, 17면.
8) 같은 책, 37면.

규정해놓고 문학적 현상들을 논의해서는 안된다는 것이 명백해진다.

성민엽은 또 채광석의 「제3세계 속의 리얼리즘」에서 주장되고 있는 "'제3세계 리얼리즘'이라는 용어는 … 제3세계 민중의 해방에 종속되는 개념일 때 성립되는 것이고 그런만큼 리얼리즘적 규율보다는 해방운동의 규율에 복무하는 것으로서 다양하고 이질적인 포괄성을 부여받는다"는 주장을 비판적으로 분석하면서 "'운동 개념으로서의 문학'이란 문학이라기보다는 아지·프로(agitation/propaganda)라고 해야 타당"하다고 '운동' 개념을 지나치게 축소해석해놓고 있으며, 김도연이 '전환기의 문학'에서 효과적 공감대를 얻는 것은 '선언적 기능'이거나 '사실적 기능'이라고 한 주장(「장르확산을 위하여」) 역시 '아지·프로에의 문학의 종속'으로 규정하고 "아지·프로로서 실격이라고 해서 탁월한 문학에 그 탁월성이 부정되는 것은 아"니라고 주장한다. [9] 그는 끝으로 아지·프로와 문학의 "일치·통일이 이상적인 것으로 인정된다 하더라도 … 그 경우 … 아지·프로와 문학이라는 명백히 다른 범주간의 문제가 아니라 두 범주 모두에 걸친 운동성과 문학성의 통일 문제로 조정되어야 할 것 같다"[10]고 결론을 내린다. 그의 논리전개 그 자체는 그다지 무리가 없어 보인다. 그러나 현실적·역사적 상황에서 요구되는 민중해방을 효과적으로 달성해가기 위해 문학 개념을 능동적으로 확대시켜 가는 입장에서 보면, '아지·프로'의 기능을 문학의 기능과 일치시킬 수 없다고 하더라도 그것을 문학 범주 내에서의 전위적 부분에 위치시킬 수 있는 것이며, '운동으로서의 문학' 또는 '문학운동'의 구체적 실현을 위한 매개로서 수용할 수는 있을 것이다.

가장 최근에 80년대 민중문학론의 특정 요소에 대한 우려를 표명한 글로는 홍정선의 「현단계 민중문학의 반성」이 있다. 그는 이 글에서, 이재현이 80년대의 이른바 '소설의 부진'의 이유로 "우리 사회구성체의 집단적 문제의 구체적 해결방법을 포함한 전망이 작가에게 마련되지 못하고" 있음을 지적하면서 이러한 현상을 "우리 사회구성체 내부에서 현상유지의 큰 안전판인 신중산층의 무기력함과 관련된" 것으로 규정한 것은 위험성을 지닌다

---

9) 성민엽, 「민중문학의 논리」, 『민족, 민중 그리고 문학』, 133면.
10) 같은 글, 134면.

고 말하고 있다. 그 이유로서 그는 근래 우리나라의 중산층이 "외견상 양
적인 확대를 거듭해왔지만 경제적·사회적 기반"이 대단히 취약하므로 "중
산층이 반드시 '현상유지의 안전판'으로 작용한다고 판단하는 것은 지나친
속단"이라는 점, 그리고 "우리나라 소설가들에게 일정한 보수적 세계관,
즉 기존의 체제를 비호하는 현상유지적 성향이 형성되어 있다고 판단하는
데에도 무리가 있어 보인다"는 점들을 들고 있다.[11]

1985년 현재 한국사회의 계급구성을 보면, 소수의 자본가계급(독점자본
가층, 고급관료층, 중소영세자본가, 회사 임원, 금리생활자)이 전체 인구
의 2퍼센트, 농촌의 반프롤레타리아층과 도시의 노동자계급을 합한 것이
66퍼센트, 그리고 신·구 중간계층을 포함한 전체 중간계층은 32퍼센트에
달하는데, 이때의 중간계층은 "기본적 계급관계 속에서 중간적 위치에 있
다는 점에서 중간계층이지 일상적 용법에서의 유복한 중산층을 지칭하는
것이" 아니다.[12] 이런 점에서 볼 때, 홍정선의 지적은 옳다. 그러나 이재
현이 말한 '신중산층'을 '신중간계층'의 잘못된 표현으로 받아들인다면 문인
을 포함하는 인텔리층이 신중간계층에 속하는 것은 사실이며, "70년대 및
80년대 초에 있어서의 중간계층에 대한 민중적 실망은 이 계층에 대한 연
합 노력의 필요성 및 실효성에 깊은 회의를 초래하게 된 직접적인 원인이
되었다"는 시대적 배경을 바닥에 깔고 보면 작가의 계층적 성향과 "우리
사회구성체의 집단적 문제의 구체적 해결방법을 포함한 전망"의 부재를 연
결시켜보는 것도 '소설 부진'의 이유에 접근하는 한가지 방법이 될 수 있
다.[13] 그리고 이재현의 글이 씌어진 때까지만 하더라도 우리 사회의 중간
계층에 대한 사회과학적 연구가 거의 없었다는 점을 감안하면, 그의 시도
를 참신성을 지닌 것으로 보아도 좋을 것이다.

홍정선은 위의 글에서 또한 백진기가 「노동문학, 그 실천적 가능성을 향
하여」(『시인』 제3집, 시인사 1985)에서 보여준 '전문성'에 관한 언급에서 지식

---

11) 홍정선, 「현단계 민중문학의 반성」, 『실천문학』 제8집, 실천문학사 1987, 127
    면.
12) 서관모, 「중간계층의 계급적 성격」, 같은 책, 110~11면.
13) 같은 글, 109면.

계급을 "우군 아닌 적대자로 취급해나가는 전문성 시비는 민중문학의 발전에 이익보다는 손해가 많을 것"[14]이라는 우려를 표명하고 있다. 그러나 홍정선이 인용하고 있는 백진기의 글을 꼼꼼히 읽어보면, 홍정선의 우려는 상당 부분이 백진기의 글을 잘못 해석한 데에서 빚어지고 있다. 백진기는 위의 글에서 종속적 독점자본주의가 거의 파행적으로 "이 땅의 문화형을 잠식하고" 있다는 전제 아래 "만일 이 전문성이 극복되어야 할 그 무엇이라고 한다면 이것은 단순히 지식계층들의 고유한 기능을 배타적으로 지양하자는 의미가 아니라, 이 전문성 속에 지식계층의 그 어떤 물신적 이데올로기가 간섭하고 있지 않겠느냐라는 바로 그 부분, 즉 헤게모니적인 기득권을 극복하고 민족해방의 차원에서 민중세력과 운동론적인 동맹관계로 나아가야 한다는 의미로 받아들여져야 할 것이다"라고 말하고 있다. 그러므로 홍정선의 오해는 "단순히 지식계층들의 고유한 기능을 배타적으로 지양하자는 의미가 아니"라는 단서를 무시한 데서 빚어진 것임을 알 수 있다.

지금까지 김병익·성민엽·홍정선 등의 80년대 민중문학론에 대한 충고 또는 우려를 다소 비판적으로 검토해보았다. 이들은 민중문학론의 역사적 발전단계를 명쾌하게 정리하거나, 민중문학론 자체의 문제점들을 본질적 측면에서 지적하거나, 현단계에서 민중문학론이 전문문학인들의 글쓰기 자체를 곤혹스럽게 해서는 안된다고 지적함으로써 민중문학론을 전반적으로 재검토했다는 점에서 민중문학론의 발전을 위해 기여한 바가 큰 것으로 생각된다.

(2) 70년대의 민중문학론

70년대의 민중 및 민중문학론 대두의 사회경제적·민족사적 배경은 크게 세 가지 면에서 고찰될 수 있다. 첫째, 60년대부터 진행된 근대화로 인해 노동자계급이 급격히 증대되고, 특히 70년대에는 자본집중에 따른 경제규모의 확대가 빠른 속도로 진행되어가는 과정에서 노동계급의 실질임금 상

---

14) 홍정선, 앞의 글, 130면.

승은 같은 기간의 노동생산성의 증가율에 크게 못 미침으로써 소득분배의
불균형이라는 중대한 문제를 야기했다는 것이다. 이러한 사실은 사회경제
적 모순의 극복을 위한 주체세력으로서의 '민중' 대두의 조건이 된다. 둘
째, 10월유신 독재체제가 성립되면서 '보수대연합'이 해체되고 일종의 '시
민대연합'이 대두되면서 첨예화된 사회적 갈등은 유신독재 타도의 주체로
서의 민중에 대한 논의를 불러일으켰다.[15] 끝으로, 1972년의 7·4공동성명
을 기점으로 분단극복과 제국주의적 지배관계의 해소를 위한 민족해방의
주체로서의 민중에 대한 인식이 대두되었다는 것이다.

이러한 시대적 의미를 열어가는 70년대의 벽두에 민중적 시각으로 문학
을 논한 글로서 눈에 띄는 것은 김지하의 「풍자냐 자살이냐」(『시인』, 1970.
7)이다. 이 글은 주로 시에 관한 창작방법론적 성격을 띤 매우 독창적인
것으로 이러한 종류의 민중문학론으로서는 거의 유일한 것이며, 따라서 다
른 글들과 공유하고 있는 면도 그만큼 적으므로 그 요점을 간단히 정리해
본다.

'우리의 삶을 지배하는 물신(物神)의 폭력은 시인의 가슴에 비애를 응결
시킨다. 이러한 비애의 축적을 우리는 한(恨)이라 부른다. 응어리질 대로
응어리진 비애는 폭력적인 자기표현의 길로 들어선다. 이러한 폭력이 희극
적 표현으로 나아가는 정점에서 **풍자시**가 나타난다. 시인은 자기 자신과
자기 자신이 속해 있는 **민중**의 편에 분명히 서서 자기와 민중을 억압하는
특수 집단에 대한 부정(否定)과 폭로와 고발에 폭력을 동원한다. 민중에
대한 표현에서는 풍자를 전면적·핵심적으로 하고 해학을 극히 특수한 부
분에만 부수적으로 배합해야 한다. 올바른 저항적 풍자와 민중적 해학의
시를 통하여 전통과 만나고 **전통민요**와 현대 **생활언어**의 고양된 시적 통일
을 통하여 현실과 민중에 대한 시정신의 에네르기가 강화되고 **민중 속으로**
폭발적인 힘을 가지고 확대되어나가야 한다. **사회현실**을 압축·반영하고
사회현실과 개인 내부의 갈등을 표현하며 동시에 그것을 극복하려는 싸움
을 포기하지 않고 **주체적 언어전통** 확립을 위한 노력을 중단하지 않을 때

---

15) 조희연, 「한국사회의 민중과 변혁주체론」, 『연세춘추』 1985년 12월 2일자 참
조.

시의 패배는 시의 승리로 뒤바뀔 것이다.'(원문을 토대로 요약한 것임. 강조는 인용자)

위의 요약에서 알 수 있듯이 「풍자냐 자살이냐」에는, 물신에 대한 시인의 현실적 패배로부터 시의 승리로 나아가기까지의 저항과 싸움의 과정이 변증법적 발전의 통일된 모습으로 제기되고 있으며, 그의 민중적 저항정신의 문학적 표현으로서의 풍자정신은 「오적」 등의 수많은 담시들을 통해 형상화되어 우리가 잘 알고 있듯이 70년대의 '시의 승리'가 어떻게 '정치의 승리'로까지 연결되는가를 뚜렷이 보여주었다.

김지하는 '시인'을 '민중'에 속하는 것으로 보고, 그러한 시인이 민중의 편에 서서 언어의 폭력을 통해 민중현실을 효과적으로 표출하여 폭력으로서의 시가 폭발적인 힘으로 민중 속에 확대되어가기를 바란다. 그는 이렇듯 민중을 문학 창작자와 문학의 수용자로서 설정하고 있으면서도 '민중' 개념에 대한 뚜렷한 정의를 내리고 있지는 않다. 그의 문맥에서 보면 '민중'이란 물신의 폭력에 지배받는 자이며 동시에 물신의 폭력에 저항하는 주체이기도 하다. 그의 '민중'에는 소시민의 일부까지 포함되므로 거기에는 기층민중과 지식인작가의 구분이 있을 수 없는데, 이것은 당시에 '민중구성'에 대한 논의가 제기되지 않았던 사실과 무관한 것이 아니다.

「풍자냐 자살이냐」 이후 3년 만에 나온 신경림의 「문학과 민중」(『창작과 비평』, 1973년 봄호)은, 해방 직후부터 70년대 초까지에 발표된 문학작품들을 다룬 실제 비평인데, 이 글 역시 '민중' 또는 '민중문학'에 대해 체계적 서술을 전개한 것은 아니다. 군데군데 단편적으로 언급된 민중문학론적 요소를 정리해보면, 민중문학이란 "민중의 감정 및 사상을 집약할 수" 있는 문학, "민중의 생활감정에 뿌리박은" "민중의 문학, 민중을 위한" 문학이다. 신경림의 민중문학관은 이후의 다른 문학론들을 통해 발전적 변모를 보여주지 않고 있기 때문에 「문학과 민중」은 70년대 초의 한 민중지향적 시인의 문학적 태도를 보여준 사례 이상의 의미를 지니기는 어렵다.

김지하나 신경림과는 달리 백낙청은 70년대 초부터 지금에 이르기까지 민족문학·민중문학·제3세계문학 등의 논의를 통해 그의 문학이념을 지속적으로 확대·심화시키는 과정에서 놀라운 자기극복의 면모를 보여준다.

70년대의 민족·민중문학론을 지속적으로 발전시키며 80년대의 민중문학론에 이르게 되는 전과정에 걸쳐 이루어진 그의 작업 결과는 1973년 이후 1980년까지의 민족·민중문학론의 총량과 거의 맞먹는 것이다.

1973년 백낙청은 「문학적인 것과 인간적인 것」이란 글에서 참다운 민중의식의 '전투성과 포용성'은 "상호 보완적일 뿐만 아니라 상호 견제적인 것"인데, 이 중에서 전투성만 강조하면 "민중의 문화적 유산을 필요 이상으로 제한하며 심지어 민중의 패배를 자초하는 어리석음"을 범할 수 있다고 말하고 있다.[16] 이같은 백낙청의 견해는 80년대의 시점에서 보더라도 별로 손색이 없을 만큼 선진적이고 진보적이다. 그러나 그는 이 글에서 '시민의식'이란 말을 '민중의식'이란 말과 나란히 놓고 사용하면서도 그 둘 사이의 관계에 대해서는 별다른 해명을 보여주지 않는다. 우리는 이 점에 대한 해명을 「민족문학 개념의 정립을 위해」(1974)에서 간접적으로 찾아볼 수 있다. 이 글에서 그는 "항일민족운동의 시발점이 종래 지도계급의 이념적·실천적 파산기와 겹침으로써 민족문학이 민중에 바탕을 두어야 할 필요성이 더욱 가중되었다"고 지적하면서 "이러한 역사적 사명이 안겨진 민중의식을 표현하고 일깨우는 문학만이 참다운 민족문학이 될 수 있다"는 논리를 전개해가는 한편,[17] "민중의식을 이러한 역사적 사명에 부응하는 시민의식으로 발전시키는 과업이 곧 민족문학의 본질을 이룬다"[18]고 말함으로써 우리의 역사발전 과정에도 시민의식을 바탕으로 한 시민혁명이 필요함을 시사하고 있다. 물론 「시민문학론」에서부터 그가 사용하고 있는 '시민의식'이란 '소시민의식'에 대한 부정의 뜻으로 사용한 것이지만[19] 70년대 중반 이후의 역사적 현실에 비추어 그다지 설득력있는 개념은 아니다.

백낙청은 1975년에 발표한 「민족문학의 현단계」에서부터 '시민의식'이란

---

16) 백낙청, 「문학적인 것과 인간적인 것」, 『민족문학과 세계문학』 I, 창작과비평사 1978, 119면.

17) 백낙청, 「민족문학 개념의 정립을 위해」, 같은 책, 129~30면.

18) 같은 글, 132면.

19) 백낙청, 「1983년의 무크운동」, 『한국문학의 현단계』 III, 창작과비평사 1984, 20면 참조.

말을 사용하지 않는 대신 민족의식·민중의식을 중요한 개념으로 삼으면서 제3세계문학 및 세계문학과 유기적인 연관 속에서 민족·민중문학을 설명한다. 그의 이러한 문학관은 지속적으로 발전되어 「제3세계와 민중문학」에서 완전한 체계를 갖춘다. 제3세계의 정치·경제 현실은 민중 자신의 기본적인 욕구의 실현을 통해 발전되므로, 이러한 현실을 반영하는 제3세계문학은 민족문학이자 민중문학일 수밖에 없다는 것이다. 그는 또 이 글에서 민중이 작가·독자·후원자로서 "문학의 주인이었음을 인정하게 되는"[20] 민중문학을 말하고 있는데, 이것은 아마도 민중적 삶의 현실이 민중문학의 모태가 된다는 의미 이상의 다른 뜻을 지닌 것으로는 생각되지 않는다.

백낙청의 '민중' 개념에 구체적으로 접근해보기 위해서는 「제3세계와 민중문학」보다 조금 먼저 발표된 「민중은 누구인가」를 간단히 살펴볼 필요가 있다. 먼저 그는 '민중'을 "소수의 지도자 또는 지배자가 아닌 다수의 국민"이라는 사전적 의미 이상으로 볼 필요는 없다고 전제하고 나서, '민중'을 세계사적 입장과 한국사적 입장에서 구체적으로 점검한다. 세계사적인 관점에서 그는 "근대의 민중도 또한 소시민·노동자 같은 다양한 구성을 보이고 있다. 그러나 자본제 사회라는 근대사회로서의 성격이 확립된 곳일수록 민중의 주요 성분은 자본의 소유에서 소외된 노동자계급이" 된다고 민중 개념 및 민중구성을 명백하게 규정하면서 민중구성 중에서 노동자계급의 중요성을 새롭게 인식하고 있다.[21] 이 글에서 그는 대중과 민중의 문제, 그리고 민중과 지식인의 문제를 비교적 명쾌하게 정리해 보여준다. 특히 그는 민중과 지식인의 관계를 "하나의 계층으로 지식계층을 말할 수 있다면 그들은 차라리 대다수가 … 소시민들이란 점에서 오늘날 민중의 넓은 테두리 안에 넣을 수" 있다고 규정하고, "지식대중은 대체로 가장 지배자에게 속기 쉽고 이용당하기 쉬운, 그런 뜻에서 가장 '우매한 군중'임을 지식인들 스스로가 명심해야" 함을 지적함으로써 지식대중의 중간자적 부동성(浮動性)을 경계한다.[22]

---

20) 백낙청, 「제3세계와 민중문학」, 『인간해방의 논리를 찾아서』, 시인사 1979, 184면.
21) 백낙청, 「민중은 누구인가」, 『뿌리깊은 나무』 1979년 4월호, 148~49면.

이처럼 백낙청은 그 자신 '민중' 개념에 대한 해명을 진지하게 시도하면서도 '민중'에 대한 한층 과학적이고 구체적인 해명의 필요성을 강조한다. 그리고 '민중'에 대한 과학적 해명의 요구는 80년대로 넘어가면서 사회과학적인 논의들에 의해 점차로 충족되어가는데, 그 가운데 문학과 관련된 '민중론'의 대표적인 것이 문학·경제·민중의 문제를 포괄적으로 논의한 박현채의 글들이다.

3. 80년대 민중문학론의 지향

60년대의 성격이 4·19에 의해, 그리고 70년대의 성격이 7·4공동성명과 10월유신에 의해 어느정도 규정적으로 주어졌듯이, 80년대 역시 1979년의 10·26사태로부터 1980년의 5월에 이르는 일련의 정치적 격변에 의해 그 성격이 어느정도 규정적으로 주어진다. 80년대의 성격을 규정한 정치적 격변은 물론 70년대에 진행된 산업고도화 과정에서 빚어진 분배의 불균등과 그것의 극복을 위한 주체세력으로서의 민중의 성장, 이러한 민중의 열망을 토대로 한 민주화운동의 결과로 볼 수 있는 것이며, 이같은 민중적 열망과 요구가 역사의 표면으로 거대한 힘을 가지고 분출했다는 점에서 80년대는 민족사적 위치에서 중요한 전환기적 의미까지 띠게 되는 것이다.

역사에서의 이러한 민중대두의 실현은 문학의 영역에서 기층민중들, 특히 노동자들이 직접 쓴 글들이 하나의 흐름을 이루어갈 만큼 뚜렷이 증대되는 것으로 나타난다. 수기나 일기 등과 같이 민중들의 생활상의 요구를 관철해가는 과정에서 이루어진 투쟁적 체험의 기록들은 특히 지식인독자들에게 깊은 충격과 감동을 주었으며, 민중지향적인 지식인들과 신예평론가들로 하여금 노동자문학의 적극적 수용과 이해를 위해 민중 주체에 의한 민중문학에 대한 이론화 작업을 추진하게 하는 계기가 된다. 그러나 이 이론화 작업은 몇몇 작품들의 특성이나 사회경제사적 의미를 밝혀내는 데 그

---

22) 같은 글, 160면.

치지 않고 달라진 현실에 대한 과학적 이해를 바탕으로 한 새로운 세계관
의 형성에까지 나아가려는 본질적 변화의 추구이며, 따라서 어느정도 새로
운 이데올로기의 형성에까지 관련된 중대한 문제이다. 이같은 역사적이며
이데올로기적인 필요성을 충족시키기 위해서는 사회과학자의 도움이 요구
되었으나, 이러한 요구는 80년대 초의 정치적 대격변이 있은 지 3년여의
세월이 지난 후 박현채 등에 의해 이루어진다.

   이 3년간의 기간이 반드시 민중에 대한 과학적 해명에 바쳐졌다고 단정
할 수는 없는 일이지만, 1980년에 백낙청이 「민족문학론의 새로운 과제」에
서 '민족'은 "민족성원 대다수의 삶에 의해 규정되고 그와 더불어 역사 속
에서 그 의미가 변전하는 것"이라는 점에서 "진정한 민족문학은 민중문학
의 성격을 띠지 않을 수 없는 것"이라고 민중문학에 대한 개괄적 개념규정
을 한 이래 이렇다 할 민중문학론이 발표되지 않은 것은 사실이다. [23)]

   1983년 말에 박현채의 「문학과 경제」, 이재현의 「문학의 노동화와 노동
의 문학화」가 나오면서부터 민중문학에 관련된 논의는 활기를 띠어간다.
이후 1984년까지의 일년 동안에 수많은 민중문학론이 발표되고, 민중문학
론들을 종합적으로 정리한 글과 책들이 나오게 된다. 1985년에도 수적으로
이전의 민중·민중문학론을 능가할 만큼 많은 글들이 발표되며, 정치권력
의 간섭을 심하게 받는 월간 문예지에서조차 '우리 시대의 민중, 민중문학'
(『한국문학』 1985년 2월호)이라는 민중문학 특집을 마련하기에 이른다. 1985
년 이전부터 민중문학론 자체에 대한 반성적 발언들도 간간이 눈에 띄었지
만, 1986년 이후의 민중문학론들에서는 이러한 경향이 좀더 뚜렷해진다.

   그러므로 여기에서는 편의상 1983, 84년을 80년대 민중문학론의 문제제
기 및 중간점검의 기간으로, 1985년을 민중문학 논의가 대단히 활발해진
기간으로, 그리고 1986년 이후를 종합 및 반성적 고찰이 대두한 기간으로
구분하고 논의를 전개해가기로 한다. (이러한 구분은 물론 서술의 편의에
따른 것이므로, 1985년에 발표된 것들일지라도 반성적 내용이 담긴 것들은
'정리 및 반성'적 내용을 다루게 될 3장 3절에서 다룰 것이다.)

---

   23) 백낙청, 「민족문학론의 새로운 과제」, 『실천문학』 제1집, 1980, 223면.

(1) 문제제기 및 중간점검

박현채의 「문학과 경제」는 '민중'에 대한 역사적·사회적·경제적 의미에 대한 해명을 바탕으로 민중문학을 논의한 점에서 중요한 의미를 지닌다. 이 글에서 그는 먼저 민중문학이 대두한 역사적 배경과 민중문학의 성격을 원론적으로 서술하고 있다.

역사 속에서 민중의 역할과 비중이 커짐에 따라 문학의 지평에서도 민중은 이제 중요한 주체 그리고 대상으로 대두하기에 이른다. 민중문학 그리고 참여문학과 같은 실천적 요구를 지닌 문학의 생성은 바로 그와같은 변화의 소산이라고 말할 수 있다. 곧 문학에서 민중에 대한 관심은 그것이 지난날과 같은 문학 하는 개인의 주관적인 자기발산이 아니라, 한 사회에서 다수의 구성으로 되고 일정한 자기 성향을 지니는 객관적 실체로 되는 민중의 소망을 실현하기 위한 노력의 일환으로서 문학활동을 제기케 한 것이다.[24]

이어서 그는 민중문학의 사명은 "① 역사적 진실을, ② 생활하는 민중의 쪽에 서서 민중을 대상으로 하여, ③ 주어진 사회적 상황에서 발현되는 삶의 고뇌와 인간적 요구를, ④ 감성적인 일상적 표현에서 추구하고, ⑤ 역사에서 민중의 사회적 실천에의 요구에 답하는 것이어야 한다"고 먼저 규정해놓고 논의를 전개해가면서, 이러한 규정들에 대한 부연설명을 가하고 있다. 이러한 규정 중 ①과 ⑤를 연결하여 하나의 명제를 만들어보면, '민중문학은 역사적 진실을 민중적 요구의 실현에 기여하도록 표현해야 한다'는 뜻이 되는데, 이러한 명제는 일정한 설명이 없이는 종전의 민중문학론보다 발전된 주장이라고 말하기는 어렵다. 그러나 ②는 "가치판단 위에 선 파당적 입장"과 "역사의 진보를 믿는 쪽에 선다"는 뜻이라는 점에서, ③은 '경제적 사회구성체'에 대한 올바른 이해의 촉구, ④는 문학의 '일상성'에 대한 강조, ⑤는 문학의 운동성에 대한 요구를 의미하는 것이라는 점에서 볼

---

24) 박현채, 「문학과 경제」, 『실천문학』 제4집, 1983, 99면.

때, 그의 명제들은 이후의 80년대 민중문학론들에서 민중문학의 중요한 속성들로 자리잡아갔던 것임을 알 수 있다.

이 글의 중요성은 80년대 민중문학론에 대한 선도성에만 있는 것이 아니다. "근대 자본주의 사회에 있어서 민중구성은 노동자계급을 기본 구성으로 하면서 소생산자로서의 농민, 소상공업자와 도시빈민 그리고 일부 진보적 지식인이 주요 구성으로 된다"[25]고 민중의 범위를 명확히 규정하고, 거기에 대한 충분한 고찰을 보여준 점과 한국에서의 민중소외의 논리와 실상을 경제적 관점에서 구체적으로 해명해놓음으로써 민중문학의 주체와 대상을 한층 확실하게 규정할 수 있는 근거를 마련했다는 데 있다.

박현채의 「문학과 경제」와 함께 발표된 이재현의 「문학의 노동화와 노동의 문학화」 역시 민중문학론의 새로운 지평을 열어준 중요한 글이다. 이 글은 본격적인 민중문학론은 아니며, 따라서 민중·민중문학에 대한 구체적 설명을 보여주지 않는다. 그럼에도 불구하고 이 글이 민중문학론의 지평에서 새로운 의미를 갖는 것은, 전문작가의 문학과 노동자의 문학에 대한 근원적인 물음을 제기하고 거기에 대한 답을 나름대로 성실하게 제시함으로써 민중문학의 중요한 쟁점이 되고 있는 지식인문학과 노동자문학의 관계와 속성을 대비적으로 밝혀주고 있기 때문이다.

전문작가의 문학행위를 "문학의 노동화 또는 문학의 힘"으로, 노동자의 문학행위를 "노동의 문학화 또는 힘의 문학"으로 다소 생경한 용어로 부르고 있는 이 글은, 근대 이후의 문학이 상품경제의 분업적 부분으로 전락하면서 문학 본래의 기능인 창조적 세계확장성을 상실하였으며, 이런 상태에서 이루어진 '문학적 노동'은 '문학적 임금노동'이 되어 "역사를 만들어나가는 역할을 포기하거나 잊게" 되었다는 전제에서 시작된다.[26] 이 글이 문학의 소외현상에 대한 해명에서 시작되고 있는 것은, 노동자문학의 대두에 역사적 필연성을 부여하면서 '문학' 개념을 확대해가기 위한 것으로 생각된다. 그는 노동자문학의 의미를 기록적 특성에서 찾지 않고 "기록 뒤편의 노동자생활, 그리고 소외된 일상생활을 뚫고 나가려는 투쟁의 측면 … 즉

---

25) 같은 글, 104면.
26) 이재현, 「문학의 노동화와 노동의 문학화」, 『실천문학』 제4집, 197~98면.

바라보는 입장이 아니라 '움직이는 입장'"이 더 중요하다고 말하고, "수기의 가장 강력한 힘"은 "체험의 주체와 이야기의 주체가 동일하다는" 데서 비롯되고 있음을 구체적인 작품들의 분석을 토대로 입증함으로써 노동자 문학을 문학영역의 중요한 자리에 올려놓고 있다. 그는 노동자문학에 적극적 의미를 부여한 것과는 달리 전문문학인의 '문학적 노동'에 대해서는 단서와 조건을 붙여 그 가치를 인정한다. '문학적 노동'이 생산적인 것이 되려면 "진정한 역사적·사회학적 상상력의 가치를 최고도로" 발휘해야 한다는 것이다.[27]

이재현의 노동자문학론을 통한 문학영역 확대의 노력은 문학의 실천적·운동적 역량을 확보하기 위한 노력으로 발전된다. 그는 「민중문학운동의 과제」(『오늘의 책』 1984년 겨울호)에서 "적어도 이 시점에서 문학운동의 주체는 불행히도 민중이 아니며, 잠정적 주체인 문학인은 민중문학의 이념을 효과적으로 실현시키고 있지" 못하기 때문에 "민중문학의 이념적 주체인 민중과 그 잠정적 주체인 문학인의 관계가 올바로 설정되지" 못했다고 말한다.[28] 이러한 표현들 속에 명백하게 제시되고 있듯이, 이재현은 적어도 이념상으로는 민중문학의 (창작)주체는 민중이지만, 현단계에서는 전문문학인이 잠정적으로 주체의 역할을 하면서도 '민중문학의 이념을 효과적으로 실현시키'지 못하고 있다는 것이다. 그의 이러한 관점은 '전문성'에 대한 비판으로 이어지는데, 이것은 '전문성'이 내포한 모든 요소에 대한 비판이 아니라 전문성을 있게 한 이데올로기의 측면에 대한 비판이며, 이 전문성의 효과적인 활용을 위해 그는 "문학 전문집단이 갖는 전문성은 지식인 집단이 지녀야 하는 선도성에 의해 올바르게 견지되어야"[29] 한다는 조건을 덧붙이고 있다. 이재현은, 문학인의 선도성은 생활민중의 현장성에 바탕을 둘 때에만 민중노선을 확보하게 되고, "그래야만 민중 주체에 의한 민중문학의 이념을 실현할 수 있다"는 주장으로 나아가며, 마침내 그는 전문문학인의 최종적 목표까지도 민중 주체에 의한 민중문학 이념의 실현으로 설정

---

27) 같은 글, 229면.
28) 이재현, 「민중문학운동의 과제」, 『민족, 민중 그리고 문학』, 270면.
29) 같은 글, 274면.

하기에 이른다.

이재현은 '민중' 개념을 명확히하고 있지는 않지만, 글의 문맥에서 보면 그가 지식인과 대비적 관점에서 보여주고 있는 '민중'은 '생활민중'(기층민중, 특히 노동자)을 뜻한다. 그러므로 그가 "생활민중의 자생적 현장역량을 중심으로 통합된 민중 주체의 문학운동"[30]을 말할 때, 문학의 주체는 생활민중으로 대폭 축소될 수밖에 없다. 이러한 민중문학의 주체는 현단계 민중구성에 대한 확실한 이해를 바탕으로 좀더 확대될 가능성이 있으며, 근본적으로는 생활민중의 '현장성' 역시 민중의 총체적인 삶의 현실(여기에는 민중에 대한 적대세력의 삶까지 관련된다)에 대한 이해를 통해 좀더 확대되어갈 수 있을 것으로 생각된다. 아무튼 그는 노동자문학에 많은 의미를 부여하였으며, 이것을 더욱 활성화시키기 위한 이론작업으로 '장르의 해체와 확산'의 경향에 대해 언급하면서, 이것을 "문학적 상부구조를 선취(先取)적으로 변혁시키려는 비판적 노력과 관련된 것"[31]으로 보고 있다.

특히 '장르확산'의 문제에 대해 본격적인 논의를 제기한 것은, 이재현의 「민중문학운동의 과제」보다 조금 먼저 발표된 김도연의 「장르확산을 위하여」(『한국문학의 현단계』Ⅲ, 창작과비평사 1984)이다. 김도연은 "장르가 한 시기 문학정신의 반영이라면 그것은 사회변동에 따라 수시로 변할 수 있는 전술 개념일 뿐 그 자체가 고정불변인 것은 아니다. 어느 시기에나 그 시기의 요구에 알맞은 장르변천이 있을 수 있고 (있어야 하고) 거기에 따라 문학 개념은 거듭 수정될 소지를 갖고 있다"[32]는 전제 아래 논의를 전개해 간다. 이 글은 기존의 문학 개념을 확대하지 않고는 올바르게 수용할 수 없는 여러가지 '새로운 움직임들'의 중요성을 의식한 데에서 비롯된 것으로, 80년대에 새롭게 대두한 문학적 현상들에 대해 광범한 고찰과 해석을 가하고 있다. 그는 80년대의 문학이 70년대의 그것을 순조롭게 이어받지 못한 것은 '문학 외적 충격에 의해 거친 홍역'을 치렀기 때문이었음을 진단하고, 무크지·동인지의 전국적 확산이 새로운 역사적 상황에 대한 능동적

---

30) 같은 글, 276면.
31) 같은 글, 278면.
32) 김도연, 「장르확산을 위하여」, 『민족, 민중 그리고 문학』, 239면.

대응이었음을 지적한다. 그는 80년대에 새롭게 사용되기 시작한 개념들(실천문학·삶의 문학·일상성·대중성·현장성·기동성·게릴라 정신·공동체)을 열거하고, 이러한 "개념들이 활발히 논의되고 있는 배경은 이제 문학이 소수 전문인의 독점 상태를 떠나 민중의식에 바탕을 둔 대중성을 획득하"[33]여가는 과정에서 제기된 '진지한 반성의 반영'이라고 말하고, 이 개념들을 정리하여 '운동성에 입각한 실천문학'과 '일상성에 기반을 둔 생활문학'의 두 가지 범주에 포함시킨다. 이러한 서술과정에서 그의 공헌으로 보이는 것은 민중이 주체가 되는 생활문학에 대한 새로운 의미 부여인바, '생활문학'이 '평면적 일상 정서만을 주요 과제'로 삼으면 '일상성 자체에 매몰될 위험'이 있으므로, 바람직한 생활문학은 '운동성'과 '정치성'을 바탕으로 이루어져야 한다는 것이다.

그는 논의를 좀더 구체화시켜가면서, 시에서의 '서사성·음악성의 회복'을 제기하는 한편 소설은 '어느 장르보다 가장 보수적인 구조'를 가지고 있으며, '기동성'을 획득하는 데에는 '치명적인 결함'을 지닌다고 말한다. 그는 소설은 우선 완결성·총체성에 집착할 것이 아니라 "선언적·상징적 기능으로의 축소지향적 방식을" 취하여 '민중문학으로서의 새로운 가능성'을 확보하기 위해 '소설장르의 부분적 해체를 실험'해볼 필요가 있으며, 소설이 살아있는 장르가 되기 위해서는 "소설 고유의 속성이 다소 상처받더라도 이야기성과 사실성의 회복으로서 공동체적 질서에 편입"되어야 한다고 주장한다. 소설에 대한 이러한 견해는 김도연의 가장 독창적인 부분으로 생각되는데, 그것이 독창적인만큼 다소의 모험성도 개재되어 있어서 거기에 대한 비판적 견해들도 더러 제기되었다. 아무튼 김도연은 위에서 지적한 바와 같은 소설의 한계에서 비롯된 공백을 르뽀·수기를 통해 채워갈 수 있다고 생각한다. 현장성을 갖고 있다는 점에서 독자들과의 공감대를 획득한 르뽀나 수기는 특히 '유언비어의 시대'에 직접전달의 효과를 통해 훨씬 큰 호소력을 지닌 것으로 제시된다. 계속하여 그는 '민담, 재담, 속담, 수수께끼, 노래가사 바꿔부르기, 유언비어, 벽시, 벽소설' 등 민중의

---

33) 같은 글, 245면.

미의식을 효과적으로 반영할 수 있는 장르들이 다수 출현하고 있는 현상에
주목하면서, 여기에 호소문·선언문·성명서 등을 덧붙인 개념으로서의
'전단문학'을 중요한 장르로 제시하고 있다.

이재현·김도연의 글들에서 제기된 문학관들은 이미 혁명적 문학관을 역
사적 경험 속에서 완성해간 혹은 완성해가고 있는 다른 나라의 사례들에
비추어, 그리고 우리나라의 80년대적 상황의 전환기적 의미에 의해 그 정
당성을 충분히 인정받을 수 있는 것임에도 불구하고 다소 급진적이라는 이
유로 해서 산발적인 비판을 받은 바 있다. '급진성'을 규정하는 데 일정한
척도가 있는 것은 아니지만, 하나의 판별기준이 될 수 있는 것은 '이론적
혹은 논리적 체계가 얼마나 현실성을 확보하고 있느냐'일 것이다. 또하나
의 기준이 첨가될 수 있다면, 현실에서 동떨어진 것이 아닐지라도 '새로운
주장이 그 이론적 뒷받침을 얼마나 확보하고 있느냐'일 것이다.

'급진성'의 문제로 하여 때때로 비판을 받은 신예평론가로 백진기가 있
다. 그것은 그가 지식인집단의 이념지향이 "밀폐된 자기발설의 단순 차원
이 아니고, 민중운동의 방향성과 적극적인 접점이 이루어질 때라면, 우리
는 그 이념지향을 막연히 관념주의라고 매도할 수 없"으며, 민중집단·지
식인집단 사이에 "민중해방운동 한복판에서 변증법적인 만남과 소통으로써
가능한 상호작용이 이루어질 때 민중집단―지식인집단의 관념적인 격절은
해소될 수 있"다고 말하면서도,[34] 궁극적으로 이상적인 민중문학은 지식인
집단이 민중집단에 통합됨으로써 이루어지는 것으로 말한 데서 비롯된 것
이다. 그의 표현을 빌리면, '민중문학운동의 장르'는 "① 민중을 위한 문학
② 민중을 지향하는 문학, ③ 민중과 더불어 하는 문학, ④ 민중으로부터의
문학"으로 나누어지는데, ①, ②는 민중이 수동적 독자와 객체로 남겨진
상태이고, ③은 ①, ②의 한계를 극복하는 단계의 문학운동의 바탕이 되
고, ④는 완전한 통합적 주체세력이 된 민중집단이 "체험된 구체적 현장을
통해 나날의 일상정서와 감성이 표현되어짐으로써 그 스스로의 자발적 현
실논리를 배태시킬 수 있는 문학"이다.[35] 아마도 그 자신은 ④를 진정한

---

34) 백진기, 「물적 기초와 해방의 의지화」, 『언어의 세계』 제3집, 청하 1984, 237
면.

민중문학으로 보고 있는 듯하다.

이러한 주장의 옳고 그름을 논하기 전에 문제가 되는 것은, 그가 민중문학론을 제기하는 방식이 마치 이미 완성되어 있는 (따라서 그 타당성이 이미 입증된) 원칙이나 법칙을 끄집어내는 듯하다는 점이다. 그래서 그의 주장은 참신하지만 현실적 근거를 확보하지 못하고 있는데, 이러한 현상은 그가 지금까지의 민중문학을 '이론적 맞섬'에만 국한되었던 것으로 보고 그것을 극복하기 위한 이론적 탐색을 시도하면서 현실적·논리적 근거를 확보하지 못한 채 당위적 요구에 따른 데에서 빚어진 것으로 보인다.

'문학'을 모순된 현실에 대한 '부정적 맞섬'으로 규정하는 백진기와 비슷하게 문학의 본질을 '대립의 정서와 의지'로 보는 백원담은, 문학은 "역사적 현실을 넘어 또다른 세계를 바라는 민중의 염원"에서 빚어진 "민중의 삶의 이야기이므로 그것의 완결은 민중 속에 되돌려져서 그들에 의해, 그들의 집약적인 눈의 통합에 의해 비판·거부·수용되는 가운데 이루어져야 한다"고 주장한다.[36] 이러한 서술로 보아 백원담이 생각하는 진정한 문학은 민중 속에서 자연발생적으로 생성되는 것이며, 민요나 옛이야기가 아니고는 충족되지 않는 개념이다. 실제로 그가 의미하는 것은 그러한 '옛이야기'이며 그러한 문학 개념을 가장 전형적으로 구현하고 있는 예로 「멍석말이 열두마당 이야기」를 들고 있다. 여기에서 그는 "피지배계층의 전형상이 확연하게 그려져 있"고, "민중적 상황이 … 적대적이고 전투적으로 재편성되고" 있으며,[37] 그리고 파탄을 넘어서려는 "바람의 세계가 처참하게 그려져 있"[38]는 점들을 지적하면서, 이런 점들을 민중문학의 중요한 요소들로 내세우고 있다. 이러한 그의 민중문학론적 고찰은 우리 시대에 이루어지고 있는 민중문학 활동에도 시사하는 바가 크지만, 앞으로 당대 문학에 대한 분석을 통해 좀더 구체화되어야 할 필요성을 남겨놓고 있다.

---

35) 같은 글, 240면.
36) 백원담, 「인간해방의 정서와 의지의 형상화」, 『민족, 민중 그리고 문학』, 16면.
37) 같은 글, 23면.
38) 같은 글, 24면.

지금까지 살펴본 네 사람의 글들은 80년대 민중문학론의 새로운 면모를 보여주면서도 민중문학론 자체를 체계적·종합적으로 서술한 것은 아니었는데, 채광석의 「민족문학과 민중문학」(『문학의 시대』, 1984. 12)은 80년대 초기의 민중문학론들을 바탕으로 하여 체계적인 민중문학론을 전개하고 있다. 이 글은 사회과학적 인식을 바탕으로 안정된 어조와 균형감각을 유지하면서 70년대의 민족문학론을 흡수하는 한편 80년대의 민중문학론들에서 제기된 문제와 성과들을 유기적으로 종합·심화시키고 있다. 그의 종합적 균형감각은 민족문학과 민중문학의 관련 양상을 밝히거나 노동자문학과 지식인문학의 통합 방향을 제시할 때 탁월하게 발휘된다.

그는, '민중'이 "그 생활상 대외종속적이고 불균형한 분단의 사회구조와 외세의 가장 집약적인 피해자로서 그것에 대해 가장 대립적일 수밖에 없고 그런만큼 가장 민족적인 존재라는 맥락에서 민중이야말로 민족해방의 주체가 되기 때문"에 "민족문학은 민중에 기초한 민중문학에 의해 구체화되는 것"이라고 말한다.[39] 이러한 서술체계 속에서 가장 민중적인 것은 가장 민족적인 것이 되고, 가장 제3세계적이고 가장 세계적인 것이 된다. 이러한 논리전개는 70년대 말에 백낙청이 이룩한 민족문학·민중문학론을 간명하게 정리해놓은 것처럼 보인다. 그는 또 현장성과 운동성의 관련 양상이나 노동자문학과 지식인문학의 접근 가능성을 밝히면서도 종합적인 인식능력을 보여준다. 그는 "지식인작가들의 민중문학은 실천적 운동성(전체성)을 매개로 구체적 현장성(개별성)에 접근하고, 노동 당사자들의 민중문학은 구체적 현장성을 매개로 실천적 운동성에 접근"[40]한다는 서술에서 드러나듯이, 양자의 차이를 지적하면서도 양자의 접근을 위한 매개항을 명시함으로써 민중문학의 주체가 어느 한쪽으로 치우침 없이 통합될 수도 있음을 시사하고 있다. 이와 관련하여 그는 민중문학이 민중현실의 참상을 다룰 때 운동성의 뼈대가 없거나 미흡하여 '구체적 현장성'에 함몰되면 "낮은 차원의 소재주의적 보고문학으로 떨어지기 쉬운" 점과 함께 "구체적 현장성이라는 피와 살을 제대로 갖추지 못한 채 관념의 수준에서 섣부른 실천적

---

39) 채광석, 「민족문학과 민중문학」, 『민족, 민중 그리고 문학』, 88면.
40) 같은 글, 96면.

운동성을 앞세울 경우 뿌리 없는 구호문학으로 떨어지기 쉬운" 점도 아울러 경계하고 있다. [41] 김도연에게서도 제기된 바 있는 이와같은 지적은 '소재주의' 또는 '구호문학'이란 말로써 제기된 바 있는 민중문학에 대한 외부의 비판에 명쾌한 해명을 보여준다.

이 글을 통해 채광석이 뚜렷하게 기여한 바는, 민중문학에 대한 논의들은 '운동적 균등발전'을 이루기 위해 "전체 운동 국면의 흐름 가운데 튼튼한 협업적 집단성을" 확보해야 함을 지적한 것과 "민중문학의 창조와 수용의 대중적 확산을 통한 선전성의 극대화"를 이루기 위해서 "대중에게 민중적 사실, 진실의 다면접촉 기회를 부여해주되 **문학적 감동성**에 바탕할 것을 요구"한 점일 것이다. 그는 이러한 '문학적 감동성'을 성취하기 위해서는 "실천적이고 운동적인 문학적 상상력"이 필요하며, 이를 통해 "민중적 삶의 현실의 구체성을 주어진 국면에 대한 바르고 전체적인 인식을 매개로 형상화해내야" 한다는 적절한 설명을 가하고 있다. (강조는 인용자) [42]

(2) 1985년의 민중문학론들

여기에서는 1985년에 발표된 글들[43]을 주로 살펴보겠지만, 이 해에 제기

---

41) 같은 글, 94면.
42) 같은 글, 104면.
43) 1985년에 나온 민중문학 관계의 글들을 적어보면 다음과 같다.
  ① 백진기, 「수기와 르포의 운동역량을 위한 문제제기」, 『문학의 자유와 실천을 위하여』1, 지양사 1985. ② 백진기, 「노동문학, 그 실천적 가능성을 향하여」, 『시인』제3집, 시인사 1985. ③ 백낙청, 「민족문학과 민중문학」, 『문학의 자유와 실천을 위하여』2, 지양사 1985. ④ 김지하, 「민중문학의 형식 문제」, 『민족, 민중 그리고 문학』, 지양사 1985. ⑤ 백낙청·김지하 대담, 「민족, 민중 그리고 문학」, 『실천문학』1985년 봄호. ⑥ 최원식, 「노동자와 농민」, 같은 책. ⑦ 박현채, 「민중과 문학」, 『한국문학』1985년 2월호. ⑧ 채광석, 「민족문학의 당위성」, 같은 책. ⑨ 전영태, 「민중문학론에 대한 몇가지 의문」, 같은 책. ⑩ 김정환, 「민중문학의 전망에 대한 몇가지 생각」, 같은 책. ⑪ 임헌영, 「노동문학의 새 방향」, 『민족문학』제5집, 이삭 1985. ⑫ 김사인, 「전문성에 대한 비판과 옹호」, 『실천문학』1985년 봄호. ⑬ 성민엽, 「문학과 계층의 목소리」, 『시인』제3집, 시인사 1985.

된 논의들은 그 양적인 면에서 가히 백화제방의 형국을 이루므로 반성적인 성격을 띤 발언들에 대해서는 3절에서 살펴보기로 하고, 그런 발언이 아닐지라도 앞에서 논의된 논지와 별다른 차이가 없는 논의에 대해서는 언급을 생략할 수밖에 없겠다.

이 시기의 민중문학에 관한 논의들에서 가장 열띤 관심의 대상이 된 것은 노동(자)문학이다. 먼저 백진기는 「수기와 르포의 운동역량을 위한 문제제기」에서 수기와 르뽀를 '기층민중 계급의 주체적 장르형태'로 보고 이 부분이 운동역량을 어떻게 확보할 수 있는지를 다룬 점에서 새롭다.

그는 이 글에서, 그리고 「물적 기초와 해방의 의지화」에서 진정한 민중 문학으로 제기한 '민중으로부터의 문학' 개념에 대한 평자들의 반박에 대해 간접적 해명을 하는 듯이 보이는 발언을 하고 있다. 기층민중의 글이 지닌 적극적 의미를 모두 인정한다 하더라도 "과학적이고 비판적인 성찰 없이 맹목적으로 추종해서는 안"되며 '민중추종주의'는 지식인집단과 기층민중집단의 격절을 극복하기는커녕 오히려 유지시키는 역할을 하며, 또 수기와 르뽀를 지나치게 문학적 입장에서 보면 그것들의 운동성이 약화될 우려가 있을 뿐 아니라 '운동 개념으로서의 문학'의 논리적 치밀성을 위해서도 바람직하지 않으므로 그것들의 특수성이 질적으로 다른 문제들에 의해 규명되어야 한다는 것이다. 얼핏 보면 성민엽이 수기·르뽀를 문학과 구분한 것과 비슷하지만, 수기·르뽀를 '운동으로서의 문학' 개념에 의해 발전·확대된 '문학'의 유개념 속에 포함시키고 있다는 점에서 그것과 다르다.

백진기의 이 글이 노동자문학의 올바른 정립과 운동역량의 확보에 주력하고 있다면, 임헌영의 「노동문학의 새 방향」은 노동자의 범주를 확대시킴

⑭ 성민엽, 「백낙청·김지하의 문학선언」, 『정경문화』 1985년 5월호. ⑮ 현준만, 「노동문학의 현재적 의미」, 『한국문학의 현단계』 Ⅳ, 창작과비평사 1985. ⑯ 김병익, 「민중문학론의 실천적 과제」, 『민족문학』 제5집, 이삭 1985. ⑰ 백낙청, 「민중·민족문학의 새 단계」, 『창작과비평』 57호, 1985. ⑱ 김지하·신홍범 대담, 「생명사상의 전개」, 『남녘땅 뱃노래』, 두레 1985. ⑲ 염무웅·전영태·김사인·이재현 좌담, 「80년대의 문학」, 『창작과비평』 57호, 1985. ⑳ 이재현, 「노동, 문학 그리고 민주주의」, 『일터의 소리』 1, 지양사 1985. ㉑ 이재현, 「집단적 신명과 비판의 무기」, 『일터의 소리』 2, 지양사 1985.

으로써 노동문학의 문학 일반으로의 확대를 꾀하고 있다는 점에서 우리의 주목을 끌었다. 이 글은 70년대에 발표된 지식인작가의 노동소설들이 현장 감각을 결여했던 한계를 뚫고 나온 점에서 80년대 노동자문학의 중요성을 인정하고 있지만, 이 글은 또한 노동자문학에 몇가지 반성할 점들이 있음을 지적하고 있다. 그는 노동자문학에서 반성되어야 할 점으로 '① 노동자의 정서 자체를 상품화시켜서는 안된다, ② 상류층이 읽을 수 있는 수준으로까지의 인생관·세계관의 심화 작업이 시도되어야 한다, ③ 노동자계층을 너무 경제적 시각에서만 보는 관점을 탈피하고 정치·철학·사회학적 시각에서도 차분하게 검토해야 한다, ④ 지금까지의 노동자실록은 개인주의적 내지 영웅주의적 경향이 있음을 전연 부인할 수 없다'는 점 등을 들고 있다.[44] 이 가운데 ①, ③은 노동자문학론을 쓴 지식인들에 해당되는 사항으로 보이고, ②는 기본적으로 옳은 지적이지만 교육의 기회 균등이 주어지지 않은 우리 현실에 비추어 노동자들에 대한 요구로서는 지나친 것으로 생각된다. 노동자문학에서 이와같은 요구를 충족시키려면, 노동자 개념의 범주를 넓혀 잡을 수밖에 없다. 그래서 그는 "육체노동자만이 아닌 정신노동자까지, 공장노동자만이 아닌 부랑·일고용자·빈민층 내지 중소상인·봉급생활자까지도 다 과감히 노동자에 포함시켜 우리 시대의 문제를 함께 고민하는 자세를 갖도록 하는 역할을" 노동자문학이 해야 한다고 주장한다. 그리고 이러한 주장은 "노동자를 프롤레타리아의 전위라는 평가에 기계론적으로 매달려 이의 혁명의식화로만 모험주의화할 때 문학은 도리어 공감력이나 혁명역량의 축적에 손실을 가져올 소지가" 있다는 인식에 근거한 것이다.[45]

이러한 노동자 개념의 확대에 대한 필요성은 이후 이재현의 「노동, 문학 그리고 민주주의」에서 "노동의 의미를 육체노동에 한정시키지만 않는다면, 인간의 삶이 기본적으로 먹고 사는 것이므로, 먹기 위해 하는 '일'인 노동의 구조와 현실을 다루는 노동(자)문학은 민중문학, 아니 문학 그 자체와 바꿔 쓰일 수조차 있다"[46]는 주장으로 이어진다. 그러나 이재현이 노동

---

44) 임헌영, 「노동문학의 새 방향」, 『민족, 민중 그리고 문학』, 177면 참조.

45) 같은 글, 179면.

(자)문학을 문학 일반으로까지 확대시킬 수 있다고 말한 것은, 우리의 사회구성체 내부에 공존하고 있는 여러 계층에 따라 문학의 의미가 다양하고 혼란스럽게 제기되는 현상을 노동(자)문학적 관점을 통해 통합하고 기존의 문학적 소외현상을 극복하기 위한 것이다. 그리하여 이러한 "소외된 문학의 지양은 노동(자)문학의 임무일 뿐만 아니라 농민문학·도시빈민문학·지식인문학 등 모든 민중문학의 필수적이고 정당한 과제"가 되는 것이다. 그러므로 궁극적으로는 무엇을 다루느냐가 아니라 어떻게 다루느냐가 문제된다는 것이다.

　노동자문학, 그중에서도 '노동자 체험수기'에 대해 가장 적극적인 의미부여를 한 것은, 시기적으로 임헌영과 이재현의 글 사이에 놓이는 현준만의 「노동문학의 현재적 의미」이다. 그는 체험수기의 "묘사는 관찰자적인 전당에서 바라본 외부적 묘사가 아니라 진행되는 현실의 한복판에서 바라본 내부적인 것"[47]──이러한 관점은 이재현·채광석에게서도 보인다──임을 강조하고, "역사발전의 올바른 과정과 방향에 일치하는 노동자계급의 자기해방 투쟁을 문학적으로 반영한 노동자 체험수기는 … 인간해방의 총과정을 형상화함으로써 개별적이고 주관적인 직접적 체험의 단순한 재생산에 그치지 않고 사회적·총체적 인식을 가능케 하는 탁월한 문학적 양식이며, 바로 이 점에 의해 현단계의 민족·민중문학에서 노동문학이 지니는 적극적인 의미와 전위적인 역할이 기대"[48]된다고 결론을 내리고 있다. 노동자 체험수기가 '인간해방의 총과정을 형상화함으로써 … 사회적·총체적 인식을 가능케' 한다는 것은 노동자 체험수기 가운데서 가장 훌륭한 작품들이나 이루어낼 수 있는 적극적 의미일 것이다. 그러나 이것은 또한 훌륭한 장편소설에나 해당됨직한 것이어서 오히려 노동자들에게 지나친 부담감을 줄 수 있을 뿐만 아니라 백진기가 지적했듯이 지나치게 기존의 문학적 관점에 의존하여 수기를 다룰 때 수기가 지닐 수 있는 운동성을 약화시킬 수도 있고, 문학 개념을 확대시켜가는 데 있어서 '기존의 문학관

---

46) 이재현, 「노동, 문학 그리고 민주주의」, 『민중, 노동 그리고 문학』, 176면.
47) 현준만, 「노동문학의 현재적 의미」, 『민중, 노동 그리고 문학』, 196면.
48) 같은 글, 199면.

적용'이라는 자가당착에 빠질 수도 있는 것으로 생각된다.

이즈음에 발표된 김지하의 「민중문학의 형식 문제」는 그 제목이 말해주듯이 민중문학의 이념이나 내용보다는 주로 그 형식문제를 집중적으로 해명한 것으로 우리의 주목을 끈다. 결론부터 말하자면, 이 글에 담긴 '대설(大說)'의 미학은 구절구절이 새롭고 힘찬 것임에도 불구하고 '대설'로 하여금 민중 속에 깊이 침투해들어가 폭발적인 운동력으로 되살아나게 하지는 못하고 있는 듯하다. 그것은 무엇보다도 그가 사용하는 언어들이 우리의 시대적 약속의 범위를 뛰어넘어 전지구적·전우주적 범위로 확대되는 살아있는 생명 그 자체를 지향하고 있기 때문이다. 이러한 이유로 해서 그의 언어는 무기로서의 힘을 잠재하고 있을 뿐 물신적 폭력에 대한 날카로운 공격성은 상실하고 있는 것으로 보인다.

그가 말하는 '민중문학'은 "민중이 주체로 되는 민중의 삶이 스스로 주체적으로 그렇게 행하는 삶의 문학행위"이다. 그러면 민중의 삶이란 무엇인가. 그것은 "생명의 본디 성품에 따라 … 인위적으로 '살림'"이다.[49] 그러므로 민중문학에서의 형식이란 '살림살이'라는 '산 틀'이 된다. 그리고 작가는 '민중의 참된 삶'을 "제 삶으로 성실히 그리고 충실히 이행할 때 그는 곧 민중"이 된다. 그런데 민중의 삶에는 "삶의 모든 개별적인 가치를 통일하고 수렴하는 가치의 핵심"으로서의 '중심적 전체'가 있는데, 이것은 '활동하는 무(無)' 즉 '활동하는 자유'이며, "민중적 삶을 통일하고 해방시키며 그 본디 성품을 끊임없이 성취시키는 '최고선'"이고 '참생명'이다.[50] 그리고 "민중문학의 형식 문제, 즉 민중문학의 미학적 견해의 핵심은 바로 이러한 중심적 전체로서의 활동하는 '무'"이며, 이것을 그는 '신명' 또는 '집단적 신명'이라고 부른다. 그러므로 "민중문학의 형식문제는 바로 이 '신명' 또는 '집단적 신명'을 이해하고 해명하며 바로 이 집단적 신명으로부터 모든 문제를 차근차근 풀어나가야만 해결될 수 있"[51]다. '신명' 또는 '집단적 신명'이란 모든 죽음의 현상들에서 "삶 그 스스로를 스스로 해방해나아가는

49) 김지하, 「민중문학의 형식 문제」, 『민족, 민중 그리고 문학』, 227면.
50) 같은 글, 228면.
51) 같은 글, 230면.

이른바 '생명에너지의 고양된 충족'"이며, "바로 이것이 민중적 미의식의
핵심 내용"이다. 52)

그는 또 '노동과 삶의 도구'인 "언어에서 '신명'을 박탈하는 것", "살아있
는 삶 그 자체를 냉동언어로 잡아서 … 건축하듯이 축조학적으로 쌓아올리
는 방식", 그리고 "신명, 즉 민중적 삶의 역동적인 의미 연관을 다 배제하
고 가락, 장단 등을 그 자체로써 연관으로부터 독립된 감성적인 활동물로
'풀면서 냉동하는' 이른바 '심미주의'"라고 부르는 것 등은 '죽임의 언어'이
며, 따라서 반민중적인 것이라고 말한다. 53) 그는 이러한 죽임의 언어와 대
비적 관점에서 "민중적 삶의 참다운 살림"의 문제를 제기하며, 이것을 농
업공동체의 문제와 관련된 전통적인 예술양식들에서 미학적인 법칙과 특징
들을 찾아내고, "그것을 중심으로 하여 현재 산업사회의 … 모든 문제에 대
하여 '살아 생동하는 통합'으로 대답할 수 있는 민중적 생명의 문학형식,
삶의 문학형식"54) 즉 민족형식을 창조하는 일을 통해 해결하고자 한다.

김지하 자신도 말하고 있듯이 민중문학의 내용 및 형식 주체는 민중의
삶 그 자체이고, '삶'이란 뭐라고 꼭 집어서 말할 수 없는 무규정적인 것이
며, 그 범위 또한 무한하다. 그러므로 그에게는 80년대에 제기된 대다수의
논쟁적인 문제제기들은 소승(小乘)적 관점에서 나온 삶의 찢김의 나타남으
로 보였을 것이다. '신명' 또는 '집단적 신명' '참생명' '활동하는 무' '생명
에너지' 등의 어휘들은 노장사상의 '무(無)', 인도의 브라만(Brahman) 사
상, 헤겔의 '세계정신'처럼 만물의 근저에서 그것을 뒷받침하고 통일하는
생명적 원리와 같은 것이다. 그러므로 그것은 무차별적·무규정적인 존재
이며, 거기에는 세속적 갈등이나 구분이 없으며, 따라서 시(是)와 비(非)
를 가릴 만한 건덕지가 있을 턱이 없다. 그러나 우리는 나날의 삶에서 끊
임없이 시비를 가려내는 행위를 지속해갈 수밖에 없다. 우리의 삶 그 자체
가 소외되어 있기 때문이다. 그리고 "소외된 상태에서 민중 생명에너지의
고양된 충족이란 일시적으로만 가능"55)한 것이다. 이 글은 이러한 문제점

---

52) 같은 글, 231면.
53) 같은 글, 232~33면.
54) 같은 글, 234~35면.

에도 불구하고 민중문학의 형식에 대해 본격적으로 언급했다는 점에서, 그리고 민족형식을 창조해갈 길을 성실하게 제기했다는 점에서 거의 독보적 중요성을 지닌다. 그리고 특히 노동자문학론에서 소홀하게 취급된 개인적·사회적 삶의 순환관계 회복을 위한 제언은 이 시점에서 뜻있는 것으로 생각된다.

(3) 정리와 반성

이제 그간의 논의들을 정리해가면서 반성적 견해를 간간이 보여준 글들을 살펴본다. '반성'이란 일상적 의미로는 반성주체가 자신의 허물을 돌이켜보는 행위이지만 여기에서 논의하려는 '반성'이란 실제로는 다른 사람들의 논의에 대한 비평적·비판적 견해를 의미한다. 이러한 태도는 거칠게 보아 네 갈래로 나뉠 수 있는데, ① 민중·민중문학 자체에 대한 불신의 표시, ② 민중문학을 호의적으로 보면서도 기존의 문학적 태도를 견지·옹호하려는 경향, ③ 70년대부터 지금까지 민중문학론을 주도해오면서 지나친 편향을 우려하는 경향, ④ 노동자문학을 중심으로 민중문학을 통합하려는 경향 등이 그것이다. ②에 대해서는 이 글의 앞부분에서 이미 언급했고, ④의 경우는 모든 논자들이 70년대의 '민중지향적 민중문학의 한계'를 지적하면서 자기 논지를 펼친 경우로서, 이 글의 군데군데에서 자기 발전적 또는 반성적 면모가 지적되었으므로 더이상의 논의는 생략한다.

숫자상으로 본다면 ①의 경우가 가장 많을지도 모르지만 자신의 견해를 표명한 사람들은 거의 없다. 필자가 알기로는 전영태의 「민중문학론에 대한 몇가지 의문」이 거의 유일한 것이다. 그는 "민중이란 말은 도전의욕을 암시하고 있는 은유적 표현일 것"[56]이며, "민중 개념을 전략적·실천적인 것으로 국한시킨다면 그것은 '발전'이 아니라 '퇴행'"[57]이라고 주장한다. 그

55) 이재현, 「집단적 신명과 비판의 무기」, 『일터의 소리 2 —— 노동과 예술』, 지양사 1985, 333면.
56) 전영태, 「민중문학론에 대한 몇가지 의문」, 『한국문학』 1985년 2월호, 343면.
57) 같은 글, 346면.

리고 전략적·실천적 개념으로서의 '민중'을 위한 문학이라면 즉자적 민중에게는 받아들여질 수 없는 '엘리뜨문학'일 수밖에 없다는 것이다. 그는 이와 관련하여 "지금까지의 민중문학론에서는 하위문화 재편성의 중요성만 강조되었지 그 구체적 실천방안을 제시하지" 못했다고 주장하면서 이와 함께 "보수적 엘리뜨주의자들에 대한 철저한 연구가 필요하다"고 제언한다. 그러나 그가 정작 말하고 싶어하는 것은 "민중이라는 말을 단 한마디도 쓰지 않고도 '민중'의 의미를 실천하고 있는 예술작품이 전혀 불가능한 것은 아니"[58]며, '민중'이란 "포괄적·은유적 개념이기 때문에 분석적·학문적 연구가 더욱 요청"[59]된다는 것이다. 이와 관련하여 그는 '자본주의 이데올로기의 정통성' 문제를 고찰하지 않거나 "그것을 대체할 만한 다른 정통성을 수립할 수 없다면, (민중문학—인용자) 전체의 근거가 흔들리고 만다"[60]는 것이다. 그는 이처럼 "민중문학론은 문학론으로 감당할 수 없는 엄청난 과제를 그 안에 감추고 있"다고 보며, "따라서 민중문학론은 민중문학론이라는 특정한 명칭으로 묶일 수 없는 논의"라는 결론을 내림으로써 민중문학론 자체를 허구로 돌려버리고 있다.[61]

이러한 논의 또는 물음에 대한 대답은 앞에서 살펴본 민중문학론들에 이미 내재해 있다. '민중'이란 고정불변의 존재가 아니라 역사와 사회 속에서 그 범위 또한 달라지는 것임에도 불구하고 그것은 사회적 실체이며 역사의 주체라는 데 일정한 합의를 본 개념이며, 민중문학론은 이러한 개념을 바탕으로 하면서 특히 80년대에 들어서면서 역사적 표면에 뚜렷이 나타난 민중현상을 문학적으로 해석하고 문학작품으로 형상화해가야 한다는 인식에 도달할 수 있었던 것이다. 전영태 역시 이러한 사실을 모를 리 없다. 그러므로 그는 민중문학론뿐만 아니라 모든 문학론이 일정하게 정치적 성향, 즉 이데올로기적 성격을 띨 수밖에 없고 또 그래야만 한다는 사실을 바로 이해하고 좀더 올바른 방향으로 정치성 또는 정치의식을 발양해가야 한다

---

58) 같은 글, 351면.
59) 같은 글, 357면.
60) 같은 곳.
61) 같은 글, 354면.

는 사실을 먼저 인정했어야 한다. 그 자신이 "민중주의가 곧 아첨의 한 형태라는 것을" 보여주기 위해 인용하고 있는 이문열의 소설 문구야말로 정치적 발언의 극치이며, 전영태 자신이 하고 있는 일—— 즉 「민중문학론에 대한 몇가지 의문」이라는 글을 쓰는 행위—— 만큼 아지·프로성이 강한 글도 드물 것이다. 그럼에도 그는 성민엽이 "아지·프로와 문학이라는 명백히 다른 범주간의 문제가 아니라 두 범주 모두에 걸친 운동성과 문학성의 통일 문제로 조정되어야 할 것"이라는 말을 "아지·프로와 문학성의 바람직한 상호관계가 확립되어야 한다"는 말로 오해하면서 이것을 "정론적 (正論的) 비평의 한계"라고 비판하고 있는 것이다.

이제 본격적인 민중문학론자로서 70년대부터 민족·민중문학의 이론 전개를 주도해온 백낙청의 경우를 중심으로 80년대에 제기된 민중문학론들에 대한 반성적 지적들을 살펴보기로 한다. 그런데 80년대에 전개한 백낙청의 민중문학론을 반성적 발언들을 중심으로 살펴보려는 것은, 그가 그동안 전개해온 민중문학론에 뜻깊은 고찰들이 없어서가 아니라 80년대에 들어와 노동자문학론을 중심으로 한 민중문학론들이 사회과학자나 신예비평가들에 의해 힘차게 전개됨으로써 이러한 일련의 경향들이 1985년까지 민중문학론의 새로운 흐름(양적인 면과 새롭다는 면에서)을 이루었고, 이런 흐름 자체가 이제는 새로운 반론을 수용해야 할 때에 이르고 있으며, 이러한 반성적 고찰이 백낙청에 의해 가장 진지하게 제기되었기 때문이다.

그는 「민족문학과 민중문학」에서 형이상학적 인식의 독단성과 반민중적 독선의 요소에 대해 말하면서 우리의 참여문학론이나 민중문학론에도 형이상학적 태도가 보인다는 점을 지적한다. 즉 "문학에 무슨 문학성이라는 게 따로 있느냐, 그때그때 우리가 정치적 결단으로 정하기 나름이다, 정치운동의 수단으로서나 문학이 존재한다는 주장, 또는 문학성에 관한 일체의 진지한 관심을 문학주의라고 몰아붙이는 자세도 사실은 문학성을 형이상학적으로 설정하는 것 못지않게 '형이상학적'인 자세가 될 수 있을 것"[62] 같다는 것, 그리고 이러한 태도가 문학이론으로 내세워진다면, "문학이란 써

---

62) 백낙청, 「민족문학과 민중문학」, 『민족문학과 세계문학』 II, 창작과비평사 1985, 339면.

먹는 것이 아니라 그냥 하나의 오락일 뿐이다라고 주장하던 순수주의자들의 문학무용론과 역설적이게도 비슷한 결과가 되어버린다는 것"을 지적하고 있다. 이러한 지적은 '정치운동'이란 개념을, 구체적인 한 단체나 조직의 정치적 이념을 실현시켜가는 구체적 행위가 아니라 민중·민족해방, 나아가 인간해방을 위한 인간의 모든 행위로서의 정치운동을 부정하는 것은 아니며, 변증법적으로 확대된 문학의 범주 속에서 문학의 한 영역 또는 문학운동의 전위적 부분으로서의 문학활동들이 일정한 정치적 목표의 실현을 위한 '수단'으로 이용될 수 있다는 사실을 부정하는 것도 아니다. 백낙청은 이미 「문학적인 것과 인간적인 것」에서 "문학작품도 여기저기 쓰이면 쓰일수록 세상에 나온 물건 구실"을 하게 될 뿐만 아니라 문학 하는 사람도 "때와 장소에 따라 붓 대신 쟁기를 잡을 수 있고 붓과 쟁기를 내던지고 총을 잡아야 할 때도"[63] 있다고 말한 바 있기 때문이다. 그러므로 백낙청의 위의 발언은 "민중문학론의 성격을 기본적으로 띤 채로 민족의 현실에 좀더 밀착되고 문학행위의 실정에 좀더 부합된 논의"[64]가 전개되어야지 이론 그 자체가 논리적 타당성만을 바탕으로 실정에 부합되지 않는 주장으로 나아갈 때 비변증법적인 곧 비민중적인 성격을 띨 수 있으며, 끝내는 문학 자체에 대한 부정에까지 이를 수 있다는 뜻으로 받아들여진다.

그는 또 그 자신이 논의의 전개에 참여했던 "70년대의 민족문학론이 문학성에 대해서 어느정도의 변증법적 인식을 획득"했음을 예증하고 나서 "지금 시점에서 민족문학론의 주된 한계"를 스스로 지적한다. 그의 이러한 지적은 "70년대 민족문학론을 넘어설 새로운 민중문학론에 대한 요구가 지금 느껴지고 있는데, 그것은 민족문학론 자체의 논리가 관철되는 과정의 일환으로서 대두된 것이지, 지금 시점에서 민족문학론을 포기하고 민중문학론을 해야 된다는 것은" 아니라는 주장으로 이어진다.[65] 우리나라처럼 신식민지적 상황 아래 민족분단의 고통까지 겪고 있는 나라에서는 민중에 대한 논의가 민족문제의 범주 안에서 전개되는 것은 당연한 일이며, 이런

---

63) 백낙청, 「문학적인 것과 인간적인 것」, 『민족문학과 세계문학』 I, 111~12면.
64) 백낙청, 「민족문학과 민중문학」, 342면.
65) 같은 글, 343면.

점에서 볼 때 민족문제의 해결 주체로서의 민중을 중요시하는 민족문학이
민중적 삶의 질곡을 해결해가는 것을 자기 과제로 떠맡고 있는 민중문학에
의해 극복될 성질은 아니다. 그러나 이 시점에서 볼 때 이 두 개념들이 동
의어가 아닌 한, '민중문학' 개념으로써 풀어가야 할 문제와 '민족문학' 개
념으로써 접근해가야 할 문제가 꼭 동일한 것은 아니고, '민중'을 계급동맹
적 역사주체로 본다고 하더라도 그것이 단순한 계급나열이 아니라면 그 속
에서 주도적 역할을 해야 하는 것(지금 시점에서 할 수 없다고 하더라도)
으로 노동자계급에 주목하는 것은 당연한 것이며, 이와같은 노동자계급을
중심 문제로 삼는 문학 논의가 (문학 일반에 대한 적용에는 문제가 있다
하더라도) '민족문학'의 전개과정에서 이루어지지 않고 '민중문학'의 이름으
로 더욱 본격적으로 추구되어서 안될 것은 없다고 생각된다. 그리고 민중
문학을 민족문학의 극복 또는 포기의 관점에서 제기하고 있는 사람은 거의
없는 것 같다.

80년대의 민중문학론들 가운데 가장 많이 인용되는 "집필자의 신원에 너
무 집착하는 것은 오히려 작품을 저자 개인의 제품으로 보는 자본주의 사
회의 논리를 그대로 받아들이는 꼴이 될 수도 있"[66]다는 구절이 '직접생산
자인 민중에 의해 씌어진 글만이 민중문학이라는 이론에 대한 언급에서 피
력되고 있는데, 백낙청의 이러한 지적은 박현채의 민중문학론[67]을 떠올릴
때 타당한 것으로 생각된다. 그러나 문학평론가로 불리는 사람들 가운데에
는 직접생산자만이 민중문학의 주체가 되어야 한다고 주장한 사람은 거의
없다. 다만 몇몇 논자들이 민중지향적 지식인의 문학과 직접생산자인 기층
민중의 문학이 어떻게 공존할 수 있는 것인가를 논하면서도 궁극적으로는
계급 없는 사회, 다시 말해 기층민중 중심으로 계급이 통합된 사회에서 있

---

66) 같은 글, 347면.
67) 박현채는 그의 「민중과 문학」(『한국문학』 1985년 2월호)에서 민중문학을 "직접
    생산자의 노동의 표현양식에서 출발한 것"으로 보고, 민중문학을 식물의 발아·성
    장처럼 자연발생적인 것으로 봄으로써 개인의 창조적 활동으로서의 문학 또는 민
    중을 지향하는 문학이라고 해서 '민중문학'이 되는 것은 아니라고 말하고 있다.
    (『민족, 민중 그리고 문학』, 78~79면 참조.)

게 될 직접생산자인 민중에 의한 민중문학을 선취적으로 제기함으로써, 현단계에서 요구되는 문학역량의 통합에 역기능을 할 수도 있다는 우려를 자아낸 것은 사실이다.

백낙청은, 「민중·민족문학의 새 단계」에서 민중문학은 한두 계급이 아닌 "다양한 계급적·계층적 구성을 지닌 광범위한 연합세력"으로서의 '민중'의 문학이므로, 민중문학 논의에서 "노동자계급을 민중의 전체인 양 절대시하는 계급주의적 독단"을 피해야 한다는 점을 강조한다. 그렇다고 해서 그가 노동자계급이 그들의 한정된 경제적 위치에서 벗어나서는 안된다고 주장하는 것은 아니며, 그가 정작 염려하고 있는 것은 "노동자들의 각성이 오히려 부족한 데서 생기는 민중운동 분열의 가능성이다."[68] 그는 노동자문학에 대해서도 그것이 노동자뿐만 아니라 "민중·민족성원들의 인간해방"에 얼마나 기여하고 있는가 하는 데 작품평가의 기준을 설정하고 있으며, 이것은 노동자문학이나 지식인문학의 어느 한쪽에만 한정된 요구는 아니다. 이런 관점에서 그는 박노해의 "『노동의 새벽』이 80년대 한국 시의 빛나는 성과지만 새 단계의 민중·민족문학으로 뛰어오르기에는 모자람이 있다"고 생각한다.[69] 백낙청의 이러한 견해는, 백낙청·김지하의 대담 「민족, 민중 그리고 문학」, 최원식의 「노동자와 농민」 등에서 피력되고 있는 노동자문학에 대한 논의를 살피는 데 도움이 된다.

백낙청·김지하의 대담 「민족, 민중 그리고 문학」은, 김지하의 「민중문학의 형식 문제」에서 제기된 문제들을 백낙청이 좀더 구체적으로 명료화한 점, 노동자문학에도 농민공동체적 정서가 깃들여야 한다는 지적, 그리고 "민중작가나 민중문화운동을 하는 사람들일수록 예술적인 피나는 노력을"[70] 해야 한다는 점 등과 같은 뜻깊은 발언을 담고 있다. 백낙청은 먼저 집단적 신명이 '일반성·객관성·과학성'에 의해 더욱 구체화될 필요가 있음을 지적하고, 김지하는 이를 수긍한다. 그리고 김지하는 운동성과 예술

---

68) 백낙청, 「민중·민족문학의 새 단계」, 『창작과비평』 57호, 1985, 21면.
69) 같은 글, 230면.
70) 「민족, 민중 그리고 문학」(백낙청·김지하 대담), 『실천문학』 1985년 봄호, 56면.

에 대해 "자기 생명, 경제적인 어떤 이득이나 정당한 대가만이 아니라 그로써 이루어지는 충족감이나 자기 자신의 삶의 순환 회복이라는 관점에서 본다면 노동과 예술적 표현, 말을 바꾸어 운동성과 예술성 등은 결코 구분될 수 있는 성질의 것이 아니"[71]라고 그의 「민중문학의 형식 문제」를 내용적으로 보완한다. 그러나 여기서는 이러한 긍정적·적극적 발언들보다는 노동자정서와 다소 대비적 관점에서 제기하고 있는 농촌공동체적 정서 문제를 최원식의 「노동자와 농민」에서 피력된 발언과 함께 살펴보기로 한다.

백낙청은, 박노해도 농촌 출신일 터인데도 박노해 "시의 형식이나 가락에서는 사실 농촌공동체 같은 게 별로 느껴지지 않"는다는 지적을 하면서 "이것은 노동자들 개개인의 문제라기보다는 아직까지 농민운동과 노동운동이 제대로 연결되어 있지 않다든가 또 노동자들의 생활 자체가 임금도 그렇고 노동시간도 그렇고 노동환경도 그렇고, 어떤 기본적인 주장을 하고 지금의 노동현실에 대해서 고발을 하는 기본적인 문제제기 이상의 여유가 없다는 현실과 관계가 있는" 것이라고 지적하고,[72] 김지하는 이러한 지적을 이어받아 노동자문학에서는 "노동자의 전인격적인 호소와 삶 자체의 전율 같은 것이 배어나와야" 하고 노동자들 속에 있는 여러가지 농촌공동체의 추억, 농촌적 삶에서의 가치관 또 그들이 신봉했던 종교나 전설들이 표현되어야 하는데 박노해의 시집에는 그런 것이 나타나 있지 않다는 것, 그리고 노동자문학에도 세계관 같은 게 있어야 한다고 주장한다. 김지하는 이미 「민중문학의 형식 문제」에서 이 문제를 '민족형식'을 설명하는 과정에서 자세히 언급한 바 있다. 그리고 이 문제에 대해 최원식 역시 「노동자와 농민」에서 뜻깊은 고찰을 보여준다. 그는 박노해의 시에 "전통적 형식이 거의 살아 있지 않다는 것"을 지적하면서 "현실적으로도 오늘날 한국 노동자의 대부분은 농민의 아들·딸이다. 한국의 노동운동이 더 깊이 뿌리내리기 위해서는 노동자의 몸과 마음속에 숨어 있는 농민적 기억을 단지 극복해야 할 장애로 규정하기보다는 싱싱한 힘의 원천으로 감싸안고 넘어서는 적극적 태도가 요청된다"고 말하고,[73] 김용택에게서 "우리 시대 최고의 서

---

71) 같은 글, 19면.
72) 같은 글, 38면.

정시와 만나게 된" 즐거움을 말하는 자리에서 "제국주의 침략과 함께 파괴
된 우리 시의 리듬을 회복하는 작업은 앞으로 중요한 과제의 하나"이며,
"더구나 낭송을 통해 시와 대중의 직접적 결합을 진지하게 검토하고 있는
오늘날 우리 시가 진정으로 민족적인 율격을 회복한다는 것은 이 열악한
식민지적 소리환경으로부터 해방되는 첫걸음"임을 강조한다. [74]

백낙청·김지하·최원식의 발언들은 노동자문학을 민중문학이란 큰 범주
에서 봄으로써 노동자문학을 한풀 접어두고 예외적으로 취급하지는 않고
있다. 이 점은 노동자문학도 궁극적으로는 '민중·민족성원들의 인간해방'
에까지 나아가야 한다는 생각을 반영한다. 이러한 관점의 연장선상에서 이
들은 전통율격의 창조적 계승과 관련된 농촌공동체적인 정서의 회복의 필
요성을 지적하고 있다. 전통적 형식을 기초로 해서 오늘날의 민중문학의
형식 문제를 해결해나가야 한다는 이러한 주장에 반대할 사람은 별로 없을
것이다. 그리고 민족의 전통적 형식은 농촌공동체라는 생활공간에서 장구
한 세월을 거치는 동안에 축적된 정서를 바탕으로 한 것이고, 따라서 오늘
날의 노동자들에게도 잠재적으로 혹은 뚜렷한 기억으로 계승되고 있는 것
은 사실일 것이다. 그러나 문제는 농민의식이나 노동자의식 같은 것은 기
본적으로 생산관계를 반영하며, 따라서 다소 도식적으로 이야기하자면 노
동자는 기본적으로 노동의 인격화이며, 농민은 기본적으로 농업활동의 인
격화일 수밖에 없다는 데 있다. 그러므로 오늘날 노동자들 마음속에 잠재
해 있는 농민적 정서조차도 우리의 소망과는 관계없이 노동자적 정서로 환
치되어갈 수밖에 없다고 말할 수 있다. 농민정서든 노동자정서든 그것은
우리의 구체적 삶 속에서 형성되는 것이고, 그러한 현상을 인위적으로 막
아낸다는 것은 거의 불가능하기 때문이다. 다시 말해서 '정서'라고 말해지
는 인간의 감성적 실체는 구체적 생활감정의 집적일 수밖에 없는 것이다.
그리고 앞으로 노동자들의 대다수는 도시적 환경에서 태어나 그 속에서 성
장할 수밖에 없을 것이다. 이러한 사실을 염두에 두고 본다면, 민중문학의
형식이나 민족형식은 농촌공동체적 정서의 회복을 꾀함으로써 이루어진다

---

73) 최원식, 「노동자와 농민」, 『실천문학』 1985년 봄호, 139면.
74) 같은 글, 143면.

기보다는 비인간적인 노동관계 속에서 파괴되어가고 있는 인간성을 보존하고 삶의 순환관계를 정상화·인간화하기 위한 사회운동적·문학적 대응을 지속해가는 과정에서 점진적으로 형성되어갈 수 있을 것으로 생각된다.

백낙청·김지하의 대담에서 제기된 '전문성'에 대한 언급은 "궁극적으로 전문가 세상을 넘어서기 위해서 우선은 전문가다운 전문가도 좀더 나올 필요가 있다"[75]는 말로 요약된다. 그러나 백낙청의 '전문성'에 대한 견해는 「민족문학과 민중문학」의 "전문성은 한편으로는 그 집필자를 민중으로부터 유리시키는 속성일 수도 있지만 다른 한편으로는 문학생산에 반드시 있게 마련인 민중과의 의식적·무의식적 협동을 극대화하는 집필자의 기술이라고도 볼 수 있"[76]다는 발언에 집약되어 있다. 새롭고 뜻깊은 관점으로 생각된다. '전문성'을 일반적으로 기존의 문학작품에 대한 경험을 통해 습득된, 문학형식을 구사할 수 있는 능력 또는 전문분야에 대한 지식 등을 의미한다는 관점에서 보면 분명히 진보적이다. 그러기에 오히려 일반적으로 논의되고 있는 '전문성'의 문제에 대한 직접적인 해답이 되기보다는 바람직한 전문성이란 어떤 것이어야 하느냐에 대한 해답을 제시한 것으로 볼 수 있다. 이런 뜻의 '전문성'이라면 개개인의 역량이나 노력 여하에 달린 것이며, 따라서 하나의 계층으로서의 지식인계층의 기본적 속성과 결부된 전문성에 대한 객관적 검토로 보기는 어렵다. 어쨌든 '전문성'에 대한 이와같은 개방적·포괄적 정의는, 몇몇 민중문학론들에 의해 자칫 기존 문인들의 전문적 기능이 위축될지도 모른다는 우려를 씻어준 셈이다.

우리는 근래에 대두되고 있는 '민중시에서의 서정성으로의 회귀' 현상에 대한 황지우의 발언에서 전문문학인들의 '전문성'이 획득할 수 있는 문학적 감동이 곧 선전·선동이라는 발언으로까지 발전되고 있음을 본다. 민중시가 서정성으로 회귀할 때 "시는 좀더 주관 쪽으로 이동하게 마련인데요, 이게 시를 읽는 이의 마음을 더 울리게 하는 것 같습니다. '속'에서 나온 것 혹은 '속'에서 나온 것 같은 것, 그것이 사람의 마음을 움직이게 합니다. 사실 감동이야말로 가장 제대로 된 시, 예술의 선전·선동이지요. 자

---

75) 「민족, 민중 그리고 문학」, 『실천문학』 1985년 봄호, 57면.
76) 백낙청, 「민족문학과 민중문학」, 『민족문학과 세계문학』 Ⅱ, 347면.

발성은 '나에게 아프거나 아름다운 것이 너에게도 아프거나 아름다운 것'으로 되는 데서 나온다"[77]는 것이다. 그는 여기에 "객관적 현실과 거기에 개입된 주체들에 대한 내적 통찰, 사물에 대한 밝은 시선, 탁월한 수사법과 완벽한 묘사를 통해 문학의 원천인 우리의 생활, 자연보다 더 '조직적이고 집중적이고 이상적인, 그런 의미에서 보다 보편적인 아름다움으로서의 독자성'을 갖게 되는 '심화된 서정시'이어야" 한다는 단서를 붙이고 있다. 이러한 주장에서 우리는 적극적으로 긍정되고 있는 '전문성'을 볼 수 있으며, 만약 이러한 것만이 진정한 의미에서의 민중시라면 그것은 직접생산자인 민중은 얼씬도 못할 성역처럼 보이기까지 한다. 황지우는 유동우·박노해·김해화의 대두를 쌩디깔리슴적 현상으로 규정하면서, 사회과학적 인식을 토대로 하고 있는 민중문학론들이 '너그러움과 트임'을 지녀야 한다고 강조한다. 옳은 말이다. 그러나 너그러움과 트임은 민중문학론에만 요구될 것이 아니라 기존의 전문문학인들이 기층민중의 문학을 받아들이는 태도에서도 나타나야 할 것이다.

끝으로 황지우와는 다른 방향에서 반성적 견해를 보여주고 있는 김진경의 발언을 보자. "지식인문학자들의 민중운동에 연대하는 집단적 실천들이 확보되지 못한 상태에서 민중문학을 강조하는 젊은 문학인들이 간혹 관념적 과격성에 빠진 점도 없지 않다. 이러한 점은 철저히 반성되어야 하겠지만 그러한 관념적 과격성을 극복하는 길이 소시민적 민족문학으로의 후퇴는 아닐 것이다."[78] '소시민적 민족문학'이라는 말보다는 '소시민적 문학'이라 해야 옳겠지만, 김진경의 이러한 지적은 이 시점에서 필요한 것으로 생각된다.

이밖에도 임헌영·김정환·백기완 등의 뜻깊은 민중문학론들이 있지만, 다루지 못했다. 임헌영의 「민중문학의 사상적 의미」(『민족문학』, 1986. 2)는 '민중' 개념을 그 역사적 발전과정을 통해 실증적으로 고찰하면서, 민중문학을 인민문학과의 대비 속에서 고찰한 뜻깊은 논문이고, 김정환의 「예술

---

77) 황지우, 「귀소(歸巢)」(고은과의 대담), 『문예중앙』 1987년 봄호, 167면.
78) 김진경, 「'지식인'문학의 민중성은 가능한가」, 『서울시립대신문』 1987년 5월 11일자.

성·운동성·대중성·민중성·일상성·전문성」(『민족문학』, 1986. 5)은 그간
의 민중문학론들에서 제기되었던 중요한 개념들을 풍부한 사례를 통해 검
토한 중요한 글로서 특히 '대중성'에 대한 부분은 민중문학론이 엘리뜨화되
지 않고 확산력이 큰 것이 되는 데 필요한 충실한 고찰을 보여주었으며,
백기완의 「민중문학의 나아갈 길은 이렇다」(『민족문학』, 1986. 5)는 문학은
"민중해방과 통일운동의 한 기능적 부분으로 있어야 한다"는 논리를 전개
한 운동문학론이다.

4. 글을 맺으면서──새로운 민중문학론을 위하여

80년대에 발표된 민중문학론들을 읽으면서 느낀 것 가운데 하나는 '민중'
이라는 개념이 어떤 고정된 틀로 포착될 수 없는 것이라 할지라도 가능한
범위 내에서 민중 개념을 명료화하면서 '민중문학의 주체 문제'에서부터 접
근해갔더라면 의사소통상의 혼란을 줄일 수 있었을 것이라는 점이다. 그러
므로 이 글을 마무리하는 자리에서 나 자신의 '민중' 개념──이것은 몇몇
사회과학자들, 예컨대 박현채·서관모·조희연 등의 견해에 근거한 것이다
──을 밝히면서 이와 관련하여 민중문학의 주체와 객체, 노동자문학과
지식인문학, 운동성과 예술성, 민족문학-민중문학의 내적 관련성 등에 대
한 몇가지 제언을 해볼까 한다.

박현채에 의하면, 민중이 사회적 실체로 등장한 것은 중세 말 봉건사회
의 매뉴팩처를 통한 부르조아지의 생성을 매개로 해서이다. 그후 시민혁명
의 과정에서 부르조아지와 프롤레타리아트는 함께 봉건제를 허물고 근대자
본주의를 만들지만, 하나는 지배계급이 되고 다른 하나는 피지배계급이 된
다. 자본주의 경제체제 안에서 '민중'의 범주를 직접생산자층에 속하는 계
층간의 순환적 연결관계로 보면, 노동자·농민·도시빈민은 이러한 순환계
열 속에서 사회적 실체로 존재한다. 그런데 자본주의가 독점자본주의 단계
에 이르고 또 이것이 독점자본주의의 특수한 형태인 국가독점자본주의 단
계에 이르면 민중구성 자체도 달라진다. 국가가 중립적일 때에는 민중적

요구의 실현이 가능하지만, 국가가 독점자본의 요구를 실현시키기 위한 기구로 존재하면, 일부 거대자본을 제외한 중소자본·중소생산자에 이르기까지 한 사회의 모순관계 속에서 피해자적인 위치에 놓이게 된다. 이러한 현실은 계급간의 동맹·제휴를 만들어가는 과정에서 실체로서의 '민중' 개념인 직접생산자라는 범주를 완화시키면서 자기 범위를 확대해간다. [79]

이러한 민중 개념의 확대로 인해 새로 포함되는 중간계층이란, 서관모에 의하면, 자본주의 사회의 기본계급인 자본가계급과 노동자계급 사이에 존재하는 다양한 중간적 집단을 일컫는다. 이 중간계층의 주요 구성은 농민, 소상공업자, 도시빈민 그리고 일부 진보적 지식인으로 이루어진다. 중간계층은 또한 신중간계층과 구중간계층으로 구성되는데, 1985년 현재 신·구 중간계층의 규모는 신중간계층이 전체 노동인구의 11퍼센트, 구중간계층이 21퍼센트 도합 32퍼센트이며, 농촌의 반프롤레타리아층과 노동자계급을 합한 66퍼센트의 절반 규모에 육박하고 있다. 여기서 중간계층이란 부유층을 뜻하는 중산층이 아니며, 따라서 중간계층은 소수의 부유한 특권계급이 아닐뿐더러 국가독점자본주의 단계에서는 오히려 피해자적 위치에 놓인다. 이것이 계급연합론적 고려를 요구한다. 그리고 계급구조가 국민경제 내지 일국 사회 내부의 계급관계로써 완결되는 것이 아니라 국제적 계급관계 즉 민족관계가 결합됨으로써 완결되는 것이므로, 중간계층의 성격의 파악에서는 제국주의론적 시각이 전제되어야 한다. [80]

중간계층 가운데서도 특히 민중문학론들에서 논의대상이 되고 있는 '지식인'은 그 자체로서는 대다수가 부동적·기회주의적이며, 일부는 확고하게 반민중적이다. 그러나 조희연에 의하면, 민중과 지배자의 대립이 격화될수록 지식인 내의 대자적 계급 분화는 심화되고, 노동자계급 및 민중 일반의 정치적 결집이 어려워질수록 진보적 지식인의 역할은 상대적으로 커진다. 여기에서 민중은 확고하게 반민중적·반민족적인 지식인에 대한 비판과 압력을 강화함으로써 자신의 '지식인'을 산출해낸다.

---

79) 「80년대의 민족사적 의의」(박현채·송기숙 대담), 『실천문학』 제8집, 1987, 25~27면에서 요약.
80) 서관모, 「중간계층의 계급적 성격」, 같은 책, 108~13면 참조.

중간계층의 문제는 또한 역사발전의 주체 즉 변혁주체가 '계급'이 아니라 '민중'으로 제기되어야 하는 이유와도 관련된다. 그리고 이 문제는 백낙청의 발언 가운데 계급론적 편향의 기미에 대한 비판과도 결부된다. 결론부터 말하자면, 현재 우리나라의 자본주의적 사회구성체는 자본가·노동자라는 기본계급을 규정하는 지배적 생산양식뿐만 아니라 부차적 우끌라드들로 구성되어 있으므로, 역사발전의 주체 문제는 당연히 기본계급뿐만 아니라 '민중' 문제로 제기될 수밖에 없다. 따라서 '민중'이 아니라 '계급' 범주로써 변혁주체의 문제에 접근하려는 것은 사회구성체의 운동법칙을 무시함으로써 비현실적·비변증법적 독단으로 흐를 염려가 있다. 이처럼 계급론의 상위개념이라고 할 수 있는 '민중론'은 크게 보아 제국주의론, 국가독점자본주의론, 전반적 위기론 등과 결합하면서 계급구성론·궁핍화론·연대제휴론을 그 내용으로 하며, 이러한 내용에 의해 규정되는 '민중'은 민주주의의 확립, 사회이행, 민족해방이라는 3대 과제를 짊어지게 된다. [81]

위에서 살펴본 민중론을 민중문학의 주체 문제에 활용한다면, 노동자와 진보적 지식인은 당연히 민중문학의 주체가 될 수 있다. 특히 그동안의 민중문학론들에서 수없이 논의되어온 '민중지향적 지식인문학인'은 민중과 지배층의 대립이 격화되고 있는 현시점에서 민주화·사회이행·민족해방을 자기 과제로 떠맡고 있는 민중의 일부로서 자신의 전문적 역량을 충분히 활용해야 할 필요성을 지닌다. 그리고 민중문학 작품의 대상으로서도 중간계층의 현실은 중요한 영역이 될 수 있다. 이런 점에서 볼 때, 중간계층의 인물이 역사소설의 주인공이 되면, 상층계급과 하층계급 사이의 매개가 원활해지며, 따라서 당대의 역사적 삶을 총체적으로 반영할 수 있다는 사실은 지식인문학에 대해서도 시사하는 바가 클 것으로 생각된다.

현단계의 '민중지향적 지식인문학인들'은 눈부시게 성장하고 있는 기층민중의 문학작품들에 대해서는 언제나 기존의 문학관에 의한 평가를 하기 이전에 '민중구성' 속에서도 전위적 주도성을 잠재하고 있는 기본계급의 자기발전 및 역사발전을 위한 투쟁의 표현이라는 점에서, 그리고 지식인문학인

---

81) 조희연, 「한국사회의 민중과 변혁주체론」, 『연세춘추』 1985년 12월 2일자 참조.

들이 자신을 비추어보는 반성의 거울로서의 노동자문학의 기능에 더 큰 의미를 부여해가는 것이 당연하다. 그래야만 기존의 문학관의 요구에서 빚어질 수 있는 글쓰는 노동자의 변질과 지식인의 자기만족에 의한 소시민화 경향을 방지할 수 있을 것이다. 특히 노동자문학이 지닌 적극적인 의미는, 하나의 문학작품으로서의 자기완결성에 있는 것이 아니라 그것이 노동문제에서 가장 극적으로 나타나고 있는 민족·민중적 모순의 실상을 구체적인 현장성을 통해 표출할 수 있는 영역이라는 점, 그리고 민중의 기본구성에 제휴적으로 포함되는 중간계층에게 그 현장성의 생생한 전달을 통해 이 계층의 자기쇄신과 민중해방운동에의 자발적 참여, 그리고 민중 내부의 더 튼튼한 결속을 가져오게 하는 매개물이 될 수 있다는 점에서 찾아져야 하고, 이러한 관점에서 노동자문학 작품들에 대한 올바른 평가작업이 이루어져야 할 것이다. 그러므로 "민중작가나 민중문화운동을 하는 사람들일수록 예술적으로 피나는 노력을 해야 합니다. 다만 노력하는 핵심이 민중적 미의식이어야 하지만요"[82]라는 김지하의 말은 노동자문학보다는 민중지향적 지식인문학에서 더욱 강조되어야 할 것이다.

여기서 그동안 몇몇 논자들에 의해 민중문학의 이상적 형태로 제기된 기층민중 (특히 노동자) 주체의 문학을 중심으로 통합된 민중문학 논의에 대해 한마디 해둘 필요가 있겠다. 계급동맹론 또는 계급제휴론적 민중론에서도 노동자계급은 그 규모, 무산성, 자본가들과의 분명한 갈등관계, 노동과정에서 주어진 조직성·규율성 등을 통해 지도적 역할을 할 수 있는 것으로 인식되고 있다. 그러나 이때의 '지도적 역할'이란 전체 민중운동에서의 지도적 역할이지 문학이나 다른 예술부문의 창작 면에서도 지도적 역할을 할 수 있다든가 해야 한다는 뜻은 아닐 것이다. 물론 노동자들도 그들에 알맞은 장르 또는 기존 장르의 활용을 통해 민중문학에 활기를 불어넣으면서 민중문학의 중요한 부분을 이루어가야 마땅하지만, 현단계의 민중문학운동에서 기층민중 주체의 문학을 중심으로 민중문학을 통합해가야 한다는 주장은 현실성을 얻기 어렵다. 그리고 현재 중국에서 전문창작조·전문창

---

82) 「민족, 민중 그리고 문학」, 『실천문학』 1985년 봄호, 56면.

작원을 두고 있는 것을 보면, 계급 없는 사회가 도래한다 해도 현실적·역사적 필요에 의해 요구되는 비매판적 '전문성'도 요구될 수 있다는 시사를 받을 수 있다. 그리고 백낙청의 말처럼 "민중과의 의식적·무의식적 협동을 극대화하는 집필자의 기술"[83]로서의 전문성도 있을 수 있고, 노동·직업 자체가 요구하는 장소적·기능적 한정성을 뛰어넘어 당대의 역사적·사회적 전체성을 인식하고 표현함으로써 전체 사회의 이념적 동질성을 확보해나가는 기술 또는 능력으로서의 전문성은 반드시 필요할 것이다.

노동자문학과의 대비적 관점에서 볼 때, 지식인문학에서는 전형성·총체성의 확보가 상대적으로 중요한 의미를 띨 수 있으며, 이러한 문제와 관련하여 예술성과 운동성에 관한 문제가 제기될 수 있다. 현단계에서 볼 때, '예술성'과 '운동성'은 적어도 갈등관계에 있는 것은 아니라는 견해가 지배적이다. 그리고 삶의 순환관계에서 보면, 운동성과 예술성은 결코 구분될 수 없으며, 민중적 삶의 자각과정이 민중문화운동이라면 운동은 곧 예술이라는 견해(김지하)까지 나오고 있다. 예술성이란 현실적·이념적 내용을 효과적으로 표출하는 과정을 통해 이루어지는 것이고, 운동성이란 문학작품의 소재와 내용이 되고 있는 구체적 현실의 변혁에 관련된 힘이므로, 예술성은 그 속에 내재해 있는 감동성을 매개로 하여 운동성으로 나아가야 한다. 그러나 문학작품의 소재나 내용, 그리고 형식이 어떤 이념지향성에 의해 선택된 것이 아닐 때에는 운동성은 확보되기 어려울 터이므로 운동성을 내재한 예술성은 이념적 내용물과 거기에 알맞은 형식을 확보했을 때에만 획득되는 것이라고 볼 수 있다. 이런 점에서 볼 때, 예술성=운동성으로 단순화되는 예술성·운동성 논의는 상당한 위험성을 내포하고 있다.

지금의 시점에서 볼 때 민족문학·민중문학의 관계 양상에 대한 논의는 80년대 후반의 민중문학론에서 하나의 중요한 쟁점으로 부상할 가능성이 있어 보인다. '민족문학'이 다른 나라의 문학이 아니라 우리 문학이기에 그렇게 불러야 한다는 식의 동어반복적·포괄적 개념으로서가 아니라 지금 우리의 역사적 상황에서 필연적인 의미를 지니는 문학사상이 되고 있는 것

---

83) 같은 글, 38면.

은 백낙청에 의해 거듭 지적되었듯이 분단상황과 제국주의 침탈의 그늘에
우리가 놓여 있다는 사실에서 비롯된다. 앞에서 보았듯이 '민중론'의 대두
는 거의 세계사적 필연성을 띤다. 이러한 민중론에 입각하여 민주주의 확
립, 사회이행, 민족해방이라는 3대 과제가 민중에게 지워진 역사적 사명이
라고 본다면, 민중문학은 민중의 3대 과제의 문학적 실천이 되며, 여기에
서 민중문학은 그 전개과정에서 민족문제를 자기 과제로 삼게 됨으로써 민
족문학적 성격을 띠어간다고 볼 수 있는 것이다. 민족문학-민중문학의 관
계는 대체로 민족모순-계급모순의 관계로 집약될 수 있다. 그런데 민족모
순은 우리 민족에게 규정적이고 상황적인 것이어서 거의 선험적으로 주어
지고 있음에도 불구하고 지극히 우회적이고 복잡한 과정을 거쳐 우리의 생
활에 반영되고, 반대로 계급모순은 우리의 일상적 삶에서 훨씬 직접적이고
절실하게 제기되고 있다. 이러한 사실이 그대로 민족문학·민중문학의 관
계에 적용될 수는 없지만, 민중의 생활상의 요구가 민중해방·민족해방의
기본 동력이 된다고 볼 때, 규정적으로 주어진 민족모순의 프리즘을 통해
민중문제에 접근하는 것('민족'을 지나치게 강조하면 '민족문학'의 접근방식
은 이런 것으로 오해될 소지가 있다)은, 기층민중의 구체적 생활에서 나타
나는 계급모순을 상대적으로 소홀히 취급하는 결과를 초래할 수 있다고 생
각된다. 두 범주('민족'과 '민중') 사이의 상호 작용과 이행이 하나의 변증
법적 운동을 이루어갈 때에만 우리의 민족문학·민중문학은 이 양자의 도
식적 구분이나 어느 한쪽만으로의 이행이라는 잘못된 시각에서 벗어날 수
있다. 그러므로 이 시점에서 민족문학의 민중문학으로의 이행 현상이 일방
적 편향성만 띠고 있지 않다면, 그것의 '급진성'만을 탓하기보다는 그러한
현상에 내포된 의미에 대해 과학적인 논의를 끈기있게 이루어가야 할 것이
다.

<창비 1987, 창작과비평사 1987>

노동문제의 소설적 표현

1. 문제의 제기

인류의 물질생활이 채집과 수렵에 의존했던 원시시대 이후 인간은 물질적 욕구의 충족을 위해 자연에 육체적 또는 정신적 힘을 가하여 필요한 물질을 얻어내는 방식으로 삶을 영위해왔다. 이와같은 원시적 형태의 노동행위 속에서 인간은 노동의 전과정을 지배하면서 노동과 삶을 직접적 연관 속에서 이루어왔으며, 따라서 인간의 물질적 생활의 성패 여부는 그 자신의 노력에 따라서만 결정되었다. 이러한 자연경제 상태에서의 인간의 경제행위는 자급자족과 물물교환을 통해 이루어졌으나 그것이 와해되면서 모든 생산품이 상품화되고 화폐가 교환의 매개물로 등장하여 인간의 경제생활은 자유경쟁을 전제로 한 초기 자본주의 경제질서에 지배받게 된다. 그후 산업혁명과 시민혁명을 통해 근대자본주의 사회의 완전한 모습이 갖춰지게 되면서 자본가 및 기업가 계급과 노동자계급이 뚜렷이 분화되고, 자본가 및 기업가는 생산수단을 독점하고 그것을 갖지 못한 노동자는 자신의 노동력을 화폐가치로 환산하여 임금을 받는 존재로 전락하게 된다. 그리고 이러한 경제구조는 필연적으로 노동자와 자본가의 갈등을 초래하며, 여기에서 이 문제의 해결을 위한 제도적 변혁의 필요성이 제기된다.

이와 함께 인간의 노동과정에서 제기되는 또하나의 문제는 사회적 생산력을 발전시키기 위한 노력에서 필연적으로 빚어지는 사회적 분업이다. 이러한 분업체계 속에서 인간 개개인은 자기가 하는 일의 전체 과정 및 구조에 대해 한정된 지식밖에는 갖지 못하게 되며, 따라서 자기가 맡은 작은 부분의 일에만 결박되어 노동의 전과정으로부터 소외될 수밖에 없는 처지에 놓이게 된다. 이러한 소외현상이 노동자에게만 국한되지 않고 모든 사회적 생산력과 생산물이 인간의 제어력으로부터 완전히 벗어나 객관적 법칙성을 갖는 객관적 운동으로 되어버리는 인간소외의 현상으로 확산되는 것이 자본주의 사회의 일반적 경향이다.[1] 이와같은 상태에서는 인간과 인간의 관계까지 물화(物化)되어 나타날 수밖에 없으며, 이러한 현상의 극복을 위하여 이 사회를 그 전체적 구조와 생동하는 역사성 속에서 포착하는 올바른 인식행위와 그것을 바탕으로 하여 이루어지는 인간회복의 필요성이 제기된다.

그러나 지금 이 땅의 삶의 구조에서 볼 때 노동과 관련되어 나타나는 모든 비인간적 조건과 그것의 극복을 위한 투쟁은 위에서 본 바와 같은 노동조건의 원론적인 문제보다 훨씬 심각한 것이며, 그와같은 일반적이고 원론적인 사고틀로써는 도저히 납득하기 어려울 정도로 복잡한 비인간적 삶의 현상들을 드러내고 있다. 따라서 지금 우리에게 제기되고 있는 노동문제는 논자의 자유로운 선택의 문제라기보다 이 땅에서 살고 있는 모든 사람들이 그들의 삶의 과정 속에서 맞닥뜨릴 수밖에 없는 절실한 문제가 되고 있다. 이러한 노동의 악조건에 대항하여 최소한의 인간적 생활을 유지하기 위해 우리 노동자들은 일제시대 이래 끈질긴 노동운동을 전개해오고 있지만, 아직도 노동운동은 극도로 억압된 상태에 있으며 이러한 상태의 극복을 위해 더 효과적인 전략의 창출이 시급히 요청되고 있다. 이러한 상태는 물론 과거의 노동운동이 원시적이거나 소극적이었던 데에서 빚어진 것은 아니어서 우리는 지난날의 역사 속에서 훌륭한 노동운동의 사례나 가능성을 얼마든지 찾아볼 수 있다. 일제시대, 특히 1929년의 원산총파업 같은 노동쟁의는 그 규모와 장기성 그리고 각계각층에서 보여준 지원으로 하여 노동쟁의를 민족운동으로까지 발전시켜갔을 정도로 적극적이고 진보된 방법을 보여주

---

1) 박현채, 「문학과 경제」, 『실천문학』 제5집, 424~25면 참조.

었으며, 해방 직후 노동조합에 가입한 노동자의 수는 거의 전국의 노동자 수에 맞먹을 정도로 급증하여 세계사에서도 그 유례를 찾아볼 수 없을 정도였고, 4·19 직후와 10·26 직후에도 이러한 현상을 보여주었으나 매번 외세를 등에 업고 과도하게 성장한 국가권력에 의해 조직적이고 비인간적으로 파괴되었다.[2] 여기에서 우리는 노동문제가 노동에만 국한된 것이 아니고 정치·경제·문화의 모든 면에 결부된 거대한 구조 속에 놓인 문제임을 실감할 수 있었다.

이러한 현실에 대해 70년대 이후 문학부문에서 보여준 인식의 향상과 노동문제의 실상과 그 해결 전망의 제시는 괄목할 만한 것이었다. 이러한 현상은, 글을 쓰는 행위가 작가들이 몸담고 살아가는 사회와의 관계를 함축하는 것일 수밖에 없고, 따라서 문학은 사회적 삶의 과정에 내재한 계층간의 갈등과 사회구조의 모순을 언어를 통해 형상화하는 것이어야 한다는 사실을 자각하게 된 데에서 비롯했을 것이다. 그러나 이러한 현상은 아직도 우리의 문학영역에 고르게 나타나고 있지 못하며, 현실적으로 이루어지고 있는 문학활동을 통해 볼 때 이러한 자각을 갖게 된 작가들에게서도 여러 가지 태도의 편차와 함께 때때로 예술적 인식과 표현 면에서의 미숙성을 드러내기도 한다. 다시 말해 사회적 관심과 의식은 고조되었지만, 그러한 의식을 뒷받침해줄 수 있는 역사와 사회 전반에 대한 총체적 인식과 그러한 인식을 문학작품을 통해 효과적으로 표출하는 방식에 있어서는 아직도 철저하지 못한 점을 드러내고 있다. 이러한 인식과 방법의 취약성은 사회에 대한 작가들의 관심이 도덕적·관념적 차원에서 크게 벗어나 있지 못하다는 점을 보여주는 것이기도 하다. 그리고 이러한 사실은 세계의 정신사적 발전의 가장 큰 줄기를 이루어온 사상체계들 가운데 하나인 변증법적 세계관이 최근 반세기 동안의 우리 역사에서는 거의 완벽하게 차단됨으로써 역사와 사회를 과학적으로 탐구하는 일과 그것에 대한 총체적 이해를 바탕으로 삶의 조건들을 개선해가는 일에서 커다란 장애에 부딪히고 있음을 암시하는 것이기도 하다.

---

2) 최장집, 「과대성장국가의 형성과 정치균열의 구조」, 『한국사회연구』 3, 188면 참조.

이러한 어려움은 대체로, 문학작품이 사회적 현실을 반영할 뿐만 아니라 수용자로 하여금 이러한 현실에 대해 어떤 태도를 갖도록 **설득하는** 문제에 대한 작가 자신의 마음가짐이 불확실하다는 점과 미래에 대한 **예언성** 내지 **전망**의 포착에 대해 별다른 노력과 진전을 보여주지 못하고 있다는 측면에서 나타나고 있다. 이러한 생각에서 이 글은, 70년대 이후의 노동문제를 다룬 소설들 가운데 가장 큰 성공을 거둔 「객지(客地)」와 『난장이가 쏘아올린 작은 공』의 부정적 측면, 따라서 극복되어야 할 측면을 중점적으로 살펴보기 위해 씌어진다. 부정적 측면을 중점적으로 살펴보려는 것은, 이 작품들이 주로 긍정적인 측면에서 여러 차례 논평의 대상이 되었으며, 따라서 이 작품들의 장점에 대해서는 더 논할 것이 별로 없으리라는 생각과, 우리 소설이 거둔 성공사례를 통해서 보아야만 그러한 성공의 단계에서 앞으로 한걸음 내딛기 위한 조건이 좀더 명백하게 드러날 수 있으리라는 생각에서 취해진 것이다. 그리고 이 글의 뒷부분에서 다루고 있는 노동자들의 수기에 대한 간단한 논평은 소설의 영역과 그 표현방식 그리고 그것의 유용성을 더 선명하게 드러내기 위한 대비적 관점에서만 제기되고 있다. 그리고 무엇보다 소설의 시대는 지나가버린 것이 아니며, 좋은 소설이 많이 나오지 못한 것은 장르적·내재적 결함 때문이 아니라 오늘의 작가들이 역사와 사회를 바르게 보고 총체적으로 드러내기 위한 새로운 사상과 방법을 요청받고 있는 시점에 놓여 있음을 보여주는 현상에 지나지 않다는 것을 암중모색적으로나마 드러내보려는 것이 이 글을 쓰는 또하나의 이유이다.

2. 현실인식과 미래의 전망

1960년대 중반의 간척공사장 노무자들의 쟁의를 소재로 한 「객지」가 70년대 벽두에 발표된 것(『창작과비평』 1971년 봄호)은 70년대 문단에 일어나게 될 노동문제를 비롯한 우리의 현실문제에 대한 본격적인 관심을 예고하였을 뿐만 아니라 한국 문학의 흐름에 커다란 변화를 가져온 역사적 사건이기도 했다.

이 작품이 단행본으로 엮어져 나온 해인 1974년 오생근은 이 작품의 탁월성을 인정하면서도, 이 작품이 성공을 거둔 것은 "노동자계층의 비참한 생활을 제시해주었다는 사실에 있는 것"이 아니라 "인물들의 개인적 행동이 집단적 행동으로 전환하는 데 있어서 작가의 인간 내면과 상황에 대한 통찰이 기민하고 탁월하다는 사실"에 있으며, 작가의 "근본적 관심은 개인의 자유와 낭만적 서정에 있는 것이며 노동자 계층에 속한 한 개인을 묘사하더라도 그 계층을 뛰어넘고 상승하려는 폭넓은 상상력에 있다"는 다소 빗나간 해석을 보여주고 있다.[3] 이러한 해석은 싸르트르나 까뮈 같은 실존주의 작가들에 의해 고취된 인간의 본질과 자유에 대한 폭넓은 관심에서 강한 영향을 받은 결과로 보이지만, 문학작품이란 우리가 살고 있는 구체적 현실 속에서 문제를 발견하고 그것을 형상화하며, 거기서 한걸음 더 나아가 그러한 문제의 해결을 위한 작가적 관심과 독자에 대한 설득까지 내포해야 한다는 리얼리즘의 정신을 이 작품에서 발견하지 못하고 있는 것만은 분명하다. 그러나 이보다 앞서 김병걸은 "이 작품은 '풍부 속에서의 빈곤'이 낳은 계층간의 분열과 마찰과 대결의 현장을 날카롭게 그러나 예술적 유연함을 충분히 견지하면서 검증하고 있다. 이 작품의 기법에 있어서의 리얼리즘은 대상을 있는 그대로 수동적으로 받아들이는 구식 리얼리즘의 객관성과는 달리, 아고스티의 이른바 변증법적 리얼리즘, 즉 객체의 작용과 의식의 반작용과의 교직관계를 충실하게 나타내고 있다"[4]고 논하면서 「객지」가 현실에 대한 날카로운 인식과 그 표현방식 면에서 성공을 거두고 있음을 잘 지적해주고 있다. 이밖에도 염무웅·김종철(金鐘哲)·이재현 등에 의해 「객지」가 떠돌이 노동자라는 비교적 제한된 현실을 다루고 있음에도 불구하고 노동현실을 정면으로 다루고 있을 뿐만 아니라 그 묘사의 치밀함에 있어서도 뛰어난 면을 보이고 있으며 미래에 대한 강력한 희망으로서의 '열려진 끝'(이재현)을 보여주고 있다는 등의 평들을 통해, 이 작품의 긍정적 측면이 적극적으로 지적되었고, 이러한 지적들은 또한 이 작품의 문학사적 특성을 충분히 드러낸 것이기도 했다.

---

3) 오생근, 「개인의식의 극복」, 『문학과지성』 1974년 여름호, 415~16면.
4) 「한국소설과 사회의식」, 『창작과비평』 1972년 겨울호, 766면.

그렇다고 해서 이 작품에 대한 평가들이 한결같이 긍정적이었던 것만은 아니다. 성민엽은 그의 평론 「작가적 신념과 현실」에서, 황석영은 '사랑'과 '용기' 같은 윤리적 가치를 신념으로 받아들이고 있으나 그 신념이 현실과의 긴장관계 속에서 필연성을 띠고 제시되지 못함으로써 「객지」의 결말에서 비장감이 감도는 영웅주의를 드러내고 있음을 지적하였다.

　　상대편 사람들과 동료 인부들 모두를 자신에 대한 대립항으로 밀어내놓고 혼자만이 강렬한 희망을 불태우는 동혁의 모습은 엄밀한 의미에서 영웅이다. 현실적 패배를 영웅적 결단에 의해 벗어나는 것이 이 결말의 소설적 의미이며, 그것은 감동적임에도 불구하고 낭만적 허위의 색채에서 자유로울 수 없다.[5]

성민엽보다 10년 앞서 오생근이 이 작품의 성공의 이유로 제시했던 '개인의 자유와 낭만적 서정'은 이제 그것이 바로 '낭만적'이기 때문에 '허위'로 지적되고 있다. 그러한 낭만성이 어떻게 평가되든지간에 만약에 그러한 성격이 이 작품에 실제로 드러나고 있다면, 그것은 이 작품이 창작된 시기의 우리 문학이 아직도 극복하지 못하고 있던 그릇된 문학관이 이 작품에서도 완전히 청산되지 못하고 있음에 대한 반증으로 받아들여야 할 것이다. 그러므로 위의 두 평론가의 지적과는 상관없이 「객지」의 부정적인 측면을 극복하기 위해서는 그러한 문제들이 좀더 치밀하게 분석될 필요가 있다.

우선 황석영이 소재로 선택하고 있는 1960년대 후반의 간척공사장에서 일하고 있는 사람들의 사회경제사적 배경을 간단히 살펴볼 필요가 있다. 5·16군사정권이 들어선 이후, 정책입안자들은 4·19혁명을 통해 성장한 민주화·민족통일에 대한 국민의 희망을 짓밟아버린 자신들의 행위를 정당화하기 위해 '기아선상에서 허덕이는 민생고를 해결'한다는 명분을 내걸고 수출주도형의 공업화 정책을 추구하였다. 이들은 공업화에 필요한 자금을

---

5) 성민엽, 「작가적 신념과 현실」, 『한국문학의 현단계』 Ⅲ, 창작과비평사 1984, 139면.

국내 잉여의 축적을 통해서 이룩하는 정상적인 정책 대신 외자를 무제한적으로 받아들임으로써 해결하려 하였고, 막대한 외국 농산물의 수입을 통해 국내 농업을 희생시켰으며, 그 결과 빈곤을 강요당한 농민들이 분해되어 도시로 추방당함으로써 발생한 도시 주변의 방대한 빈민층을 산업화에 필요한 값싼 노동력으로 이용했다. 이처럼 이농민들의 일부는 도시 주변에 모여들어 공장노동자로 흡수되기도 했지만, 또 한편으로는 전국의 건설현장들을 떠돌아다니며 일자리를 구하는 떠돌이 노동자층을 형성하기도 했다. (이러한 농촌분해 현상은 1945년 농민인구비가 70퍼센트이던 것이 60년대 말에는 50퍼센트로, 그리고 1985년 현재에는 25퍼센트로 급격하게 줄어들고 있는 사실에서 극적으로 나타나고 있다.) 이와같은 사회경제적 현실은 또한 도입된 외자를 특정인에게만 불하하는 경제적 배려뿐만 아니라 노동쟁의 때 경찰력 등으로 노조를 해체하는 정치적 비호까지 받는 특권층을 낳게 하였다.

바로 이러한 상황이, 이 소설의 후반부에서 쟁의의 기미가 구체화되어가는 상황 속에서 "규약을 맺어서 평화의무를 지키"는 것이 좋지 않겠느냐는 어느 기사(技師)의 권유에 현장소장이 "다른 공사장보다 많이 줄 수야 없지. 지금 일할 사람은 쌨다구"라고 태연자약하게 대구할 수 있는 배경을 이룬다.[6] 이러한 사태는 현장소장뿐만 아니라 '날품'(日傭)들 자신도 알고 있지만, 그것을 이용하는 쪽은 언제나 자본을 쥐고 있는 경영자측이고, 날품들은 그것을 자신의 약점으로 받아들일 수밖에 없는 처지에 놓여 있다. 그래서 소장은 경찰과 감독조에게 쫓겨서 산으로 올라간 날품들 중 환자를 떠메고 산비탈을 내려오는 인부들의 작은 무리를 흡족하게 바라보며 "제깟 것들이…" 하고 "혼자서 빙긋이 웃"는 여유까지 보일 수 있는 것이다(81면).

아무튼 이 소설은 떠돌이 노동자들의 쟁의를 소재로 선택하여 우리 사회의 가장 절실한 노동문제를 정면으로 다루었을 뿐만 아니라 사실적 묘사의 치밀함에 있어서도 종전의 소설에서 볼 수 없었던 탁월함을 획득하고 있

---

6) 황석영, 『객지』, 창작과비평사 1974, 61면. 이하 이 책에서의 인용은 본문의 ( ) 안에 면수만 밝힘.

고, 간척공사장에서 일어날 수 있는 거의 모든 사건들을 자연스러운 구조 속에서 생동감있게 펼쳐가고 있다는 점에서도 리얼리즘 소설의 본보기가 될 만하다. 그런데 이 소설이 택하고 있는 소재는 떠돌이 노동자들의 이합 집산이 심한 간척공사장이고, 거기에서 발생하는 쟁의는 일사불란한 조직을 갖거나 장기전략을 수행하기가 힘들므로 끝내는 실패할 개연성이 높은 내적 원인을 지니고 있으며 따라서 이 소설은 그것의 실패과정과 함께 그 실패의 의미와 대책은 무엇인가 하는 물음으로 발전될 수밖에 없는 요인을 동시에 함축하고 있다. 황석영은 쟁의가 일어나기까지의 과정을 빈틈없는 구조 속에서 '생동감있게 펼쳐' 보였던 것과는 달리 끝부분, 다시 말해 실패의 과정 및 원인 그리고 거기에 대한 대책이나 전망을 보여주는 대목에서는 마무리의 상투성——극적인 전환이나 비장한 결단과 같은——을 드러내고 있다. 그리하여 이 소설의 전과정을 통해 추구되어온 집단행동이 마치 개인적 결단의 문제처럼 처리되어버림으로써 이 소설 속에서의 가치추구의 의미가 변질되어버린다. 이러한 변질과정은 이 작품 자체의 사건진행을 떠나서는 생각하기 어렵다.

이 소설의 줄거리를 이루고 있는 쟁의가 일어나기 전에도 이미 사흘 동안 쟁의가 있었고, 그 결과 쟁의를 주도한 사람들이 해고되어 쫓겨남으로써 그것이 실패로 돌아간 사실이 있음을 보여주는 대목에서부터 이 소설은 시작된다. 회사측은 문제의 인물들을 해고함으로써 생긴 빈 자리를 메우기 위해 '신마이'들을 데려오는데, 그 신마이들 속에 이 소설의 주인공인 동혁이 끼여 있다. 공사장의 '날품'들은 이런 일에는 익숙해져 있고, 회사측 사람들은, 농민들은 농번기에는 날품 일을 그만두게 되고 날품들이 자꾸 바뀌면 손발이 잘 안 맞아 작업능률이 떨어진다는 것도 알고 있다. 한편 날품들은 하루 품삯으로 받는 130원짜리 전표를 110원에 현금과 교환하여 그 중 40원을 숙박비로, 60원은 하루 식비로 내고 나면 10원밖에 남지 않는데, 담배나 술값 등의 잡비 때문에 빚을 지게 되어 갚아야 할 작업량에 묶이게 된다. 따라서 임금인상과 근무조건 개선을 요구하는 쟁의는 이러한 공사판의 구조 속에서는 필연적으로 일어날 수밖에 없도록 되어 있고, 이 소설에서는 대위와 동혁이 주동이 되어 건의서와 연서장을 현장사무실에 직접 제출하고 파업에 들어갈 계획을 세운다. 이런 과정에서 대위는 의협심은 많지만 다소 격정적이고 따라서 치밀한 작전계획을 짜기에는 부족한 인물로 드러나고 있고, 동혁은 냉정하고 조리있는 언행으로써 쟁의과정에서 지도적인 역할을 해내는 인물로 부각된다. 그는 날품들이 '웃개일'(정해진 노동시간을 초과해서 하는 일)을 하여 쟁의기간 동안 버틸 수 있는 자금을 마련하게 하고, 동료인 오가가 감독조에게 몰매를 맞은 사건들을 투쟁의 불씨로 삼으며, 국회의원들이 답사 올 때에 맞춰 파업에 들어갈 만큼 운동가적인 역량을 손색없이 발휘한다. 이렇게 하여 일어난 쟁의는, 경찰의 개입으로 날품들이 독산으로 쫓겨올라가게 되고, 회사측의 회유가 주효하여 날품들이 다시 산에서 내려가는 것으로 끝난다. 그러나 동혁은 회사가 그들을 속이고 있음을 알고 내려가지 않는다. 그가 다이너마이트를 심지가 바깥쪽으로 가게 하여 입에 한번 물어본 후 "꼭 내일이 아니라도 좋다"(89면)고 혼자 다짐하며 자기의 결의가 결코 헛되지 않을 것임을 확신하는 데서 이 소설은 끝난다.

이처럼 이 소설은 쟁의가 일어날 수밖에 없는 상황을 하나하나 점검하고, 쟁의를 치밀하게 계획하고, 조리있는 전략에 따라 행동하고, 날품들의 의식과 처지의 한계 때문에 쟁의가 실패로 돌아간다는 것까지 암시하며 끝난다. 그러나 이 소설의 극적인 결말은 어딘지 한 개인의 행동미학에 맞춰져 있는 듯한 낌새를 보이며, 바로 이 점이 앞에서 본 오생근의 평가처럼 이 작품을 잘못 이해하게 할 수도 있는 여지를 남기고 있다.

성민엽은 황석영의 이러한 결함을 '낭만적 허위'라고 지적하면서 '포괄적 세계관의 정립'을 통해 이것이 극복될 수 있으리라는 것을 시사하고 있지만 '포괄적 세계관'이란 그 범주가 넓은만큼 논의 자체가 관념적으로 흐를 염려가 있으므로, 우리는 리얼리스트 황석영이 낭만주의적 관념성에서 완전히 벗어나 있지 못한 이유를 좀더 세밀하게 들여다보고 그것의 극복 가능성을 모색해봐야 한다.

낭만주의의 결함은 무엇보다도 이원론적 세계관 즉 구체적 현실에 이상을 대립시키고 현실과 이상을 서로 화해할 수 없는 전혀 다른 차원으로 생각하는 데에서 빚어진다. 따라서 작가가 낭만주의적 태도를 견지하는 한 고통스러운 현실의 문제를 현실 자체 속에서 해결하지 못하고 종교적 관념성이나 영웅주의적 모험이나 원시적 생명의 예찬으로 초월함으로써 문제를 해결하려 하며, 그것은 결국 현실문제 그 자체의 해결이 아니라 각자의 주관 속에서의 심리적 해결에서 끝나게 되므로 그것이 진정한 문제해결이 될 수는 없는 것이다. 이와같은 세계관의 경직성이 소설 속에 반영될 때 인물의 성격적 경직성이 나타난다.

황석영은 이 소설의 주인공 동혁을 처음부터 흔들림이 없는 확고한 신념의 인물로 묘사하고 있다. 다시 말해 이 소설의 첫머리에서 작가는 이 인물을 여기에서 벌어질 쟁의를 이끌어가는 데 가장 이상적인 인물로 내세우고 있는 것이다. 장씨의 눈에 비친 동혁의 모습은 "어느 곳에 가 있거나 낯설고 두려운 느낌을 가져본 적이 없다는 듯했고, 언제나 제 집에 있는 것처럼 모든 습관을 지켜나가리라 작정한 것"(10면)처럼 침착하고 요지부동해 보인다. 이밖에 동혁과 관련된 묘사들에서 볼 수 있는 것은 동혁의 용기, 사려 깊은 행동, 인간애, 대의를 위해 소의를 희생시키는 대국적 안목 등 그의 긍정적인 측면들뿐이다. (필자가 여기서 그의 부정적 측면으로 지적하려는 것들도 사실은 작가가 동혁의 미덕으로 부각시키고 있는 적극적 측면일 뿐이다.)

동혁은 간척공사장에서의 경험이 가장 짧은 젊은이이지만 공사판의 구조, 인부들의 성향, 쟁의를 벌이는 방식, 쟁의의 한계 등을 누구보다 정확하게 꿰뚫어보고 있는 인물로 묘사된다. 말하자면 황석영은 동혁이라는 완전에 가까운 인물을, 날품들이 비인간적 착취구조 속에서 노예처럼 부림을 당하는 공사판의 현실과 대립시키고 있는 것이다. 동혁은 쟁의를 준비하고 그것의 계기를 만들고 선봉에서 쟁의를 이끌어가는 데까지는 거의 완벽하게 그의 역할을 해낸다. 그럼에도 불구하고 떠돌이 인부들로만 일시적으로 이루어진 이 공사판에서의 쟁의는 지속적으로 추구되기 어렵다는 상황 자체의 성격 때문에 실패로 끝나고 만다. 그러나 이때의 실패는 동혁의 역량 부족과는 아무 상관이 없고, 소장측의 속임수에 넘어간 날품들의 몽매함 때문인 것으로 이 소설에는 묘사되어 있다. 그리고 동혁은 장렬한 죽음을 계획하며 "자기의 결의가 헛되지 않으리라는 것을 믿"(89면)을 만큼 자기

행위의 의미와 정당성을 스스로 확인하고 있다. 그러나 동혁이 보여주는 미래에의 몸던짐은 그 자신의 개인적 결단에서 나온만큼 주관적 전망이 될 수밖에 없다. 그것은 집단적 행위로서의 쟁의 자체에 대한 미래적 투영이라기보다는 그 자신의 죽음이 불러일으키게 될 사회적 충격이 공사판에 가져올 영향에 대한 전망이다. 그러나 근로조건의 개선과 같은 인간사회의 발전을 위한 투쟁에서 우리가 추구해야 할 수단이나 목표는 그러한 충격요법의 효과가 아니라 조직적인 대응에 필요한 훈련이며, 이러한 필요성에 대한 깨달음과 좀더 확실한 승리로 한걸음 내딛기 위한 정당한 대결의 발판을 마련하는 것이다. 충격요법은 물론 지배세력의 힘과 사회구조의 경직성에 대한 절망감의 표출일 수도 있고 동료들을 각성시켜 투쟁력을 강화시켜줄 수도 있는 것이어서, 70년대 이후 우리는 간간이 자신의 몸을 불살라 어두운 현실을 밝히려는 거룩하기까지 한 자기헌신의 예들을 실제로 보아왔다. 그러나 문학작품에서 중요한 것은, 현실 속에서 우리가 목격한 것과 같은 충격적 사건 자체가 아니라—— 왜냐하면 그 사건의 내막에 대한 원인을 명백히 알게 되기까지 그것은 어디까지나 사건 그 자체로만 남아 있게 되므로—— 그러한 사건이 있을 수밖에 없는 상황 설정과 그것의 필연성을 보여주는 것이다.

이것은 한 작품의 구성상의 문제에만 그치는 것이 아니라, 구체적 현실에서 문제를 제기하여 그것을 수용한 독자들의 실천을 통해 다시 구체적 삶으로 환원됨으로써 완결되는 소설의 사회적 기능과도 밀접한 관계가 있는 중요한 문제이다. 동혁은 간척공사장의 노동조건을 개선하는 데 자신의 모든 것을 걸고 있으면서도, 산으로 쫓겨올라간 이후로는 날품들을 쟁의에 끌어들였을 때만큼 열성적으로 그들을 설득하려 하지도 않고(하루만 더 버티면 국회의원들이 현장답사를 오게 되어 있음에도 불구하고), 공사판으로 내려가 근로조건의 개선을 위한 투쟁을 다시 시작해보려고도 하지 않는다. 그래서 우리는, 동료가 구타당한 것을 보고 분연히 일어날 정도의 사람들이라면 그들 자신이 소장에게 완전히 속았음을 알게 될 때 또다시 끓어오르게 될 분노를 다른 쟁의에 이용할 수도 있지 않을까 하는 의문을 갖게 된다. 독자의 입장에서 느껴지는 이러한 소박한 의문은 물론 작가의 창작

기법이나 의도에 대한 간섭욕구에서 생기는 것이 아니라, 이 작가가 가능한 미래에 대한 구체적 전망으로서의 **선취**(Antizipation) —— 이것은 변증법적 리얼리즘의 기본 개념 가운데 하나이다 —— 를 제대로 보여주지 못하고 있다는 하나의 관찰에서 나온 것이다. 어찌 보면 이 작품은 그 구조 자체가 하나의 '선취' 개념을 집단적으로 충족시켜가는 과정이라고 볼 수도 있다. 그리고 날품들이 쟁의를 그치고 산 아래로 내려가는 것조차도 —— 사실은 소장에게 속고 있는 것이지만 그들은 속고 있는 줄도 모른다 —— 그들의 투쟁 결과에서 이루어진 듯이 보이는 개선된 노동조건의 수락으로 생각할 수 있으므로, 그것도 가능한 미래에 대한 선취로 볼 수 있다. 그러나 현장소장과 동혁의 생각 속에서 보면 이 쟁의는 실패일 뿐이고, 실패라는 것을 확인한 이후에 쟁의 그 자체에 대한 대안이나 개선책에 대한 전망이 전혀 없다는 점에서 보면 이 작품은 동혁이라는 한 개인의 장렬한 죽음을 예비하는 과정처럼 되어버리며, 아무리 좋게 생각해도 그것은 '가능한 미래에 대한 구체적 전망'이라기보다는 작품을 마무리짓는 한가지 방식으로 선택된 기법상의 문제라는 인상을 짙게 풍긴다.

그래서 이와같은 갑작스럽고도 극적인 결말은 장편으로나 소화시킬 수 있는 이 작품의 주제를 단편적인 방법으로 마무리함으로써 결국은 그 분량상 중편으로 되어버린 것이 아닌가 하는 느낌을 갖게 한다. (이 작품의 맨 끝부분인 87~89면의 현장소장의 속셈, 부상자들의 하산, 쟁의에 가담했던 사람들 모두의 하산 결심 및 하산, 그리고 동혁의 결단 등 중대한 변화들이 빠른 속도로 마무리되고 있다.) 그래서 현장소장의 다음과 같은 속셈을 분쇄할 만한 아무런 가능성도 시사하지 못하고 있는 「객지」는 노동문제를 본격적으로 다룬 리얼리즘 소설의 모범으로 기록되고 있음에도 불구하고 노동문제에 대한 올바른 전망을 못 보여준 아쉬움을 남긴다.

현재 노임도 올렸고 시간노동제도 실시하고 있는 척할 수밖에 없지만, 우선 내일의 행사를 위해 숨 좀 돌려보자는 게 그의 속셈이었다. 그 다음엔 주동자들을 먼저 아무도 모르게 경찰에 데려다가 책임을 물어 따끔하게 본때를 보인 후, 여비나 두둑이 주어 구슬리며 딴 지방으로 쫓아보낼 작정이었다. … 차츰 차츰 작업량을 늘리고 작업장을 줄여가면 남는 인부가 많게 될 테니 열흘도 못 가서 감원할 구실이 생길 거였다. 따라서 인상되었던 노임을 차츰 낮추며 도급을 계속시키면 인부들이 모르는 사이에 전과 같이 만들 수가 있을 게 뻔했다. (87면)

이와같이 치밀한 계획을 세우고 있는 현장소장의 속셈과 동혁의 영웅적 결단을 비교해보면 동혁의 생각이 얼마나 소박한 것인지를 실감할 수 있다. 리얼리즘 소설의 임무가 현실의 충실한 재생으로 끝날 수만 있다면, 이 소설의 극적인 마무리는, 사건의 결말이 이렇게 매듭지어지는 일반적 사례에 대한 사실적 묘사로 돋보일지언정 그것이 결함이 될 수는 없다. 그러나 이러한 현실 자체를 개선하기 위해 조직적인 쟁의를 주도했던 주인공의 생각이 앞에서 본 바와 같은 지극히 개인적인 자기결단으로 끝나버리는 것은, 쟁의 자체의 의미에서 볼 때 '열려진 끝'이라기보다는 오히려 더 이상의 가망성이 없는 '닫혀진 끝'으로밖에 생각되지 않는다. 이것은 물론 작가 자신의 개인적 역량의 한계이기도 하지만 60년대식 노동쟁의의 한계, 간척공사장 날품들의 의식의 한계, 그리고 무엇보다 떠돌이 노동자들로 구성된 공사판 그 자체가 지닌 소재적 한계이기도 하다.

미래에 대한 전망이라는 점에서 볼 때, 1975년 말부터 연작 형식으로 발표하기 시작하여 1979년 중순에 단행본으로 엮어져 나온 『난장이가 쏘아올린 작은 공』(이후 『난장이…』로 약칭)은 도시빈민 및 공장노동자들의 문제와 미래에 대한 꿈을 보여주고 있다는 점에서 일단 주목을 끌 만했으며, 70년대를 마무리짓는 노동문제 소설의 역작이었음은 부정할 수 없는 사실이다.

평론가 김병익은 「뿌리뽑힌 소외집단의 표상」에서 『걸리버 여행기』나 『백설공주』의 난장이처럼 조세희의 난장이는 "정직하고 성실하며 궂은일을 꺼리지 않고 처자식을 사랑하는 선량한 가장"이고, "'황금색의 별세계'에서, 거기에 세워질 '천문대에서 행복하게 일하며' 살아야 할 사람"임에도 불구하고 "곧 철거되어야 할 무허가 주택에서 삯일꾼으로 천대받으며 실없이 가난하게 살아야 했다"고 '난장이'의 동화적 성격을 적절하게 지적했다.

그는 또 "조세희에 의해서 동화적 문체로, 그리고 낭만적인 분위기로 그와 그의 세계가 우리 앞에 그려지지만 그러나 그의 존재는 참혹하고도 추악한 현실로 처박혀진, 버림받은 인물로 나타"나며, "뿌리뽑혀져 기존 사회로부터 쫓겨나는 부조리한 표상"으로 드러나고 있는 난장이의 사회적 성격을 지적하면서, 이 소설은 내용이 반드시 형식을 규정하는 것은 아니라는 사실을 입증한 성공적인 예라고 평가하고 있다.[7] 그러나 70년대 말과 80년대 초의 정치적 격변과 노동자들의 노동조합운동의 처참한 좌절은, 우리로 하여금 노동자들의 삶을 '낭만적 분위기' 속에서 바라보는 것을 더이상 허용하지 않았으며, 따라서 『난장이…』의 신선한 충격 뒤에 도사리고 있는 부정적 측면에 대한 지적들이 나오게 된 것은 당연한 일이었다. 성민엽은 「이차원(異次元)의 전망—— 조세희론」(『한국문학의 현단계』 II, 창작과비평사 1983)에서 조세희가 보여주는 기하학적 방법('뫼비우스의 띠'라든가 '클라인씨의 병'과 같은 기하학적 구상물에 대한 세계의 도식적 이해)이 노동자와 자본가 사이의 구조적 모순과 갈등을 제대로 드러내지 못했으며, 조세희가 비인간적인 사회상에 대한 치유책으로 제시하고 있는 '사랑'은 구조적으로 왜곡되어 있는 사회적 현실을 치유하기에는 너무도 주관적이고 무력한 것임을 적절하게 지적했다. 그러나 『난장이…』의 결함이 어떠한 것이든간에 이 소설을 뛰어넘는, 공장노동자의 삶을 소재로 한 작품들이 아직 나오지 못하고 있다는 것을 평자들은 한결같이 안타깝게 생각하면서도 이러한 결함의 본질은 무엇이고 어떻게 극복해야 할 것인지에는 그다지 깊은 관심들을 보여주지 않았다.

무엇보다 이 소설은 70년대 노동자들의 삶을 전형적으로 보여주지 못했다는 지적을 받아야 한다. 그리고 이것은 구체적인 현실에 대한 정확한 이해와 그것을 표현하는 문제에서, 다시 말해 그 객관적 현실에 전형성을 부여하는 문제에서 실패했다는 말이 된다. 현실을 객관적이고 구체적으로 이해하고 그것을 문학적 양식을 통해 효과적으로 표현하는 것은 하나하나의 사례에 단편적으로 접하여 획득된 대상들을 지적인 방법으로 가공하는 것

---

7) 김병익, 「뿌리뽑힌 소외집단의 표상」, 『문예중앙』 1977년 겨울호, 374~75면.

만으로 가능한 일이 아니다. 그것은 오히려 그러한 낱낱의 사례들을 구속·규정하고 있는 구조성과 그 사례들 사이의 사회적·경제적 그리고 정치적인 연관과 힘의 작용 속에서 보고, 무엇보다 민중의 삶을 지배자의 언어보다는 민중적 표현방식을 통해 수용하고 그것을 변화·발전시켜가려는 노력 속에서만 가능한 것이다. 그러므로 현실이해는 그러한 현상들을 떠받쳐주고 있는 원리와 힘의 작용을 파악하기 위한 방법적 시각을 통해서 이루어져야 하며, 이렇게 인식된 현상들은 객관적 사실성과 함께 보편적 구체성, 다시 말해 전형성을 보여줄 수 있도록 표현될 필요성을 지니게 된다.

그러나 『난장이…』가 보여주고 있는 세계는 단편적인 삶의 현상들이 기하학적 구성으로 제시됨으로써 현실 속에서 작용하고 있는 여러 힘들을 유기적인 관련 속에서 보여주고 있지 못하며, 그 단편적인 삶의 내용조차도 기하학적 표상에 맞도록 깔끔하게 정제됨으로써 구체적 다의성을 보여주지 못하여 노동자들의 실제 생활과 동떨어진 느낌을 준다. 이 작품집의 연작형식만 하더라도 단편적 현상들을 가능한 한 일관성있게 표출하기 위해 선택된 방법이지만, 현실이해의 단편성과 추상성이 극복되지 못함으로써 이 작품집이 제시하고 있는 현실은 우리가 몸담고 살아가는 현실에 대한 적절한 표상이 되지 못하고 있다. 그러므로 그것은 장편소설이 줄 수 있는 세계에 대한 통일된 인상과 집약적 감동을 주지 못하고, 따라서 내용이 반드시 형식을 규정하는 것은 아니라는 김병익의 주장과는 달리 형식적 배려가 아무리 치밀하더라도 인식내용의 결함을 보완해주기는 어렵다는 사실을 이 소설은 또한 명백하게 보여주고 있다.

『난장이…』는 비교적 적은 분량의 단행본인데도 거기에는 도시 주변의 무허가 주택에서 살고 있는 빈민들의 참상, 도시 소시민, 심지어는 약장수들에 이르기까지 이 사회의 하층민들의 삶의 단편들을 거의 모두 다루고 있으며, 한 편의 장편소설처럼 자연스럽게 읽히도록 구성에 세심한 배려를 하고 있다. 그리고 이러한 다양한 삶의 현상들을 효과적으로 담기 위한 구성상의 어려움을 극복하기 위해 문장 하나하나를 아포리즘적으로 농축·정제하고 있는 점도 눈에 띈다. 이와같은 형식적 배려들을 통해서 얻어낸 독

특한 효과는 여러 평자와 독자들에게 신선한 충격을 주었고, 이러한 것이
야말로 내용과 형식의 적절한 조화 또는 내용에 대한 형식의 승리처럼 보
였던 것도 사실이다. 그러나 예술작품에 있어서의 내용과 형식은 변증법적
으로 상호규정하는 것이며, 따라서 작가의 대상인식의 불완전함은 형식적
배려의 남용을 초래할 수도 있고, 형식의 남용은 또한 내용을 지나치게 가
공하여 그것을 위축시키거나 왜곡시키는 결과까지 가져올 수 있으며, 심한
경우에는 예술의 사회적 역기능까지도 초래할 수 있는 것이다.

『난장이…』는 표면적으로는 내용과 형식의 적절한 조화를 얻고 있는 것
처럼 보인다. 그러나 이 소설이 담고 있는 소재를 당대의 객관적 현실과
앞뒤 시대의 역사적 맥락 속에 놓고 보면, 그 내용이 적잖이 위축·왜곡되
어 있음을 발견할 수 있다. 다시 말해 『난장이…』는 당대의 현실인식에 철
저하지 못했을 뿐만 아니라 그것을 지나치게 인위적으로 다듬은 나머지 그
표현이 아포리즘적·동화적으로 흘러 그 내용을 위축시킴으로써 삶의 현실
을 거의 불구상태까지 몰고 가고 있는 것이다. 이 소설에 등장하는 인물들
의 불구성, 예컨대 난장이·앉은뱅이·곱추 등은 이 사회의 정치·경제·
문화적 구조의 억압성 내지 비인간적 구조에 의해 왜곡되고 파괴된 인간상
을 보여주기 위한 방법으로 선택된 수법의 결과물이지만, 이러한 인물들이
'낙원구 행복동'과 같은 동화적 표현들을 통해 동화 속의 주인공들처럼 처
음부터 착하고 정직하고 정의로운 사람들로 묘사됨으로써 이들의 사고방식
까지도 이 세상 사람들의 것이 아닌 것 같은 '별나라'의 인물들로 왜곡되어
버리며, 결과적으로 이 작가가 70년대의 도시빈민·노동자들의 처참한 삶
속에서도 파괴될 수 없는 이상적인 정신세계를 보여주려는 것이 아닌가 하
는 의구심까지 자아내고 있다.

이러한 표현상의 파탄은 물론 인간에 대한 사랑, 인간본성에 대한 믿음,
그리고 무엇보다도 참담한 현실 속에 내던져진 인간들이 살아야 할 미래세
계에 대한 전망을 보여주려는 조세희의 작가적 열망에서 빚어진 결과라는
사실까지 간과해서는 안된다. 그러나 현실 속에서든 작품 속에서든——소
설은 객관적 현실의 반영이므로——아름다운 인간상이나 진정한 미래적
전망은 현재의 고통스러운 현실에 대한 기하학적 대칭 또는 상관물이 아니

며, 그것은 오히려 현재의 삶의 구조를 과학적으로 철저하게 인식함으로써 얻어지는, 역사적 연관 속에서의 구체적 인간상 또는 미래상이어야 한다.

이러한 맥락에서 볼 때, 조세희가 보여주는 미래의 전망은 현대적 의미에서의 유토피아(utopia: 어원적 의미로는 '어디에도 없는 곳'이다) 개념조차 충족시켜주지 못하고 있다. 왜냐하면 역사 속에서 여러가지 의미가 부가된 개념으로서 '유토피아'는 지상에서 실현할 수 있는 것으로 상정된 미래적 전망이기 때문이다. [8] 조세희가 꿈꾸는 미래세계는, 우리가 그것을 실현할 수 있는 어떠한 방법도 가지고 있지 못하다는 점에서 우리의 수중을 떠나버린 것이며, 따라서 그것은 공상 속에서만 일시적으로 회복되는 이상향인 것이다. 이러한 공상은 물론 너무도 고통스러운 하루하루의 삶에 대한 위안물일 수 있으므로("우리 다섯 식구는 지옥에 살면서 천국을 생각했다. 단 하루라도 천국을 생각해보지 않은 날이 없다. 하루하루의 생활이 지겨웠기 때문이다"[9]) 그 허구성을 크게 탓할 수는 없다. 그러나 우리의 삶이 고통스러울수록 우리에겐 진정한 희망이 필요한 것이고, 그것은 구체적 현실 속에서 우리의 실천적 행위와 연결될 때에만 그 진정한 의미가 확보되는 것이며, 또한 인간 자신의 현실타개 능력에 대한 믿음을 통해서만 얻어질 수 있는 것이다. 그런데 조세희가 보여주는 희망은 현실 속에서의 인간의 무력감만을 노출하고 있고, 따라서 그것은 오히려 '절망'의 역설적 표현처럼 보인다. (이러한 '별나라'에 대한 공상은 아버지 세대에 국한되어 있지만 더 현실적인 시각을 갖고 있는 자식들 세대의 행동에도 그와 비슷한 공상성이 내재해 있다. 난장이의 딸 영희가 헐려버린 집에 대한 보상으로 받은 아파트 입주권이 헐값에 팔려버린 후, 부동산 투기꾼과 은밀한 동거생활까지 해가면서 입주권을 훔쳐내어 아파트 입주 수속까지 마치고 돌아오는 이야기는 누가 생각해도 현실세계에서는 상상하기조차 어려운 치기만만한 대목이다.) 이처럼 황당무계한 공상적 이야기는 사태를 객관적으로 보지 못하는(않는) 주관적 감상주의의 소산이며, 이러한 태도에서는 노동

---

8) 임철규, 「왜 유토피아인가」, 『오늘의 책』 1985년 봄호, 121∼25면 참조.
9) 조세희, 『난장이가 쏘아올린 작은 공』, 문학과지성사 1978, 83면. 이하 이 책에서의 인용은 본문의 ( ) 안에 면수만 밝힘.

자와 사용자 사이의 문제는 사용자측의 '사랑의 회복'을 통해 해결할 수 있을 것이라는 안이한 판단이 나오게 된다.

이러한 잘못된 판단의 이유를, 작품의 내용이 보여주는 한도 내에서 유추해보면, 그것은 이 작가의 체제내적 시각과 문제해결 방식에서 빚어지고 있다. 이러한 사상은 「내 그물로 오는 가시고기」에서 난장이의 큰아들 영수에게 많은 정신적 영향을 끼쳤고 영수가 은강방직 경영주를 살해하려는 결심을 하게 된 데에도 간접적인 영향을 준 것으로 나타나고 있는 지섭의 법정증언을 통해 명백하게 나타나고 있다. 그는 영수의 살인행위가 생존의 위협을 받고 있는 노동자의 정당방위임을 역설하면서도, "노동자와 사용자는 다 같은 하나의 생산자이지 이해를 달리하는 두 등급의 집단은 아니라" (315면)고 명백하게 말하고 있다. 살인행위를 정당화할 만큼 노동자와 사용자의 대립이 엄연한 현실임을 보여주면서도 노동자와 사용자가 '다 같은 생산자'라고 말하는 지섭의 자가당착적인 논리는, 논리 그 자체로만 본다면, 노동자에 대한 착취를 정당화하기 위해 끌어다 대는 자본가의 아전인수적 논리의 복제판이라고 해도 좋을 정도이다.

조세희는 난장이를 통해 노동자들의 비참한 생활을 알게 된 윤호, 은강방직 경영주의 딸 경애, 그리고 영호의 칼을 맞고 죽은 경영주 동생의 아들 등의 노동자에 대한 이해를 보여줌으로써 '사랑 회복'의 가능성을 보여주지만, 은강방직의 경영을 맡게 될 은강방직 경영주의 막내아들은 "공장 노동자들이 행복한 마음을 갖고 일하게 할 수 있는 방법"은 그들에게 "행복한 마음으로 일만 하게 하는 약을" 쓰는 것(319면)이라고 말할 정도로 왜곡된 인간관을 가지고 있다. 조세희는 이 세상에는 착한 사람도 있고 착하지 못한 사람도 있지만, 다시 말해 이 사회에는 얼굴이 다른 만큼 천차만별의 사람들이 있지만, 착한 사람들의 호소나 설득을 통해 그렇지 못한 사람들도 사랑을 회복할 수 있으며, 우리들이 추구할 수 있는 유일한 방법은 그 길뿐이라고 생각하는 것 같다. 이와같이 인물구성의 이중성(또는 다양성)은 임철규의 지적처럼 "플롯의 이중구성을 통해 경험의 '이중의식'을 보여"주고 "인간을 총체적으로 인식하고자 하는 폭넓은 비전에서 나온 결과"일 수도 있겠으나,[10] 문제가 되는 것은 이중구성 자체가 아니라 작가 조세회가, 작가의 세계관은 민중적이면서 동시에 부르조아적일 수 있다는 생각을 가지고 있는 것이 아닌가 하는 의심이 갈 정도로, 왜곡된 인간상을 가진 경영주의 아들과 난장이의 아들을 평면적이면서도 동떨어진 공간에 방치함으로써 이들 사이의 관계가 동적인 —— 따라서 발전적인 —— 모순 속에서 드러나지 않고 따로따로 정당성을 인정받고 있다는 사실에 있다. 이러한 사실로 미루어볼 때, 민중적 시각을 견지하는 일을 이 작가는 특정계급을 부당하게 편드는 일로 생각한 나머지 가진 자의 '사랑의 회복' —— 설혹 이런 현상이 존재할 수 있다고 하더라도 그것을 보편적인 사회현상으로 받아들일 수는 없다 —— 에 노동자들의 삶의 조건을 저당잡히고 있는 것이다.

조세희의 작품들 속에서 '사랑'이란 개념과 함께 강조되고 있는 것으로 '자유'와 '이상'이라는 개념이 있다. 그는 『난장이…』의 「에필로그」에서 우주인을 만났다는 수학선생의 입을 통해 "무기물에서 유기물을 합성하는" 사람들이 살고 있는 혹성으로 떠나겠다고 말하며, "지구에 살든, 혹성에 살든, 우리의 정신은 언제나 자유이다"라는 아포리즘적 선언으로 끝을 맺는다(339~40면). 이러한 결말은 참신하고 경쾌하다. 그러나 우리가 알기로는, 진정한 '자유'란 사회에 객관적으로 작용하는 합법칙성에 대한 올바른 이해를 바탕으로 한 객관과 주관의 조화로운 상태를 의미하며, 이러한 자유를 통해서 우리는 우리의 삶의 조건을 개선해감으로써 도달하게 될 미래세계를 '이상'으로 이해하고 있다. 그리고 이와같은 '자유'와 '이상'의 의미는 인류의 전역사를 통해 수정되고 발전되어온 것이다. 이러한 맥락에서 보면, 조세희는 우리의 고통스러운 현실을 보여주려고 노력하면서도 이러한 현실을 변증법적인 운동성 속에서 이해할 수 있는 방법적 시각을 지니지 못함으로써 문제의 해결을 현실에서 찾지 못하고 '현실의 벗어남'에서 찾으려고 헛된 노력을 하고 있는 것으로 드러난다. 그는 '뫼비우스의 띠' '클라인씨의 병'과 같은 기하학적 개념을 통해 현실을 연역적으로 도식화하며, 이렇게 도식화되고 단순화된, 따라서 왜소하게 왜곡된 폐쇄적 현실에

10) 「우리 시대의 리얼리즘」, 『창작과비평』 1980년 여름호, 24~25면.

대한 치유책으로 "사랑·존경·윤리·자유·정의·이상"(190면)과 같은 지극히 관념적이고 추상적인 개념들을 대응시키고 있는 것이다.

이와같은 세계관의 혼란은 '시각의 다양성'으로 오해될 수도 있고, 단편적인 현실인식을 극복하기 위해 도입된 여러가지 표현방식들은 다양한 방식을 자유롭게 구사하는 '형식의 승리'로 생각될 수도 있다. 그러나 독자들에게 형식 그 자체로 의식되는 형식은 내용과의 연관성을 상실함으로써 현실의 진정한 반영이 되지 못하고 작가의 주관성의 표출에만 그치고 만다. 이러한 작품들은 독자들에게 수용되어 다시 현실에 작용해들어가는 것으로 완성되는 예술작품의 사회적 기능을 상실하게 되고 끝내는 루카치가 말한 바와 같은 공허한 '형식의 밀교'(Form-Mystik)로 전락하게 되는 것이다. 1983년에 나온 그의 소설집 『시간여행』에서는 『난장이…』에서보다 훨씬 더 다양한 주제들이 다채로운 방식(활자를 뒤집어서 보여준다든가 눈물의 모양을 ○□ △×로 나타낸다든가 하는 방식들까지 동원하여)으로 제시되고 있지만, 이러한 방법상의 현란함은 우리를 내용과 주제로, 그리하여 우리의 현실에 대한 새로운 개안으로 이끌어주기보다는 오히려 그러한 현실에 대한 장벽의 구실을 하고 있다. 그리하여 작품 속의 인물들이 흘리는 눈물은 증류수처럼 짠맛을 잃어버리고, 그들의 삶의 공간은 설계사들이 만든 모형처럼 자연스러움을 상실한 인위적 공간이 되어버린다. 게다가 "1203호 위는 옥상이고, 옥상 위는 하늘이다"[11] "그는 도둑이었다. 그래서 그가 해온 일은 도둑질뿐이었다. 감옥에 들어가 있는 동안에는 아무것도 훔칠 수 없었다"(93~94면) "눈물이 점점 불어날 때 우리 모금함과 낡은 삼베자루가 눈물바다에 가라앉지 않도록 조심하며"(206면) 등의 표현들은, 이 작가가 '현실의 드러냄'보다는 현실에서 벗어난 '자율적 언어구조'를 만들어내는 데 더 큰 관심을 기울이고 있지 않은가 하는 의구심까지 갖게 한다.

---

11) 조세희, 『시간여행』, 문학과지성사 1985, 85면. 이하 이 책에서의 인용은 본문의 ( ) 안에 면수만 밝힘.

3. 노동자 수기와 소설의 기능

1970년대 중반 이후 공업노동자의 숫자는 농업·임업·수산업에 종사하는 노동자들의 숫자를 능가할 만큼 증가하였고, 이러한 양적인 팽창과 함께 노동조건의 열악성은 우리 사회의 가장 중요한 문제로 떠오르게 되었다. 이런 점에서 볼 때, 70년대 중반부터 노동자의 문제를 소설화한 조세희는 선각자적인 위치에 놓인다. 『난장이…』 같은 소설을 통해 노동자들의 삶에 대한 관심을 갖기 시작한 광범한 독자층은, 1977년에 발표된 유동우의 『어느 돌멩이의 외침』[12]에 접하면서 노동자 자신의 손으로 이루어진 수기에 담긴 노동조건의 열악함과 노동조합운동의 참담한 좌절을 실감하게 된다. 이후 1985년까지 나온 노동자들의 수기는 그 양적인 면에서 같은 소재를 다룬 소설들을 훨씬 능가하였으며, 소설가들로 하여금 이 문제를 정면으로 다루는 것만으로는 독자들의 요구를 충족시켜주기 어렵다는 것을 일깨워주기에 충분했다.

이러한 경향과 궤를 같이하여 나타난 문학의 운동성에 관한 논의는 소설 장르가 "기동성을 획득하는 데는 어느 문학장르보다 치명적인 결함이 있음"을 지적하는 단계로까지 발전하였다. 이러한 문제와 관련하여 김도연은 "서사성 회복을 위한 장시의 시도"와 함께 르뽀·수기·전단문학 등의 효용성을 논하면서, 소설이 그 침체상태를 벗어나기 위한 새로운 형식의 모색을 요청했다. [13] 분명히 소설은 장시·르뽀·수기 등의 힘찬 도전 앞에서 그 본령을 지켜가기에 힘겨운 노력을 경주해야 할 상황에 놓여 있다. 그러나 이러한 계기들로 해서 상대적으로 강조되고 있는 소설의 침체성은 그 형식상의 문제에서만 비롯되는 것이 아니고 복잡다단한 현실 구성과 그 동적인 갈등구조를 근본적으로 이해할 수 있는 인식방법, 다시 말해 우리 앞에 전개되고 있는 역사발전의 다양한 계기들을 체계적으로 이해할 수 있는 방법의 빈곤과 계층분화가 심화됨으로써 빚어진, 작가들의 노동현장에 대

---

12) 월간 『대화』 1977년 1월호부터 3월호까지 3회에 걸쳐 연재.
13) 김도연, 「장르확산을 위하여」, 『한국문학의 현단계』 Ⅲ, 278~81면 참조.

한 체험공간의 상실에서 비롯되고 있는 것이다. 그리고 이러한 현상은 근본적으로는 문학의 다른 분야들에서도 문제로 제기될 수 있는 것이다. 그러나 소설분야에만 국한하여 볼 때, 이미 정리되어 있는 역사시대를 소재로 한 『토지』(박경리), 『장길산』(황석영), 『들불』(유현종), 『암태도』(송기숙), 『타오르는 강』(문순태), 『객주』(김주영), 『변방에 우짖는 새』(현기영) 등의 수많은 장편 역사소설들의 성공사례는 소설의 침체가 총체성 또는 완결성을 추구하는 소설의 형식적 측면에서 비롯되는 것이라기보다는 우리가 몸담고 살아가는 현실 속의 눈부신 변화들을 체계적으로 이해하고 표현하는 능력과 결부된 것임을 반증하는 것이다.

이것과 결부하여, 80년대를 '시의 시대'로 규정하는 것을 가능하게 했던 시(장시를 포함하여)의 양산이 일정한 질적인 수준을 유지하고 있는가, 그리고 르뽀·수기·전단 등이 언론부재의 시대에 언론을 대신하는 기능과 함께 총체적 세계관의 제시를 목표로 하는 소설의 기능까지 떠맡을 수 있는가 하는 질문이 던져져야 한다. (여기에서 강조되고 있는 총체적 세계관은 특히 자본주의 사회에서 제기되는 다양한 상품 개발 및 판매의 필요성과 거기에 따른 다양한 가치관, 그리고 모든 색다른 것들에 일정한 의미와 미적 가치를 부여하려는 상대주의적 또는 전위적 미학을 극복하고 올바른 목표를 추구하는 일관성있는 실천을 견지해가기 위해 반드시 필요한 인식적 바탕과 삶의 태도를 의미한다.) 결론부터 말하자면, 언론이 제 기능을 회복하지 못하는 한 이러한 기록문학의 효용성은 증대할 것이다. 그러나 객관적 현실의 세계연관성으로서의 총체성이나 그 시대적·사회적 전형성, 그리고 진정한 의미의 소설적 상상력이 보여줄 수 있는 미래세계에 대한 역사적 전망을 형상화하는 데는 이러한 기록문학들은 일정한 한계를 지닐 수밖에 없다.

기록자들의 개인적 역량의 편차 때문에 작품의 질도 천차만별이겠지만, 노동자 수기의 경우 기본적으로 극복하기 어려운 것은 그들이 일하고 있는 작업장의 테두리나 노조운동의 테두리를 벗어나기는 어렵다는, 시점의 제약과 경험의 한계이다. 그리고 그것이 수기인 한 그들이 처해 있는 상황의 역사적 전후관계나 사회적 연관성을 보여주는 데에는 일정한 어려움이 따

른다. 노동자들의 수기를 보면, 그들이 수기를 쓰기까지의 과정이 대체로
비슷하다. 『어느 돌멩이의 외침』『공장의 불빛』『빼앗긴 일터』의 작자들인
유동우·석정남·장남수 등은 모두 국졸의 학력 소유자들로서 농촌의 가난
한 소작농의 자식들이고, 상경하여 공장에 들어가고, 교회 계통(도시산업
선교회 등)의 써클활동을 통해 스스로의 처지에 눈뜨고, 노조조직과 노조
활동을 통해 노동조건에 대한 이해와 의식이 심화되고, 노동조합에 대한
공장측과 정부당국의 탄압(경찰력 개입)으로 노동조합이 분쇄되고, 일터를
빼앗기게 된다. 이와같은 세 작품의 구성상의 유사성은 한국 공장노동자들
이 처한 조건의 유사성을 반영하는 것이겠으나 한편으로는 먼저 나온 작품
이 뒤에 나온 것들의 전범이 되었으리라는 상상을 가능하게 할 만큼 구성
과 내용 등이 비슷하다. 이들이 일한 공장들이 다르고 등장하는 인물들도
다른만큼 이들의 세부적인 체험내용이 다른 것은 사실이지만, 구성과 서술
방식의 유사성은 이 방면의 작품들을 새로운 감동으로 접하기 어렵게 만들
고 있다.

　이러한 현상과 더불어 지적될 수 있는 것은, 그것이 수기인 한 바뀔 수
없는 주인공이 명백히 존재하며 게다가 그 주인공이 또한 필자 자신이기
때문에 사건의 진행을 보는 시각이 주관적으로 흐를 가능성이 농후하며,
그 결과로 본의 아니게 필자의 약점보다는 장점을 많이 내보이게 된다는
점이다. 이러한 현상에서 빚어질 수 있는 결함으로는 '영웅주의적 경향'이
지적될 수 있는데, 이와같은 개인적 능력의 과도한 표출은 평범한 노동자
상을 왜곡할 수도 있고 평범한 노동자들에게 그들이 본받아 실천하기에는
너무도 벅찬 일이라는 절망감을 불러일으킬 수도 있는 것이다. 이와같은
위험성을 극복하는 방법으로 임헌영은 그의 평론 「노동문학의 새 방향」에
서 적절한 제안을 하고 있다.

　　이런 풍조를 막고 보다 공동체의식의 고양을 위하여 노동자 수기나 실록은
　집단적 창작, 즉 공동작품으로 씌어지는 방법을 시도해야 될 것이다. 물론 이
　러기 위해서는 실록적 요소에다 토론·논쟁·반대의사 등 하나의 사건에 대한
　다각적인 검토와 반성이 따르는, 새로운 형태의 실록으로 발전시키는 방안을

창안해야 할 것이다. [14]

　이와같은 '집단적 창작'의 가능성을 보여주는 좋은 본보기로 필자는 『현장』 제1집(돌베개 1984)에 실린 '금속・기계 분야 노동자들의 현장체험 이야기'인 「나 태어난 이 강산에 노동자 되어」를 들고 싶다. 이 글은 10명의 노동자들이 다섯 차례의 모임에서 나눈 이야기들을 정리한 것인데, 이야기만으로 생동감있게 정리될 수 없는 주제는 글로 써온 것을 돌려본 후 보충토론을 하여 완성하는 방식을 취하고 있다. 이와같은 방식은 같은 업종에서 일하고 있는 사람들끼리 모여서 할 수도 있고, 이보다는 훨씬 힘이 들겠지만 다른 직종에 근무하는 사람들이 모여 좀더 폭넓은 주제를 지속적으로 토론해갈 수도 있을 것이다. 이러한 방식은 토론이 널리 읽힐 수 있는 출판물의 형태로 묶여 나옴으로써 노동자들의 삶의 현실을 객관적으로 널리 알린다는 장점도 있겠지만, 노동자들이 그들 자신의 열악한 근로조건과 삶의 고통의 근본 원인을 한층 명백하게 확인하고 그러한 질곡을 벗어나기 위한 방법을 모색하고, 그러한 방법을 실천하기 위한 적절한 전략을 찾아내는 과정으로서도 뜻있는 일이라고 생각된다.

　지금까지 주로 노동자 개인들이 벗어나기 어려운 시각의 한계 및 장르 자체가 지니고 있는 한계에서 빚어지는 노동자 수기의 부정적 측면을 고찰하였지만, 이것은 어디까지나 훌륭한 장편소설이 지닌 총체적 인식기능과 대비한 데에서 빚어진 것이며, 따라서 노동자 수기에 대한 사회적 요청이나 수기가 지닌 문학적・사회적 기능을 부정하기 위한 것은 아니다.

　그 성격상 오락성과는 거리가 먼 소재를 담을 수밖에 없음에도 불구하고 70년대 중반 이후에 나온 노동자 수기들은 상업적인 출판행위 자체를 가능하게 했을 정도로 폭넓은 독자층에게 깊은 충격과 감동을 주었다. 그것은 특히 학생층이나 지식인들에게 노동자들의 고통스러운 삶의 실상을 충실하게 보여주었을 뿐만 아니라 노동자들과 그들의 근로조건 그리고 그러한 조건을 규정하고 있는 정치・경제구조상의 비인간적 측면에 대한 각성된 의

---

14) 임헌영, 「노동문학의 새 방향」, 『민족문학』 제5집, 이삭 1985, 35면.

식을 가져다 주었다. 그러기에 이러한 건전한 노동문학에 대한 독자들의 호응에 편승하여 나오게 된 불충실한 출판물에 대한 경각심은 아무리 강조되어도 오히려 부족할 것이다.

노동자 수기라고 할 수는 없지만, 작가 황석영이 이동철이라는 실재 인물을 주인공으로 하여 그의 체험담을 장편적으로 구성한 『어둠의 자식들』에서는 유난히 불우한 처지에서 고통스럽게 살아간 주인공이나 그의 주변 인물들로 등장하는 하층민들의 이야기가 독자들의 통속적인 흥미를 유발하기 좋을 만큼 별스런 소재들로 엮어져 있어서 독자들의 독서심리를 그릇된 방향으로 이끌 가능성을 드러내고 있으며, 이런 점에서 이 작품은 어떤 특정한 인물이나 집단의 특별한 이야기로 그치고 만다. 이러한 장편소설적 구성과 대칭적인 자리에 놓일 만한 구성으로 노동자들의 단편적인 이야기들을 시인 박영근이 여러 개의 문학적 단상 또는 수필처럼 엮어놓은 『공장 옥상에 올라』가 있다. 이 책의 특성은 몇마디의 말로 드러내기는 어렵지만 그 부정적 측면만을 간단히 살펴본다면, 그 단편성과 '문학적 가공'을 지적할 수 있다. 이 책의 단편적 구성의 결함은 노동자 개인의 손으로 씌어진 수기의 시각적 한계와 노동자들의 집단적 창작의 필요성에 대한 앞서의 언급을 통해 유추될 수 있는 성질의 것이지만, 그 '문학적 가공'의 결함은 주로 문체와 형식의 그 나름의 완결성으로 인하여 노동자들의 삶의 '진솔성'──임헌영은 앞의 글에서 이 개념을 실록의 중요한 특성으로 보고 있다──을 퇴색시키고 있는 데에서 드러난다. 이처럼 전문작가들이 노동자들을 대신해서 써주는 어정쩡한 방식이 수기의 본질적 제약성을 해결해줄 수는 없다. 여기서 우리는 진정한 문학성이란 객관적 현실에 대한 올바른 반영, 다시 말해 작가가 자신의 체험과 사유를 통해 삶의 구체성을 그 전과정 또는 운동성 속에서 왜곡됨 없이 드러냄으로써 획득되는 진실성 이외의 다른 것이 아니라는 평범한 사실을 되새겨볼 필요가 있을 것이다.

4. 맺음말

노동은 모든 인간의 삶을 생산 또는 재생산해가기 위한 가장 기본적이고도 절대적인 조건일 뿐만 아니라, 인간의 사회적 삶의 향상에 필요한 인간의 능력 자체를 창조·발전시켜주는 원동력이기도 하다. 그러나 노동문제가 이 시대의 중요한 문학적 소재로 대두하고 있는 좀더 현실적인 이유는, 우리나라 노동자들이 남녀를 불문하고 세계에서 가장 긴 노동시간에 시달리면서도 거의 최하급의 대우와 열악한 작업환경 속에서 허덕이고 있다는 현실에서 비롯된다. 그리고 이러한 현실은 또한 선진자본주의 나라들에 의해 의도적으로 추구된 중심부의 개발과 주변부의 저개발에 의한 중심부와 주변부 사이의 수탈관계와 깊이 연관되어 있으며, 주변부에서 노동자의 저임금을 유지하기 위한 생계비 하락의 방법으로 농산물가격을 가치 이하로 떨어뜨림으로써 '도시 속의 농민' 즉 이농에 의한 도시 주변의 광범한 빈민층을 형성시키고 있는 세계자본주의 체제와도 밀접하게 연관되어 있다.

이와같은 노동문제의 광범한 연계성은 우리에게 노동 개념에 대한 확대해석의 필요성을 고조시켜주고 있다. 사실 공장노동자들의 삶만 하더라도 그들이 일하고 있는 공장 안에서의 인간적 관계들을 통해서만 이루어지는 것이 아니고, 공장 밖에서 마주치는 행상·소상인·써비스업체 종업원 등의 삶의 구조와도 긴밀하게 연결되어 있으며, 이들은 대체로 공장노동자의 가족구성원들이기도 하다. 그러므로 노동자의 삶의 유기적 연관과 그들의 의식구조를 이해하기 위해서라도 소위 '도시빈민' 또는 '도시비공식부문'이란 사회학적 용어로 표현되는 이들의 삶이 깊이 연구될 필요가 있다. 그리고 이들은 공장노동자들과는 달리 의식화되어 수기를 쓸 만한 기회조차 가질 수 없는 사람들이란 점에서 볼 때, 작가들이 이들에 대해 더 적극적인 관심을 기울여야 할 필요성이 제기된다. 이들의 삶과 생활공간은 공장노동자들의 그것에 비추어 조금도 나을 것이 없음에도 불구하고 우리들의 체계적인 연구대상으로서는 노동자들에 대한 그것에 훨씬 못 미치고 있으며, 주로 기독교 계통의 단체들이나 젊은 사회학도들에 의해 이들에 대한 연구

가 이미 어느정도 진전을 보여주고 있지만 정작 문학작품 특히 소설분야에
서는 이들을 본격적으로 다룬 작품들이 근래에는 별로 눈에 띄지 않고 있
다.

그러나 신문학 이후 수많은 작가들의 수많은 작품들을 통해 우리는 도시
주변의 하층민들을 소재로 한 훌륭한 소설들을 많이 접했던 것도 사실이
며, 이러한 사실은 이 분야야말로 우리 소설의 본령이 아니었나 하는 생각
조차 가능하게 해준다. 그러나 이러한 소설들이 보여준 문학적 한계는, 각
시대별로 각기 양상을 달리하고 있지만 인정주의적 서술로 흐르거나 문제
의 핵심에서 조금씩 벗어난 느슨한 접근법에서 빚어졌으며, 따라서 대체로
체계적인 세계관의 미비, 총체성·전형성의 결여, 구체적이고 역사적인 미
래세계에 대한 전망의 부재 등의 문제들과 어느정도 관련되어 있다. 물론
이러한 문제점들은 작가들의 개인적인 역량과 관계된 것이라기보다는 1920
년대 이후의 우리 현대사에서 현대의 가장 중요한 사상체계 중의 하나인
변증법적·유물론적 세계관이 철저하게 봉쇄되었으며, 따라서 역사와 현실
에 대한 체계적인 이해와 비판에 일정한 도움을 줄 수 있는 것으로 평가되
고 있는 이와같은 사상체계에서 발전되어나온 변증법적 미학에 접하지 못
했다는 사실, 그리고 무엇보다 계층간의 갈등이나 노동문제에 정면으로 접
근하기 어렵게 만든 분단시대 정치현실의 경직성과도 관련이 깊은 것이다.

지금 이 땅의 역사적 현실은 그 어느 때보다 복잡다단하고 긴박한 것임
에도 불구하고 작가들은 당대의 현실을 짧은 시간 동안에 정확히 꿰뚫어보
고 작품으로 형상화하는 데 필요한 적절한 사상체계를 체질화하기 어려운
현실, 그리고 특별한 노력을 기울이지 않고는 우리의 노동현실에 대한 체
험의 기회를 포착하기가 어려운 현실 속에서 살아가고 있다. 특히 소설과
같은 문학장르의 경우에는 객관적 현실을 생동하는 과정 속에서 총체적으
로 인식해야 하며, 다른 어떤 장르에서보다 대상을 그 직접성 속에서 형상
화해야 한다는 어려움을 안고 있다. 그러나 우리의 소설에 '침체기'라는 불
명예스러운 규정을 덧붙여준 이러한 현실은 소설 자체의 존재이유를 박탈
하기는커녕 그 어느 때보다 소설의 왕성한 생산을 요청하고 있다. 계층간
의 갈등, 지배자의 민중에 대한 억압이 심화된 시대일수록 우리에게는 이

러한 현실에 대한 정확한 이해를 바탕으로 한 실천을 통하여 그것을 극복
해야 할 필요성이 높아지며, 소설은 이러한 필요성을 충족시켜주기 위한
인식적 기능과 실천적 전망을 동시에 보여줄 수 있는 문학장르이기 때문이
다.

<한국문학의 현단계 Ⅳ, 창작과비평사 1985>

리얼리즘과 통일문학

1. 글머리에

불과 5년 전 베를린 장벽이 무너져내리고, 소련과 동유럽 사회주의 국가들의 몰락이 세계사 위에 돌이킬 수 없는 족적으로 각인되기 직전까지만 해도 우리들 가운데 많은 사람들이 '뻬레스뜨로이까'가 '더 나은 사회주의'를 지향하는 것이라고 믿고 싶어했다. 말할 것도 없이 그러한 희망은 오래가지 못했고, 그 자리에는 이내 충격과 좌절감이 들어앉았다. 어떤 이들은 서둘러 반성과 전향의 몸짓을 해보였고, 또 어떤 이들은 자기들의 '주의' 앞에 '포스트'를 갖다 붙임으로써 그들 나름의 활로를 모색하기도 했다. 그러나 이러한 세계사적 변화에도 불구하고 인류의 근본적인 삶의 조건은 달라지지 않았다고 믿는 이들도 적지 않았다. 이들은 자신들이 지녀온 이념과 변혁의 논리가 보편적인 역사발전 법칙을 지닌 '과학적인' 것임을 의심하지 않았으나 이러한 대변화의 시대에 능동적으로 대응하기 위해 새로운 시각과 집단적인 논의들을 통해 부실한 점들을 보완하고 잘못된 점들을 바로잡으며 내실을 다져왔다. 민족문학 진영에서 이러한 움직임은 리얼리즘에 대한 새로운 관심을 불러일으키며 과거의 오류들을 바로잡는 한편 그 이론의 실제적 적용력을 높이려는 방향으로 진행되었다. 이런 과정을 거치면서 리얼리즘 특히 사회주의 리얼리즘의 중요 개념들이나 문제점들이 논의의 대상으로 떠올라 일정한 수준의 합의에 이르기도 했으나 어떤 것들은 아직 더 깊이있는 논의를 기다리고 있기도 하다.

이러한 이론적 대응들이 어느덧 한 고비를 넘어서고 있는 것으로 보이는 지금도 세계는 우리의 대응속도를 앞질러가며 우리 앞에 끊임없이 새로운 모습들을 펼쳐 보이고 있다. 그러나 이러한 변화들의 겉과 속이 늘 일치하는 것만은 아니다. 눈부신 변화들은 그 실상을 감추고 있던 과거의 너울들이 용도폐기되고 새로운 것들로 끊임없이 바뀌어가면서 우리의 현실파악을 방해하는 것일 때가 많다. 이런 점에서 볼 때 역사는 진실을 은폐하려는 세력과 그것을 드러내려는 세력 사이의 싸움의 연속이라는 일면적 특성을 지니고 있는 것이기도 하다. 역사적 현실에 존재하는 이러한 은폐성은 우리가 기다리는 '통일'도 우리의 소박한 기대를 배반하고 불청객처럼 달갑지 않은 모습을 드러낼 수도 있다는 생각을 갖게 한다. 국내외의 현실이 변모를 거듭하고 있는 동안 우리의 민족문학론자들은 리얼리즘을 둘러싼 논의들을 진행해오면서 리얼리즘에 대한 이론적 이해의 심화, 과거의 논의에 내재했던 낭만성이나 경향성의 극복, 그리고 시문학에의 적용과 소설 작품의 분석 면에서는 일정한 진전을 이루어냈음에도 불구하고 그 이론을 우리의 분단현실과의 연관 속에서 구체화하는 데까지는 나아가지 못하고 있다. 이러한 현상의 저변에는 계급문제와 민족문제를 이원화할 수밖에 없는 것으로 이해하고, 그중 계급문제가 더 본질적인 문제 즉 기본모순을 형성하고 있는 문제라고 생각하는 선택적인 문제의식이 깔려 있는 듯하다. 일반적인 관점에서 볼 때 이러한 이해방식이 틀린 것은 아니다. 그러나 우리 현대사의 특수성으로 미루어볼 때 이러한 이원론적인 이해방식은 일반이론의 틀에 사로잡힌 것으로 현실적 적실성을 갖지 못한 것일 뿐만 아니라 모종의 위험성까지 내포하고 있는 것으로 생각된다(이 문제는 이 글의 논의 과정에서 밝혀질 것이므로 여기서는 상론하지 않는다). 어쨌든 우리의 분단문제는 단순히 우리가 간과할 수 없는 '주요모순'이기 때문이 아니라 우리의 역사적 현실에서 특수하게 왜곡된 삶의 현실이기 때문에, 그리고 현재의 세계사적 상황이 우리로 하여금 이러한 문제를 진지하게 탐구하고 새로운 방식으로 대응할 것을 요청하고 있기 때문에, 그것을 이론의 틀 속에 껴안으려는 노력을 더이상 늦출 수 없는 것이다.

'분단'은 '통일'로써 해결될 수 있는 단순한 문제가 아니다. 오히려 그것은 통일로써 은폐된 모순이 더 극명하게 드러나게 될 문제적 현실이다. 그러므로 우리에게 닥쳐오고 있는 통일의 성격은 무엇이며, 그 결과 우리들의 삶의 내용은 어떻게 달라질 것인지에 대한 구체적인 논의방식의 마련이 현단계의 필연적 요구사항이 되는 것이다. 이러한 관점에서 분단현실로 인해 더욱 강화될 수밖에 없었던 착취와 억압을 견뎌오고 있는 한반도 민중들의 삶이 최소한 더 악화되는 것만이라도 방지하는 방향으로 통일논의를 이끌어가기 위해 민족문학론은 어떠한 이론작업을 해내야 할 것인가? —— 이러한 문제의식에서 이 글은 씌어진다. 제한된 지면에서 논의의 실효성을 거두기 위해 그동안 이루어진 리얼리즘 논쟁의 주제들 가운데 이 글의 진행과 관계가 있다고 생각되는 '당파성'에 관한 진전된 논의 결과들을 살피면서 그것과 나 자신의 통일에 대한 생각을 발전적으로 접맥시킬 수 있는 가능성을 찾아보려고 한다.

2. 리얼리즘 논쟁과 당파성

백낙청은 90년대의 벽두에 "우리의 민족문학론이 민족이 처한 역사적 현실에 대한 남다른 인식과 관점에서 출발하면서 동시에 높은 예술성을 지닌 '세계문학'의 경지를 목표로 삼는 한, 현실에 대한 정당한 인식과 정당한 실천적 관심을 구현하는 리얼리즘 예술이 민족문학의 목표와 일치하지 않을 수 없다"[1]고 민족문학과 리얼리즘 예술의 연관성을 강조한 바 있다. 이 두 개념은 물론 '목표' 즉 지향성에서는 '일치'할 수 있겠으나 그 개념들의 내포와 외연, 그리고 그 이론들이 포괄하는 범위에서까지 동일한 것은 아닐 것이다. "세계문학의 경지를 목표로 삼는"다는 조건이 말해주듯이 세계적인 보편성을 지향하고 있는 우리의 '민족문학론'은 여러가지 역사적 제약으로 인해 사실상 남한 내부의 역사적 현실과의 관계 속에서 변증법적으

---

1) 백낙청, 「민족문학론과 리얼리즘론」, 『한국근대문학사의 쟁점』, 창작과비평사 1990, 288면.

로 발전되어온 문학론이라는 점에서 일반적 의미의 리얼리즘보다는 특수한 성격을 띨 수밖에 없다. 그러므로 상대적 보편성을 띤 개념으로서의 리얼리즘 쪽에서 본다면, 민족문학론은 리얼리즘론에 우리의 역사적 현실에 맞는 특수성을 확충함으로써 우리의 문학이론으로서 적절한 위치를 부여받을 수 있으며, 그렇게 될 때 우리 문학은 비로소 세계문학의 경지에 이를 수 있는 이론적 통로를 지니게 된다고 말할 수 있을 것이다.

그러나 그동안의 리얼리즘 논의에 참여한 사람들 가운데에는 소련이나 동유럽 사회주의 국가들에서 발전되어온 사회주의 리얼리즘을 별다른 변용 없이 받아들인 나머지 그들의 현실에만 적용될 수 있도록 특화된 부분까지 수용하려는 태도를 보여온 예들이 적지 않았다. 이러한 사실은 우리의 근대문학사에서 이론개발의 초기단계에 흔히 나타났던 경향이기도 하지만, 지금 우리들이 간과할 수 없는 중요한 사실은 우리가 그들과는 분명히 다른 '분단된 자본주의 국가'라는 현실 속에서 살고 있다는 점이다. '사회주의' 국가임을 표방하고 있는 북한에서조차 분단현실과 그들만의 특수한 사정으로 인해 '사회주의적 사실주의'가 '유일사상 체계하의 주체문학'으로 특화되는 과정에서 일정한 굴절현상을 드러내고 있듯이 이론의 특수한 발전과정에서 일정한 변질과 굴절현상이 나타날 위험성은 늘 도사리고 있는만큼, 리얼리즘의 상대적 보편성을 왜곡하지 않으면서 그것을 우리 현실의 특수성까지 포용할 수 있는 이론으로 발전시키려는 남다른 노력이 무엇보다 중요할 수밖에 없다.

90년대의 서두를 장식한 리얼리즘 논쟁의 중요한 텍스트의 하나가 된 『현실주의 연구 1——사회주의 리얼리즘에 대하여』는 '달라진 현실'에 대한 리얼리즘론자들의 최초의 능동적인 대응인 동시에 외래사조의 무비판적 수용이라는 한계를 드러낸 것이기도 하다. 국내 필자들이 쓴 글 두 편과 소련 및 동유럽권의 글 아홉 편을 싣고 있는 이 책의 편자는 "60년대 이후 쏘비에뜨 및 동구에서 벌어진 예술방법 논쟁들"을 통해 그 이전의 '인식론주의'가 극복되어 "예술은 그 자체 내에 인식정향적 계기와 가치평가적 계기를 통일적으로 포괄하고 있는 것"으로 되었으며, "프롤레타리아트의 당파적 현실주의는 그 이전의 모든 예술에 대해 현실인식의 측면에서만 우월성을 지니는 것이 아니라 가치평가적 측면에서도 본질적으로 독자적이며 또한 우월하다"는 주장을 하고 있다. 이어서 "고리키의 현실주의는 이전의 사회주의 문학에서 볼 수 없었던 '프롤레타리아트의 독자적인 미적 질'을 구현했다는 점에서 거대한 의미를 지닌다"고 말함으로써 그 '우월성'을 지닌 사회주의 리얼리즘론을 무려 50여 년이나 소급해서 과감하게 적용하고 있다(물론 이러한 적용 역시 쏘비에뜨에서 일반화된 경향이다). [2] 어쨌든 이러한 가치평가적 계기를 통해 사회주의 리얼리즘은 프롤레타리아트의 당파성을 의식적으로 수용함으로써 "예술과 정치의 유기적 결합"[3]을 성취하게 되었다는 것, 그리하여 '당파성'은 사회주의 리얼리즘의 핵심적 범주로 자리잡게 되었다는 것이 이들의 주장이다.

이 책에 실린 「당파성에 대하여」라는 글을 보면, 당파성은 '쾌락의 측면' (브레히트의 의미에서)이나 '무의식과 잠재의식'까지 포함하는 상당히 폭넓은 개념으로 규정되고 있으나 그것은 결국 "노동자계급의 당과의 밀접한 연대 속에서**만** 획득될 수 있는 것"(강조는 인용자)[4]이라고 함으로써 현실적으로 그러한 당을 갖지 못한 우리로 하여금 이 개념의 역사적 '고유성'까지 고스란히 받아들이기는 어렵다는 생각을 갖게 한다. 더욱이 그러한 특수성 (물론 그들에게는 '고유성'이지만)을 버리고 우리 나름의 '제3의 길'을 가려고 할 때 우리는 그들에 의해 다음과 같은 비난을 면할 수 없게 된다. "'제3의 길'에 이르는 출구는 없다. 그것은 아무데로도 통하지 않는다. 실제로 그것은 '제2의' 길, 즉 사회주의의 입장에 대항하는 부르조아의 입장이다."[5] 이러한 '당파성'에 대해 백낙청은 이 글에 명시된 "당의 관점을 채택한다는 것" 또는 "사회주의적인 충동" 등의 표현[6]을 빼고는 "'소박한 민족문학론자'가 얼마든지 공감할 수 있는 내용"이며, 더 나아가 "'당'에

---

2) 문학예술연구소 엮음, 『현실주의 연구 1 —— 사회주의 리얼리즘에 대하여』, 제3 문학사 1990, 6~7면.
3) 같은 책, 8면.
4) E. 프라흐트/W. 노이베르트, 「당파성에 대하여」, 같은 책, 287면.
5) 같은 글, 288면.
6) 같은 글, 289면.

관한 주장이 그러한 당이 없는 상황에 그대로 적용되지 못함은 분명하지만, '당파성'의 계급적 성격, 그 예술적 구현에 요구되는 조직적 실천의 내용과 비중, 작가에 있어서 사회주의적 세계관과 목적의식의 중요성 문제 등등은 민족문학론이 소박한 공감에서 실천적 이론의 차원으로 진행하기 위해 반드시 대면해야 할 과제들"이라고 말함으로써 그 효용과 한계를 명확히 설정한 바 있다.[7]

이후 1년여 동안 리얼리즘을 둘러싼 논의가 전개된 다음 실천문학사에서 주최한 심포지엄 '다시 문제는 리얼리즘이다'[8]의 발제논문으로 제출된 조만영의 「현단계 현실주의 논의의 이론적 검토」는 그동안 발표된 리얼리즘론들의 문제점들을 이론적 측면에서 날카롭게 지적하고 자신의 대안까지 제시함으로써 리얼리즘 논의를 한 단계 끌어올리는 데 크게 기여했다고 생각된다. 그러나 여기서는 논의의 진행상 당파성에 대한 그의 생각만을 간추려 논의할 수밖에 없다. 그의 '당파성'에 대한 논의는 그의 글보다는 오히려 이 심포지엄의 토론자로 참여한 임규찬의 질문에 대한 답변에서 더 풍부하게 이루어지고 있다. 이 답변에는 중요한 내용이 상당히 자세히 제시되고 있으므로 필요한 부분만 인용하더라도 다소 길어질 수밖에 없겠다.

제가 '당파성에 기초한 현실주의'를 비판하는 것은 우리나라의 특정한 입장을 가리키는 것입니다. 제가 특별히 문제시하는 이유는 어떤 고정적인 당파성이 전제되고 말 그대로 거기에 입각해서 현실주의를 하자는 것이 갖는 위험성을 경계해야 한다는 생각 때문입니다. … 그러한 당파성이라는 것도 이론적으로 특권화됐을 뿐 따지고 보면 진정한 당파성이라고도 할 수 없는 것, 낭만적인 이상이나 경향성 수준을 넘어서지 못하지 않는가 … 저의 현실주의론 혹은 사회주의 현실주의론은 거꾸로 '현실주의에 기초한 당파성'을 중시하자는 것이고, 진정한 최고의 현실주의라면 당파성의 경지에까지 나아갈 수 있다는 논리를 함축하는 것입니다. … 저로서는 특정한 입장의 것이 아니라 일반적인 의미에서 당파성에 기초하여 현실주의를 하려는 노력 자체를 부정하는 입장은 결

7) 백낙청, 앞의 글, 297~98면.
8) 이 심포지엄은 1991년 9월 27일에 이루어졌고, 그 내용이 많이 보완되어 『실천문학』 1991년 겨울호에 게재되었다.

코 아닙니다. 그러나 그런 경우라도 그 당파적 입장은 현실주의에 의해 심사받아야만 할 겁니다. … 우리 시대에 과학적 세계관에 의거하면서 제대로 된 현실주의를 추구한다면 그것이 바로 문학에서 당파성에 이를 수 있는 것이요 또한 사회주의 현실주의를 이룰 수 있는 것이라고 생각합니다.

　… 과학적 세계관이라는 것이 단순히 외우기만 하는 교조가 아니라면 그것은 과학을 통해서 끊임없이 가다듬어지는 세계관일 것입니다. … 과학적 세계관은 학습되고 배워야만 하는 것이겠지만, 학습이나 배움이란 세계관이 요구하는 실천에 비하면 출발점에 지나지 않는 것일 겁니다. … 그리고 이러한 논리를 한걸음 더 진전시켜보면 이 세계관이 아무리 실천적인 것이라고 해도 그것 자체를 실천이라고는 할 수 없을 겁니다. … 저는 당파성이라는 것도 이러한 차원, 즉 '개개인의 탄탄한 정체성과 자기 의식으로까지 진척되어야만 진정한 당파성으로서의 자격을 갖는 것'이라고 할 수 있다고 봅니다. 저는 이러한 차원에서 당파성을 접근한다면 그것은 바로 문학과 예술에서 말하는 현실주의와 아무런 차이도 없다고 생각합니다. [9]

위의 인용문에 드러나 있듯이, 조만영은 우리나라의 '당파성에 기초한 현실주의'가 '고정적인 당파성'에 입각하여 "낭만적인 이상이나 경향성 수준을 넘어서지" 못했던 사실들을 염두에 두고 당파성에 관한 '특정한 입장'을 경계하는 한편 '진정한 당파성'이 어떻게 이루어질 수 있는지를 그 자신의 독창적인 논리로 설파하고 있다. 그는 주로 사회주의권 안에서 일정한 역사적 발전과정을 거치면서 그 나름의 '특정한' 내포와 외연을 갖게 된 당파성 개념을 해체하고 사회주의 리얼리즘의 미학적 구성요소로서의 당파성 대신 '현실주의' 개념의 외연과 같거나 그보다 더 넓은 의미를 지닌 '진정한 당파성' 개념을 재구성하려는 시도를 보여주고 있다. 그의 논지에서 가장 특징적인 부분은 그 자신이 허용하는 일반적 의미의 당파성조차도 "현실주의에 의해 심사받아야만" 한다고 주장함으로써 개념의 범주상 '현실주의'와 '당파성'의 자리를 뒤바꿔놓을 만큼 '현실주의' 개념을 탄력성있게 이해하고 있다는 점이다. 이런 점에서 볼 때 그가 생각하는 당파성은 더이상 '현실주의'의 미학적 구성요소가 아니고, 당파성을 심사할 수 있는 '현실주

의'는 당파성에 매개된 것일 수 없으므로—— 적어도 문맥상으로는 이렇게 이해될 수 있다—— 그것은 가치론적인 성격보다는 인식론적인 성격을 강하게 띤 개념이 될 수밖에 없는, 우리가 지금까지 생각해온 리얼리즘과는 다소 거리가 느껴지는 어떤 것이라는 인상을 준다. 왜냐하면 위의 두 개념은 서로 다른 범주를 지닌 개념이지만 동위개념인 것처럼 순환론적인 설명을 받고 있기 때문이다. 이처럼 조만영은 역사적 개념으로서의 당파성에서 이미 드러났거나 드러날 수 있는 위험성을 철저히 배제하기 위해 이 개념에 대한 일반적인 정의를 받아들이지 않고 상당히 유동적인 서술로 일관하고 있다. 그러나 그가 생각하는 당파성이 작가의 의식 속에서 구체화되는 과정만큼은 상당히 구체적으로 설명하고 있다. 말하자면 '과학적 세계관'의 실천적인 요구를 매개로 하여 "개개인의 탄탄한 정체성과 자기 의식으로까지 진척"시켜야만 '진정한 당파성'을 지닐 수 있다는 것이다. 그러므로 조만영의 견해에 따른다면, 지금까지 당파성의 '특정한 입장'을 취해온 사람들이나 이 개념을 리얼리즘의 미학적 구성요소로 생각해온 사람들은 이 개념 자체를 버려야 한다. 그의 '당파성'은 과거나 현재에 존재했거나 존재하고 있는 특정한 당파성이 아니라 '과학적 세계관'의 학습과 실천을 통해 미래의 시점에서 이루어내야 할 어떤 것이기 때문이다. 그래도 의문은 남는다.—— '진정한 당파성'을 "현실주의와 아무런 차이도 없다"고 함으로써 이 두 개념은 각기 다른 것에 내포되지 않고 각각의 외부에 독립적으로 존재하게 되며, 따라서 정작 우리가 문제삼고 있는 리얼리즘은 당파성의 심사기준은 될지언정 당파성으로부터 얻을 수 있는 것은 아무것도 없지 않은가? 그리고 당파성의 주관적 오류의 가능성을 방지하기 위한 내포적 관점으로서의 '과학적 세계관'이 아닌, 다시 말해 당파성으로 매개되지 않은 세계관이 어떻게 그 자체 내에 실천적 요구를 지닐 수 있는가?

백낙청 역시 글보다는 심포지엄('문제는 다시 리얼리즘이다')의 토론에서 당파성론을 집약적으로 보여주고 있는데, 그것은 루카치의 '객관성의 당파성' 개념에 대한 새로운 해석의 연장선상에서 이루어지고 있다.

루카치 같은 사람이 '객관성의 당파성'이라는 용어를 쓰는데 … 이런 말을 썼다고 해서 사회주의 현실주의 진영 내부에서 많은 비판을 받기도 했습니다. 인식론주의라느니 객관주의라느니 하고 말이지요. 그런데 루카치에게 그런 쪽으로 치우친 면이 있다는 점은 저도 비판한 적이 있습니다만, 당파성과 객관성이 일치가 되어야 한다는 이 명제 자체는 대단히 심오하고 중요한 문제이고 우리 모두에게 안겨진 막중한 과제라고 생각합니다. 이것은 이론으로만 풀어서 될 문제가 아니라 실제로 우리가 실현해야 하는 것이고, 한 개인이 단편적으로 간헐적으로 도달하는 데 그치지 않고 인류 전체가 하나의 집단으로서 실현해야 하는 과제이기 때문에 이것이 아직 숙제로 남아 있는 것입니다. 이것을 동양적으로 표현한다면 당파성과 일치하는 진정한 객관성이라는 것은 가치중립성이라든가 자연과학의 객관성이 아니라 지공무사(至公無私)의 경지일 것입니다. 진리의 사업에 헌신함으로써 털끝만한 사심이나 편벽됨이 없어진 상태인데, 이제까지는 도인이라든가 수양이 잘된 성현군자라든가 또는 어느 작가가 작품 속에서는 절정의 순간에 이런 지공무사의 경지에 도달했었고 그런 의미에서 객관성과 일치하는 당파성을 구현했다고 볼 수 있지만, 인류 전체로 볼 때에는 어느 정당이나 국가 또는 단체가 자기들이 그걸 구현했다는 주장도 물론 많았습니다만 아직 미완의 과제로 남아 있다는 사실이 요즘 들어 점점 더 뚜렷해지고 있습니다.

제가 당파성을 강조할 때에는 이런 의미의 당파성을 말하는 것입니다. [10]

이 인용문에는 두 가지 특징적인 면이 드러나 있는데, 하나는 '당파성과 객관성이 일치가 되어야 한다'는 명제를 "우리 모두에게 안겨진 막중한 과제"로 제시한 것이고, 다른 하나는 이러한 과제가 해결된 상태 즉 '당파성과 일치하는 진정한 객관성'을 이룬 상태를 "지공무사의 경지"로 규정하고 있다는 것이다. 이에 대한 언급의 효율성을 높이기 위해 당파성과 객관성의 관계에 대한 루카치의 언급 한 대목을 살펴보는 게 좋을 것 같다.

현실에 대한 올바른 변증법적인 서술과 문학적인 묘사는 작가의 당파성을 전제로 한다. 물론 헤르베크(Herwegh)가 옹호하는 '일반적인 당파성'과 같이 추상적이고, 주관적이고, 자의적인 그런 종류의 것이 아니라 오히려 우리 시대의 역사적 진보의 담지자인 그러한 계급, 즉 프롤레타리아트, 그리고 특히

10) 같은 책, 61~62면.

'노동계급당의 분파'인 공산주의자들을 위한 당파성이다. …

'경향성'이나 '경향적' 표현과는 다른 이러한 당파성은 현실의 재현과 묘사에서 객관성과 대립적인 관계에 있는 것은 아니다. 반대로 그것은 진정한——변증법적인——객관성을 위한 전제조건이다. [11]

그렇다면 그가 생각하는 '진정한 객관성' 다시 말해 '변증법적인 객관성'이란 무엇인가? 그것은 '외부세계의 객관성'이 "인간의 실천과 가장 밀접하게 상호작용"함으로써, 다시 말해 주관과 객관 사이의 변증법적인 과정을 거침으로써 "모든 일면적인 현실파악의 불완전성·고정성·불모성이 극복"된 객관성이다. [12] 이러한 언급들로 미루어볼 때 루카치가 생각하는 당파성은 객관성과 일치되어야 할 어떤 것이라기보다는 진정한 객관성에 이르기 위한 '전제조건'일 뿐이다(백낙청의 지적과 다소 차이가 있는 이러한 언급은 루카치의 이론적 견해가 수정되기 이전이나 이후의 것일 수 있을 터인데, 이 점을 확인하지 못한 것은 전적으로 나 자신의 한계일 수밖에 없다. 그러나 부다페스트 대학에서 루카치의 조교로 일한 적이 있는 이스트반 메자로스가 「루카치의 변증법 개념」이란 글에서 루카치의 "입장이 결코 객관성과의 완전한 일치가 아니라 '객관성에의 열망'에 머[13]물고 있는 것이라고 주장한 것을 보면 루카치 자신에게서도 이 문제가 명쾌하게 정리되지 않았던 것으로 생각되지만, 나는 당파성 또는 당위성이 객관성과 완전히 일치할 수는 없는 것이라고 보기 때문에 여기에 인용된 루카치의 글을 그 의미대로 받아들이기로 한 것이다). '당파성과 **일치하는** 진정한 객관성'이란 표현을 받아들일 수 없다면 그것의 다른 표현인 '지공무사의 경지'에 대해 별도의 언급을 할 필요가 없겠지만, 이 말이 일반화되는 추세

---

11) Georg Lukács, trans. by David Fembach, "'Tendency' or Partisanship?," *Essays on Realism*, The MIT Press: Cambridge, Massachusetts 1981, 42면. 인용문은 졸역.

12) 루카치, 「예술과 객관적 진리」, G. 루카치 외, 이춘길 편역, 『리얼리즘 미학의 기초이론』, 46~47면 참조.

13) 이스트반 메자로스, 「루카치의 변증법 개념」, G. H. R. 파킨슨 엮음, 김대웅 옮김, 『루카치 미학사상』, 문예출판사 1986, 77면.

를 보이고 있는만큼 한마디의 언급조차 회피할 수는 없을 것이다. '지공무사'는 그 사용자에 의해 "투철한 참여정신과 엄정한 객관정신이 조화롭게 결합된"[14] 것으로 특별한 의미를 부여받고 있지만, 이 말은 유교사회의 중간관리자 계층, 다시 말해 관리들에게 권유되는 도덕적 규범 이상의 성격을 띤 것으로는 생각되지 않으며, 따라서 그것을 변증법적인 의미를 지닌 진정한 객관성의 개념으로 보기는 어려울 것으로 생각된다. 그리고 이 말과 같은 의미로 쓰이고 있는 '사무사(思無邪)'만 하더라도 예술과 정치적 이상을 교화시키려 했던 공자가 『시경』의 정신을 한마디로 일컬어, '사악한 생각을 갖지 말라'는 뜻으로 해석한 말이지만—— 그러나 『시경』의 문맥으로 보면 공자는 이 말의 뜻을 잘못 해석하고 있다[15]—— 이것 역시 유교사회의 규범을 통해 인간의 행위를 이분법적으로 나누고('邪'와 '無邪'로) 거기에서 '무사'로 나아갈 것을 권유함으로써 왕조사회의 도덕적 질서를 확립하기 위해 사용한 것으로 생각된다. 이처럼 역사와 사회적 배경이 전혀 다른 두 언어를 의미론적 유사성만을 가지고 등치시키는 것은 이론적 대화에서는 부적절하다고 생각된다. 어쨌든 이 말은 백낙청에 의해 "털끝만한 사심이나 편벽됨이 없어진 상태"로 이상화됨으로써 오히려 "인류 전체가 하나의 집단으로서 실현해야 하는 과제"로 받아들이기는 어려운 영원한 '숙제'가 되어버렸다는 느낌을 준다. 이처럼 백낙청이 당파성 개념을 '숙제'로 남겨놓은 것은 특별한 개념규정에서 야기될 수도 있는 폐해를 방지하기 위한 배려로 생각된다.

그동안 리얼리즘 논쟁을 통해 드러난 당파성에 관한 견해들은 대체로 두 가지 방향으로 나아가고 있는 것 같다. 첫째 쏘비에뜨에서의 논의과정에서 규정된 '노동자계급의 당과 연대한 당파성' 개념에서 당과의 연관성만을 배제한 것으로 보이는 '노동자계급 당파성'에 관한 주장, 둘째 '과학적 세계관'이 높은 경지에서 체현된 '일반적 의미에서의 당파성' 또는 '객관성과 일

---

14) 백낙청, 「시와 리얼리즘에 관한 단상」, 『실천문학』 1991년 겨울호, 155면.
15) 『시경』에 나오는 '思無邪'의 '思'자는 단순히 '아 !'라는 감탄사이며, 이 어구는 "말의 사육에 관한 시의 일절로서 '아! 재난이 없도록 하소서'라는 의미이다." H. G. 크릴, 이성규 역, 『공자』, 지식산업사 1983, 125면.

치하는 당파성'에 대한 주장이 그것이다(이 경우에도 세부적인 차이는 있
으나, '과학적 세계관'을 중시하고 '학습'이나 '수양'적 요소를 강조함으로써
당파성을 미래적 과제로 제시한다는 점에서 비슷하거나 공통적 성향을 지
닌 것으로 생각된다). 이 글에서 두번째 경우만 살펴본 것은, 이들의 견해
가 독창적이며 낭만성이나 경향성으로 흐를 위험성에서 멀찍이 벗어나 리
얼리즘 논쟁의 한 정점에 이르고 있음에도 불구하고 현실의 모순들에 대한
변혁의 요구와 리얼리즘 사이의 관계가 이론적 측면에서 다소 느슨하게 풀
어지고 있는 듯한 느낌을 준다는 점을 지적하기 위해서이다.

이러한 현상은 조만영에 의해 "요컨대 당파적이기 때문에, 혹은 사회주
의자이기 때문에 곧바로 현실주의적이라는 것이 아니라 현실주의이기 때문
에 당파적일 수 있고 사회주의적일 수 있다는 변증법적인 인식이야말로 엥
겔스가 하크네스에게 주는 조언의 핵심"[16]이라는 주장의 배경이 되고 있는
'리얼리즘의 승리'에 대한 과도한 의미 부여에서 비롯되고 있는 것으로 보
인다. 노동자들의 투쟁이 역사적 현실로 존재하는 시대에 대한 묘사가 '리
얼리스틱하다'면 해당 작품에는 당파적 내용이 어느정도 깃들일 가능성이
있고, 노동자들이 수동적인 시기의 현실에 대한 묘사라 할지라도 그것을
'리얼리스틱하게' 묘사하려는 행위 자체에 일종의 당파적 요소가 깃들일 수
밖에 없으므로 거기에도 미미하게나마 당파적 내용이 담길 수는 있을 것이
다. 그러나 당파적이기 때문에 자동적으로 '현실주의'가 되느냐, '현실주의
적'이기 때문에 자동적으로 당파적이 되느냐 하는 식의 논의방식은 둘 사
이의 변증법적 관계에 대한 설명으로는 의미가 있을지언정 자칫 논의의 본
말을 전도할 가능성이 있으며, 이런 방식으로는 당파성과 리얼리즘의 관계
가 제대로 정립될 수 없을 것이다. 우리의 논의방식은 대상에 대한 '리얼
리스틱한' 묘사를 일차적인 요구조건으로 한다는 전제에서 당파성을 논하
는 것이어야 하며, 쏘비에뜨의 리얼리즘 논쟁에서의 당파성에 대한 요구도
이런 관점에서 비롯된 것으로 생각된다. 그러나 정작 우리나라에서 문제가
되고 있는 것은 저들의 사회주의 리얼리즘에서 당파성이 주관적 자의성으

---

16) 조만영, 「현단계 현실주의 논의의 이론적 검토」, 편집위원회 편, 『다시 문제는
리얼리즘이다』, 실천문학사 1992, 242면.

로 흐르지 않도록 하기——물론 이것이 전부는 아니겠지만——위한 조건
으로 제시된 '당과의 연대'라는 것을 무엇으로 대체하여 우리의 현실에 맞
는 리얼리즘을 재구성할 것인가 하는 점이다.

　그동안 우리나라에서 이루어진 당파성에 관한 논의들 역시 이러한 문제
에 주안점을 두고 있는 것은 분명하지만, 위에서 살펴본 경우는 원론의 각
론화 과정에서 둘 사이의 매개고리가 느슨해짐으로써 원론의 본질적 의미
가 희석되고 있다는 느낌을 준다. 그러므로 주관적 자의성을 극복하는 문
제에서는 원론적인 사회주의 관점 즉 '노동자계급의 세계관'——이 말이
상당한 오해를 불러일으키고 있는데, 이 개념이 노동자들은 처음부터 과학
적인 세계관을 지니고 있다든가 노동자계급만이 과학적 세계관을 지닐 수
있다는 뜻으로 이해되는 것이 아니라면, 이런 점을 들어 문제를 제기하는
것은 정당하지 못하다——의 사회·역사적 함축을 정확히 이해하고 그것
을 우리 사회현실과의 연관 속에서 더욱 세밀하게 가다듬어갈 필요가 있다
고 생각된다. 이러한 관점의 발전적 수용은 노동자들에게는 그들의 계급적
이익 이외에도 조직적인 노동운동을 통해 작업장과 생활환경에서 생길 수
있는 수동성과 포섭 가능성을 극복하고 다른 계급까지 포괄할 수 있는 하
나의 과학적 세계관을 지닐 것을 요구하는 것이고, 자본축적가들을 제외한
중간계층에게는 그것이 전 인류 공동의 생산수단과 노동의 잉여가치를 사
적으로 전유하는 것을 속성으로 하는 자본주의 체제는 그들 자신을 포함한
전인류의 일반이익에 적대적이며, 이러한 자본주의 사회질서 내부의 계급
적 관계 속에서 자본주의의 모순을 극복함으로써 궁극적으로 자본주의 그
자체를 지양할 수 있는 전략적 핵심이 바로 노동자계급임을 일깨워줄 수
있을 것이다.

　물론 노동자계급의 이익과 '일반이익'을 관련짓는 일은 결코 쉬운 일이
아니지만, 우리 사회의 온갖 잡다한 모순과 비인간적 현상들이 자본주의
사회질서 그 자체의 결과임이 분명한만큼 이러한 문제들과 무관할 수 없는
다른 계급의 사람들도 그러한 피해에 노출된 정도는 다를지라도 자본주의
사회 속에서 주어지는 공통적 운명에 놓여 있다는 사실을 통해 그러한 연
관성은 반어적으로나마 확인될 수는 있는 것이고, 이러한 문제영역이야말

로 우리가 삶의 현장에서 끊임없이 확인해가야 할 대상인 것만은 분명하
다. 어쨌든 여기서는 노동자계급의 세계관의 발전적 수용은 자본주의의 모
순과 노동자계급을 중심에 놓고 사고하고 실천하는 것이며, 이것은 계급적
분화가 다양하게 이루어지고 진보적 지식인의 역할에 대한 요구가 증대되
고 있는 상황에서 가질 수 있는 문제의식과도 결코 대립적인 것은 아니다.
이러한 원론적인 명제가 실효성을 거두기 위해서는 물론 조만영이 말한바
"과학을 통해서 끊임없이 가다듬어지는 세계관"을 체현하려는 노력과 함께
역사적 현실의 한가운데에 서서 다양한 사회적 조건들과 시대적 변화들 속
에서 사고하고 실천하려는 노력, 그리고 동질적인 집단 내부에서 이루어지
는 끊임없는 자기점검으로서의 토론은 말할 것도 없고 이질적인 집단들과
의 대화도 능동적으로 전개해가려는 노력이 견지되어야 할 것이다. 이러한
과정은 어떠한 입장도 폭넓은 사회적 연관 속에서만 비로소 의미를 지닐
수 있다는 존재론적 조건의 확인일 뿐만 아니라 우리의 원론이 낭만성이나
경향성, 그리고 교조적 폐쇄성을 띰으로써 생명 없는 껍데기로 변질되는
것을 방지하는 한편 대중에 대한 영향력을 확대해가기 위한 기본적인 전제
가 되는 것이다. 그리고 현단계의 세계사적 상황은 우리의 리얼리즘이 이
러한 의미를 함축한 '당파성' 개념을 그 체계 속에 포함하여 이렇게 마련된
이론적 경로를 통해 분단현실과 통일의 문제를 새롭게 조명할 것을 요청하
고 있다.

3. 분단현실의 복합성과 통일의 민중적 의미

1945년 8월 15일의 역사적 사건은 우리 민족에게 참으로 곤혹스러운 난
제를 부여했다. 그것은 '해방'이라는 겉모습과는 달리 '피점령'—'신탁통
치'—'분단'이라는, 일제시대보다 더 치욕스러운 민족사적 내용을 그 속에
감추고 있기 때문이다. 오늘의 시점에서 '분단'을 민족적 차원에서는 '불구
성'으로, 세계사적 차원에서는 '전근대성'으로 부르기도 하지만, 우리의 역
사와 삶 속에서 구체적으로 경험하는 분단현실에 비추어 이러한 규정은 민

족주의적 당위성과 세계사적 이론의 공허한 적용이라는 느낌을 지워버리지 못하게 한다. 우리의 분단현실은 그만큼 복잡다단한 역사적 요인들과 왜곡된 구조들이 착종된 채 세계사적 흐름과 정세의 변화에 따라 끊임없이 유동하며 우리의 삶을 규정하고 있기 때문이다. 그러므로 이러한 분단현실의 극복으로서의 '통일' 역시 단순히 민족의 온전함과 근대성을 회복하는 일로만 정의될 수는 없는 것이다.

분단현실이 이처럼 '복합성'을 띠고 있기에 그것에 대한 사회과학적 이론화는 그만큼 절실해질 수밖에 없다. 백낙청은 이러한 문제의 중요성을 늘 강조하면서 그 자신의 '분단모순론'과 '분단체제론'을 지속적으로 발전시켜가는 한편, 이러한 과제에 사회과학자들이 적극 참여해줄 것을 촉구해왔다. 그럼에도 불구하고 비교적 최근에 씌어진 그의 글에서만 하더라도 그 자신의 용어들이 쓰이는 빈도는 늘어가고 있지만 그 말을 쓰는 사람들이 그것의 체계화나 이론화는커녕 그 개념조차 제대로 파악하지 못하고 있음을 안타깝게 확인하고 있는 형편이다.[17] 그 자신 역시 "'체제'라는 용어에는 그 나름의 함정도 따"르지만, 남북한처럼 "도저히 단일한 체제에 편입될 수 없을 것처럼 보이는 이질적 현상들을 체계적으로 인식하려는 노력을 통해 그보다 훨씬 광범위하고 다양한 세계체제에 대한 인식능력에도 획기적인 진전이 이루어질 가능성이 크다"고 말함으로써[18] '분단체제'의 이론화에 개재할 수 있는 '함정'을 인정하면서도 그에 대한 체계적 인식의 필요성만큼은 강하게 역설하고 있다. 그러나 그의 용어해설을 보면 "분단체제는 어느 한쪽이 잠시 '수복' 또는 '해방'을 기다리고 있는 단일사회도 아니요, 그렇다고 남북 두 사회를 기계적으로 수합한 개념도 아니다. 그냥 이웃나라와는 무언가 본질적으로 다른 두 개의 분단사회를 망라하는 복합적인 존재인 것이다. … 그러한 세계체제의 역사에서도 특정한 시기와 동아시아라는 특정한 지역에 자리잡은 독특한 하위체제로서 '분단체제'라는 별도의 명칭이 필요한 특이한 존재"[19]라고 함으로써 아직은 사회과학적 개념으로서

---

17) 백낙청, 「분단체제의 인식을 위하여」, 『창작과비평』 1992년 겨울호, 288~89면 참조.
18) 같은 글, 291면.

의 충분한 정의는 못 받고 있다. 분단현실이 민족모순과 계급모순이 중첩
된 것이라는 요지의 비교적 복합적인 설명을 시도한 한 사회과학도의 경우
역시 백낙청에게는 "다원방정식이 요구되는 상황에서 2원방정식"으로 대응
하는 것에 지나지 않는 것으로 해석된다. 이러한 '2원방정식'의 두 가지 변
수에는 예컨대 민족모순이 남북한에 공통으로 적용될 수 있는지의 여부,
이 경우 "'남북한 민중'이라는 별도의 실체가 대상이 되는지"의 여부, "남
북 집권층의 결탁에 의한 체제유지의 가능성" 여부 등의 변수가 더 첨가되
어야 한다는 것이다. [20] 그러나 이것으로도 백낙청이 생각하는 변수가 모두
나열된 것은 아닐 것이다.

어쨌든 분단현실의 이러한 복합성으로 인해 '분단체제'는 그 누구에 의해
서도 만족할 만큼 체계화된 이론으로 정립되지 못하고 있는 실정이다. 게
다가 사회과학도들이 최근에 내놓고 있는 견해들은 어찌 보면 백낙청의 요
청에 찬물을 끼얹고 있는 듯한 느낌을 준다. 이종오는 남한에 의한 북한의
'흡수통합'이 불가피한 현실임을 역설한 글에서 "이러한 분단시대의 최고의
인식으로서의 '분단체제론'이 정립될 수만 있다면 이는 전체 진보진영의 요
술방망이가 될 수밖에 없다. 70년대에서 90년대에 이르는 남한 진보진영의
모색과 고민을 지양한 이러한 인식체계에 대한 바람은 충분히 이해할 수
있는 일이다. 그러나 과연 이는 가능한 일인가? 선민주-선통일을 지양한
분단체제론이란 논리적인 범주에 불과한 것이고 현실적으로 실현 불가능한
사안이 아닌가 문제를 제기해본다"[21]고 분단체제론의 성립 불가능성을 조
심스럽게 제기하고 있다. 한편 정대화는 최근의 글에서 '모순'이나 '분단체
제'라는 말이 사회과학적 용어로 쓰이기에는 개념상의 무리가 따른다는 점
을 지적하면서 백낙청의 '분단체제론' 자체가 논리상의 난제를 안고 있는

---

19) 같은 글, 291~92면.

20) 백낙청, 「분단시대의 계급의식을 다시 생각한다」, 『동향과전망』 1991년 가을
호, 13~14면. 이 인용은 정대화, 「민주변혁과 민중적 통일운동의 올바른 관계」,
『동향과전망』 1991년 봄호, 115면에 대한 언급이다.

21) 이종오, 「분단과 통일을 다시 생각해보며 ── 백낙청 교수의 분단체제론을 중심
으로」, 『창작과비평』 1993년 여름호, 294면.

어려운 과제임을 보여주고 있다. '분단체제'에 대한 정대화의 해석을 보면, "'분단'이라는 개념은 그 자체로서 어떤 과학적 개념으로 인식되는 것"이 아닌 "하나의 상황설정(situation)으로 볼 수" 있는 것이고, '체제'는 "일정한 권력을 정점으로 구성되고 이에 부합되는 지배집단을 포함하는 regime의 개념"이나 "체계이론(system theory)에서 사용하는 것으로서 그 자체 일정한 구성요소를 가지고 대외적으로 폐쇄적이고 대내적으로 수평적인 system"도 아니며, "'분단'의 성격과 '분단체제' 자체가 가변적인 것이라면, 백교수의 '분단체제'는 애초의 복잡한 문제설정과는 달리 '체제'에 '분단'이라는 상황설정이 접두어로 부가된 서술적이고 설명적인 개념으로 이해되어야 할 것"이라고 말하고 있다. [22]

백낙청의 '분단체제론'과 그에 대한 사회과학자들의 비판적인 글들을 보면서 알 수 있는 것은 사회과학자들이 사실과 분석을 중시함으로써 분단체제의 이론화가 어렵다는 점을 강조하는 경향을 보인다면, 백낙청은 사실을 중시하면서도 그들보다 분단현실에 대한 종합적 이해와 그에 대한 이론화의 필요성을 강조하는 경향을 보인다는 점이다. 근대적 의미의 과학이 추구하는 이론화의 특성은 현실을 선형적 또는 평면적으로 단순화하는 경향이 있으므로 중층적 복잡성을 띠고 있는 분단현실의 이론화는 그만큼 어려울 수밖에 없을 것이다. 게다가 이론화의 필요조건으로 제시되고 있는 '분단체제론'은 남과 북의 이질적인 사회구성체(생산양식)를 하나의 일관성있는 이론으로 포괄하는 것이므로 적어도 논리상으로는 이율배반적인 요구가 아닐 수 없다. 백낙청이 그의 '분단체제론'의 구성에 원용했다고 밝히고 있는 월러스틴에 의하면 의미있는 사회분석의 단위는 '세계체제'(또는 '역사적 체제')이지 주권국가(이것은 단일한 사회체제 내부에 존재하는 일종의 '조직적 구조'나 '주변지역'으로 파악된다)나 민족국가가 아니다. 이런 점에서 본다면, 남과 북을 포함한 한반도는 경제와 정치 면에서 동질적인 사회가 아니므로 하나의 '조직적 구조'조차 될 수 없는 것이다. 그러나 백낙청이 말하는 '분단체제'는 세계체제와 동아시아체제의 '하위체제'로 지칭되는

---

22) 정대화, 「통일체제를 지향하는 '분단체제'의 탐구──백낙청 교수의 '분단체제론'에 대한 하나의 담론」, 『창작과비평』 1993년 가을호, 294~97면 참조.

데, 월러스틴의 관점을 원용한다면 세계체제는 이처럼 지리적 범위들의 결합으로 이루어진다기보다는 핵심부 — 주변부 — 반주변부라는 기능적 단위들을 관통하는 하나의 계층구조이다. 이처럼 백낙청은 월러스틴을 원용하면서도 세계체제론을 수동적으로 수용하는 선에서 그치지 않고, 오히려 사고의 방향을 정반대로 뒤바꿔 남북한의 "이질적인 현상들을 체계적으로 인식하려는 노력을 통해 그보다 훨씬 광범위하고 다양한 세계체제에 대한 인식능력에도 획기적인 진전"을 이루려는 의욕을 펼쳐 보이고 있다. 그러나 바로 여기에서 그의 의욕과 현실 사이에 괴리가 빚어지고, 그의 이론에 논리상의 난점이 개재되는 것으로 보인다. 우선 그의 '분단체제론'이 실제로 구성된다고 하더라도, '분단체제'는 그 독자성으로 하여 더이상 세계체제의 '하위체제'일 수 없을 것이다. 세계체제는 부분들의 집합으로서의 전체, 즉 각각의 부분들로 나뉠 수 있는 전체가 아니라 하나의 분석단위로서의 총체성이므로 그 '하위체제'로 지칭되는 '분단체제'와 양립하거나 공존할 수 없기 때문이다. 그러나 세계체제론을 그대로 수용하여 우리의 분단현실을 설명하는 것은 가능할 뿐만 아니라 유효한 것으로 생각되지만, 이 경우는 세계체제론의 한반도에의 적용이지 그 자체로서 독자성을 지닌 '분단체제론'이 될 수 없는 것이고, 백낙청의 '분단체제론' 역시 이런 것은 아니다. 이처럼 백낙청의 '분단체제론'이 하나의 독자성있는 이론으로 성립되는 데에는 논리상의 난제가 도사리고 있는 것으로 생각되지만, 분단현실의 복합성에 그 나름의 세계체제론적 사고를 투입하여 남북한을 하나의 관점에서 동시에 바라볼 수 있는 가능성을 강하게 제시함으로써 앞으로의 통일운동에 일관성있는 논리로 대응할 수 있는 길을 열어준 것만은 분명하다.

월러스틴에 의하면 기존의 사회주의 국가들은 그들의 독자적인 생산양식을 만들어낸 것이 아니라 자본주의 세계체제 안에 그 기능적인 일부로 존재했을 뿐이다(북한에 대해서도 이러한 관점을 적용할 수 있을 것이다). 한반도 역시 그러한 자본주의 세계체제에서 예외적인 자리에 있는 것은 아니며 또 그럴 수도 없을 것이다. 그러므로 남한은 말할 것도 없고, 백낙청에 의해 '농성체제'로 지칭되고 있는 북한만 하더라도 거기에 편입되는 방식과 속도에는 여러가지 변수가 개입될 여지가 있지만 큰 흐름으로 보아 그렇게 될 것은 필연적인 것으로 보인다. 그러나 우리가 맞이하고 있는 냉전 이후의 시대는 팍스 아메리카나가 종지부를 찍은 시대일 뿐만 아니라 지금까지 자본축적가들이 활용해온 '중기적 해결책'이 바닥남으로써 '운동의 위기'라는 측면보다는 '자본축적의 위기'라는 측면이 훨씬 더 강조되는 시대이기도 하다. [23] 이러한 사실은 우리의 통일운동에서 자본축적의 일반적 성격과 그것의 지속을 위해 만들어진 여러가지 장치와 억압기제들에 대한 연구와 대응방식의 탐색이 중요하다는 것을 말해준다. 그러므로 이제는 통일 그 자체가 더이상 무차별적으로 정당화될 수는 없으며, '무엇을 위한 통일인가?' 하는 질문이 현단계에서 새롭게 제기될 수밖에 없는 것이다. 이런 점에서 볼 때, 독일의 '분단'은 근본적인 의미에서 2차대전의 결과라기보다는 '냉전'의 일부로서 주어진 것이며, 이 냉전은 "20세기 전반기 자본에의 근본적인 도전에 대한 응전으로서의 전지구적인 투쟁에서 잠정적인 최종시기"[24]였다고 지적한 홀거 하이데의 말은 우리에게 시사하는 바가 크다. 그는 이러한 주장의 근거로서 파시즘으로 인해 심대한 타격을 입은 독일의 1930년대 노동운동은 그 당시에는 세계에서 가장 강력했으며, 2차대전 직후 독일 내부에서 파시즘이 새롭게 대두하는 것을 방지하기 위해 일어난 사회주의적 대안이 미국이 거의 독점적으로 주도한 세계자본주의 체제에 의해 무산되었던 역사적 사실을 제시하고 있다. 말하자면 2차대전 이후 자본주의 세계체제의 적은 파시즘이 아니라 노동운동이었다는 것이다. 이러한 원리가 분단독일의 통일과정이나 통일 이후 독일의 사회변화에서도 일관되게 관철되었음은 널리 알려진 사실이다.

'자본에의 근본적인 도전에 대한 응전'이라는 점에서 우리의 현대사는 하나의 전형적인 경우를 보여준다. 미군이 남한에 진주하고 처음 실시한 여론조사에서 남한 주민의 80퍼센트가 사회주의를 지향한 것으로 나타난 데서도 알 수 있듯이 우리나라에는 사회적인 모순을 해결하고자 하는 역량이 일제시대 때부터 축적되어왔으며, 1945년 말에는 이미 전국적인 단위의 노

---

23) 이매뉴얼 월러스틴, 「1980년대의 교훈」, 『창작과비평』 1992년 봄호 참조.

24) 홀거 하이데, 「민족적 통일과 사회적 분열」, 『창작과비평』 1993년 봄호, 339면 참조.

동자·농민의 조직이 결성되었다. 이러한 사정으로 인해 남한만이라도 세계자본주의권 내에 편입시키려는 미국의 기본 정책의 실행에는 많은 저항이 따르게 되었고, 미군정은 그들의 정치적 매개세력으로 포섭한 일부 대지주계급 및 매판적 상공인과 결탁하여 노동자·농민들의 자주적인 조직을 폭력으로 파괴하고 좌익정치세력들을 정치의 장에서 제거해갔다. 이처럼 변혁세력에 대한 탄압이 대대적으로 자행되던 1947년 7월에만 해도 조선신문기자회가 실시한 여론조사의 결과를 보면, 서울 시민의 70퍼센트가 '조선인민공화국'을 국호로 삼고 '무상몰수 무상분배'(이 경우는 68퍼센트)의 방식으로 토지분배를 실시해야 한다는 생각을 지니고 있는 것으로 나타나 있다.[25] 그러나 미국은 남한 민중의 이러한 희망을 묵살하는 한편 '봉쇄정책'과 '롤백작전'을 구사하며 민중들의 대규모 무장투쟁을 분쇄하였고, 이러한 과정의 연장선상에서 일어난 한국전쟁을 거친 후 남한은 미국의 뜻대로 냉전체제를 유지하기 위한 반공의 보루가 될 수밖에 없었으며, 이후 남과 북은 적대적인 두 개의 사회구성체로 돌아앉아 분단시대의 온갖 모순과 질곡을 잉태하며 오늘에 이르고 있는 것이다.

그러나 전후의 냉전체제가 허물어지고 자본주의의 승리가 확실해진 오늘의 상황에서 미국은 일정한 지역에 미미하게 남아 있는 사회주의 세력을 더이상 그런 상태로 가두어둘 필요성을 느끼지 않게 되었고, 그러한 곳까지도 자본주의 세계체제에 편입시킴으로써 예외적인 지역이 존재하지 않는 전지구적인 자본주의 세계체제를 마무리하려 하고 있다. 미국이 핵문제를 사이에 두고 북한과 승강이를 벌이며 남북한을 동시에 조종하려고 하는 것도 크게 보면 그러한 전략적 구도 속에서 이루어지는 것으로 생각할 수 있을 것이다. 이러한 상황에서 우리는 '통일'을 논의하고 있는만큼, 독일의 통일과정에서 적나라하게 나타난 바 있는 '민족적 통일과 사회적 분열'의 내용이 한반도의 통일과정에서도 되풀이될 수 있다는 개연성을 염두에 두지 않을 수 없으며, 통일로 인해 노동자·농민을 포함한 남과 북의 민중 전체가 처하게 될 상황을 구체적으로 살펴보지 않을 수 없게 되었다.

---

25) 박세길, 『다시 쓰는 한국현대사』, 돌베개 1988, 92면 참조.

자본주의 세계경제에 의한 북한의 '개방'이라는 성격이 지배적인 상태에서 통일이 추진된다면, 통일작업은 미국에 의해 조종되는 남한정부의 주도로 이루어질 가능성이 크다. 그리고 남한사회에서 이루어지고 있는 통일논의 방식이 현재의 상태에서 크게 벗어나지 못한다면, 통일은 정부로 논의의 창구가 단일화된 상태에서 진행될 것이고, 그럴 경우 노동자·농민의 희생을 전제로 한 국제경쟁력의 강화라는 현정권의 경제중심주의에서 드러나듯이 자본의 이익을 전제로 한 구상이 통일 이후의 사회성격을 결정하는 중심적인 힘으로 작용할 수밖에 없을 것이다. 그렇다면 북한의 산업은 자본축적의 입장에서 그 '효율성'이 논의되어 생산설비의 근대화나 노동생산성의 척도로써 재편될 운명에 놓이게 되고, 그러한 조건에 적응할 수 없는 북한 노동자의 대규모 실업이 증가하여 남한으로의 대대적인 인구이동이 전개될 것이며, 남북한의 노동자들의 임금수준이 중간 수준으로 조정됨으로써 남한의 노동자들 역시 임금의 하락을 면할 수 없게 될 것이다. 그러나 남한의 기술직 종사자들을 포함한 지식인들은 북한에 신설되는 근대화된 산업시설에 지도적인 입장에서 참여하게 되어 남한에 살고 있는 대다수의 중간계층은 그 희소가치가 상승되므로 이러한 방식의 통일을 기꺼이 받아들이게 됨으로써 계층간의 분열은 지금보다 심화될 수밖에 없을 것이다.

이러한 예견은 단순한 상상적 구성물이 아니라 독일의 예에 비추어 얼마든지 개연성이 있는 통일 이후 우리 민족의 미래상이다. 그렇다면 우리는 어떻게 해야 할까? 우리의 통일문제에서는 우선 남과 북에서 각기 다른 방식으로 정치적 억압과 경제적 수탈을 동시에 겪고 있는 민중들의 생활상의 요구를 관철하는 일이 현재의 과제일 뿐만 아니라 통일 이후의 사회적 분열을 최소화하는 데도 대단히 중요하다는 점이 뚜렷이 인식되어야 한다. 이런 점에서 볼 때 민중문제와 대립적이거나 무연한 관점에서 민족문제를 제기하는 것은 지양되어야 한다. 우리의 분단현실이 2차대전 이후 자본주의 세계경제가 자기 이익을 관철하기 위해 만들어낸 냉전구도 속에서 남한은 세계자본주의권 내부에서 반공의 보루로, 북한은 세계자본주의권 밖에서 냉전구도의 기능적 일부로 존재하고 있는 현실임을 인정한다면, 민중문제와 민족문제는 대립적 구도 속에서가 아니라 하나의 공통적 구도 속에서

통합적 관점으로 논의되어야 한다. 그러므로 민족운동으로서의 통일운동은
민중에게 강요되는 경제적 불평등구조의 해결을 중심적 과제로 포용할 수
있어야 한다. 그렇지 않으면 우리가 맞이할 통일은 독일의 경우보다 훨씬
더 큰 재난을 몰고 올 가능성이 크며, 그 재난은 남북의 민중이 함께 감당
해야 할 몫이 될 것이다. 이처럼 통일이 단순히 비극적인 민족분단의 극복
이 아니라 민중의 생활과 사회적 가치를 고양시키는 방향에서 이루어져야
하는 것이라면, 지금 우리는 남북한의 민중이 겪을 수도 있는 지금보다 더
비참한 상태로의 전락에 대해 힘있는 대응책을 마련해야 하며, 우리의 리
얼리즘 또는 민족문학 논의도 통일이 가져올 수 있는 이러한 상황에 실천
적으로 대응할 수 있는 방향으로 진행되어야 하리라고 본다.

4. 글을 마치며

자본주의 세계경제가 지닌 억압기제와 문화전략은 우리의 원론적인 대응
을 무색하게 할 만큼 고도의 심리적 전술과 다양성, 그리고 그들 나름의
보편성을 띤 이론들로 무장하고 있다. 그러므로 원론을 실효성있는 사회적
실천으로 전화시켜가는 데에는 변혁의 실제적 조건들에 대한 능동적 대응
의 차원에서 문화나 담론적 차원의 현상들이 마땅히 검토되어야 할 것이
다. 90년대의 남한사회의 변화만 보더라도 자본의 지배가 강화되고 노동자
의 수가 지속적으로 증가되고 있음에도 불구하고(물론 노동자계급 내부의
분화현상도 무시할 수는 없지만) 민중적 담론보다는 시민적 담론이 지배적
인 것으로 되어가는 현상을 보이고 있다.[26] 상황이 이렇게 달라진 데에는
현실사회주의권의 몰락이나 노동자계급 내부의 분화현상만으로는 설명될
수 없는 또다른 요인들이 작용하고 있다. 노동자들은 그들의 작업장 밖에
서 이루어지는 일상생활에서 '시민'의 한 부분으로서 시민적 담론의 지배를

---

26) 조희연, 「민중운동과 시민사회, 시민운동」, 『실천문학』 1993년 겨울호, 234면
　　참조. 이 글은 담론적 차원에서 민중운동의 성격과 과제를 명징하게 보여주고 있
　　다.

받게 되므로 그들 고유의 의식이 희석되거나 진보적인 투쟁의식이 무력해지는 경험을 하게 된다. 그리고 이러한 문제는 비단 노동자들만의 문제는 아니다. 담론이론가들의 지적이 아니더라도 언어가 인간의 의식뿐만 아니라 무의식과 잠재의식을 형성하는 데에서도 중요한 역할을 한다는 것은 널리 알려진 사실이며, 따라서 그것은 인간의 해방적 관점을 형성하는 데 있어서도 최초의 단서가 된다. 그러므로 시민적 담론과 민중적 담론이 그 범위와 성격에서 대립적인 것은 아니지만, 우리 사회에서 전자가 지배적인 위치를 차지하고 후자가 주변화되고 있는 현상은 중대한 의미를 지닐 수밖에 없다. 사태가 이렇게 된 데에는 여러가지 이유가 있을 수 있겠으나, 민중적 담론 자체의 폐쇄성도 그 중요한 이유들 가운데 하나일 것이다.[27]

이러한 문제는 담론 주체의 세계인식과 실천의 성격을 반영하는 것이므로 담론 차원, 특히 언어사용의 문제는 오히려 부차적인 것이기는 하다. 그러나 그동안의 논쟁선상에서 이루어진 글들을 보면, 언어의 사회적 유통이라는 현실적 조건을 무시하거나 어떤 낱말들에 담긴 역사적 의미를 간과한 나머지 지나치게 주관적이고 자의적으로 언어를 사용하거나 해석함으로써 공통적인 목표를 지닌 논자들끼리의 의사소통조차 제대로 이루어지지 않는 예들이 간간이 발견된다. 그러므로 민중적 담론이 시민적 담론과 공통되는 영역에의 천착을 통해 시민적 담론의 전체 영역으로까지 의사소통의 범위를 넓혀가는 데에는 많은 어려움이 따를 수밖에 없을 것이다. 대부분의 민중적 담론들은 노동운동 또는 분단극복운동이 어떤 집단만의 특수이익만을 추구하는 것 이상의 의미를 지니며, 작게는 우리 민족 전체, 크게는 인류 전체의 일반이익과 관련된 것임을 인정하면서도 거기에서 구사되고 있는 언어들은 동질집단 내부의 간주관적(間主觀的) 대화에서조차 일정한 한계를 드러내고 있다. 그러나 시민운동이 사회운동의 지배적인 위치를 차지하게 된 우리의 현실은 동질집단 내부의 간주관적 대화뿐만 아니라 이질집단들과의 간사회적(間社會的) 대화의 필요성까지 제기하고 있다. 경실련 운동만 하더라도 중간계층에 의한 개량적인 운동으로만 폄하할 수 없

---

27) 같은 곳 참조.

는 측면을 보이고 있으며, 우리 사회에서 새롭게 대두하는 이러한 종류의 운동들은 경제적 차원에서의 변혁운동을 제외한 거의 모든 삶의 영역에서 실제적인 계기들을 포착하고 그것을 시민운동으로 매개하여 일정한 성공을 거두고 있기도 하다. 그리고 이러한 결과들은 결국 민중을 포함한 모든 시민들의 삶의 질을 높이는 쪽으로 작용하는 경우가 많으므로, 이러한 집단들과의 능동적인 대화와 연대를 추구해야 할 필요성이 그 어느 때보다 높아지고 있다.

현단계에서 시민운동이 상대적으로 등한히하고 있는 영역은 통일운동 영역이지만, 이 영역이야말로 중간계급을 포함한 모든 계층이 관심을 기울일 수 있는 영역이다. 그러므로 노동자계급만이 통일운동의 진정한 주체가 될 수 있다는 주장은 역사적 현실에 대한 원론적 이해에서 벗어나지 못한 일종의 아집일 수밖에 없다. 노동자계급의 요구가 희생되는 형태로 통일운동이 진행되지 않도록 하기 위해서라도 이 운동에 중간계층을 포함한 모든 시민의 올바른 이해와 참여가 요청되는 것이라면, 진보적 운동권의 담론이 그들의 귀에도 신선하게 들릴 수 있는 것으로 제시되어야 한다. 그리하여 민중의 희생이 강요되지 않는 통일운동이 우리의 민족적 삶을 전체적으로 고양시킬 수 있다는 것이 그들에게도 납득할 만한 사실이 됨으로써 자본에 봉사하여 개인적 이익을 챙기는 것과 자본축적의 일방적 관철에 저항함으로써 삶의 질을 전반적으로 고양시키는 일 사이에 일어날 수 있는 균열을 사전에 방지할 수 있게 되어야 한다. 그러기 위해 우리의 언어는 간사회적 대화에서 일차적으로 일상언어적인 공통지반을 확보해야 한다. 이런 점에서 보면 '당파성'이나 '노동자계급의 세계관' 같은 말도 동질적인 집단 내부에서, 그것도 꼭 필요한 부분에서 제한적으로 사용해야 할 것이다.

리얼리즘에 관한 논의가 '당파성' 개념을 매개로 하여 '통일시대의 민족문학론'에 내실을 가져올 수 있으리라는 생각에서 이 글을 쓰게 되었으나 이러한 의도가 제대로 살아나지 못했다는 생각을 금할 수 없다. 특히 논의 대상에 대한 천박한 이해로 인해 논자들의 견해를 본의 아니게 왜곡한 부분이 있을 것으로 생각된다. 이 글에서 거론된 논자들의 질정을 바란다.

<실천문학 1994년 봄호>

진실 드러내기와 숨기기
근작 중·단편소설을 중심으로

1. 글머리에

언어의 기능을 강조하는 사람들은 흔히 언어는 객관적 현실을 묘사하는 것이 아니라 현실을 형성하는 것이고, 인간은 그러한 언어로써 이루어진 현실만을 알고 있을 뿐이라고 말한다(1923년에 나온 에른스트 카씨러의 『상징의 철학』 제1부 「언어」가 그러한 경우를 가장 단적으로 보여준다). 이것은 세계관의 형성과정에서 언어가 지닌 창조적 측면에 편향된 말이지만, 언어에 대한 이러한 정의(定義)에 마주칠 때 우리는 몇가지 의문에 사로잡히게 된다──그렇다면 언어로 이루어진 현실 다시 말해 언어적 구성물의 진위를 가릴 수 있는 현실적 근거는 없는 것인가, 그리고 그 진위를 가릴 수 없다면 특정한 발화(發話)의 의미를 따져보는 일 역시 불가능한 게 아닐까 하는 것이다. 우리는 언어가 객관적 현실을 그대로 묘사하는 것은 아니라 할지라도 언어로써 이루어진 현실의 근거로서 객관적 세계가 존재한다는 사실까지 부정할 수는 없다. 그렇다면 우리의 의문은 근원적으로 객관적 현실과 언어적 구성물 사이의 관계와 결부된다. 이 두 가지 관련사항에서 언어의 창조적 기능을 극단적으로 강조하게 되면 언어적 표현은 객관적 세계에 대한 지시적 성격이 극도로 약해지고, 이러한 과정을 통해 불가피하게 객관적 현실에 대해 자율성이 강화될 수밖에 없는 언어적 구성물이 결과적으로 자의성(恣意性)에 빠지게 되더라도 그것에 대해 이리저리 따져보는 일은 부질없는 짓이 되고 만다. 이렇게 말의 길은 막혀버리고(言語道斷), 지시성과 창조성은 공존의 근거를 상실해버릴 수도 있다.

그러나 우리는 다행히도 실재하는 객관세계에 대한 감각적 지각을 경험과 사유를 통해 인식의 차원으로 끌어올릴 수 있다는 사상을 통해 구원받을 수 있으며, 이러한 인식 속에서 지시성과 창조성은 늘 변증법적인 상호작용 속에서 공존한다는 사실을 확인하게 된다. 이렇게 하여 우리에게는 객관적 대상에 대한 인식과 언어적 표현을 통해 진리 또는 진실에 도달할 수 있는 길이 열리게 된다. 그러나 그것은 어디까지나 가능성일 뿐이며, 우리의 언어는 그것의 인식/표현에서 일면성을 지닌다는 숙명까지 벗어던져버릴 수는 없다. 게다가 "기의(記義)는 기표(記標) 아래서 끊임없이 미끄러진다"는 라깡의 그 유명한 명제에 부딪히게 되면, 어떠한 언어적 표현도 그 의미를 담보받을 수 없는 게 아닐까 하는 허망한 생각에 빠져들 수도 있다. 그러나 기의가 기표 아래서 미끄러진다고 하더라도 그것이 허공 속으로 영영 사라져버리는 게 아니라면 문맥과 담론적 상황의 규정하에 놓일 수밖에 없을 터이므로, '미끄러진다'는 말보다는 '진동한다'는 말을 통해 언어의 의미영역을 설정해볼 수 있을 것이다.

어쨌든 언어적 인식/표현은 진리 또는 진실을 향해 나아가면서도 일정하게 은폐와 배제의 부분을 남겨둘 수밖에 없다. 특히 문학작품은 그 나름의 형식을 통해 뜻있는 일면을 부각시킴으로써 드러난 부분에 특별한 의미가 실리게 되므로 작가가 무엇을 왜 드러내거나 숨기게 되었는지에 대한 면밀한 탐색을 요한다. 더욱이 이 글에서 다루게 될 중·단편소설은 주제의 단일성 때문에 형식의 기능이 장편소설에 비해 상대적으로 더 두드러질 수밖에 없으므로, 형식적 측면에 주목해야 할 필요성은 그만큼 커질 수밖에 없다. 이 글은 근래에 나온 세 권의 소설집과 세 편의 신작 중편소설들이 결과적으로 무엇을 드러내고 숨기게 되었으며, 그 의미는 무엇인지에 초점이 맞추어진다.

2. 역사적 진실과 현재의 관심사

현기영의 소설집 『마지막 테우리』(창작과비평사 1994)의 뒤표지에 실린 표제작에 대한 염무웅의 찬사는 해당 작품의 우수성으로 인해 단순한 선전문구가 아닌 적절한 지적이 되고 있다.

현기영의 「마지막 테우리」는 단편소설이 요구하는 모든 요소를 고루 갖춘, 우리 단편문학 역사에 빛날 명작이다. 절제되고 압축된 문장, 그런 문장을 통해 뇌리에 각인하듯이 선명하게 펼쳐지는 자연묘사의 풍요함, 과거의 수난사와 현재의 골프장 건설로 인한 자연파괴를 대비시키는 기법, 인간과 동물 사이에 이루어지는 생명적 교류, 무엇보다도 냉정 침착한 형식의 엄격성과 그 단단한 형식을 폭파시킬 듯한 격렬한 내용의 결합은 이 작품에 고전적 품격과 깊이를 부여한다.

위의 인용문은 덧붙일 게 별로 없을 정도로 「마지막 테우리」의 장점들을 압축하고 있다. 그러나 한가지만 덧붙인다면, 적절한 곳에 복선을 배치하여——작가가 의식적으로 그렇게 했다기보다는 주인공의 의식과 그것에 포착된 상황적 조건 때문에 자연스럽게 그런 결과를 가져온 것으로 보이지만——극적인 결말을 자연스레 이끌어내면서 그 인상을 충격적으로 고조시키고 있는 구성의 치밀함도 이 작품의 대단원에 폭발적인 힘을 내장시키고 있다는 점이다. 그러나 이러한 표현들은 이 작품 속에 이루어진 성공적인 결과만을 지적한 것이므로 그러한 결과가 이루어지게 된 요인들을 역추적해볼 필요가 있다.

사실 이 작품의 형식적 완벽성과 정련된 문체, 그리고 묘사의 아름다움에 무게와 실감을 더해주는 것은 작가가 '테우리'라는 특별한 생활영역과 의식세계에 정통하고 있으며, 그러한 정통함을 통해 그러한 인물에 걸맞는 경험과 의식의 흐름을 풍부하게 드러내고 있기 때문이다. 이처럼 특수한 작품세계가 너무도 자연스럽기 때문에 작가가 그동안 줄기차게 천착해온 '4·3'은 고순만이라는 노인의 정신세계 속에서 마치 자연사의 한 부분처럼

용해되어 오랜 세월과 더불어 바위의 일부로 치환되어버린 생명체 즉 화석
(化石)과도 같은 느낌을 자아내기도 한다. 이처럼 자연과 융화된 역사, 한
사람의 생리가 되어버린 역사는 우리 민족이 겪은 참혹한 역사의 한 단면
을 드러내는 이 작가의 해묵은 주제의식에 익숙한 독자들에게는 의아스러
운 느낌을 불러일으킬 수도 있다.

　그러나 고순만 노인의 의식 속에 간헐적으로 떠오르는 그의 개인사에서
보면 4·3은 특별하고 엄청난 의미를 지닌 것이다. 그것은 한낱 이름없는
목동에 지나지 않았던 그에게도 "사태 이후 … 행복이란 것도 인간이란 것
도 믿지 않"(14면)게 되었을 만큼 강렬한, 지울 수 없는 경험과 상흔을 남
겼기 때문이다. 고순만 노인은 4·3 당시에 산사람들에게 주인 없는 소를
잡아다 주는 일을 하다가 비무장인 채 토벌대에게 체포되었고, 산사람들이
숨어 있는 곳을 대라는 토벌대의 협박에 못 이겨 그 자신이 빗속을 헤매다
가 하룻밤 지낸 적이 있는 작은 동굴로 토벌대를 데려갔는데, 거기에는 우
연히도 일가족 세 명이 들어 있었다. 그리하여 4·3은 그에게 단순한 기억
이 아니라 인간세상을 떠나 동물과 더불어 자연 속에서 살 수밖에 없도록
그의 일생을 두 동강으로 갈라놓은 중대한 사건이 되었다. 게다가 이 소설
의 말미에 그 시절의 역사적 경험을 공유하고 있는 그의 유일한 벗의 죽음
을 배치함으로써 독자들로 하여금 이 '마지막 테우리'의 고립감과 그를 초
원으로 내몬 그 사건을 더욱 애틋하게 되돌아보게 한다. 그리고 간간이 그
의 귀를 파고드는 골프장 공사장의 포크레인 소리는 초원과 함께 살아온
고순만 노인의 두번째 인생마저 끝장내버릴 수도 있다는 위기감을 고조시
켜준다.

　현기영에게 제주도의 민중사, 그 가운데서도 특히 4·3에 대한 조명은
그의 글쓰기의 중심 과제이다. 그러나 이 사건에 대해 그가 쓴 글들은 모
두가 중·단편들이다. 그러므로 그는 동일한 주제의 다양한 측면들과 그것
들에 깃들인 의미들을 새로운 시각과 형식으로 드러내는 데 남다른 주의를
기울이는 것으로 보이며, 「마지막 테우리」는 그러한 예의 대표적 경우로
생각된다.

　주인공의 독특한 생활영역 또는 직업으로 인해 4·3의 현재적 의미가 가
장 강렬하고 처절한 분위기 속에서 실감나게 되살아나고 있는 작품은 아마

도 「목마른 신들」이 아닐까 한다. 4·3원혼굿의 내력을 말하고 있는 이 소설의 화자 '나'는 어머니가 심방(무당)이어서 어렸을 적부터 들어온 '새끼심방' '심방자식'이란 말이 너무도 싫어 해방 후 열네 살의 나이로 읍내에 나와 차부조수로 일한다. 그러나 열일곱 되던 해 트럭 운전사로 징발되어 '빨갱이 사냥'에 토벌대를 실어나르던 어느 날 그의 고향마을 눈메드르 역시 다른 마을들처럼 잿더미로 변했고, 그때 그의 어머니도 총 맞은 채 불에 타죽고 만다. 이듬해 6·25 전쟁터에 징집된 '나'는 2년 만에 제대, 무병(巫病)을 앓고 그토록 싫어하던 심방의 길로 들어선다. '나'는 입무(入巫)굿이자 최초의 4·3원혼굿을 하게 되며, 그후에도 4·3원혼굿을 몇차례 더 한다. 1년 전에 한 것은 고등학교 2학년 남학생이다. 알고 보니 그 아이에게는 4·3 때 죽은 원혼이 씌었는데, 토박이인 줄 알고 있던 그 아이의 조부는 그 당시 피검자 가족들과 목숨값을 흥정하던 서북청년단 출신이다. 그는 손주를 살리기 위해 하는 수 없이 자기 집에서 4·3원혼굿을 치름으로써 '빨갱이 원혼'에게 굴복하고 만다.

원혼에게 토벌대 출신이 굴복하고 만다는 극적인 결말을 자연스럽게 이끌어내고 있는 이 소설에서 우리의 주목을 요하는 것은 '심방'이라는 직업의 특수성이다. 그의 가족도 중산간 마을에 살았던 사람들과 똑같은 운명을 겪었기에 그 역시 남들 못지않은 정신적 외상을 지니고 있지만, 그는 무당이기 때문에 다른 사람들과는 달리 원혼들을 만나 그들과 이야기도 할수 있고, 굿을 통해 그들의 한을 씻어줄 수도 있는 아주 특별한 능력을 지니고 있다. 이러한 점은 현기영의 문학적 주제를 형상화하는 데 최선의 시각을 제공하고 있다. 과거에 희생된 영혼들과의 교감을 통해 은폐된 역사를 여실히 재현함으로써 '심방'이 효과적인 형식적 요소들의 인격적 통일체로 드러나고 있기 때문이다. 「마지막 테우리」에서 목동이라는 생활영역과 관련된 모든 세부적인 사실들에 정통했던 것처럼 작가는 심방이라는 특수한 영역에 대한 충분한 지식을 통해 그의 의식과 시각의 특수성을 넉넉히 활용하여 이야기 전개에 탄력성과 실감을 불어넣으면서 구천을 떠도는 4·3원혼들의 피눈물나는 역사, 그 원혼들 가운데 하나가 그것과 전혀 무관한 듯이 보이는 어린 학생에게 깃들일 수밖에 없었던 내력, 가해자의 굴복이라는 결말을 극적이면서도 동시에 전혀 무리없이 자연스럽게 ──그 자체

로서 자연스럽다기보다는 굿이라는 특수한 행위 속에서 그렇게 받아들여지
도록 되어 있다——보여주고 있는 것이다. 그러므로 우리는 "한날 한시에
죽은 원혼을 진혼하려면 온 마을 사람들이, 아니 온 섬 백성이 한 자손 되
어 한날 한시에 합동으로 공개적으로 큰굿을 벌여야 옳다"(80면)는 이 심
방의 말이 아니더라도, 우리 시대에도 여전히 굳게 닫혀 있는 역사의 수문
(水門)을 활짝 열어 제주 민중의 죽음의 역사가 우리 민족의 생명의 역사
로서 도도히 흘러넘치게 해야 한다는 강한 염원을 품게 된다.

이 소설집에서 가장 철저한 형식적 실험을 보여주고 있는 작품은 「쇠와
살」이다. 이 작품은 형식적인 면으로만 보면 과연 '단편소설'이라 불릴 수
있을지 의문스러워진다. 4·3에 대한 각기 다른 26개의 장면 또는 성격묘
사와 8개의 주(註)에 해당하는 서술로 이루어져 있는 이 작품은 그 사건과
관련된 거의 모든 정보를 수집해놓은 듯한 겉모습을 보임으로써 우리가 익
히 알고 있는 '단일한 주제에 대한 집약적 표현'이라는 단편소설의 속성과
는 거리가 멀어 보이기 때문이다. 그러나 하나하나의 장면들은 4·3을 경
험한 당사자들에게서 환등기로 비춰진 장면들을 보며 설명을 듣는 것과 같
은 실감으로 충만해 있을 뿐만 아니라 어떤 장면과 대목들은 그 사건의 전
체적 성격을 요약해서 서술해주거나 상징하는 것이어서, 이 글을 다 읽고
나면 그 낱낱의 장면들이 경계가 허물어지면서 하나의 커다란 4·3의 얼굴
로 융화되어 하나의 통일적인 인상을 이루게 되어 있다. 이런 점에서 보
면, 이 작품은 매우 특별한 형식의 단편소설이라는 느낌을 준다. 게다가
각각의 장면 또는 성격 묘사들은 각기 하나의 단편소설로 발전할 수 있을
만큼의 내용이 축약된 것이고, 이것들 전체는 하나의 장편소설을 이루기에
충분한 정도의 내용과 정보를 지니고 있으며, 각 장면들의 서술형식과 분
량이 변화무쌍해서 4·3에 대한 많은 정보와 새로운 해석을 전혀 지루함을
느끼지 않고 접할 수 있도록 되어 있다는 점도 이 작품의 중요한 특색이
다.

위에서 살펴본 것처럼 현기영은 일관된 주제를 다양한 형식들을 통해 형
상화하는 데 남다른 열정을 보이고 있고, 그 결과 또한 보기 드문 성공을
거두고 있으므로, 그의 문학적 의도는 그것으로 충족되었다고 말할 수 있
을 것이다. 그러나 그의 작업이 더 큰 공감과 역사적 의미를 얻기 위해서

는 과거의 역사와 그것의 현재적 의미뿐만 아니라 그 겉모습을 달리하면서 오늘에 이르러 지금 우리들의 삶을 옥죄고 있는 부당한 힘들의 실체와 그것들과 대결하고 있는 동시대인들 사이에 존재하는 전선에 서서 작가적 역량을 불태워보는 것도 좋지 않을까. (그의 작품집에도 현재적 관심사를 형상화한 소설이 없는 것은 아니지만, 앞에서 본 소설들만큼은 성공적이지 못하다는 인상을 준다.) 이러한 기대는 물론 그의 작가적 역량과 도저한 역사·현실 의식에 대한 신뢰에서 비롯된 것일 뿐, 그것이 꼭 현기영만이 해내야 할 과제인 것은 아니다.

공지영의 소설집 『인간에 대한 예의』(창작과비평사 1994)는 기법이나 형식적인 측면보다는 그 자신의 삶에서 추출해낸 듯한 내용에 깃들여 있는 진지한 모색의 자세가 돋보이는 작품들을 담고 있다. 그러므로 그의 작품들 가운데 가장 눈길을 끄는 것은 오히려 단편소설의 형식적 틀——단편소설에 어떤 고정된 틀이 있는 것은 아니지만——을 아예 무시해버린 듯한, 그래서 '무형식의 형식'이라 불러도 좋을 만한 기법을 보여주는 「꿈」이다.

이 소설의 내용은 다섯 개의 단절된 시간대로 구성되어 있고, 그 시간대들이 시작되는 시각(時刻)이 소제목처럼 중간중간에 배치되어 있다. 이렇게 다섯으로 나뉜 시각들의 배열은 기준시각이 맨 앞에, 그전 시간대의 시작시간이 다음에, 그리고 기준시각 뒤에 오는 시각들이 순차적으로 배열되어 있다. 이 다섯 개의 시간대들에는 작가 자신의 삶이 동료 지식인들의 언행과 함께 전혀 가공되지 않은 그대로 드러나 있는 것처럼 보인다. 「꿈」에는 소설가 자신인 '나'가 만난 시인·소설가·평론가·영화감독·작곡가들이 나오지만, 교수인 평론가를 제외하면 하나같이 자신의 일을 순조롭게 해나가지 못하고 있는 것으로 드러난다. 2박3일 동안 술을 마시던 시인은 시궁창에 빠졌을 때처럼 "더는 더러워질 수 없는 느낌, 더는 모욕당할 수 없는 평화…거기서부터 정말 우리는 시작하는 거야"(31면)라고 말하고 있고, 노동현장 출신인 소설가는 5년째 같은 소설을 고치고 있고, 영화감독은 작품성이 있을수록 푸대접받는 충무로의 생리를 비관하고 있고, 작곡가는 인기있는 유행가 가수들 때문에 음반취입이 한없이 뒤로 밀리는 경험을 하며 한 달이나 피아노를 만지지도 못하고 있다. 영화감독, 작곡가, 나

——밤낚시에 간 이 세 사람은 짧은 잠속에서도 악몽에 시달린다. 꿈속에서 감독은 수배자를 내놓으라는 깡패들에게 쫓기고, 작곡가는 소식만 들었던 고종사촌의 죽음 장면을 영화처럼 생생하게 보고, '나'는 군인들에게 쫓겨 차를 타고 가파른 언덕길을 오르다 보니 차가 길이 아닌 표지판 위에 있다. 마지막 날 새벽 3시에 잠에서 깨어난 '나'는 쓰고 싶은 것이 많으면서도 쓰지 못했던 것은 "그것을 꿰어나갈 삶을" 찾지 못했기 때문이라는 것, 글이 아니라 삶 자체가 "엉망진창"이었기 때문이라는 것을 깨닫는다 (56면).

작가가 이 소설에서 취한 형식은 대체로 두 가지 효용성을 지닌 것으로 생각된다——우리 시대 지식인들의 황량한 삶의 조건과 정신적 고통이 자연스럽게 드러날 수 있도록 되어 있다는 점, '나'라는 일인칭 화자의 시각으로 씌어지고 있음에도 불구하고 삶의 부분부분을 별다른 가공 없이 마치 일기를 쓰듯 그대로 보여줌으로써 주관적 오류의 가능성에서 멀찍이 벗어날 수 있도록 되어 있다는 점. 이러한 과정에서 이루어지는 자기반성을 토대로 문제는 글이 아니라 삶이었으며, 표지판이 아니라 진짜 길로 가야 한다는 평범하다면 평범한 깨달음에 자연스레 도달하고 있는 것이다. 그러므로 작가가 이 소설의 중간에서 글을 쓰는 이유로 제시한, 소외된 자가 타인의 삶을 상상해보기, 즉 "영원히 술래가 된 것처럼 금 밖"(40면)에서의 글쓰기는 오히려 삶과 글쓰기의 경계선을 끊임없이 넘나들며 그 양자를 지양함으로써 새로운 가능성을 향해 나아가는 것으로 전환되어야 하지 않을까?

그런데 이 작품 다음에 씌어진 것으로 보이는 「사랑하는 당신께」라는 유서 형식의 소설은 우리의 기대가 다소 허망하게 빗나가버렸음을 느끼게 한다. 순진한 시골처녀가 처자가 있는 기혼자를 사랑한 나머지 살림까지 차려 한동안 행복하게 살았는데, 어느 날 그의 아내가 찾아와 집이 경매로 넘어가게 되었다는 말을 남편에게 전해달라며 "그 인간은 악마"(17면)라고 말한다. 또다른 여자를 유혹하여 돈과 성을 약탈하는 그에게 그녀는 "제가 당신을 사랑할 수 있는 유일한 길은, 제가 당신의 괴로운 남자됨에서 당신을 구해드릴 수 있는 길은 오직 이것뿐"(21면)이라며 자살을 선택한다.

이 작품은 한 여성의 맹목적인 순진성과 한 남성의 구제받기 어려운 악습을 극명하게 대비시킴으로써 그런 남자조차 (그의 친구에게는) "정말 좋은 놈"(11면)으로 받아들여질 수도 있는 사회에 대한 통렬한 고발로서 호소력, 그리고 유서를 쓰고 있는 여인이 처한 상황과 심정에 대한 감정이입적 동화(同化)로 인해 독자들이 단숨에 읽어버리게 하는 소설이 될 수는 있었을지 모른다. 그러나 신경숙의 「풍금이 있던 자리」에서 우리가 이미 경험하였듯이 고백은 아무리 슬프고 고통스러운 내용일지라도 우리의 정서 속에 불가항력적으로 삼투해들어가는 마력을 지니고 있다. 그것은 천사같이 선한 마음으로 자기희생을 감수하는 「사랑하는 당신께」에 나오는 여인의 경우라 할지라도 인간관계가 일방적 시각으로 제시될 수밖에 없으므로 상대방은 고백자의 의식과 정서에 의해 일방적으로 고정되거나 못박힐 수밖에 없으며, 이런 점에서 이 소설의 공간은 의사소통이 단절된 상태에서 일방적으로 주어지는 엄청난 정서의 파장만이 충일하게 된다는 점에서 폭력적이기까지 하다. 그러므로 이 소설의 주인공이 힘없는 희생자의 모습으로 그려지고 있음에도 불구하고 적어도 그 충일한 감성의 풍경화 속에서는 하나의 군주처럼 절대적인 존재가 되며, 다른 사람들은 아무리 강력한 가해자의 모습으로 그려지고 있을지라도 손가락 하나 까딱할 수 없는 정물로 고정될 수밖에 없다. 어떠한 경우든 소설 속의 진실 또는 진리는 한 사람의 정서와 실존적 결단에서가 아니라 관계의 지양 속에서 변증법적으로 추구되어야 할 어떤 것일 수밖에 없는 것이 아닐까?

「사랑하는 당신께」를 제외하면, 공지영의 소설들은 대체로 대화적 상황을 잘 드러내고 있는 것으로 보인다. 그리고 대화적 지양의 결과로 많은 작품들의 결미에서 주인공은 하나의 깨달음에 이르게 되는데, 이 '깨달음'의 순간이야말로 새로운 길이 열리는 때이기도 하다. 공지영의 소설집 표제작인 「인간에 대한 예의」에서도 이러한 경향이 두드러지게 나타나고 있다. 잡지사 기자인 '나'는 신간서적의 저자에 관한 인터뷰 기사를 쓰기 위해 20여 년간의 옥살이를 한 권오규씨에 관한 취재를 해둔 상태에서 데스크로부터 이민자를 만나보라는 권유를 받는다. 미국유학 후 화가로 대성했으나 성공과 성취의 허망함을 깨닫고 3년간 맨발로 인도 전역을 여행한 적이 있는 자유인 이민자를 만나본 '나'는 그의 매력에 사로잡혔으나, 결국 권오규를 선택하게 된다. 그런데 공지영은 이 소설의 말미에서 작중화자에

게 "나는 이민자를 결코 권오규만큼 사랑할 수 없다는 걸 처음부터 알고
있었다"(95면)고 말하게 함으로써 동료 사진기자나 운동권 선배와의 대화
를 통해 가까스로 마련해놓은 결단의 계기를 무의미한 것으로 만들어버리
고 있다. 그러므로 역사로부터의 도피와 역사 속으로의 재진입 사이에서
갈등을 느끼는 90년대적 정신풍토를 드러내려는 이 소설의 주제에는 긴장
감과 감동이 실리지 못하게 되고 만다.

공지영에게서처럼 소설이 삶에서의 길찾기에 다름아니라면 그 결말이 새
로운 삶의 방식에 대한 깨달음일 수밖에 없다는 것은 지극히 당연한 일이
다. 그러나 그것이 작품의 결미에서 문제에 대한 해답처럼 주어진다면 독
자들의 참여의 몫은 그만큼 줄어들 수밖에 없지 않을까? 이런 점에서 공
지영은 자신의 의도를 효과적으로 표현하기 위한 새로운 형식에 대한 천착
에 좀더 관심을 기울여야 할 것으로 생각된다.

김영현의 중편소설 「그리고 아무 말도 하지 않았다」(『실천문학』 1994년 여
름호)는 근래에 씌어진 그의 다른 소설들과 마찬가지로 아직 뚜렷한 실체
를 드러내지 않고 있는 이 시대의 불안과 고통을 감지하려는 노력과 함께
그 속에서 의미있는 삶을 일궈내기 위한 모색에 힘을 기울이고 있는 것처
럼 보인다. 벽화를 그려주기 위해 태백에 있는 수도원을 찾아가고 있는 재
섭은 간간이 그의 과거를 반추한다. 2년 전 '고문전'을 준비하던 중 그의
딸아이가 교통사고로 죽고 난 후 그의 아내는 가출했으며, 전시회가 끝나
고 그가 자학의 나날을 보내고 있을 때 그의 친구 명호가 자기 대신 벽화
를 그려달라는 부탁을 해와 인도로 여행한다는 기분으로 태백행을 감행하
게 된 것이다. 성화(聖畫)에는 애초에 관심이 없었던지라 구상에 많은 시
간을 보낸 끝에 그는 드디어 '광야의 예수'를 그리기로 한다. 그림을 그려
가는 과정에서 자칫 소설가의 방해를 받기도 하지만 그는 결국 인간의 아
들 예수가 자신의 불가해한 운명과 싸우는 모습을 그려낸다. 재섭 자신은
그 그림에는 어떤 절대적인 모습도, 궁핍과 불의에 고통을 당하는 인간을
위한 분노도, 인간존재의 본질에 대한 고뇌도 없기 때문에 실패한 것이라
고 생각한다. 그림을 완성한 다음날 그는 아내의 편지를 받는다. 아직도
자신을 사랑한다면 아이도 갖고 새롭게 시작해보자는 것이다. 그의 입가에

는 희미한 미소가 감돌고 그의 눈에서는 눈물이 굴러떨어진다.

절대가치를 추구하던 80년대적 지향의 좌절과 그 이후에 이루어지는 암담한 모색의 과정을 보여주는 이 소설의 주제는 90년대 독자들에게는 너무도 낯익은 것이다. 이처럼 그다지 새로울 것이 없는 이야기를 담담하게 풀어가고 있음에도 불구하고 이 작품은 우리의 의식을 강하게 사로잡는다. 짜임새 있는 구도와 정확한 문장, 화가의 작업과 심리적 추이에 대한 섬세하고 풍부한 묘사를 통해 주인공의 조용하면서도 치열한 내면적 갈등이 실감을 얻고 있기 때문이다. 그리고 절대가치를 추구하던 친구의 자살, 아이의 죽음, 아내의 가출, 그 자신의 황폐해진 내면이 뿜어내는 암울한 분위기가 그의 아내의 편지로 인해 희망적 분위기로 환치되는 과정이 지리한 설명으로서가 아니라 우리 시대 지식인들의 희망찬 모색의 알레고리로 읽힐 수 있도록 되어 있기 때문이다. 그러나 이러한 알레고리는 우리의 마음을 뒤흔들 만큼 강한 힘을 내장하지는 못하고 있다. 아이의 죽음이나 아내의 귀가 결정과 같은 사건들이 별다른 필연적 이유 없이 돌발적으로 이루어지고 있어서 우리에게 희망을 가질 만한 상황을 환기시켜주는 힘이 부족하기 때문이다.

3. 세상 드러내기와 본질 감추기

전진우의 소설집 『서울의 땀』(푸른숲 1994)에 실린 표제작 「서울의 땀」은 중편소설로 80년대 초에서 90년대 초까지의 정치적 사건들과 긴장관계를 유지하고 있는 류민기라는 방송기자의 심리적 변화와 10년간에 걸친 타락의 과정을 담고 있을 뿐만 아니라 이 기간에 더욱 철저하게 권력의 시녀로 전락해버린 한국 언론의 생리를 다루고 있다는 점에서 우리의 현재적 관심을 끌기에 충분하다. 류민기의 땀과 꿈 또는 꿈과 땀──땀을 흘리며 꿈을 꾸는지 꿈을 꾸다가 땀을 흘리는지 자신도 알지 못한다──은 우리의 정치·사회적 변동이나 그 자신의 생활환경의 변화에 대한 긴장관계 또는 부적응 현상을 드러내는 심리적 척도로 이용되고 있다는 점에서 작가의 형식적 배려에서 비롯된 것으로 볼 수 있다. 작가는 그를 "본질적으로 기회주의자이고 회의주의자"(15면)라고 규정한다. 그는 어린 시절부터 그에게 닥쳐오는 위기나 고통을 꿈으로 전화함으로써, 다시 말해 현실에서 꿈으로 도피함으로써 현실을 피하는 버릇이 있기 때문이다. 그는 80년에 해직된 후 재벌회사에 입사하여 회장에게 정기적으로 정세분석을 내용으로 한 보고서를 제출하는 일을 하기도 하고, 나중에는 계열 광고회사의 사장이 되어 쉽게 살게 되지만 그러한 자기 자신에 대한 심한 혐오감에 휩싸여 토악질을 하기도 한다.

이 소설의 주인공 류민기는 꿈과 땀이라는 무의식적인 심리적·생리적 현상을 "언젠가 세상을 변화시킬 수 있는 힘을 가졌다는 증거"(74면)라고 말하는 김영자에게 빠져 그녀와 결혼까지 하지만, 그의 현실도피는 꿈을 통해서만이 아니라 깨어 있을 때에도 "이건 꿈일 거야"(17면) 하고 마음속으로 부르짖는 현실부정 행위를 통해서 이루어지기도 한다. 그뿐만 아니라 끝없는 잠속으로 빠져들기도 한다. 광주사건의 현장에서 그의 동료기자가 한 줄도 고쳐서는 안된다고 악을 쓰며 불러준 기사를 검열단의 젊은 장교가 모두 삭제해버리는 장면에서 드러나는 그의 의식상태는 정신적 혼란의 극치를 보여준다.

> 신(류민기의 동료기자—인용자)의 울부짖음을 삭제해버린 젊은 장교의 돼지 꼬리는 계속 그를 땀나게 했고 그는 비현실적인 열정으로 싸웠다. 이건 꿈일 거야. 그는 자꾸 용감해져갔다. 그가 꿈에서 현실로 돌아왔을 때 그는 잠을 많이 잠으로써 현실을 지워야 했다. 잠이 잠을 불러 그는 하루에 열네 시간쯤 자야 했다. 그는 많은 꿈을 꿨고 땀을 많이 흘렸다. 꿈을 꾸면서 땀을 흘렸던 것인지 아니면 여름날의 더위에 땀을 흘리며 자다가 꿈을 꾼 것인지는 분명치 않았다. 꿈의 내용도 깜깜하기만 했다. (17면)

그런데 이 소설 역시 주인공의 의식상태 못지않게 혼란스럽다는 느낌을 준다. 이러한 사실은 주인공의 인격적인 이중성과 분열적으로 보이는 일관성이 결여된 행위 때문만이 아니라 작가 자신의 일관성 없는 서술에서도 비롯되고 있다. 작가는 우리나라 기자들의 양시양비론을 비판하면서도 그 자신 역시 양비론적인 낌새를 간간이 드러낸다. 주인공의 생각을 빌려 "그가 두려워한 것은 오히려 혁명('민주혁명'을 뜻함—인용자)의 터널이었다. 혁명의 터널 속에서 개개인의 실존은 어떻게 규정될 것인가 —— 변혁의 열정이 그를 사로잡았음에도 그같은 회의는 끈질기게 그의 뇌리에 달라붙어 있었다"(30면)고 말하는가 하면, 작가 자신의 객관적 서술을 통해 "1980년대 한국 사회에서 횡행하던 관념적이고 경직된 이데올로기 공세는 무지한 독재자의 칼처럼 많은 이들의 생살을 찢고 피를 흘리게 했다"(37면)고 운동권을 신랄히 비판하기도 한다. 또한 그의 서술에서 드러나는 이중적 태도 역시 독자들을 혼란에 빠뜨릴 만하다 —— "'해직기자'가 노조탄압안을 기획하고, '민중시인'이 구사대를 조직하며, '재야운동가'가 증권투자에 매달린다. 그들은 입으로는 여전히 언론 자유를 부르짖고 노동해방을 노래하며 자본주의를 비판한다. 그러나 감히 누가 누구에게 돌을 던지겠는가. 절망하고 분노하고 가슴을 짓찢어내고 폭음에 광란을 한들 혀를 깨물고 죽지 못하는 한 그렇게 현실의 노예로서 살아감을 누군들 나만은 아니라고 비난만 할 것인가."(38면)

작가의 경력과 주인공에 대한 비판과 동정이 뒤섞인 서술들로 볼 때 이 소설의 주인공은 작가 자신의 캐리커처가 아닐까 하는 생각을 가능케 한다. 이러한 경우 작가 자신이 누구보다 잘 알고 있는 세계를 그린다는 것이 유리한 조건으로 작용할 수도 있지만, 이 소설의 경우처럼 부정적인 측면을 드러낼 가능성이 그만큼 커질 수도 있을 것이다. 작가는 그가 그리는 기자들의 세계가 남의 이야기가 아니기 때문에 그들이 겪는 심리적 고통에 초점을 맞추기가 쉽고, 자기 자신을 그리는 쑥스러움을 회피하기 위해 주인공을 희화하거나 시니컬한 자기비판을 가하다가도 자신도 모르게 자기변명의 유혹에 빠져들기도 하여 결국은 작품의 서술에 이중성을 드러내게 되는 것이 아닐까. 그러나 이 소설의 의도가 상당히 빗나갔다고 생각되는 가장 근본적인 이유는 작가가 그 자신의 세계관 내부에 존재하고 있는 모순과 갈등의 요소를 극복하지 못한 데에서 비롯되고 있는 것으로 생각된다. 이러한 혼돈된 세계관은 이 작품의 형식에도 파탄을 가져온다. 주인공의 땀과 꿈은 현실을 꿈으로 치환하는 심리적 기제를 통해 독재권력의 비인간성이 어떻게 한 인간의 정신을 파괴해가는지를 드러내기 위한 형식적 배려의 소산임에도 불구하고, 때때로 작가가 직접 끼여들어 너절한 변명을 늘

어놓음으로써 효과적일 수도 있었던 심리적 기법 자체를 어정쩡하게 만들
어버리고 있는 것이다. 그리하여 전진우가 그린 기자상에서 우리가 느끼게
되는 것은 자신의 역할을 다하지 못한 자의 좌절감과 정신적 고뇌가 아니
라 필연성이 결여된 혼돈과 비굴일 뿐이다.

물론 전진우가 그리는 기자가 모두 류민기 같은 사람만은 아니다. 『서울
의 땀』에 실린 단편소설 「악수」의 주인공만 하더라도 자신의 기사 때문에
정신적 상처를 입은 사람에게 오랫동안 죄의식을 느끼는 휴머니스트이다.
그러고 보면 전진우가 그리는 주인공들은 거의가 휴머니스트이다. 그 대표
적인 경우는 경찰 내부의 조직적 폭력성을 고발하고 있는 「칼과 침」의 주
인공 이한기 형사이다. 「서울의 땀」에서 이 작가가 보인 양비론적 낌새 역
시 그 근원은 어설픈 휴머니즘이다. 그는 변혁을 희망하면서도 운동권의
과격성을 군부독재의 총칼만큼이나 혐오하고, 반동보다는 혁명을 지향하면
서도 혁명이 실존을 무시할 것으로 생각하여 그것의 생리에 공포를 느끼는
것이다. 운동권 인물의 가족들이 겪는 고통을 주제로 한 「꽃과 바람」「날
씨 좋은 날」「눈바람」 연작은 안정되고 섬세한 묘사가 돋보이는 작품이며,
특히 가족의 비극을 가슴 깊이 껴안고 꿋꿋하게 가족을 이끌어가는 어머니
의 형상화는 대단히 뛰어나다. 그러나 「서울의 땀」에서 보았듯이 전진우의
휴머니즘은 정치적인 폭력과 직접 부딪치는 장면에서는 참혹하게 난파되고
만다. 바로 이것이 그가 지닌 휴머니즘의 한계이다. 작가 자신의 세계관의
파탄도 바로 여기에서 시작되는 것이 아닐까?

전진우뿐만 아니라 우리나라의 수많은 작가들이 이와같은 휴머니즘에 직
접·간접으로 연루되어 있다. 어떤 이들은 그러한 휴머니즘이 난파될 만한
위험지역을 너무도 잘 알고 있기 때문에 아예 그 근처에도 가지 않거나 멀
찍이 떨어져 말장난을 통해 그것을 우스갯거리로 만들어버릴 뿐이다. 이런
이들의 사고방식에는 폭력=악에 맞서는 것은 또다른 폭력=악을 불러올
뿐이라는 생각이 깃들여 있다. 그리하여 이들의 창작의도는 정치적·도덕
적으로 타락한 세계를 있는 그대로 그려냄으로써 독자들로 하여금 그들 자
신의 비근한 삶에 깃들여 있는 타락의 현상들을 깨닫게 하는 데 초점이 맞
추어져 있다. 최근에 발표된 중편소설들 가운데 서정인의 「붕어」(『작가세

계』 1994년 여름호)와 김원우의 「안팎에서 길들여지기」(『문학과사회』 1994년 여름호) 역시 그러한 경우에서 그리 멀리 떨어져 있는 것은 아니라고 생각된다.

서정인의 「붕어」는 (아마도 전주에 사는 것으로 생각되는) 어떤 중년 부부가 부여에 사는 진맥 잘하는 노인을 찾아갔으나 예약이 안 되어 있어서 진맥은 못 받고 온종일 기다려 다음날 진맥 받을 수 있는 예약권만 받아온다는 이야기이다. 이 소설은 버스를 타고 그 노인을 찾아가는 과정과 그 한약방에서 기다리는 동안 보고 들은 것에 대한 사설과 독백, 부부 사이 또는 타인과의 자질구레한 대화——부부 사이의 대화는 차라리 대거리라 해야 할 만큼 장난스러운 말싸움과 말뒤집기의 연속이다——그리고 그때그때의 장면이나 상황을 설명하는 일반적인 서술형 지문으로 구성되어 있다. 그리고 대화나 지문은 간간이 엄격한 4·4조의 율격으로 이루어져 있어 판소리의 그것을 연상시킨다.

서정인은 소설이 언어예술임을 가장 투철하게 인식하고, 그러한 관점에서 소설을 쓰는 작가이다. 「붕어」에서 중요한 것은 줄거리나 거기에 내포되어 있는 의미가 아니라 일상생활에서 마주치는 잡다한 일들에 대한 구체적이고 발랄한 언어적 재구성, 즉 그때그때 마주치는 독립적인 일이나 상황들과 그것이 연상시키는 문제들에 대한 현란하기까지 한 독백과 사설, 가벼운 대거리와 말뒤집기의 연속이라 할 만한 대화, 일반적인 서술문 등으로 이루어진 말잔치 또는 말의 '대장정'이다. 이런 점에서 볼 때, 서정인에게 있어서 언어란 보고 듣고 생각한 것을 표현하는 수단, 즉 객관세계를 단순히 묘사하기만 하는 도구가 아니라 상투적인 관념을 말뒤집기로 깨부수고 새로운 의미를 재구성하는 것이다. 한마디로, 그에게 언어는 현실 자체라고도 할 수 있다. 그러기에 말에 대한 그의 엄격성은 극단에 가까울 만큼 철저하며, 하나의 낱말조차 허투루 쓰지 않는다. 특히 외래어나 우리말 오용에 대한 그의 혐오감은 과격하기까지 하다. 예컨대 영어문자를 '넝쿨글씨'로, 비디오 테이프를 '영상전자띠'로, 그랜저·프라이드·포니 등의 자동차 이름을 '장엄' '금지' '망아지' 등으로 쓰기까지 한다. 말의 오용에 관한 그의 혐오감은 이렇다. "그때 갑자기 강 쪽에서 소리가 터졌다. 어린이들의 고함소리였다. 난 알아요, 내가, 사랑하는 것이, 무엇인지. 그것은

미국말식으로 소리낸 한국말이었다. 그것은 한국말 오염의 극치였다. 뜻을
더럽히더니, 급기야 소리까지 난도질이었다. 그의 얼굴에 닭살이 돋았다.
물의 오염에, 말의 오염에, 목숨이 경각인데 문화라고 성할쏘냐. 문화가
만신창인데 목숨인들 무사하랴. "(143면)

서정인의 말 사용법에는 판소리를 연상시키는 대목이 많다. 작중인물이
여로의 굽이굽이에서 마주치는 사물들에 대한 다양한 형식의 언급들은 서
로 연관성이 결여되어 있어 독자성을 띠고 있는데, 이러한 점은 판소리의
집단창작과 부르는 이의 개작에 따른 '부분의 독자성'과 유사하다. 앞에서
말했듯이 「붕어」의 중요성은 어차피 줄거리에 있는 것이 아니며, 한번의
여행이란 꾸러미에 꿰일 수 있는 이야기들이므로 그 독자성을 탓할 필요는
없을지도 모른다. 오히려 이러한 부분의 독자성은 자칫 지리해지기 쉬운
일상사에 관한 이야기들에 생기를 부여하기도 하고 일반적 통념에 대한 신
랄한 비판을 통해 독자 자신들의 삶을 반성하게 하는 기능을 할 수 있을
듯하다. 그의 비판의 대상은 도처에 널려 있다. 오염된 식품, 승객 천대
행위, 오염된 말, 타락한 공중도덕 등등. 경사진 빙판으로 되어 있는 보도
에 관한 부부간의 대화는 4·4조의 율격과 함께 그러한 예 하나를 보여준
다.

"빙벽 타다 떨어지면 사람 잘못 탓이지만, 길 가다가 엎어지면 그게 누구 잘
못일꼬? 길이라고 허는 것은 다니라고 생겼는디, 길을 두고 뫼로 가냐, 다닌
것이 잘못이냐. 사람들이 길을 갈 제 선수들만 다닐쏘냐, 늙은 남자 병든 여자
어린아이 다 다니고, 절름발이 외다리에 왼갖 병신 다 모인다 … 허방 깊고 미
끄럽고 비탈지고 위험하면 도로차단 지역봉쇄 미리미리 손을 써라. 아고 아고
내 운세야, 망신살이 뻗쳤구나 …"
"… 아직 죽진 안혀겄소, 엄살 수선 피지 마소. 복성씨가 부섰는디 걸을 수
가 있을랑가? … 살금살금 힘 알아서 발걸음을 디어보소. 이왕 내킨 걸음이니
의원영감 찾아가세."(108~109면)

비판의식이 번뜩이면서도 4·4의 리듬으로 인해 흥겨움이 절로 일게 한
다. 그러나 서정인의 세태풍자와 비판의식은 빈틈없이 잘 지어진 언어의
집 속에 갇혀 있기에, 우리가 그 속에서 볼 수 있는 것은 우리의 일상 속

에 내재해 있는 구조적인 모순이나 그러한 모순을 돌파하려는 의지 사이에
서 빚어지는 삶의 역동성이 아니라 서정인의 언어세계에 포박되어 있는 평
면적인 세계일 뿐이다. 그가 구사하는 대화가 시정에서 채록한 듯 유연하
고 자연스러우며 어떠한 경우에도 관념어를 통한 설명을 하지 않고 일상적
인 현실을 그대로 드러내는 개방적인 모습을 보이고 있을지라도 그러한 사
실에 변화가 오는 것은 아니다. 그러기에 소설 속에 존재하는 '독자적 부
분'들이 그의 비판정신의 조명을 받고는 있지만 그것들이 그의 '대장정' 속
에 평면적으로 나열되어 있는 한 독자들의 의식 속에서 폭발적인 힘으로
응축되거나 감동을 주기는 어려울 것이다.

김원우의 「안팎에서 길들여지기」 역시 언어유희적이며 세태풍자적인 요
소를 담고 있지만, 일상적 삶 속에서 속물화되어가는 자신을 의식하며 거
기에 저항하는 젊은이를 그리고 있다는 점에서 서정인보다 문제중심적이
다. 이 소설은 박사과정에 있는 대학강사로서 시인이기도 한 33세의 젊은
이가 논문 쓰기를 포기하고 집필실에 들어와 소설을 쓰기 시작한 지 열하
루째 되는 날 아침부터 시작된다. 그는 눈에 띄거나 의식에 들어오는 이것
저것(예컨대 생리적 현상, 개인의 생존을 위한 경제적 조건, 신문의 상투
성, 건강정보, 스필버그 등)에 생각을 주다가 그가 써둔 소설 원고를 집어
든다. 그것은 그 자신의 삶과 속물화 과정에 관한 것이기에, 독자들은 그
의 사생활에 관한 정리된 정보를 그 액자소설 속에서 읽도록 되어 있다.
그런데 이 액자소설은 처음부터 끝까지 다 소개되는 것이 아니고 그의 관
심이 거기에 머물 때만 조금씩 소개되므로, 독자들은 현재의 '나'의 관찰이
나 기억 또는 의식의 흐름을 따라가다가 간간이 액자소설을 읽게 된다. 이
러한 글읽기에서 드러나는 '나'의 요즈음 생활은 아내와 장모 사이에서 속
물근성을 발견하고 혐오감에 빠지게 되거나 입시생들에게 과외공부를 시키
는 자신을 돌이켜보거나 지도교수나 대학원생들과의 대화를 반추하는 것이
다. 그는 처갓집으로 이사가게 된 것을 계기로 논문을 쓴다는 핑계를 대고
집필실을 얻어 나와 자기 자신의 삶을 내용으로 "집 안팎에서, 세상의 겉
과 속에서 속물화되는 과정"(522면)을 그리는 소설을 쓰게 되었다는 것이
다. 그러나 이 소설의 줄거리 역시 그다지 중요한 것은 아니다. 이 소설은

그의 아내와의 대화, 호프집에서 들은 다른 사람들의 대화, 교수나 대학원생들과의 대화, 그리고 그 자신의 관찰과 기억 등을 통해 서울이란 대도시에서 이루어지는 대중들의 삶과 사고방식의 부박함을 실감있게 보여주고 있기 때문이다. 그러므로 '나'의 개인적인 삶은 도시생활의 부박함 속에 떠있는 작은 섬이라고도 할 수 있다.

'나'의 의식의 흐름을 보여주는 대화체 문장과 작중인물들의 대화는 유창하고 현란하며, 때로는 말따먹기 놀이라도 하는 듯 재치있고 장난스럽기까지 하다. 그러기에 그들의 말은 공허하다. 이러한 문체로 서울 중산층의 속물근성과 젊은이들의 경박스러운 정신세계를 여실히 드러내는 김원우 역시 서정인을 연상시키는 언어의 연금술사이다. 그러나 외래어와 유식한 사람들이나 알 만한 말들이 너무 자주 나오고, 때로는 언어의 유희가 지나쳐 작위적이라는 느낌이 들기도 하며, '일구다'나 '여투다'와 같이 그가 좋아하는 듯한 낱말들이 그 의미가 부합되지 않는 곳에까지 두루 쓰이는 것을 보면, 그는 말의 민족주의자도 말의 엄숙주의자도 아니다. 어쨌든 그러한 말들을 통해 재생된 우리 사회의 모습은 생생하다.

이 소설이 지닌 또하나의 특성은 액자소설을 토막토막 끼워넣는 방식으로 색다른 문체를 번갈아 보여주는 것, 현재의 '나'의 상황을 한꺼풀 벗기고 그 속을 들여다보는 듯한 느낌을 주는 것, 그리고 의식의 흐름을 따라 펼쳐지는 현재의 '나'의 의식과 액자소설 속에 정리되어 있는 '나'의 과거의 삶을 통해 '나'의 생각과 삶이 입체적으로 드러나도록 되어 있다는 것이다. 김원우의 이러한 소설기법의 활용은 일인칭 소설이 범하기 쉬운 사실성과 객관성의 결여를 극복하는 데 상당히 효과적인 것으로 보인다. 그러나 속물근성에 대한 '나'의 안티테제는 객관성을 결여하고 있으며, 이러한 사실은 형식의 적절한 구사를 통해서도 극복될 수 없는 것으로 보인다. '나'가 집필실에 칩거함으로써 세상 밖으로 나왔다고 생각하는 것이나 속물근성을 비판적 시각으로 드러내는 소설을 쓰는 것으로 그것을 극복할 수 있다고 생각하는 것은 사고와 행동의 전환을 담보하는 좀더 본질적인 조건이 주어지지 않은 한 여전히 주관적이고 자의적이다. 이러한 사실은 이 소설의 끝부분에서 이루어지고 있는 글쓰기에 대한 '나'의 장황한 사유의 혼란스러움과 상응하고 있는 것으로 생각된다. 그리고 이러한 사유 끝에 콘돔 하나를

챙겨넣고 처갓집으로 가는 '나'의 행위는 이 소설의 주제가 과연 무엇인지
의심스럽게 한다——속물들에게 길들여지는 것을 그리겠다는 것인지, 길
들여지지 않으려고 저항하는 것을 그리겠다는 것인지.

4. 글을 마치며

하나의 소설작품은 하나의 문제적 현실을 담보한다. 그러기에 거기에는
현실을 사는 한 사람으로서의 작가의 문제의식과 세계관이 내재하게 마련
이며, 이러한 세계관은 작가의 언어사용상의 기획에 따라 성공적으로 표출
될 수도 있고 그렇지 않을 수도 있다. 그러나 이 글에서 다루어진 소설들
가운데 형식상의 실패로 인해 작가의 세계관이 제대로 드러나지 않은 것은
거의 없었다고 생각된다. 「서울의 땀」이 보여준 형식상의 지리멸렬함조차
도 궁극적으로는 작가의 세계관 내부의 갈등적 요인들이 극복되지 못한 데
에서 비롯되었다는 사실은 이미 본문에서 지적한 바와 같다. 그러므로 문
제는 여전히 작가의 세계관이며, 작가의 궁극적인 관심이 어디에 있는가
하는 것이다.

이 글의 2장에서 언급된 작가들 가운데 현기영은 역사적 소재를 다루는
데는 탁월한 반면 우리들이 당면하고 있는 현실을 다룰 때는 문제의 핵심
을 전자만큼 명징하게 드러내지 못하고 있고, 공지영과 김영현은 문제적
상황을 감지하고는 있으나 아직도 그 주변을 맴돌고 있는 듯한 느낌을 준
다. 특히 김영현은 현재적 삶의 디테일을 확보하지 못한 상태에서 지식인
의 이른바 '90년대적 방황'을 아직도 계속하고 있다는 인상을 씻어버리지
못하고 있다. 그리하여 아직은 그 누구도 지금 이곳의 문제적 핵심에 우리
를 마주세워놓는 데까지는 이르지 못하고 있다.

3장에서 다루어진 작가들 가운데 전진우는 그 자신의 경험을 제대로 살
리지 못함으로써 우리나라 보수언론의 범죄적 속성은 전혀 드러내지 못한
채 한 기자의 정신적 혼란과 자기연민 그리고 운동권에 대한 이중적 태도
만을 보여주고 있을 뿐이다. 서정인은 판소리의 형식을 활용하여 일상에
널려 있는 잡다한 삶의 현상들을 때로는 흥겨운 가락으로 보여주기도 하지

만, 그가 애용하는 말뒤집기조차도 체제에 대한 근원적 비판이 불가능했던
왕조시대에 말장난으로나마 불만을 달랠 수밖에 없었던 말뚝이의 그것을
연상시키는 면이 없지 않다. 김원우는 구조적이고 근원적인 악에 대한 비
판을 "도시형 한여름밤 한담"(528면) 정도로 생각하는 듯하며 그의 관심사
는 도시인들의 일상적 삶이나 실존의 문제 —— 그러나 과거에 우리가 보았
던 실존주의 작가들의 그 치열한 문제의식과는 거리가 있다 —— 에만 국한
되어 있다는 느낌을 준다. 그러므로 이 두 작가가 이룩해놓은 언어의 세계
는 일상현실에 대한 리얼리티는 상당한 정도로 확보하고 있으나 그것을 움
직여가거나 거기에 거스르는 어떠한 힘이나 방향성을 결여하고 있기 때문
에 독자들은 언어로 재생된 타락한 세계에서 쉽게 빠져나올 수는 없게 되
어 있다. 독자들의 능동적 참여도 작가의 의도를 넘어설 수는 없기 때문이
다.

　위에서 살펴본 바와 같이 그 어떤 소설도 아직은 흡족할 정도로 우리를
지금의 문제적 상황에 마주세워놓는 데까지는 나아가지 못하고 있다. 그것
은 우리의 현재적 삶이 유동적이고 복잡하며 중층적인 구조로 이루어져 있
기 때문에, 다양한 힘들의 충돌이 이루어지고 있는 접점들과 그것들의 궤
적을 찾아내기가 쉽지 않다는 사실을 반증하는 것이기도 하다. 그러나 위
에서 본 여러 소설들을 통해 확인할 수 있는 것은, 언어의 일면성의 극복
은 다양한 시각의 혼용이나 기발한 언어사용법만을 통해서 이루어지는 것
이 아니라 작품 내부의 현실에서 다양한 힘들의 운동성과 방향을 찾아내는
것, 다시 말해 변증법적 운동성을 형상화하는 것을 통해서만 가능하다는
것이다. 그래야만 우리의 소설풍토에서 흔히 보아온 윤리적 주제의 관념적
표출이나 짐짓 모른체하기 또는 한번의 말장난으로 기분전환하기 등의 악
습이 극복될 수 있지 않을까.

〈창작과비평 1994년 가을호〉

90년대의 징후와 두 소설집

김영현 소설집 『깊은 강은 멀리 흐른다』
김향숙 소설집 『종이로 만든 집』

　근래 김영현과 그의 소설집은 '김영현 현상'이란 유행어적 표현을 낳을
만큼 폭넓은 관심의 대상으로 떠오르고 있다. 권성우의 두 글 「어느 신진
소설가의 최근작에 대한 단상」(『문학정신』 1990년 1월호) 및 「베를린·전노
협, 그리고 김영현」(『문학과사회』 1990년 봄호)에서 촉발된 듯이 보이는 이러
한 현상은 여러 일간지들의 기사를 통해 그 절정에 이르렀으며, 최근에는
정남영의 글 「김영현 소설은 남한 문예운동의 미래인가, 과거인가」(『노동해
방문학』 1990년 6월호)에서처럼 이러한 경향에 내재해 있는 '자유주의적 입
장'이 호된 비판을 받게 됨으로써 새로운 차원에서 더욱 확대될 조짐까지
보이고 있다. 이러한 현상은 작가 본인은 말할 것도 없고 90년대 첫머리에
서 우리 문학이 부딪히고 있는 문제들을 풀어가는 데 하나의 실마리를 제
공해주고 있다.

　대중성이 강한 일간신문들을 통해 긍정적으로 평가된 내용은 은연중에
80년대의 민중소설에 대한 부정적 견해를 바닥에 깔고 김영현의 소설에 담
긴 '다양한 삶'이나 '실존적인 인간의 모습'을 대비적 관점에서 부각시킨 것
이었다면, 이에 대한 반론으로 씌어진 정남영의 글은 권성우의 '자유주의
부르조아지의 입장'과 김영현 소설의 자연주의적·모더니즘적 낌새를 함께
비판한 것이다. 이 두 가지 논의구조 사이에는 말할 것도 없이 문학에 대

한 거의 본질적인 견해차이가 존재한다. 그러나 나는 김영현의 소설을 놓
고 본격적인 문학논쟁을 벌일 이유는 그다지 없다고 생각한다. 그의 첫 작
품집에 대해 어떤 결정적인 판단을 내리기에는 대상 자체에 유동적인 요소
가 너무 많을 뿐만 아니라 작가 자신이 자기 작품에 쏟아진 찬사에 대해
경멸어린 소감을 피력하는, 문학사상 유례없는 일까지 벌어지고 있기 때문
이다.

'김영현 현상'은 한마디로 말해 민중지향적 지식인 작가의 작품들에서 나
타날 수 있는 '다의성' 또는 '유동성'에서 빚어지고 있는 것으로 생각된다.
작가 자신의 의도가 어디에 있든간에 그의 소설들이 일간지들에 폭넓게 소
개된 것은 큰 범주의 민중소설에 속하는 것으로 인정되고 있는 그것들이
대중성을 획득해낸 고무적 현상으로 받아들일 수 있겠지만, 다른 한편으로
는 자유주의적 지식인들로 생각되는 신문기자들과 평론가들의 구미에 맞는
요소가 그의 소설들에 깃들여 있다는 사실로 하여 민중소설들의 궁극적 지
향성이 다소 빗나가고 있는 현상으로 받아들여질 수도 있을 것이다. 동일
한 현상에 대한 이같은 상반된 이해의 가능성은 민중소설이 추구하는 '대
중성'이란 과연 무엇이며 그것은 어떻게 성취될 수 있는 것인지에 대한 철
저한 탐색을 요구하고 있다.

우리 사회의 일반적 어법에서 볼 때 '대중'이란 말은 계급적 관점에서 분
류된 개념으로 쓰이고 있지 않으며, 따라서 대중성의 확보를 현단계의 민
중문학이 추구해야 할 하나의 방향이라고 한다면 창작과정에서 계급론적·
사회주의 리얼리즘적 원칙의 적용은 더 많은 유연성을 지닐 수밖에 없을
것이다. 우리가 몸담고 살아가고 있는 이 사회를 자본주의 사회라고 규정
할 때 '대중'이란 지식인 사회, 경제적·정치적 엘리뜨집단, 심지어는 운동
가집단이라는 특수한 목적성을 지닌 집단 등의 범주를 벗어나 있으면서 자
본주의적 시장경제구조 속에서 그들 나름의 삶을 영위해가고 있는 광범위
한 인간군으로 상정될 수밖에 없다. 그들은 계급적 범주로 분류될 가능성
은 지니고 있지만 그들 스스로 특정한 계급의식으로 무장하고 있지는 않은
상태에 놓여 있다. 그렇다면 민중문학의 대중성 추구는 그러한 '대중'에게
폭넓게 보급하기 위해 그들의 이해 수준이나 취향을 고려할 수밖에 없다는

일차적 조건에 부딪히게 된다. 여기에서 이러한 조건과 대중의 사회의식을 높이고 변혁의지를 부추긴다는 민중문학 본래의 목적 사이에 틈이 벌어질 수 있으며, 진정한 의미의 대중성 추구와 대중추수주의 또는 통속화 사이의 갈림길이 나타나게 된다.

범박하게 보면, 그 극복의 길은 '대중적 삶의 풍부한 제시와 그것의 목적의식적 수렴과정'을 통해 열릴 수 있는 것처럼 보인다. '대중적 삶의 풍부한 제시'(이 과정에서는 전형성의 확보와 자연주의적 성향에 대한 경계가 필요한 것이다)를 통해서는 대중적 공감대를 확보하고, 그것의 '목적의식적 수렴과정'을 통해서는 우리 사회가 안고 있는 모순구조의 제기와 그 해결방향, 그리고 미래적 전망이 제시될 수 있을 터이기 때문이다.

이러한 기본적 논의틀을 가지고 두 소설집을 살피게 될 이 글에서 김향숙의 그것은 김영현 소설의 한계와의 연관성 또는 대비적 관점에서 언급될 것이다. 그러나 이 글은 서평 형식으로 씌어지는 것인만큼, 이 소설집들의 개별적 특성이 부각될 수 있도록 서로 다른 공간에서 논의할 수밖에 없다.

김영현의 『깊은 강은 멀리 흐른다』(실천문학사 1990)에 실려 있는 단편들은 대체로 두 갈래의 주제로 분류될 수 있다. 하나는 한국현대사의 어두운 부분을 가족사적으로 조명하여 우리 역사의 현재적 의미를 드러낸 것이고, 다른 하나는 학생운동 또는 노동운동에 투신한 젊은이들이 겪은 고통과 상처로 얼룩진 투쟁에 대한 회고적 형식을 통해 우리 사회의 구조적 모순의 단면과 민주화에 대한 갈망을 그려낸 것인데, 둘 다 작가 자신의 체험을 형상화한 것으로 보인다. (이러한 사실은 작가의 후기에서도 확인된다.) 이 글에서는 뒤의 주제에 속한 작품들을 다루게 되는데, 그것은 이어서 논의하게 될 김향숙의 『종이로 만든 집』(탑출판사 1989)의 주제와 비교적 많은 공통성을 지니고 있기 때문이다.

80년대의 민중소설 특히 노동소설들은 주로 생산직 노동자들의 투쟁현장에 대한 묘사와 민중의 승리를 예감케 하는 전망의 창조를 위해 씌어졌다. (가장 대표적이고 성공적인 예는 정화진의 「쇳물처럼」일 것이다.) 이러한 소설들과 견주어볼 때 김영현의 소설은 비슷한 주제를 다루면서도 투쟁현장의 절박한 상황에 대한 직접적인 묘사보다는 그러한 투쟁이 상당히 경과한 시점에서 그것을 되짚어보는 형식을 취하고 있다. 예컨대 「멀고 먼 해후」에는 세 차원의 시간대가 존재한다. 이 소설의 화자인 '그'는 5년간의 감옥생활을 마친 후 출감하여 약속된 장소에서 애인을 기다리며 과거를 반추한다. 이것이 '현재'라고 불릴 수 있는 시간대다. 그는 먼저 검사에게 신문받던 때를 떠올리는데, 이것은 '중과거' 또는 '반과거'로 불릴 수 있는 두번째 시간대이다. 검사의 신문에 답하기 위해 기억해내는 더 먼 과거가 이 소설의 핵심적 주제가 담겨 있는 '대과거'로 불릴 만한 시간대이다.

이렇게 두 단계의 소급을 통해 드러나는 이 소설의 핵심적 내용은 이렇다. 노조 지도자인 준호는 암에 걸려 살아날 가망성이 없는 순범의 예정된 죽음을 노동운동에 이용할 계획을 세우고 그를 설득한다. 자신의 살 권리를 주장하던 순범은 결국 준호의 제안을 받아들이기로 하지만 마지막 순간에 그 계획을 거부한다. 이에 충격을 받은 준호는 충동적으로 극약을 먹고 "내 죽는 모습을 바라봐. 내가 어떻게 죽는지 기억해두라구. 적을 죽일 수 없을 땐 자신을 죽이는 거야"(25면) 하며 주저앉는다. 그날 밤 이 소설의 화자인 '그'는 체포된다.

'그'는 준호의 운동방식에 동조하지 않으면서도 그것을 저지할 만한 적극성을 보이지 않고 있으며, 준호 자신도 마지막 순간에 자신의 행위가 '실수'라고 인정한다. 그렇다면 이 사건을 통해 작가는 무엇을 말하려 하는가. 운동의 효과를 위한 전략·전술에만 집착하는 '기능주의나 천박한 운동속물주의'(후기에서 작가가 후배들에게 경각심을 주기 위해 한 말)를 비판하려는 것인가, 검사같이 우리 사회 지배계급의 기득권 유지를 담당하고 있는 자들의 사고방식을 간접조명함으로써 구조악의 실체를 드러내려는 것인가, 아니면 노동운동가들의 극단적인 투쟁을 유발하고 있는 자본가계급의 극단적 이기주의를 고발하려는 것인가. 작가가 노리는 것은 그 모든 것이면서 동시에 그 모든 것이 아니라고 생각된다. 이 소설에 담겨 있는 문제 또는 메씨지를 새롭게 접하는 독자들에게는 그러한 문제들이 충격적으로 받아들여지겠지만, 유사한 사례들을 자신의 삶 속에서 접할 수 있는 사람들이나 다른 독서물 또는 간접체험을 통해 알고 있는 독자들에게 이 소설 내용은 이미 메씨지로서의 효능을 발휘할 수 없기 때문이다.

이 소설과 비슷한 범주에서 논의될 수 있는 소설로 「벌레」가 있다. 카프카의 「변신」에서 모티프를 끌어온 이 소설은 감옥에서 벌레처럼 취급당한 경험을 가진 '내'가 문득문득 "벌레로 변해버리는 듯한 고통스러운 상태에 빠지는"(31면) 정신병적 상태에서 빠져나오기 위해 그가 감옥에서 겪은 사실을 모두 털어놓는 형식을 취하고 있다. 이 소설은 그 구조가 단순한 만큼 그 메씨지도 선명하게 떠오른다. 그것은 이 소설의 화자와 유사한 경험을 한 사람들에게 더러 나타나는 그러한 증세를 유발할 만큼 감옥에서 운동가들을 혹독하게 다루고 있다는 사실에 대한 고발이다. 그러나 이러한 사실도 우리 사회에서 일어나고 있는 일들을 웬만큼 알고 있는 사람들에게는 그다지 생소한 얘기가 아니다. 그런데 문제는 위에서 언급한 작품들에 대해 찬사를 보내고 있는 사람들은 그러한 사실을 알 만큼 알고 있을 수밖에 없는 지식인들이라는 점이다. 그렇다면 김영현 소설의 장점은 메씨지 다시 말해 그의 소설이 담고 있는 내용이 아니라 그러한 내용을 부각시키는 방법 즉 형식적인 측면에 있는 셈이 된다.

아닌게아니라 그의 소설들은 지식인 독자들의 구미에 맞을 만큼 치밀하고, 묘사력이 뛰어나며, 문체가 세련되어 있다. 80년대의 민중문학과 대비적 관점에서 보자면, 이러한 형식적 세련성과 함께 문제의 심각성이나 주제의식의 과도한 노출이 독자들에게 불러일으킬 수 있는 부담감이나 반감을 주지 않도록 세심하게 배려됨으로써 한층 폭넓은 독자층을 확보할 수 있게 되어 있다. 그러나 형식적 측면에 대한 작가의 배려가 반드시 좋은 쪽으로만 작용하고 있지는 않은 것 같다.

김영현이 즐겨 채용하고 있는 회고적 서술방식은 독자를 작중화자의 이야기 속으로 자연스럽게 끌어들여 부담없이 메씨지를 받아들이게 하거나 여유를 가지고 문제적 상황을 음미하게 하는 효과를 가져오고 있다. 그러나 '부담없음'과 '여유' 그리고 완결된 형식 속에 갖추어진 자족적 의미회로는 문제적 상황에 대한 구조적 인식에까지는 어느정도 이르게 하지만, 문제적 상황의 해결을 부추기는 힘과 방향성의 제시에는 이를 수 없게 되어 있다. 나는 이것이 소설미학적 관점에서 김영현 소설이 지닌 한계라고 생각하는 것은 아니다. 우리의 절박한 현실은 우리의 문학논의에서 '단편소설'이라는 제한된 형식에조차 많은 메씨지를 담기를 요구하는 경향이 있다. 나 역시 이러한 경향에서 벗어나 있지 않으며, 김영현 소설의 한계에 대한 지적 역시 그런 점에서 다소 부당한 것이라고 할 수 있다.

김영현의 빛나는 문체에도 좋아 보이지만은 않는 경우가 더러 눈에 띈다. 예컨대 「멀고 먼 해후」의 "성냥을 긋자 날카로운 십이월의 바람이 재빨리 불꽃을 물고 달아나버렸다"(7면)는 표현과 "잎새가 다 진 나무들이 앙상한 손가락으로 하늘의 가슴팍을 쥐어뜯는 뜰을 지나 …"(5면)와 같은 묘사는 그 자체로는 독자들을 사로잡기에 충분할 만큼 돋보이지만, 5년간의 감옥생활을 마치고 출옥하는 노동자의 의식에 포착되기에는 너무 감각적으로 세련되어 있다는 느낌을 준다. 그래서 독자들은 「멀고 먼 해후」의 화자가 대학물을 먹은 노동자일 것이라는 유추를 하면서도 노동운동가의 의식에 내장되어 있을 법한 분노와 투쟁의지를 읽어내지는 못하고 만다. 5년간의 감옥생활이 투쟁의지를 박탈한 대신 세련된 감각을 부여할 만한 것이라면 그것이야말로 또하나의 중대한 문제가 아닐 수 없을 터이지만.

김향숙의 소설집 『종이로 만든 집』에는 같은 제목의 소설을 포함하여 모두 네 편의 중편이 실려 있다. 이 네 소설에 등장하는 네 명의 주인공들은 그 부모들끼리 서로 알고 지내는 사이이고 그들끼리도 알 만한 사이인 동향의 대학생들이란 점에서 볼 때 이 소설들은 동시대의 문제적 상황에 대해 각기 다른 방식으로 행동하는 대학생들을 다룬 연작소설이라 보아도 무방할 것이다. 두 명의 여대생과 두 명의 남대생들이 각각 주인공으로 등장하고 있는 이 소설들은 우리의 사회현실을 다각적으로 조명하면서 여기서 삶을 영위하는 한 어느 누구도 궁극적으로는 문제적 상황에서 빠져나올 수 없다는 사실을 확인시켜준다.

「종이로 만든 집」의 주인공인 우혜는 어느날 갑자기 참혹한 몰골로 유학하고 있던 서울에서 내려와 어머니를 놀라게 한다. 중병에 걸려 있는 듯이 보이는 우혜는 난생처음 어머니에게 가혹한 비판의 말들을 "독 묻은 화살"(14면)(어머니는 그렇게 느낀다)처럼 날려보낸다. 심한 모욕감과 배신감을 느낀 어머니는 처음으로 딸에 대해 미움과 혐오감에 사로잡힌다. 55면의 분량으로 이루어진 이 소설에는 줄거리라고 할 만한 것이 거의 없고, 대학 생활 이후 우혜의 내면에 쌓였던 어머니에 대한 회의와 불신이 한꺼번에 쏟아져나오면서 모녀 사이에 조성되는 긴장감만 팽팽하게 부풀어오르고 있을 따름이다.

　우혜는 고등학교 시절까지 어머니가 바라는 대로 자기의 성적 관리나 잘 하는 이기적인 우등생이었는데, 대학에 들어간 이후 그녀 자신의 성격이 데모대열에 가담하기에는 자기희생을 감내할 수 없을 만큼 자기중심적으로 굳어져 있음을 자각하게 되고 해를 넘기면서 점점 심화된 정신적 갈등 때문에 정신에 금이 가게 되어 며칠 동안 밥도 먹지 않고 괴로워하다가 낙향하고 만 것이다. 우혜는 그와 같은 자기 한계가 어머니에 의해 씨뿌려지고 키워진 것이라고 생각하여 어머니에 대한 가혹한 비판의 말들을 쏟아놓게 된 것임이 그녀의 파편적인 말들의 종합을 통해 유추된다. 우혜가 생각하는 어머니는 자신이 무시할 수 있는 사람에게만 자애로울 뿐 실상은 가슴이 "시멘트벽"으로 만들어진 "잔인한 사람"이고, "변함없이 의식하는 것은 남의 눈이나 귀일" 뿐 관심은 언제나 껍데기에만 쏠려 있다(14, 16, 41면). 그리고 우혜 자신은 어머니가 자기를 사랑하고 있는 것으로 착각하고 있던 "말 잘 듣는 인형"에 지나지 않았다. 자신의 참혹한 고통을 어머니 탓으로만 돌리는 우혜는 분명히 미성숙성과 정신이상적 요소를 드러내지만, 대학생 신분으로 자신을 사회적 실천의 주체로 재정립하지 못한 정신적 고통이 얼마나 클 수 있는지를 극적으로 보여준다.

　자식을 정신적 불구로 만들어버린 부모와 그것을 자각하게 된 자식으로 이루어진 우혜네 집은 말 그대로 '종이로 만든 집'에 비유될 수 있을 것이다. 이러한 가족간의 신뢰를 상실한 가정에 대한 날카로운 해부를 통해 작가는 부모세대의 위선과 이기심, 그리고 과보호 속에서 성장한 한 여대생의 정신적 갈등을 80년대적 상황 속에서 그려내는 데 성공하고 있다. 그리고 우혜와 같은 인물 창조는 전(前)시대의 소설에서 볼 수 없었던 매우 독특한 예가 될 수 있을 것 같다.

　우혜와는 달리 「얼음벽의 풀」의 주인공 인애는 "유능한 이론가이기에 앞

서 참존재로서의 삶을 살아야 한다"(115면)는 열망 때문에 대학생활을 그만
두고 제품공장에 들어가 노동자의 삶을 살아가고 있다. 사랑이 깊은 어머
니는 인애를 이해하지 못하고 아버지는 부녀관계의 청산을 선언했다. 이
소설이 노동현장의 내부현실에 대한 사실적 묘사와 학생신분으로 노동자가
된 두 여성의 대비를 통해 이른바 '운동권 학생'들의 심리적 측면까지 파고
든 것은 지금까지 우리가 보아온 노동소설들과는 또다른 각도에서 상당한
호소력과 참신성을 보여주고 있다. 가혹한 노동과 현장의 거친 분위기를
이겨내지 못하고 폐병에 걸려 있는 유정화와 인애 사이의 대화는 노동을
방편으로 선택하는 것과 삶의 방식으로 선택하는 것의 차이가 어떤 것인지
를 분명하게 드러낸다. 학생써클의 지도적인 위치에 놓이게 되어 감옥행의
위협을 받게 된 정화는 그것을 회피하기 위해 노동현장에 들어왔다가 병을
핑계로 그곳을 다시 빠져나갈 수 있게 되었다. 애써 자신을 이해시키려는
정화에게 인애는 "이곳의 생활을 견디지 못해 떠나고 싶다면 그냥 그렇게
하면 될 일이다. 응석을 부려서는 안된다. 왜 다른 사람의 면죄부가 필요
한가"(138면) 하고 마음속으로 부르짖는다. 자칫 당위적인 것으로 느껴질
수도 있는 인애의 생각이 이 소설 속에서 공감을 얻고 있는 것은 그녀의
삶 자체가 공장생활과 자취생활의 구체적 묘사를 통해 상당한 중량감을 확
보하고 있기 때문이다. 그래서 인애의 말은 절실한 삶의 외침으로 들려온
다.

　일반적으로 노동자를 다룬 소설들은 노동운동을 주제로 삼고 있다. 그러
나 이 소설은 옆방에서 들려오는 소리로 이 지역의 여성 노동운동가들의
여러가지 어려움을 암시하고 있을 뿐이다. 그러므로 이 소설의 핵심적인
주제는 노동자로서의 삶에 뿌리내려가고 있는 한 여대생을 통해 노동 또는
노동운동 역시 진실한 삶의 추구로써 이루어질 때만 그 성공과 의미가 주
어질 수 있다는 사실을 밝히는 데 있는 것으로 보인다.

　김향숙의 소설집 후반부에는 정태라는 출세지향적인 남학생을 주인공으
로 등장시키고 있는 「덧문 너머의 헝클어진 숨결」과 한국의 전형적인 권력
층의 집안에서 자란 원조라는 남학생을 주인공으로 한 「잘 닦여지지 않은
창」이란 두 편의 중편소설이 더 실려 있다. 하층계급 출신인 정태는 완벽

한 외모와 잘 돌아가는 머리를 최대한으로 이용하여 신분상승을 꾀하는 인물이고, 원조는 한 여학생이 기관원에게 강간당한 사실을 증언토록 해야 한다는 운동권 학생에게 막걸리잔을 던질 만큼 어떠한 경우에도 인격이 수단으로 이용되는 것을 혐오하는 인물이다.

『종이로 만든 집』은 위에서 본 바와 같이 네 사람의 대학생을 통해 운동에 참여하지 못하고 괴로워하거나 노동현장에서 참다운 삶을 찾아내거나 출세를 위해 시대적 상황에는 아랑곳하지 않거나 인격이 운동에 이용되는 것을 거부하는, 여러 형태의 대학생상을 창조해내는 한편 권력과 부에 안주하고 있는 기성세대의 위선적 행태를 고발하기도 한다.

김영현의 소설과는 달리 김향숙의 소설들은 현재의 시점에서 진행되고 있는 일과 행위를 통해 주제를 부각시킴으로써 상당한 긴박감과 현실감을 창조해내고 있다. 또한 이 소설집의 소재가 되고 있는 젊은이들의 세계가 작가의 개인적 체험이 아닌 조사와 취재로써 이루어지고 있다는 점도 이 작가에게 신뢰를 느끼게 한다.

그러나 김향숙의 소설들은 대체로 문제를 집약적으로 표현하는 데 힘을 기울인 나머지 소설 속의 공간이 외부세계와 비교적 단절된 모습으로 드러나고 있으며, 젊은이들이 넓은 사회적 공간에서 다양한 만남과 대화를 통해 서로 영향을 주고받으며 우리 사회의 변혁의 힘으로 확대되어가는 변증법적 발전의 모습을 보여주지 못하고 있다는 아쉬움을 남긴다. 이러한 점은 작가 자신의 삶의 영역과 취재되는 대상 사이의 단절에서 어쩔 수 없이 빚어지는 한계이겠으나 문제를 부각시키는 김향숙의 날카로운 감성과 뛰어난 묘사력이 좀더 폭넓은 세계로 뻗어나갈 수만 있다면 우리 시대의 모순과 갈등을 빚어내는 왜곡된 사회구조를 총체적으로 형상화하는 일도 가능하리라는 희망을 갖게 된다.

김영현의 소설집이 80년대 민중소설에 대한 반성과 90년대 소설의 징후를 예감케 하는 요소를 지니고 있다면, 그것은 소설의 주제로 채용되고 있는 사회운동 그 자체의 의미와 전망에 집착하기보다는 그것이 행위주체(주인공)에게 끼친 영향이 회고적 형식을 통해 반추되고 있다는 점이다. 이와

달리 김향숙의 소설들은 여러가지 문제를 내포하고 있는 한국 사회의 현실
이 개인적 삶의 차원으로 침투해들어오거나 행위주체 자신이 그 속으로 침
투해들어감으로써 그것이 개인적 삶 자체로 용해되어 있는 모습을 보여준
다. 이러한 차이에도 불구하고 이 두 소설가는 개인적 삶의 차원을 사상해
버리지 않으면서 우리 사회의 문제들을 육화된 모습으로 보여주고 있다는
점에서 80년대 민중소설에 대한 반성적 요소를 내재하고 있다. 이러한 점
은 계급적 한계를 지닐 수밖에 없는 지식인을 포함한 소시민대중 또는 중
간계층 독자들에게 비교적 폭넓은 공감대를 형성할 수 있는 요소이며, 우
리 사회에서 점점 확대되고 있는 중간계층의 사회적·정치적 영향력을 고
려할 때 결코 무시할 수 없는 점이라고 생각된다. 그러나 이러한 소설들에
서 나타나기 쉬운 문제적 상황의 왜소화 또는 에피쏘드화, 그리고 문제적
상황에 대한 강한 응전력의 상실이라는 측면은 대중성 확보라는 요구와의
연관 속에서 우리가 해결해야 할 하나의 문제점으로 남는다.

　두 소설가가 모두 각기 다른 이유에서 사회문제를 전체적 구조 속에서
유기적으로 형상화해내는 데는 미흡하지만, 이런 점은 우리 사회의 여러
문제들에 대한 조사와 탐구 활동을 통해 극복될 수 있을 것으로 생각된다.
이러한 요구는 단편소설에 해당되는 것은 아닐지 모르겠으나 현재 우리 문
단의 요구나 두 작가의 역량을 생각할 때 이 시점에서 이만한 요구는 당연
히 나옴직한 것이라고 생각된다. 이 두 작가가 80년대의 민중소설이 간과
한 요소, 다시 말해 변혁을 필연적으로 요구하는 노동자계급이나 이들의
변혁운동 그 자체의 의미보다 사회적 문제의 개인적 차원에서의 의미 확산
에만 집착한다면, 90년대에도 의연히 존재할 우리 사회의 모순구조는 이들
앞에 천착되지 않은 거대한 광맥으로 남아 있을 수밖에 없을 것이다.

<창작과비평 1990년 가을호>

제 4 부

운명과 감성적 현실인식

운명의 비극미와 인간의지
민족문제의 개인주의적 굴절
역사와 운명의 굴레
휴머니즘과 역사이해
영원회귀와 삶의 재생

운명의 비극미와 인간의지

『김약국의 딸들』을 중심으로

1 박경리는 1955년 「계산」이라는 단편소설을 가지고 문단에 나온 이후, 거의 30년에 달하는 기간 동안 왕성한 창작활동을 통하여 우리에게 끊임없는 문학적 관심을 불러일으키고 있다. 특히 1965년부터 발표되기 시작하여 지금도 그 4부가 연재되고 있는 『토지』(솔 출판사에서 1994년에 완간)는 그에게 수많은 애독자와 함께 '한국 신문학 이후 최대 최고의 작품'을 쓰고 있는 작가라는 명예를 안겨주었다.

우리는 그의 작품들이 이러한 찬사에 값할 만큼 두드러진 장점들을 많이 갖추고 있다는 것을 인정하면서도, 장점으로만 끝나고 있지 않은 그의 문제점들에 대해서도 그에 상응하는 깊은 관심을 갖게 된다. 그의 작품들 속에서 쉽게 발견되는 **운명에 대한 집착**도 이러한 문제들 가운데 하나로 지적될 수 있을 것이다. 이러한 운명적 요소는 작품들 속에서 전체적 또는 부분적으로 작용하면서 작중인물들의 비극적 인생관으로 나타나는가 하면, 때로는 사건들 사이의 내밀한 응집력으로 작용하면서 줄거리의 내적 골격을 이루기도 한다. 예컨대 「성녀와 마녀」에는 부모들에 의해 뿌려진 비극의 씨앗을 거두어들일 수밖에 없는 주인공 남녀의 파멸이, 「노을진 들녘」에는 근친상간의 죄의식에서 헤어나지 못하고 자살로 막을 내리는 주인공의 원죄의식이, 그리고 「파시」에는 어머니가 정신병으로 죽었다는 사실을 알게 된 여주인공이 사랑하는 사람과의 결혼을 거부하고 멀리 떠나버릴 수

밖에 없는 운명적 상황이 그려져 있다. 이 작가의 운명에 대한 집착은 『토
지』에서도 간간이 나타난다. 이 작품의 첫머리를 장식하고 있는 극적인 사
건 역시, 동학당의 장수인 김개주가 윤씨부인을 겁탈해서 생긴 구천이의
출생에 얽힌 운명과 멀리 맥을 통하고 있음을 보여준다.

그러나 운명의 사슬이 주인공의 비극적 인생관은 물론 작품의 모든 구성
요소들까지 철저하게 비극혼으로 물들이고 있는 작품은, 이 작가의 대표작
의 하나로 손꼽히는 『김약국의 딸들』(이 글에서는 삼중당 문고본, 1975를 참고
했다)이다. 그리고 이 작품 이후부터 이 작가의 운명에 대한 집착은 점차
퇴색해가고 있다. 그러므로 박경리 문학의 중요한 특성 가운데 하나인 운
명적 요소를 알아보려면 이 작품을 집중적으로 들여다볼 수밖에 없다.

『김약국의 딸들』은 작가가 문단에 나온 지 7년 만인 1962년에 전작 장편
으로 내놓은 소설이다. 그 이전에 이미 장편소설만도 세 편을 발표한 바
있는 그는, 이 작품에서 비로소 '객관적 시점(視點)'을 확립하였으며, 창작
의 기법도 다양해졌다는 평을 받은 바 있다. 이런 점에서 이 작품은 그의
작품 계보 가운데 하나의 커다란 분기점을 이루고 있다. 그 이전의 작품들
이 대체로 작가 자신의 개인적 체험을 바탕으로 하여 씌어진 것들이라면,
그 이후의 작품들은 객관적 현실을 매개로 하여 그 주제를 형상화시킨 것
들이라 할 수 있다.

이 작품은 통영의 간창골에서 살아가는 김약국 일가의 3대에 걸쳐 관류
하는 비극적 운명을 선형적(線型的) 구성으로 엮어내린 것으로 이야기가
진행되는 기간은 1864년부터 60여 년에 달한다. 이 작품 속의 사건들은 모
두 강렬한 비극성을 띠고 있지만, 작품 전체의 구성으로 보면 근대 서구적
개념의 비극과는 상당한 거리가 있는 것으로 보인다. 작중인물들의 자율적
이며 선택적인 행위가 줄거리를 이루어간다기보다는, 그들의 심층의식 속
에 내재해 있던 어떤 신적(神的)인 의지가 비극적 사건들을 빚어내는 것처
럼 보인다는 점에서 이 작품은 고대 그리스의 운명비극과 비슷한 면을 보
여주기 때문이다. 그러나 그 둘 사이의 차이점 또한 뚜렷하다. 그리스의
운명비극에서는 어떤 초월적인 존재가, 무대 뒤에서 인형들을 조종하는 인
형극의 연출자처럼 인간의 머리 위에서 그들을 움직이고 파멸로 이끌어가

지만, 이 소설에 나타나는 내재적 신성(神性)은 개인의 심층의식이나 자연과 사회집단 속에 팽배해 있다가 조금만 충격을 가해도 엄청난 파괴력을 가지고 폭발되는 것처럼 보이기 때문이다. 또한 이 작품은 인물들의 성격 때문에 어쩔 수 없이 비극적 결말로 치닫는 성격비극도 아니고, 인간의지가 한계상황에 부딪혀 철저하게 좌절함으로써 그것을 초극하게 되는, 야스퍼스가 말한 비극적 전형과도 거리가 먼 것이다. 그리고 의지와 운명의 대립에 근원을 둔 인간존재의 정신적 비장감에 집착하는 것처럼 보이기도 하지만, 이 작품은 아무래도 "연민과 공포를 환기시키는 사건을 지닌 … 진지한 행위의 모방"이라고 아리스토텔레스가 말한 비극의 고전적 의미에 가장 가까운 것 같다.

그렇지만 이 작품은 하나의 장엄한 비극적 결말을 통해 비극적 충격을 절정으로 끌어올림으로써 독자들에게 카타르시스를 주도록 구성되어 있는 것이 아니고, 하나의 밧줄에 달려 있는 여러 개의 매듭들처럼 제각기 독립성을 유지하면서 한 가계의 비운에 종적으로 연결되어 있는 여러 개의 비극적 사건들로 이루어져 있다. 그리고 그러한 사건들은 현상의 배후에 숨어 있는 어떤 어두운 힘이 인간의 파멸을 매개로 하여 그 모습을 잠깐씩 드러내 보이는 과정처럼 보이기도 한다. 이러한 점에서 이 작품은 이야기의 표면적 줄거리보다는 김약국의 가계를 꿰뚫고 흐르다가 간헐적으로 솟아오르는 파괴적인 힘에 초점을 맞추고 이해하는 것이 좋을 듯하다.

이 작품의 비극적 사건들은 대개 어떤 예감을 동반하면서 나타난다. 그것은 자연묘사를 통해 상징적으로 암시되기도 하고, 인물들의 무의식적인 사소한 실수들을 통해 그들의 마음에 미리 감지되기도 한다. 여기에 점쟁이의 예언이나 꿈을 통한 현시가 첨가되어 이러한 사건들은 이미 예정되어 있는 운명을 뒤따라가며 확인하는 듯한 느낌을 주게 된다. 이러한 방법으로 작가는 하나하나의 사건들에 초자연적인 의미와 함께 향토적이고 무속적인 분위기를 부여하며, 사건의 발단과 전개에 자연스러움을 부여하고 있다. 이 소설의 첫 장면을 장식하는 소리개와 뱀에 관한 묘사, 남해환(南海丸)의 낙성식 때 잃어버린 고사떡 이야기, 거대한 전복에게 잡아먹힌 제주도 해녀의 전설, 가장례식(假葬禮式)에서 웃음과 하품을 참지 못하는 용란의 실수, 한실댁의 흉몽 등이 모두 그러한 비극적 사건을 암시하고 있다. 예컨대 실종된 남해환의 소식을 가지고 온 기두와 한실댁의 눈길이 마주쳤을 때, 그들은 동시에 잃어버린 고사떡을 생각하며 그들의 불길한 예감이 적중했음을 확인하는 것이다. 이 사건이 확인되기 전에 남해환의 귀환을 바라는 기두의 눈앞에 펼쳐진 광경——"해는 기울고 멀리 공지섬 위로 요괴스런 붉은 구름이 몰려가고 있었다. 갈매기마저 붉게 물든 날개를 뻗고 갓난애기와 같은 울음을 울며…"(상권, 213면)도 자연현상에 의탁하여 그 배가 결코 돌아오지 못하리라는 예감을 환기시켜주고 있다.

2 이 소설은 여러 개의 비극적 사건들로 이루어져 있지만, 여기에서는 대표적인 사건 세 가지만 살펴보기로 한다.

이 작품 첫머리에 나오는 이야기는 작품 전체에 암담하고 신비스럽고 처절한 숙명의 그림자를 던져주고 있다. 그것은 김약국의 가계에 속해 있는 모든 사람들의 마음속 깊이 살아남아서 그들의 정서를 어둡게 물들이며, 그들에게 불운이 닥쳐올 때마다 이 비극적 사건을 돌이켜보게 하는 무서운 마력을 지니고 있다. 말하자면 이 이야기는, 그후에 일어나는 모든 사건의 씨앗 또는 원형(原型)과도 같은 성격을 띠고 있다. 그러므로 이 대목은 좀 더 자세히 살펴볼 필요가 있다.

송욱(松郁)이란 청년이 숙정(淑貞)이 시집가서 살고 있는 집안의 동정을 살핀다. 구름 한점 없는 푸른 하늘에 소리개 한 마리가 원을 그리고 있는 모습은 무척 평화로워 보인다. 그러나 그 소리개는 단순히 비상(飛翔)을 즐기고 있는 것은 아니다. 그것은 망원경과도 같은 그 눈에 모든 신경을 집중시키고 먹이가 될 만한 작은 동물을 찾고 있기 때문이다. 실제로 그 아래에는 창세기 이래 신과 인간으로부터 저주를 받아온 뱀 한 마리가 담쟁이덩굴 밑으로 기어가고 있는 것이다. 여기까지만 보아도 이 장면이 그 평화로워 보이는 겉모습 뒤에 얼마나 팽팽한 긴장감을 숨기고 있는지 감지된다. 이 장면은 이미 남의 아내가 되어 있는 여인의 집안을 기웃거리는 청년의 긴장감과 그에게 닥쳐올지도 모르는 위험을 암시하면서, 그의 행위가 뱀의 그것처럼 떳떳한 것이 아닐 것 같다는 예감까지 불러일으킨다. 여

기에 "귀신이 씌었지. 내가 여길 왜 왔어?"(상권, 12면) 하고 되풀이하는
그 청년의 독백을 연결시켜보면, 그의 영혼을 사로잡고 있는 열망이 그 자
신의 힘으로는 어찌할 수 없는 어떤 근원적인 것임을 알 수 있다. 이 청년
은 그러한 근원적인 힘의 횡포에 의해 그 시대의 관습과 윤리를 거역하고,
아이까지 둔 남의 아내를 찾아와 그 자신과 그 여자의 참혹한 죽음을 초래
하는 것이다.

어린 아들을 남겨둔 채 비상을 먹고 죽어버린 숙정의 비극은, "비상 묵
은 자식은 지리지(번식하지) 않는다"(상권, 34면)는 이 지방 사람들의 속신
(俗信)을 통해 그 집 자손들의 비극적 사건들과 연결되며, 26년이란 세월
이 흐른 후 김약국(성수)의 첫아들이 여섯살 나던 해에 죽음으로써 그것은
시간을 초월하여 살아있는 하나의 사실로 재생된다.

이렇게 되어 이 소설의 주인공 김약국은 갓 태어나서부터 죽는 날까지
그의 집안을 내리누르고 있는 어두운 힘으로부터 한발짝도 벗어나지 못한
다. 이것은 그러한 비운을 극복하려는 의지를 결여하고 있는 그의 성격 탓
이기도 하다. 아무도 사랑할 수 없고 어떠한 일에도 열정을 기울일 수 없
는 그의 고독한 성품과 허무의식은 그의 부모의 피비린내나는 전설이 얽혀
있는 '도깨비집'에서부터 형성되기 시작하여, 사촌누이 연순에 대한 토로할
길 없는 사랑과 그녀의 죽음으로 인해서 화석처럼 굳어져버린 것이다. 그
래서 그의 아내 한실댁조차도 그의 의식세계에는 조금도 범접하지 못한다.
이러한 관계를, 작가는 김약국의 둘째딸 용빈의 의식을 통해 묘사하고 있
다.

　　고고한 파초의 모습은 김약국의 모습 같았고, 굳은 등 밑에 움츠리고 들어
　　간 풍뎅이는 김약국의 마음 같았다. 매끄럽고 은은하고 그리고 어두운 빛깔의
　　풍뎅이 표피, 한실댁은 그 마음 위에 앉았다가 언제나 미끄러지고 마는 것이
　　다.

이러한 성격의 소유자인 김약국이 현실에 대해 가장 의욕을 보이는 것은
이해타산에 민감한 정국주에게 기관선 두 척을 마련할 돈 5천원을 돌려달

라고 부탁하는 장면이다. 그런데 이미 커다란 어장을 두 개나 가지고 있고 대지주이기도 한 그가 사업에 별다른 의욕도 없이 모험과도 같은 모구리어업(잠수어업)에 그 많은 돈을 투자하는 이유가 모호하다. 게다가 새로 모은 배의 낙성식에 얼굴도 내밀지 않을 정도로 그는 사업에 무관심한 것처럼 보인다. 제주도로 가던 두 척의 기관선 가운데 하나가 실종됨으로써 그의 사업은 시작하기 무섭게 돌이킬 수 없는 파탄에 빠져들고 만다.

이 이야기는, 작가 자신이 미리 예정해놓은 김약국의 파멸을 좀더 극적으로 보여주기 위한 구실처럼 보일 만큼 허망하기 짝이 없는 것이다. 오래 전부터 경영해오던 어장 두 곳에서 잇따른 흉어로 인해 일꾼들의 노임조차 지불할 수 없게 되자, 어장의 책임자인 기두가 어장에서 손을 떼는 것이 좋겠다는 의사표시를 하지만 김약국은 "인력으로는 못하네. 그냥 계속해서 하게"(하권, 39면) 하며 끝장을 보고야 말겠다는 무서운 결의를 내보인다. 그의 이러한 태도에서 우리는 그가 그의 마음속 깊은 곳에 깃들여 있는 파멸에의 의지, 즉 그 자신의 힘으로는 제어할 수 없는 파멸로 치닫는 어두운 힘의 작용에 지배되고 있음을 알 수 있다.

김약국의 가족들이 겪는 불행한 사건들은 따로 떼어놓아도 완결된 이야기가 될 수 있을 만큼 사건들 사이의 내적 연관성이 희박하다. 그럼에도 불구하고 그 사건들은 표면적으로는 한실댁을 구심점으로 해 그 집안의 불운으로 집약된다. 그러므로 한실댁은 가족들 가운데 가장 무거운 고통의 담당자이기도 하다. 그녀는 다섯 딸들에게 크나큰 기대를 걸고 있었다. 그러나 큰딸 용숙이 열일곱살에 시집을 가서 과부가 되면서부터 그녀의 희망들은 하나씩 허물어지기 시작한다. 이 집안에 가장 끔찍스러운 사건을 불러들인 것은 가장 아름다운 용모의 소유자인 셋째딸 용란이다. 그녀는 자기의 욕망을 아무런 탈이 없이 충족시킬 만한 수단을 취할 줄 모른다. 자신의 욕망을 제어할 능력이 없는 그녀는 열아홉 처녀의 몸으로 그 집안의 머슴인 한돌과 달밤에 뒷동산에서 정사를 벌인다. 이 장면을 작가는 "마치 두 마리의 야수처럼 용란과 한돌이는 두려움도 스스러움도 없이 본능에 몸부림치고 있는 것"(상권, 117면)으로 묘사하고 있다. 관습이나 풍속이 요구하는 행동양식을 지니고 있지 못한 이러한 자연아들의 행동은 불륜이란 말로 낙인찍힌다.

용란의 이러한 불륜이 세상에 알려지자, 정작 수치심 때문에 고통을 겪는 것은 그녀의 가족들이다. 용란은 수치심조차 느끼지 못하기 때문이다. "처녀가 서방질했다"는 소문 때문에 아편중독자이며 성불구자인 연학의 아내가 된 용란은 통영에 다시 나타난 한돌과 또다시 불륜을 저지른다. 이 일로 하여 번개치는 밤에 한실댁과 한돌이 연학의 도끼에 맞아 죽고 가까스로 탈출한 용란은 미쳐버린다. 용란의 비극, 그것으로 인해 그녀의 가족들이 겪게 되는 비극은, 용란·한돌·연학의 내부에 도사리고 있는 가공할 만한 원시적인 힘이 애욕의 무분별성을 매개로 하여 사회적·도덕적 질서에 숨막히게 침투해들어옴으로써 벌어진 것이다. 폭우가 쏟아지는, 번개치는 밤의 외딴집은 이 끔찍한 사건의 무대로서 적절해 보인다.

그런데 이 무분별한 젊은이들이 빚어내는 피비린내나는 사건 속에 한실댁을 등장시켜 참혹한 죽음으로 몰고 가는 것은 무엇 때문일까? 한실댁으로 하여금 가장례식과 흉몽을 통해 처참하고 괴기스러운 죽음을 간접적으로 경험하게 하면서까지 이 소설의 가장 참혹한 장면으로 한걸음 한걸음 접근해가게 하는 작가의 의도는, 이 사건을 한실댁의 의식세계를 통해 예고하면서 그 비장감을 심화시켜가기 위한 배려로 생각된다. 자신의 죽음을 점쟁이로부터 예고받은 한실댁이, 무당을 불러다가 암탉의 목을 쳐서 자기 대신 죽은 닭의 장례식을 치르고, 그 장면의 변형된 모습을 꿈속에서 또 한번 봄으로써 용란에게 어떤 위험이 닥쳐오고 있다는 예감을 갖게 되어 그 사건의 현장으로 달려가게 되는 과정에서, 민간신앙으로서의 무속에 지배되고 있는 한 여인의 심층의식이 적나라하게 펼쳐진다. 이 장면은, 불길한 예언 → 액땜을 위한 가장례식 → 꿈을 통한 현실의 굴절 또는 심화 → 사건의 발발, 이런 과정들을 치밀하게 배치, 한 사건의 의미에 다각적으로 접근해가는 작가의 역량이 한껏 돋보이는 대목이기도 하다.

이상은 비극적인 사건 세 가지를 음미해본 것이지만, 그밖에도 용숙·용빈·용옥의 불행한 사건들이 전개된다. 용숙은 영아살해의 혐의로 경찰에 체포되어 추문을 일으키고, 용빈은 약혼자의 배신이라는 쓰라림을 맛보고, 용옥은 외지로의 첫 나들이에서 배의 침몰로 아이와 함께 익사하고 만다.

김약국 성수가 죽은 후, 용빈은 용혜를 데리고 통영을 떠남으로써 김약국 일가는 비극의 무대에서 자취를 감추어버린다.

③ 60여 년이란 기간에 걸쳐 숨가쁘게 전개되는 이 소설의 사건들은 시대적인 풍속도나 사회적인 모랄을 제시하기 위한 것은 아니다. 그것들은 통영이라는 삶의 무대와 김약국이라는 한 집안에 깃들여 있는 비극혼을 하나의 통일된 느낌을 갖는 스토리로 형상화시키기 위해 동원된 것처럼 보인다. 그 사건들은 표면적으로는 동기들이 충분히 제시되지 못함으로써 단지 끔찍스럽고 괴기스럽기만 한 이야기로 전락할 위험성을 안고 있지만, 한편으로는 인간의 욕망과 행동의 원형을 담은 신화적 단순성으로 연결되어 있는 것 같기도 하다. 그 사건들은 인위적인 영역을 초월한 내재적 힘의 분출처럼 보이며, 무당의 주술적 능력으로써만이 그 세계를 간신히 들여다볼 수 있는 엄격한 운명성을 느끼게 하는 것들이다.

이러한 사건들로 구성된 작품에 요구되는 것은 사건들의 동질성이나 연계성, 또는 분위기의 통일성이다. 그런데 이 작품은 후반부에서부터 그러한 통일성이 허물어지고 있다. 김약국 내외와 다섯 딸들에게 (고르게) 분산되어 나타나는 비극적 사건들은, 여기저기에 숨겨진 비극의 씨앗들이 앞을 다투어 발아하듯 요란한 비극의 교향곡을 빚어낸다. 그래서 김약국 일가의 불운은, 주사위가 잘못 던져진 것과도 같은 일회적인 사건에서 발생한다기보다는 어둠의 정령들의 대분업(大分業)의 결과로 빚어지는 것같이 여러가지 이질적 사건들로 이루어져 있다.

이러한 현상은 각기 다른 개성을 가진 딸들, 타인과도 같은 관계를 유지하는 김약국 내외의 성격적인 차이에서 기인되기도 한다. 이러한 점은, 제각기 독특한 개성을 소유하고 있는 형제들로 구성되어 있는 『까라마조프가(家)의 형제들』의 끝부분과 좋은 대조를 보여준다. 부친 살해 혐의를 받고 있는 다혈질의 드미뜨리, 부친 살해의 정신적 동기를 제공했다는 자책감 때문에 정신착란을 일으키는 회의주의적 지식인 미짜, 그 집안의 천사와도 같은 수련신부 알료샤, 아버지가 불쌍한 여자를 능욕해서 생겼을지도 모르는 스메르쟈꼬프 —— 이들은 서로 닮은 점이라곤 전혀 없는, 하나같이 독특한 개성의 소유자들이다. 그러면서도 그들은 아버지의 피살이라는 한 사건을 통해 밀접하게 연결돼 있으며, 오히려 그들의 성격적 다양성이 그 소설의 대단원에 풍요한 의미와 아름다움을 제공하고 있다. 그러나 『김약국의 딸들』의 끝부분은, 작품 전체를 꿰뚫고 있는 비극혼 또는 비극적 의지가 여러 인물들의 다양한 사건들로 분산됨으로써 그 위력이 점차 소멸해가는 과정을 보여준다. 그래서 밤하늘을 현란하게 수놓은 폭죽들이 다 터져버린 뒤의 허공처럼 아득하고 공허한 여운을 남길 뿐이다.

이러한 결함에 대한 해명처럼 보이는 작가 자신의 글이 있다. "사실 김약국 한 사람을 파고 내려간다 해도 그것이 부정이든 긍정이든 창작영역에서의 자유로 되어 있는 일이니 족히 3, 4천 매는 될 수 있고 기타는 파생적 인물로 다루어졌어야 할 것을, 김약국의 일생은 다만 점, 점으로 끝나고 만 셈이다."(「창작의 주변」, 『Q씨에게』, 지식산업사 1981, 146면) 이 구절은 창작에 얽힌 이야기의 한 대목이다. 이 글에서 박경리는 본래 『김약국의 딸들』을 3, 4천 매로 구상하고 있던 중 출판사의 요청으로 1천 5백 매로 쓸 수밖에 없었기 때문에 "작품의 호흡이 빨라 다이제스트한 것"(145면)처럼 되어 작품의 구심점을 놓쳐버리게 된 것을 아쉬워하고 있다.

박경리의 작품에는 대체로 운명적인 허무감이 짙게 깔려 있지만, 특히 이 작품에서는 그러한 특징이 가장 두드러지게 나타난다. 이런 경향은 작가 자신의 성격과 그가 살아온 경험에서 비롯된 것이라고 생각하면서도, 우리는 이 작가가 그토록 집착하는 '운명'이란 도대체 무엇인가 하는 의문을 품게 된다. 운명이란 인간의 의지와는 관계없이 인간과 세계를 지배하는 존재 또는 법칙을 의미하며, 이것은 동서고금의 종교·철학·문학 등에서 신(神)에 버금갈 만큼 보편적인 개념으로 등장한다. 중국사상에서 보이는 천명(天命), 불교의 윤회설, 기독교의 원죄설, 오거스틴과 깔뱅의 예정(豫定), 니체의 영원회귀(永遠回歸)와 운명애(運命愛), 야스퍼스의 한계상황, 하이데거의 근원적 현상 등이 모두 운명에 대한 다채로운 표현들이다. 이러한 운명에 대해 인간이 취하는 태도 역시 다양하여, 이것만큼은 인간의 몫이라 할 수 있다. 운명에 묵묵히 따르든, 그것을 반역적으로 극복하려 하든, 또는 자기 존재의 뿌리가 거기에 뻗어 있음을 들여다보고 그것을 적극적으로 사랑하든 그것은 인간에게 맡겨진 자유의 영역이다. 우리가 흔히 들어온 '진인사대천명(盡人事待天命)'이란 말도 운명에 대해 취하는 적절한 태도의 하나라고 할 수 있다.

이와같은 '운명'이 문학작품 속에서 다루어질 때, 이것은 인간성의 한계 또는 인간이 처해 있는 사회적 조건을 극명하게 드러내어 그것과 대결하는 인간의 참모습을 보여주기 위한 경우가 많다. 그러므로 운명에 대한 탐구는 결국 인간의 실존에 대한 탐구일 수밖에 없는 것이다. 운명의 굴레를 벗어버리려고 발버둥치면 칠수록 운명의 가운뎃길로 끌려들어가는 오이디푸스는 신이 설계해놓은 무대 위의 꼭두각시에 불과하다. 그러나 그가 신의 저주에서 벗어나려는 노력조차 하지 않는다면, 그는 자신의 운명은 물론 자신의 존재조차 자기의 의식 속에 투영해볼 수 없는 단순한 생명체로 전락해버리게 된다. 그러므로 신의 꼭두각시에 불과할지라도 인간은 자신의 역할을 성실히 수행할 수밖에 없다. 그럼으로써만 그는 자신의 존재와 운명의 실체를 대면할 수 있으며, 자기의 두 눈을 찔러버리고 방랑의 길을 떠나는 오이디푸스처럼 자신의 운명과 자기 존재의 진정한 주인으로서의 길을 떠날 수 있기 때문이다.

④ 『김약국의 딸들』의 무대는 인간의 몫이 거의 주어져 있지 않은 어두운 운명과 죽음의 공간처럼 보인다. 특히 출항 첫날 뚜렷한 이유도 없이 실종되어버리는 남해환의 경우와, 통영 바깥세상에는 한번도 나가본 적이 없는 용옥이 첫 나들이에서 아이와 함께 익사하는 장면이 그러하다. 이러한 사건들에서 우리는 삶의 허무와 인간에 대한 혐오감을 느낄 뿐이며, 이런 경우에 비극은 일종의 비인간적 소극(笑劇)으로 전락하게 되는 것이다.

세계의 위대한 사상들은 우리에게 인간의 존귀함을 깨닫도록 가르쳐주고 있다. 인도의 자이나교(敎)는, 인간은 신성(神性)에 도달할 수 있으며, 신은 인간의 영혼 속에 잠재해 있는 모든 힘의 가장 높고 가장 고귀하고 가장 완전한 발현이라고 가르친다. 기독교도 인간은 신의 형상을 입고 있으며, 신은 인간을 자기현시(自己顯示)의 협력자로 삼고 있음을 보여준다. 그리고 '인간은 만물의 척도'라는 그리스인들의 사상이나 인내천(人乃天)을 종지(宗旨)로 삼고 있는 천도교의 사상 등이 모두 인간의 존귀함에 그 바탕을 두고 있다. 여기서 이러한 예들을 지루하게 들춘 것은, 인간은 삶의 주체이지 객체가 아니므로 운명의 몫만을 살아줄 수는 없다는 것을 강조하기 위한 것이다.

『김약국의 딸들』 가운데서 가장 적극적인 몸짓으로 운명에 거역하는 것처럼 보이는 장면은, 계속되는 불운 때문에 울화가 치민 한실댁이 고목나무를 주먹으로 치며 절규하는 장면이다. "이 썩은 고목나무얏! 이날까지 손발이 잦아지게 빌었건만 무슨 영검이 있었노? 이자 물밥 천신도 못할 줄 알아라."(하권, 79면) 이렇게 한실댁은 소리쳤으나, 얼마 후 그녀는 미친 듯이 집에서 뛰어나와 느티나무 앞에 무릎을 꿇는다. "목신령님 살려주시이소. 죽을죄를 졌십네다. 인간이 미련하고 불민하여 신령님 무서운 줄 모르고 죄를 죄를 저질렀십네다."(하권, 79면) 이 정도가 되면 이것은 운명에 대한 거역이라기보다는 '목신령'을 운명의 주재자로 받아들이는 강렬한 신앙고백이 되고 만다. 이와같이 이 소설은 운명의 몫을 지나치게 확대시킨 나머지 인간의 자율적 행위가 대단히 위축되어 있음을 보여준다. 그래서 인물의 성격까지도 거의 운명적으로 결정되어 있는 것처럼 보인다. 인물들에게 이러한 운명적 극단성을 부여하는 작가의 태도는, 그들을 다만 줄거리를 전개시켜나가는 도구들로 전락시켜버릴 위험성을 내포하고 있다. 이 소설에서는 연학이 그런 경우의 전형처럼 보인다. 연학은 처음부터 아편쟁이인 성불구자로 등장한다. 그가 어떤 경로를 거쳐 그러한 폐인이 되었는지는 생략된 채, 그는 언제나 악행만 일삼는다. 작가는 그에게 혐오스러운 인간성과 함께 그의 손에 악마의 도끼를 쥐여주었을 뿐이다.

이 작가가 심취했음직한 도스또예프스끼의 인물들 역시 대체로 극단적인 성격의 소유자들이지만, 그들의 극단적 성격의 배후에는 극심한 열등감과 수치심(일종의 병적인 자아의식)이 깃들여 있어서 우리들로 하여금 그들에 대한 연민과 공감을 느끼게 한다. 그러나 박경리의 인물들은 대체로 타인들로부터 심리적 영향을 받거나 반성적 성찰을 통해 그들의 성격에 갈등과 변화를 가져오는 경우가 드물다.

지금까지 우리는 『김약국의 딸들』에 나타난 운명적 요소들을 집중적으로 살펴보았다. 그것은 운명에 대한 집착이 아무리 숨막힐 듯한 긴장감과 심오한 신비성을 동반하면서 작품에 엄숙한 비장감을 부여한다 할지라도, 소설작품의 생명력과 이 시대 독자들과의 건전한 교감을 위하여 '비극'조차도 인간의 몫임을 보여줄 만큼은 인간의 자율적 의지에 비중이 두어져야 한다는 것을 지적하기 위한 것이다.

그러나 이 작품에서 드러나고 있는 강인한 작가의식, 간간이 편린을 드러내고 있는 예리한 역사의식과 정치의식, 특히 수많은 인물들의 다양한 성격과 60년이란 장구한 세월의 흐름을 소설화하는 수법 등은 『토지』와 같은 대작의 잉태를 예고하고 있다. 사실 그 이후에 내놓은 『시장과 전장』이나 『토지』와 같은 작품들에서는 맹목적인 운명의식이나 비극정신보다는 역사와 사회, 정치와 삶 사이의 유기적인 관계 등이 중요한 문제로 등장하고 있는 것을 보면, 작가 자신도 운명에 대한 집착의 부정적 측면을 충분히 의식하고 있는 것 같다. 그러나 『토지』에서 간간이 드러나고 있는 운명과 혈연에 대한 집착은 여기에서 지적한 것과는 다른 각도, 즉 작품의 주제의식과의 관련 속에서 신중하게 검토되어야 할 문제인 것 같다.

<정경문화 1982년 8월호>

민족문제의 개인주의적 굴절

박완서 장편소설 『그해 겨울은 따뜻했네』

1. 전쟁·분단·통일의 의미

우리는 인류역사상 단위시간·단위공간 속에서 가장 높은 비율의 사상자를 낸 동족상잔의 전쟁을 치른 지 35년이 지난 지금에도 그것에 대한 충분한 반성과 검토를 못하고 있다. 3년간의 전쟁으로 인해 분단이 더욱 굳어져버린 상황 속에서 한편에서는 남북간의 적개심만 강화시켜왔고 또 한편에서는 분단극복의 당위성과 강한 의지를 표출하면서도 민족상잔의 실상과 분단상황의 질곡을 제대로 검토하지 못하고 있을 뿐만 아니라 통일논의조차도 정치권력에 독점되다시피 함으로써 '분단극복' '민족통일' 등의 낱말들은 그 실천적 매개를 확보하지 못한 채 때가 묻고 낡아가고 있다. 이러한 현실 속에서도 분단상황의 극복을 위해 이론적 연구와 실천을 전개해온 사람들은, 우리 민족이 당위성이나 민족감정적 차원에서뿐만 아니라 실제 생활상 또는 경제문제의 필요성에서도 반드시 민족통일을 달성해야만 할 상황에 놓여 있음을 역설해왔다.

이와같은 통일의 필요성에 대한 주장들과 병행하여 통일의 방법론에 대한 논의들도 여러 방면에서 진행되어왔다. '선민주 후통일'의 방법과 '선통일 후민주'의 방법이 대립적 관점에서 제기되기도 하였으나, 이것은 문제제기 자체가 우리가 당면하고 있는 현실에 대한 잘못된 인식에서 대두한 것으로서, 통일과 민주화는 마땅히 같은 차원에서 동시에 추구되어야 할 문제임이 밝혀졌다. 민주화가 곧 통일의 방법이요 통일의 추구는 곧 민주화의 과정을 통해서 이루어져야 한다는 것이었다. 이같은 깨달음은 남과 북이 민중이 주체가 되어 추진하는 통일운동을 통해서만 진정으로 가까워질 수 있다는 현실인식에서 이루어진 것이며, 통일에의 길이 실로 험난한 장애를 끝없이 극복해가는 과정 이외의 것이 아님을 암시하는 것이기도 하다. 통일의 현실적 난관들과 극복 가능성들을 구체적으로 검토하는 과정에서 대두하고 있는 또하나의 문제는 분단체제 속에서 얻어진 기득권의 처리문제이다. 여기에 대해서 완전한 결론에 이르고 있지는 못하지만, 기득권 자체를 인정하면서 남과 북이 접근하는 방식이 현실적이라는 주장이 상당히 우세하게 대두하고 있다. 좀더 폭넓은 지지세력을 확보할 수 있다는 점에서는 이러한 방법이 진지하게 검토되어야 하겠지만, 분단체제 속에서 얻어진 기득권이 어떻게 분단이 극복된 상태에서까지 손상을 입지 않을 수 있는지에 대해서는 좀더 비판적인 각도에서의 연구와 토론이 거듭되어야 할 것으로 생각되며, 남북의 경제적 필요성을 앞세운 접근에 대한 요청도 그 도덕적 측면에 대한 검증까지 곁들여 더 철저하게 분석·논의되어야 할 것이다.

수박겉핥기 식으로 살펴본 통일의 필요성과 방법론에 대한 위의 서술 가운데 이 글에서 중요하게 다루어진 문제는, 실제 생활상의 필요성에서 요청되는 통일과 일상생활의 구석구석에 침투되어 있는 분단의식을 어떻게 드러내고 그 극복의 가능성을 찾아낼 수 있을 것인가 하는 점이다. 그리고 이러한 구체적이고 복잡미묘한 문제는 어떤 사회과학적 방법보다도 실제 생활에 대한 미시적이면서도 총체적인 접근을 시도하고 있는 소설들을 통해 효과적으로 표현될 수 있으리라는 믿음 속에서 이 글은 씌어진다.

2. 박완서 소설의 중심 문제

분단시대에 씌어지는 소설들은 어떤 형태로든 분단시대적 삶의 양상을 얼마간 반영할 수밖에 없을 것이다. 그러나 작가가 이러한 분단적 삶의 양상을 통일지향적인 각도에서 보느냐 아니면 분단고착화를 암암리에 조장하는 시각으로 보느냐에 따라 우리의 민족적·시대적 염원을 긍정적으로 수렴하는 바람직한 소설이 생산될 수도 있고 그 반대의 결과를 초래할 수도 있을 것이다. 이러한 구분에 대한 구체적인 표준이 제시된 적은 없지만, 분단으로 인해 왜곡된 삶의 양상들을 비판적인 시각에서 다룬 것이라면 그것은 통일지향적인 문학으로 연결될 가능성이 많아질 것이고, 분단에서 잉태된 병적인 현상을 삶의 보편적 양상인 양 묘사하는 것은 작가가 원하지 않더라도 분단지향적인 문학이 될 수밖에 없을 것이다.

이러한 다소 투박한 기준으로 볼 때 박완서의 소설은 대체로 전자에 속하는 것들로 보아도 무방할 것이다. 1971년 『여성동아』 장편소설 모집에 당선된 그의 데뷔작 『나목(裸木)』은 6·25로 인해 무참히 파괴되어버린 한 가정을 외롭게 지켜가는 한 처녀의 삶을 그리면서도 삶의 발랄한 생동감을 잃지 않고 있다. 그러나 미군부대 PX의 초상화부에서 일하는 경아의 외로움과 발랄한 생명감은, 전쟁으로 인하여 가정이 파괴되어버림으로써 한 젊은 여성이 아무런 가정적 보호도 못 받고 외로움과 공포 속에 던져져 있음을 보여줄 뿐 민족감정이나 전쟁의 진정한 의미를 찾는 데까지 나아가지는 못하고 만다. 이름이 알려진 중견화가로서 이 소설에서 가장 사려깊은 인물로 묘사되고 있는 옥희도조차 어린 경아를 만나는 즐거움 속에서 고통스러운 현실을 잊으려 하거나 자신이 여전히 화가일 수 있는지를 확인하기 위해 가족들을 굶주림의 위협에 노출시키는 등 지식인으로서의 별다른 상황의식을 보여주지는 못한다. 그러나 이 작품 이후에 발표된 작품들은 대체로 60년대 이후 우리 사회 전반에 걸쳐 팽만해진 물질만능적 생활태도의 실상들을 날카롭게 파헤침으로써 삶의 진정한 가치를 상실한 중산층의 속물근성을 유감없이 드러내 보여주면서 그의 소설의 새로운 경지를 개척해 갔다. 특히 1976년 『동아일보』에 연재하고 그 이듬해 단행본으로 출간한 『휘청거리는 오후』(창작과비평사 1977)는, 작은 공장을 경영하며 세 딸을 둔 허성의 가정적 파탄, 특히 큰딸 초희의 물질주의적 사고와 행동이 표면적인 성취에도 불구하고 얼마나 참담하게 그녀의 정신세계를 파괴해가는지를 보여줌으로써 물질적 풍요에 갇혀 삶의 참다운 의미로부터 격리되어 있는 중산층의 생활을 지옥처럼 느끼게 할 만큼 비판적인 눈으로 가차없이 해부하고 있다.

1975년에 이미 한 노파의 파괴된 정신세계를 통해 6·25의 상처가 얼마나 뿌리깊은 것인지를 보여주었던(「겨울 나들이」) 이 작가는 80년대에 들어서면서부터 분단과 이산 문제를 본격적으로 다루기 시작한다. 1981년에 발표된 「엄마의 말뚝 2」는 30년의 세월이 지나도록 6·25 때 자기 눈앞에서 참혹하게 살해된 아들로 인한 상처가 치유되지 못한 어머니의 심층의식을 조명, 전쟁이 남긴 상처가 얼마나 뿌리깊은 것인지를 극적으로 보여준다. 30년 전에 어머니가 오빠의 시신을 태운 한줌의 가루를, 고향인 개풍군이 건너다보이는 강화도의 바닷가에 가서 훨훨 날렸듯이 어머니 자신도 그렇게 해달라는 유언은 분단상황을 강렬하게 거부하는 민족혼의 절규로 보인다. 1982년 『한국일보』에 연재한 장편소설 『그해 겨울은 따뜻했네』(이하 『그해 겨울…』로 약함)를 발표한 이후로 이 작가는 분단과 이산가족 재회 문제를 한층 본격적으로 다루기 시작한다. 1984년에 발표한 「어느 이야기꾼의 수렁」은, 방송국 프로듀서와 동화작가인 주인공이 6·25 특집으로 북한의 아이와 남한의 아이가 휴전선 부근에서 만나 우정을 키워가는 내용의 감동적인 방송극을 만들기 위해 휴전선을 방문하지만, 강물 속까지 촘촘한 쇠창살이 가로지르고 있는 철통 같은 방위태세, 다시 말해 완벽한 분단상태를 확인하고 절망하게 되는 과정을 실감나게 묘사하고 있다. 같은 해에 발표된 「재이산(再離散)」은 KBS 방송에서 추진한 가족찾기운동을 계기로 작은아버지를 찾게 된 가난한 주인공 내외가 잘사는 작은아버지 댁에서 굴욕과 수모만 당하고 돌아오게 되는 과정을 통해 우리 사회의 빈부의 격차와 생활감정의 차이가 30년 만에 만난 피붙이를 다시 갈라놓을 수밖에 없을 만큼 가혹한 장벽이 되고 있음을 아프게 드러낸 것으로서 이 글에서 다루게 될 『그해 겨울…』과 유사한 주제를 더욱 밀도있게 보여준 것이다.

3. 『그해 겨울…』의 이중구조

지금까지 간단히 살펴보았듯이, 80년대 이후 박완서의 소설세계는 소시민 내지 중산층의 속물근성에 대한 비판으로부터 그 중심 영역을 분단상황의 질곡과 이산가족들이 겪는 고통의 드러냄으로 옮겨가면서 우리 민족의 당면과제인 민족통일의 가능성을 조심스럽게, 그러나 뼈아프게 확인해가고 있다. 그리고 이 방면의 업적 가운데 유일한 장편소설인 『그해 겨울…』은 '이산가족찾기운동'이 전개되기 1년 전부터 씌어졌음에도 불구하고 확인된 형제를 일정한 거리에 두고 바라보기만 하는 비정한 사람들의 이야기를 통해 재회 이후에 있을 수 있는 뼈아픈 이질감의 확인을 생생하게 그려내고 있다.

이 소설은 어느 단란한 중산층 가정의 거실 묘사에서 시작된다. 부부와 두 아이로 이루어진 이 가족의 단란함은 거의 완벽해 보인다. 그러나 일곱 살인 큰아이와 같은 나이였을 때의 수지는 배가 고팠다. 6·25가 터지면서 불려간 아버지가 끝내 돌아오지 않자 어머니 한씨댁은 세 아이(수철, 수지, 수인 또는 오목이)를 데리고 수원의 친정으로 피란간다. 그곳에서 수지는 식탐이 센 동생 오목이에게 먹을 것을 빼앗길 때마다 겉으로는 착한 언니 노릇을 하면서도 속으로는 배고픔에 겨워 오목이가 없으면 좋겠다고 생각하던 중 어느 날 피란민 대열 속에서 동생의 손을 놓아버린다. 다시 떠난 피란길에서 비행기의 기총소사로 어머니가 죽자, 수지는 어머니의 죽음이 자기의 죄에 대한 '천벌'이라고 생각한다.

여기서 수지의 회상은 60년대 중반으로 건너뛴다. 여대생이 된 수지는 '오누이의 집'이라는 고아원을 방문한다. 휴전 후 이재에 밝아서 재산관리를 잘한 오빠 덕분에 행복한 고아가 되었던 수지는 '오누이의 집'에서 오목이를 찾기까지 수많은 고아원을 찾아다녔지만 성이 '오(吳)'씨이고 이름이 '목이'로 되어 있는 오목이가 자기 동생이 아닐 수도 있다고 스스로를 속이고 겉으로는 오목이를 다른 고아들과 똑같이 대하면서 일년에 한번씩 고아원을 방문하는 착한 여대생 역할만 해왔다. 고아원이 문을 닫게 되고 오목이는 익명의 독지가의 알선으로 재수학원 상담실에 취직하게 된다. 밤이면 텅 빈 7층 건물 한귀퉁이의 작은 방에서 외로움에 울던 오목이는, 입시에 낙방하고 가출한 소녀를 집에까지 데려다준 것이 계기가 되어 그 집의 가정교사 겸 식모로 입주하게 되고, 그 집의 호적에 올라 이번에는 '최'씨 성을 갖게 되며, 야간대학까지 졸업하게 된다. 버스값을 대신 내준 것이 계기가 되어 알게 된 인재라는 회사원을 사랑하게 된 오목이는, 수지에게 배신당한 인재의 화풀이 대상으로 농락당할 뿐만 아니라 수지에 의해 인재 앞에서 고아 신분이 탄로남으로써 치명적인 상처를 입게 되며, 점원과 결혼시키려는 최씨 집으로부터도 도망나와버린다. 오목이는 고아원 시절에 오빠라 불렀던 보일러공 일환을 찾아가 남의 집 지하실에서 신접살림을 차리고 8개월 만에 사내아이를 낳게 되지만, 그 아이가 자기 아들이 아니라고 생각하는 일환은 가출과 폭음을 일삼으며 난폭해져서 이들의 삶은 먹구름에 휩싸이게 된다.

인재에 대한 오목이의 사랑을 무참히 짓밟아버린 수지는 가문 좋고 학벌 좋은 기욱과 결혼, 표면적으로 단란한 가정을 꾸려가며 심리학 강사로 대학에 출강도 하고 유한부인들로 구성된 자선단체를 이끌어가기도 하며 분주하게 살아간다. 남편이 중동에 출장 가 있는 사이에 집수리를 하던 중 수지는 늠름한 보일러공에게 정욕을 느끼기도 하는데, 어느 날 남편을 중동에 보내달라고 부탁하기 위해 찾아온 그 보일러공의 아내가 바로 오목이임을 알아본 수지는 마음속으로 다시 한번 '천벌이다' 하고 부르짖지만, 오목이에게 자기를 '수지언니'로 불러달라고 한다. 일환을 중동에 보내준 수지는 그것으로 오목이와의 악연이 끝나기를 바라지만, 폐결핵 중증으로 죽어가는 오목이의 인생에 다시 연루되고, 임종의 머리맡에서 참회를 하지만 수지가 참회를 끝냈을 때 오목이는 이미 숨을 거둔 후였다.

이 소설의 복잡한 구성과 시점의 빈번한 이동은 중심적인 주제의 파악을 어렵게 하고 있지만, 전쟁이 가져온 혹독한 추위와 배고픔 때문에 저지른 형제유기에 대한 죄의식에 괴로워하는 주인공의 심리와 행동을 집요하게 추적하고 있다는 점에서, 이 작품은 전쟁과 인간의 원초적인 이기심이 어우러져 빚어내는 죄의 양상과 그것의 치유를 위해 몸부림치는 인간의 모습을 그린, 비교적 흔히 볼 수 있는 주제의 소설로 보인다. 이러한 각도에서 우리는 오목이를 찾으려는 심리와 오목이로부터 벗어나려고 안간힘을 쓰는 이중적 심리상태의 갈등 속에서 참담하게 찢기고 있는 수지의 심리상태에 주목하게 된다. 그러나 수지는 오빠 수철이가 오목이의 가족찾기 광고를 보고도 '수인'이란 이름의 소녀를 찾는 광고를 내며 인정 많은 사람 행세를 해왔다는 것을 알고 가차없이 비판하면서도 자신에 대한 고백은 하지 않는 뻔뻔함도 보이고, 오목이에 대한 참회는 오목이의 죽음을 전제로 할 때에만 가능하다고 생각할 정도로 철저하게 자기중심적이다.

　그녀가 두려워하는 것은 오목이의 죽음이 아니라 오목이가 죽음으로써 자신이 마음속 깊이 감추고 있는 추악한 죄악을 털어놓는 일이었다. 워낙 견고하고 감쪽같이 포장된 죄악이라 죽음처럼 극적이고 마지막일 수밖에 없는 계기 없인 참회가 이루어질 가망이 없다는 걸 그녀 스스로 잘 알고 있었다. 그런 까닭에 그녀는 오목이의 죽음을 전제로 하지 않고는 자신의 참회를 상상도 할 수가 없었다.
　결국 그녀가 꿈꾸는 참회는 죄의식의 완전한 소멸이었다. 그녀의 참회를 기억하는 증인도, 죄에 대해 치를 어떤 벌도 남지 않는 참회 그 자체로 끝나는 산뜻한 참회였다. 그래서 그녀가 참으로 두려워하는 것은 참회보다는 참회를 못하게 될까봐서였다. (423면)

그래서 수지는 오목이의 죽은 얼굴에서 "남을 용서한 자만의 무한한 평화"를 발견하고 자신이 용서받은 것으로 믿으며 또다시 이기적인 판단으로 쉽게 끌려들어가고 있다.

이 소설은 수철과 수지의 생활수준 및 생활감정과 오목이의 버려진 삶 사이의 강렬한 대비를 통해 중산층의 삶과 빈민층의 생활 및 생활감정의 차이를 압축해 보여줌으로써 사회소설적인 성격을 극적으로 드러내기도 한다. 수철의 생활이나 성격에 대한 묘사는 『휘청거리는 오후』 등의 70년대 작품들과 마찬가지로 중산층 사람들의 물질적 탐욕, 출세지향주의, 문화적 속물근성, 자선사업 등으로 위장된 위선, 그리고 무엇보다도 자신의 그러한 생활을 지키기 위해서는 피붙이에 대한 정까지도 헌신짝처럼 내던져버리는 견고한 이기심 등을 드러내고 있다. 그런가 하면 『오만과 몽상』 같은 소설들에서 드러나듯 도시 변두리 빈민들의 삶에서 '가난'의 양상을 구석구석까지 세부적으로 묘사할 때나 거의 절대적인(아무리 발버둥쳐도 벗어나기 어려운 절망적인) 가난이 인간성을 어떻게 좀먹어들어가는지를 묘사할 때에도 이 작가의 묘사력은 치밀하고 섬세하다. 『그해 겨울…』에서 이러한 능력은 주로 오목이와 일환의 생활상을 묘사할 때 발휘된다. 가족이라곤 가져본 일이 없는 천애의 고아들이 만나 함께 살면서 가족을 이루어간다는 생각에 도취하여 어떠한 현실적 어려움도 극복해나가다가 오목이가 인재의 아이를 낳게 됨으로써 이들의 행복한 삶은 하루아침에 지옥의 양상으로 바뀌는데, 오목이 막내아들을 낳게 되는 10년 후에야 일환은 일남이를 친아들로 생각하게 된다. 그래서 오목이는 일남이를 유심히 바라보는 수지에게 "나는 저 아이를 얻기 위해 열달 동안 뱃속에 넣고 고생했지만, 우리 그이는 저 아이를 얻기 위해 꼬박 십년 동안이나 저 아이를 마음속에 넣고 힘겹게 부대꼈어요"라고 말할 정도로 일남은 오목이와 일환의 삶에서 치명적인 장애물이었으나, 일환이가 일남이를 일단 자기의 큰아들로 받아들이면서부터 이들의 삶에는 희망의 빛이 되살아나게 된다. 일환이는 일남이의 장래를 위해 중동에까지 돈 벌러 가게 되고, 오목이는 자신의 병을 숨기면서까지 돈을 아낀 탓에 폐결핵이 치유불능으로 악화되어 결국 죽고 만다.

지금까지 두 가지 의미구조에서 살펴본 이 소설의 내용은, 형제유기에서 시작되어 참회로 끝나는 이 소설의 전체 구성으로 볼 때, 전쟁으로 인해 찢겨진 피붙이들이 이 사회의 계층화된 삶의 구조 속에서 서로 화합하기가 거의 불가능할 정도로 이질화되어 있음을 보여줌으로써 헤어졌던 가족들의 따로따로 형성된 삶의 전체 내용을 동반하는 진정한 만남과 화합을 이루어가는 것이 얼마나 어렵고 험난한 것인가를 보여준다. 오목이가 칠보무늬가 영롱한 은노리개를 간직하고 자신이 귀한 집 자손임을 밝히려 하거나 역경 속에서 대학까지 마치며 신분상승을 꿈꾸는 일은, 수철이가 신문에 광고를 내고 오목이를 찾는 시늉만 하거나 수지가 자신의 죄의식을 씻어버릴 구실만 찾으면서 오목이의 주변을 맴도는 일과 마찬가지로 애초부터 진실한 삶의 의미를 찾아가는 삶의 자세도 아닐뿐더러 진정한 만남과 화합의 방향을 제대로 찾아가는 것도 아니다. 여기서 우리는 진실한 삶의 의미를 추구하며 살아가는 것은 우리가 몸담고 살아가는 사회에서 상대방의 삶 자체를 포용할 수 있는 정신적 바탕을 마련하는 길도 된다는 것을 감지할 수 있다. 이와같이 이 소설의 작가는 진정한 만남을 위한 정신적 기초작업의 필요성을 역설적으로 강조하고는 있지만, 오목이의 경우는 만남에 대한 동경과 신분상승에 대한 집념을 포기하고 가난하고 힘겨운 삶 속에서 삶의 진정한 이유와 보람을 찾아가게 되므로, 만남과 화합을 어렵게 하는 근본 원인을 구태여 따진다면 그것은 수철이나 수지와 같은 가진 자들의 이기심이라고 할 수 있을 것이다.

4. 에고이즘의 물상화(物象化)

가족의 이산과 재결합을 중심 문제로 다루고 있는 이 소설은, 작품내용의 비중으로 볼 때 박완서 소설의 가장 중요한 문제로 부각되어온 도시 소시민 내지 중산층의 물질주의적인 사고방식에 대한 비판의 문제로 굴절되는 측면을 드러내기도 한다. 이 작가가 지금까지 수많은 소설들에서 다양하게 분석해 보여준 가진 자들의 이기심과 속물근성은 다소 과장된 묘사 속에서일지라도 소설적 효과는 말할 것도 없고 우리 사회를 전체적으로 병들게 하는 물질만능적 사고방식과 결부된 도덕적 타락에 대한 날카로운 비판이라는 측면에서도 돋보이는 성과였다. 이 소설에서 수철의 집에서 열린 파티 장면이라든가 수지가 이끌어가는 유한부인들의 자선단체에 대한 묘사, 그리고 서로의 사회적 필요성 때문에 표면적으로만 단란한 가정을 유지해가는 기욱과 수지의 메마른 정신세계에 대한 신랄한 야유 등은 이 작가가 이러한 방면에서 이룩해온 소설적 효과들에 버금가는 것이다. 박완서의 이러한 비판의식은 오목이의 비참한 삶에 대한 대비적 효과 면에서 본다면, 소설의 구성상 긍정적인 기능을 해낼 수 있을 것으로 기대된다. 그러나 이 소설은 수철과 수지의 이기심을 화합 자체를 불가능하게 만드는 결정적인 요인으로 몰아갈 만큼 지나치게 강조하고 있는 것이다. 그래서 이들의 이기심은 아무리 노력해도 들어갈 수 없는 성(城)처럼 견고해서 절망감을 불러일으킨다.

이 소설에서 매도되고 있는 이기심은 매도 그 자체를 위해 너무도 견고한 것으로 묘사됨으로써 우리의 유일한 내면적 실체인 양 과장되고 있을 뿐만 아니라 적어도 가진 자들에게는 화합 그 자체가 일종의 공포의 대상으로 비칠 만큼 거추장스럽기만 한 것으로 묘사되어 있다. 여기서 우리는 분단 40년을 통해 이질화되어가고 있는 민족감정을 지나치게 강조하거나 기득권을 누리는 자들은 결코 민족통일을 원하지 않는다는 점을 지나치게 강조하는 것이 민족통일의 정서적 근거를 약화시킬 수 있는 것처럼 중산층과 하층민의 생활감정의 차이를 지나치게 강조하거나 기득권자들의 이기심을 거의 물상화된 것으로까지 묘사하는 일 역시 상당한 위험성을 내포할 수 있다는 생각에 이르게 된다.

지금까지 이 소설이 지니고 있는 의미구조를 두 가지 측면에서 밝혀보았는데, 이 때문에 그 의미상의 흐름에서도 대체로 두 차례의 굴절이 나타난다. 하나는 전쟁의 불가항력적이며 비인간적인 양상을 객관적 구조 속에서 보여주지 않고 수지의 죄의식과 결부된 심리상태의 미묘한 변화만을 집요하게 추적함으로써 민족사적 배경을 갖는 문제를 죄와 참회의 과정으로 구성되는 심리소설적 차원으로 굴절시키고 있는 점이고, 다른 하나는 화합의 어려움을 거의 전적으로 중산층의 위선과 물신주의 탓으로 돌림으로써 화합에 대한 근원적 욕망 자체를 무화시키거나 무의미화시키는 방향으로 주제가 이탈되고 있다는 점이다. 특히 앞의 경우와 관련된 또하나의 문제점은, 수지가 처음부터 견고한 이기심을 지닌 교활하고 냉혹한 성격의 소유자로 설정됨으로써 수지와 오목이의 관계가 본능적이고 인간적인 접근의 시도와 좌절이라는 자연스러운 과정의 서술로 발전되지 않고, 인재를 사랑하는 오목이를 '우연히' 만나게 하여 오목이에게 치명적인 상처를 입힌다든가, 수지가 정욕을 느꼈던 보일러공이 '공교롭게도' 오목이의 남편 일환이었다든가 하는 식으로 우연한 계기에 의존하고 있다는 점이다. 그리고 뒤의 경우에서 파생될 수 있는 파탄도 이러한 현상과 무관한 것은 아니다. 물질적으로 부족함이 없이 살고 있는 수지나 수철이 처음부터 만남이나 화합에 대한 필요성을 별로 느끼고 있지 않기 때문에 수지와 같은 중산층의 부인이 오목이와 같은 산동네의 빈민을 만나게 되는 것은 우연히 일을 시키게 된 보일러공을 매개로 할 수밖에 없는 것이다. 이러한 관계양상을 통해 유추해보면, 이 소설의 작가는 만남과 화합의 어려움을 처음부터 너무 결정적인 것으로 상정한 나머지 아예 만남이나 화합과는 거리가 먼 폐쇄적 자아의 소유자를 주인공으로 설정함으로써 라이프니쯔의 단자(單子, Monade)와도 같이 횡적인 의사소통을 위한 창구(窓口)도 못 가진 채 다른 단자(他人)와의 관계는 신(작가)의 예정의 한계를 뛰어넘을 수 없는 것으로 되어버린다. 그래서 이들의 만남은 내적인 필연성이 결여되어 위에서 본 것처럼 이율배반적이고 우연한 계기 속에서 질투나 분노와 같은 엉뚱하고도 불필요한 감정만을 자아내게 되는 것이다.

5. 민족적 문제에 대한 역사적 시각의 필요성

개인들 사이의 화합이나 민족의 통일운동이 한 사람의 마음가짐이나 통치자들의 과감한 결단에 의해 하루아침에 이루어질 수 없다는 것은 두말할 나위도 없다. 그것은 물론 한반도의 분단을 초래하고 그 분단상황에서 나름대로의 이득을 취하고 있는 강대국들의 역학관계가 상존하고 있고, 분단상황 속에서 이루어진 정치·경제·사회·문화 각 방면에서 기득권을 누리는 층이 통일보다는 분단상태의 지속을 원할 수도 있다는 현실적 어려움 때문이다. 그럼에도 불구하고 박완서가 지금까지 분단현실의 극복의지를 작품화한 소설들은 민족상잔, 피붙이간의 갈라짐, 통일에의 염원 등을 드러내는 데서는 상당한 성공을 거두면서도 민족통일을 근본적으로 어렵게 하고 있는 내외의 힘들에 대한 분석과 비판에서는 별다른 성과를 얻지 못하고 있다. 이런 시점에서 박완서가 완벽한 분단상태에 대한 절망감(「어느 이야기꾼의 수렁」), 되찾은 이산가족 사이의 진정한 화합의 불가능성(「재이산」), 6·25의 상흔을 죽을 때까지 치유하지 못하는 노년층과 삶의 버팀대로서의 고향에 대한 그리움(「겨울 나들이」와 「엄마의 말뚝 2」) 등의 분단상태와 그것의 극복과 관련된 문제점들에 치밀하게 접근해가고 있다는 것은 뜻 깊은 작업이다. 이러한 작업들의 단계적인 축적을 통해서 민족통일을 위한 정신적 바탕을 마련해갈 수 있다고 믿어지기 때문이다.

그러나 『그해 겨울…』에 나오는 인물들 특히 수철과 수지와 같은 인물들 은 민족이나 사회적 문제를 다루는 소설 속에 나오는 인물들이 갖게 마련 인 사회성이나 역사성을 제대로 반영하지는 못하고 있다. 그렇다고 해서 이 작가가 강조하고 있는 이들의 이기심이 개인주의적 작품들이 흔히 추구 하는 인간적 가치로서의 자아완성으로 승화되고 있는 것도 아니다. 다시 말해, 이들의 에고이즘은 대상세계를 자아의 대립항으로 밀어냄으로써 개 인의 인간적 가치를 지켜가려는 노력 때문에 필연적으로 발생하는 사회적 일탈 현상이나 신비화된 정신세계를 보여주는 것도 아니다. 그것은 또한 세계를 비인간적인 것으로 전제하고 그것에 대해 반항적 태도를 견지하며 그것을 분석하고 파괴해들어가는 저항적 개인을 보여주는 것도 아니다. 그 것은 중산층 다시 말해 물질적으로나 정신적으로 유리한 조건과 지위를 누 리며 살아가는 사람들의 이기심을 대표하는 상징적 개인들을 창조하려는 의도가 다소 빗나감으로써 사회나 타인과의 관계 속에서 인간적인 영향을 주고받거나 스스로를 발전시켜가려는 진보적 노력에는 무관심하거나 냉소 적인 물화(物化)된 인격만을 보여준다. 그리하여 분단상황이나 사회적 모 순 대신 엉뚱하게도 개인들의 물상화된 에고이즘만을 공격하는 결과를 초 래하고 있는 것이다.

우리 사회에 이러한 인물들이 실제로 있을 수 있다고 하더라도, 소설의 이러한 결함이 해소될 수는 없다. 구체적인 삶의 세계에서는 사회가 개인 의 욕망들을 반영하지만, 소설 속에서는 개인이 사회를 반영할 수밖에 없 기 때문이다. 그리고 실제 사회이든 개인의 의식에 반영되는 사회이든 그 것은 변증법적인 변화와 발전을 거듭하는 역사적이고 역동적인 사회이므 로, 폐쇄적 에고이즘의 틀에 갇혀 있는 인물을 통해서 만남이나 화합과 같 은 발전적 주제를 다루는 데에는 많은 어려움이 따를 수밖에 없다.

이러한 문제와 관련시켜볼 때, 분단이나 이산가족의 재회 등을 소재로 삼는 소설가들은 그 소재 선택 자체가 민족사적 문제의식 내지는 도덕성을 내포하며, 그런 사정 때문에 그 주제가 개인심리 묘사에의 치중, 죄와 참회의 내면적 갈등에 대한 집요한 추적, 나아가서는 계층적 차이 자체를 절대화시키는 일 등이 가져올 수 있는 역기능을 더욱 철저하게 경계해야 할 것이다. 그리고 작가가 그러한 문제를 선택한 이상 민족의식 또는 역사의식이라는 지극히 당연히 요청되는 창작상의 기본 조건의 확보를 위해서도 끝없는 노력을 경주할 수밖에 없을 것이고, 통일을 어렵게 만들고 있는 분단시대의 인물에 대한 비판적 분석과 함께 분단극복의 의지를 지닌 인물의 창조에도 관심을 기울여야 할 것이다.

<창작과비평 제57호, 1985>

역사와 운명의 굴레

김주영 장편소설 『천둥소리』

김주영의 장편소설 『천둥소리』(민음사 1986)는, 8·15 전야(前夜)로부터 6·25까지 우리 현대사의 가장 처절했던 한 장(場)에 던져져 갖은 고난과 풍상을 겪어내는 신길녀라는 한 여인을 통해 그 기간에 우리 민족이 겪었던 '극도의 희생과 인내'(『작가의 말』)로 점철된 삶의 한 모습을 보여준다.

이러한 '희생'이나 '인내'라는 말들은 가해적(加害的)인 역사 속에 무방비 상태로 노출되어 온갖 고통을 수동적으로 견뎌낼 수밖에 없는 사람들의 피해적인 삶의 모습을 떠올려준다. 이 말들은 또한 우리의 현대사가 그 큰 부분에 있어서 수난의 역사였음을 인정한다면, 그만큼 더 우리 민족의 삶의 양상을 핍진하게 드러내주는 것으로 받아들여질 수도 있다. 이런 맥락에서 우리의 관심은 우선 이 소설 속에서 '신길녀'라는 주인공의 삶이 우리의 민족사적 질곡의 한 단면으로 어떻게 형상화되고 있으며, 그것을 독자들이 자신의 역사적 경험으로 얼마만큼 인정하고 받아들일 수 있을 것인가에 쏠리게 된다.

길녀는 자신이 놓여 있는 상황에 대한 객관적 인식과 판단을 통해 자신의 삶의 방향과 내용을 결정해가는 주체적이고 능동적인 면모는 거의 갖추지 못한 인물이다. 그녀는 이 소설의 전반부에서 자신의 의지나 결단과는 상관없이 일방적으로 침투해들어오는 외부의 충격을 봉건사회의 인륜에 따라 묵묵히 견뎌내는 모습을 보여주며, 후반부에서 그녀가 때때로 보여주는 결단과 적극적 행위의 배후에서 작용하고 있는 가치관 역시 봉건시대적 윤리의 범주를 크게 벗어난 것은 아니다. 게다가 이 소설의 여기저기에서 되풀이되는 "계집사람이란 제출물로 팔자를 고칠 수는 없다"는 말은 이 소설의 전체적 분위기에 짙은 운명의 그림자를 드리운다. 그럼에도 불구하고 이 소설에는 다양한 사건의 전개와 더불어 많은 인물들이 등장한다. 수동적인 인물과 다양한 사건, 이것은 외견상 양립할 수 없는 모순적인 요소처럼 보인다. 그러나 적어도 작가 김주영에게 그것은 결코 모순적인 두 요소가 아니다. 주인공이 단순하고 무비판적인 성격의 소유자이기 때문에 오히려 그녀의 주변에서 마주치는 여러 인물들과 그들의 행위가 등거리에서 조명을 받을 수 있고, 여러 사건들이 특정한 가치관에 의해 선택적으로 걸러지지 않은 채 객관적으로 다양하게 제시될 수 있으며, 바로 이러한 점이 이 소설이 재미있게 읽힐 수 있는 한 가지 요소가 되고 있다.

그러나 '해방'이라는 민족적 대사건조차도 길녀와 그녀의 시어머니에게는 20리 바깥 석포리의 주재소에서 일본인들이 떠난다는 먼 데 소식 정도의 의미밖에는 띠지 못하므로, 이들이 소설적 사건에 얽혀들기 위해서는 어떤 운명의 '굴레'(이것은 이 소설의 첫번째 소제목으로 사용되고 있다)가 씌워질 수밖에 없다. 충격적인 사건들과 더불어 길녀에게는 운명의 굴레가 씌워지고, 그러한 충격에 마주칠 때마다 길녀는 천둥소리의 환청에 사로잡히는데, 천둥은 그 장중한 울림을 통해 이 소설의 운명적인 분위기를 고조시켜준다.

첫번째 천둥소리는 월전리 최씨 가문의 젊은 청상 길녀가 아무도 모르게 불륜의 씨앗을 낳으러 달려갈 때 들려온다. 길녀를 겁간하여 불륜의 씨앗을 잉태시킨 머슴 차병조는 그 이튿날 자취를 감추고 백정 출신의 황점개가 그의 일을 대신하지만, 그 역시 해방이 되자 그 마을을 떠나버린다. (이때 길녀가 유기한 아이를 점개가 키우고 있는 것으로 암시된다.)

해방 이듬해 초겨울, 머슴의 때를 말끔히 씻어버리고 월전리에 돌아온 차병조는 길녀를 여관집에 팔아넘기고 그녀가 살던 집까지 팔아먹고 다시 자취를 감춰버린다. 길녀는 여관집에서의 탈출을 도와준 트럭운전수 지상모에게 강간당한 후 산골의 작은 여인숙에서 살며 때때로 찾아오는 그에게 마음을 의탁한다. 지상모의 발길이 뜸해진 어느 날, 행색은 걸인과 비슷하나 눈빛만은 형형한 황점개가 찾아온다. 막내아들에게 상것의 흔적을 남기지 않으려고 집을 나왔으며, 압제받는 사람들이 대접받는 세상이 오면 밭두렁을 베고 죽어도 좋다는 점개의 말에서 길녀는 피해다니는 그의 처지를 짐작한다.

이듬해 3월, 지상모의 아이을 낳은 길녀는 점개가 체포되었다는 소식을 듣고 그가 있는 곳을 찾아가 그의 탈출을 성사시킨다. 그후 길녀는 지상모의 집에서 그의 아내와 함께 생선 장사를 하며 지내던 중 6·25가 일어나 친정으로 돌아간다. 거기에는 피란을 못한 차병조가 숨어 있었다. 인민위원회에 끌려가서도 차병조의 은닉을 발설하지 않고 버티던 길녀의 아버지 신현직은 황점개의 주선으로 풀려난다. 점개는 아군의 북진으로 빨치산이 되고, 길녀의 아버지는 이번에는 아군에 불려가 문초를 받고 돌아온 후 숨을 거둔다. 점개와 밀회하고 몸을 허락한 길녀는 그에게서 받은 훈장뭉치를, 자기 아이를 키우고 있는 점개의 처에게 전하고 돌아온 며칠 후, 한밤중에 마을을 습격한 빨치산들을 목격한다. 동장의 처형이 끝나자, 분탕질은 이제 그만두자고 말하는 점개를 박석호(점개를 탈출시킨 사람)가 권총으로 쏴버린다. 이때 길녀의 입에서는 난생처음 '여보'라는 말이 흘러나온다.

이상은, 사건의 진행이 주인공 길녀의 수난사에 초점이 맞춰지고 있어서 줄거리가 상대적인 중요성을 띨 수밖에 없는 이 소설의 뼈대를 간략하게 추려본 것이다. 이같은 소략한 소개에서도 드러나듯이 길녀의 파란만장한 인생은 주로 차병조, 지상모, 황점개로 이어지는 세 남자와의 관계를 통해 이루어진다. 다소 무리하게 단순화시켜서 얘기하자면 차병조는 우익, 황점개는 좌익, 그리고 지상모는 기회주의자의 전형이다. 그러나 이 소설은 이념투쟁과는 무관한 내용의 것이어서 위의 세 사람은 이념이나 길녀를 매개로 하여 서로 만나거나 갈등을 빚어내는 일 없이 서로 무관하게 그들 나름의 인생을 살아간다. (예외가 있다면, 상모가 길녀를 구박했다는 말을 들

은 점개가 그를 찔러 죽여버리는 장면뿐이다.) 그러므로 이 세 사람은 작
가에게서 부여받은 성격적 특성과 행동양식을 지니고 당시 서민들의 세 가
지 유형을 길녀라는 평면경 위에 투영시키고 있는 셈이다. 그럼에도 이들
은 그 누구도 이념에 투철하지 못할뿐더러 길녀는 더더욱 이념과는 거리가
멀기 때문에, 길녀를 매개로 해서 등장하는 이 세 사람은 주로 성적인 관
계를 통해 길녀의 인생에 특징적인 단면들을 제공하면서 길녀가 지닌 인간
성의 이모저모가 드러나게 하는 계기가 되고 있다.

 그러므로 우리의 관심은 자연 길녀 자신의 삶으로 쏠리게 되는데, 그것
은 역사의 수레바퀴에 깔리고 찢기면서도 생명과 인정의 꽃을 피워내고 있
는 것으로 나타나며, 이것이 바로 전쟁에 의해 남루해진 서민들의 삶 속에
서 작가가 건져올리고 있는 소중한 삶의 가치이다. 이러한 요소는 분명히
역사의 표면에 나서지 못하는 사람들의 삶 속에서는 아름답고 소중한 것이
다. 그러나 이러한 삶에 대한 가치 부여는 역사를 표면적인 것과 이면적인
것으로 구분하고 표면적인 역사운동을 불가해한 어떤 것, 다시 말해 인간
에 대해 가해적이고 괴물스러운 어떤 것으로 규정함으로써 역사에서 서민
들에게 부여된 몫이란 그 속에서 살아남아 생명의 씨앗에 다시 싹을 틔우
는 재생적 의미 정도를 추구하는 것으로 볼 때에만 부여될 수 있는 것이
다.

 둘째아이를 낳은 이후 길녀의 삶은 외부에서 주어지는 사건에 대해 나름
대로 적극성을 가지고 대응해가는 것으로 나타난다. 황점개가 체포되었다
는 소식을 들은 후 그가 갇혀 있다는 곳을 찾아가 갖은 위험을 무릅쓰며
그를 구해내려고 노력하면서 희열을 느끼는 장면, 지상모가 없는 그의 집
에서 그의 처와 자식들을 먹여살리기 위해 생선 장사를 마다하지 않는 장
면, 점개를 자신의 삶에 의미있는 존재로 받아들인 후 그의 훈장뭉치를 춘
복에게 전해주기 위해 산골 마을들을 헤매는 장면, 그리고 점개가 살인자
라는 것을 알고 난 후 그를 깊이 사랑하면서도 한밤중에 장도를 감아쥐고
문밖으로 나서는 장면 등에서 우리는 인간의 존엄성을 끝까지 지키고자 하
는 그녀의 열정을 읽을 수 있다. 그러나 작가가 이러한 여성을 주인공으로
설정하고 어떠한 조건 속에서도 본원적 인간성을 잃지 않는 데에 초점을

맞추면서 수난과 인간적 반응의 연쇄를 추적하는 데 열중함으로써 좀더 중
요한 역사의 실체를 놓치고 있는 것도 또한 사실이다. 이 소설에서는 해
방, 6·25와 같은 거대한 역사적 사건들조차 단순한 시대설정의 의미밖에
지니지 못하고 있다. 이 작품 속에서 가장 역사적이며 정치적인 사건이라
고 할 수 있는 신현직의 두 차례의 수난(한번은 인민군에게, 또 한번은 국
군에게)은 양민들이 겪을 수밖에 없었던 분단의 고통을 가장 전형적으로
보여주고 있지만 다소 도식적으로 처리됨으로써 역사적 현실감을 전해주지
는 못한다.

　우리의 현대사에서 가장 처절했던 5년간의 역사적 현실을 이처럼 개인
수난사적 차원에서만 그려낼 때, 명확한 인식을 통해서만 극복의 실마리를
찾을 수 있는 모순투성이인 우리의 현대사는 비극의 도가니로만 남게 되
고, 끝내는 우리를 역사비관주의의 구렁텅이에 몰아넣을 위험성을 지니게
된다. 이러한 단면적인 역사접근은 우리 시대의 '소설'이 근대사회의 복잡
다단한 중층적 구조를 띠게 된 역사·사회상에 대한 문학적 대응양식으로
발전되어오면서 현실에 대한 총체적 인식 및 표현 기능을 갖추게 되었음을
감안한다면, 소설장르 그 자체로서도 결코 소홀히 보아넘길 수 없는 약점
이 된다.

　작가 자신이 말하고 있듯이(「작가의 말」 참조), 우리는 길녀·서산댁·시
어머니와 같은 여인상에서 표출되고 있는 '진솔한 삶의 모습'에 매료될 수
도 있겠으나 이러한 삶의 모습을 통해 우리 현대사의 구조적 모순이 지닌
비인간적 특성들이 드러날 수는 없는 것이다. 게다가 지금도 우리의 민족
적 현실의 배후에서 미국이나 소련과 같은 초강대국들의 입김을 고통스럽
게 자각할 수밖에 없는 냉혹한 현실을 떠올린다면, 이 소설의 주요한 주제
로 부각되고 있는 휴머니티는 이 시대에 새삼스럽게 강조될 이유를 잃게
된다.

　역사의 의미를 객관적으로 이해할 수 없는 촌부를 주인공으로 내세우고
있는 이 소설이 극복하기 어려운 또하나의 한계는 지금까지 6·25를 주제
로 삼은 우리 소설들의 전형을 이루어오다시피 한 '소년의 시각'에 의한 묘
사들이 지닌 한계와 본질적으로 같은 것이다. 그것은 역사의 의미가 우연

적이고 단편적으로 드러날 수밖에 없으며, 따라서 사건과 사건 사이의 역
사적 필연성이 상실될 위험성을 내포한다는 점이다. 이러한 서술방식은 물
론 우리의 정치적 현실이 작가들의 자유로운 묘사를 방해하는 요인으로 작
용하고 있음을 드러내는 것이기는 하지만, 작가 자신이 역사적·사회과학
적 인식을 바탕으로 사건들 사이의 내적 필연성과 역사의 총체성을 확보하
려는 치열한 노력을 기울이지 못했음을 드러내는 것이기도 하다.

　이러한 결함은 차병조라는 인물과 결부된 묘사들에서 가장 두드러지게
드러난다. 그의 비인간적 행태는 길녀의 삶에 비극성과 운명성을 고조시키
기 위해 억지로 꾸며낸 것이 아닌가 하는 혐의를 떨쳐버리기 힘들 정도로
맹목적이다. 길녀에 대한 첫번째 강간이 최씨 가문의 청상인 그녀에게 얼
마나 치명적인 것인가는 그 자신이 이튿날 그 집을 떠나버림으로써 스스로
인정하고 있음에도 불구하고, 해가 바뀌고 다시 나타났을 때에는 턱없이
교만한 태도를 보이며 길녀를 팔아넘기고 최씨 가문의 유일한 재산인 기와
집까지 팔아먹고 자취를 감추었다가, 6·25가 터지자 길녀의 친정집에 숨
어 있게 되는데, 길녀는 그의 이러한 악행을 그녀 자신의 불륜에 대한 업
보로만 받아들인다. 그리고 훗날 차병조가 어떤 경위로 고위직에까지 출세
하게 되는지에 대해서는 일언반구의 암시조차 없다. 이렇게 날벼락처럼 폭
력적 사건으로 주어지는 그의 행동들은 봉건시대의 부덕(婦德)으로도 용납
될 수 없는 것임에도, 길녀는 그것을 운명적으로 감수하고 있는 것이다.
소설이란 허구이기 때문에 오히려 그 속에 담기는 사건들은 논리적 필연성
을 지녀야 함에도 불구하고, 이 소설에서는 차병조의 경우에서 보이듯이
행위의 내적 필연성이 생략되고 있는 경우가 많은데, 이러한 점은 비교적
명백한 정치적 태도를 지니고 있는 사람들의 행위에서도 극복되지 못하고
있다.

　이 작품에 등장하는 인물 가운데 그들이 선택한 삶에 대해 비교적 뚜렷
한 동기를 부여받고 있는 인물은 황점개이다. 그의 가출은 막내아들(길녀
가 낳은 그 아이를 점개는 자신의 천한 핏줄의 굴레를 벗겨줄 소중한 아들
로 생각한다)에게 '상것'의 흔적을 남기지 않기 위한 것이고, 그가 좌익운
동에 가담한 것은 자기처럼 억압받는 사람들이 대접받고 살 수 있는 세상

을 이루기 위한 것임을 스스로 밝히고 있다. 그러나 그의 공적인 행적은 묘연하며, 길녀를 끝까지 '아씨'로만 부르려 하는 그의 봉건시대적 천민근성과 다른 마을들을 분탕질하면서도 길녀네 마을만은 제외하려 하는 인정주의적 요소는 작가의 애정어린 조명을 받고 있음에도 불구하고 그가 투철하지 못한 좌익임을 여실히 드러낼 뿐이다.

이 작품에서 이념에 투철할 것으로 생각되는 인물들의 행동배경들은 거의 완벽하게 생략되어 있다. 예컨대 박석호와 같은 인물은 동장을 처형하는 선에서 '분탕질'(이 소설에서 빨치산들이 하는 일이란 관리들을 살해하고 분탕질하는 것뿐이다)을 그치자는 황점개를 "과업수행을 훼방하는 놈은 어떤 놈이든 용서 못한다"며 즉석에서 권총으로 쏴버리는 과격한 행동을 보여주는데, 그의 이러한 행위는 주도면밀한 계획을 짜서 생명을 걸고 점개를 탈출시킨 장본인이었던 그로 하여금 성격적 일관성을 잃게 만들고 있다. 이와같은 과격하고 극단적인 행위로만 매개됨으로써 좌익들의 행위들은 너무도 맹목적인 것으로만 묘사되고 있는데, 이러한 점은 좌익 또는 빨치산의 역사적 역할이 아무리 부정적인 것이었다 할지라도 그들의 행위 역시 인간의 행위인 이상 거기에는 독자들이 납득할 만한 동기가 부여되어야 한다.

"처음에 두서너 편의 연작소설로 끝내려 하였으나 내 스스로 신길녀라는 인물에 반해버렸고, 이 소설을 쓰도록 오랜 동안 격려해준 분이 있어서 한 편의 장편소설로 마감하기에 이르렀다"는 「작가의 말」에서 우리는 이 작품이 장편 역사소설로서는 어떤 한계를 지닐 수밖에 없었으리라는 암시를 받을 수 있다. 우리의 다양한 삶의 양상들 속에서 작가가 어떤 요소를 강조해야 할 것인지는 작가의 취향에 달린 문제이겠으나, 6·25와 같은 민족수난의 역사에서 특정한 인물의 수난과 그것에 대한 반응으로서의 인간미 이상의 것을 읽어내지 못한다면, 그리하여 그때의 상황이 극복되고 있지 못한 지금의 현실에서 그 불행의 원인이 구조적으로 파악되지 못한다면, 지금의 절박한 현실을 살아가는 독자들에게 역사적 진실에 대한 깨우침을 전해주기는 어려울 것이다.

그렇다면 이 작가가 길녀를 통해 보여주는 삶이 아무리 '진솔한 모습'을 드러낸다고 할지라도, 그녀가 몸담고 살아가는 험난한 세계 속에서 마주치는 사건들은 역사성을 띤 어떤 것으로 이해되기보다는 하나의 충격으로만 받아들여짐으로써 천둥소리의 환청만을 남겨놓게 되고, 독자들은 그 소리에서 운명적인 울림 이상의 것을 느끼지는 못하게 될 것이다. 그리고 이 울림은 시간의 흐름 속에서 저절로 잦아들어버리지 않을까.

<오늘의 책 1986년 가을호>

휴머니즘과 역사이해

『겨울골짜기』의 성과와 한계

작가 김원일은 지금까지 우리의 분단상황에서 빚어진 비극적 삶의 현실을 여러 작품들을 통해 집요하게 파헤침으로써 우리에게 뼈아픈 반성의 계기들을 마련해주었다. 그는 이미 10년 전 장편 『노을』(문학과지성사 1978)에서 한 출판사 직원의 추체험을 통해 자신의 고향(진영)을 무대로 좌우익의 반목과 살상의 비참한 현실을 보여주었고, 『불의 제전』(문학과지성사 1983)에서는 역시 진영에서 일어난 일들을 객관적 시각으로 담담하게 서술하면서 지식인들의 정신적 방황, 야산대의 활동, 농지개혁의 실패 등을 통해 6·25 직전의 정치적 상황과 사회적 분위기를 전형적으로 그려냈으며, 『바람과 강』(문학과지성사 1985)에서도 부분적으로 6·25가 남긴 상처를 아프게 반추한 바 있다. 최근에 출간된 『겨울골짜기』(민음사 1987)에서 김원일은 6·25가 빚어낸 가장 참혹한 한 사건을 냉혹할 정도로 리얼하게 그려냄으로써 우리의 주목을 끌고 있다. 이러한 일련의 작업에서 우리는 김원일을 분단의 질곡을 끈기있게 조명하는 문제작가로 인식하게 된다.

『겨울골짜기』는 이른바 '거창양민학살사건'이란 이름으로 우리에게 알려진 잔혹한 동족살육이 자행되기까지의 대략 2개월 동안에 거창군 신원면의 '산'과 '마을'에서 일어난 일들을 담고 있다. 김원일은 이 소설에서 개인적 체험의 공간을 넘어 우리 현대사의 핵심지대로 과감히 뛰어들고 있지만, 이 소설은 「작가의 말」에 보이듯이 내용의 8할쯤이 픽션이고 궁극적으로는 역사의 "진상을 파헤쳐 생생한 기록으로서 현장성을 살리자는 데 목적을" 둔 것이 아니라 전쟁으로 인한 "혹독한 굶주림"과 "살아남음에 따른 고통의 극한"을 휴머니즘적 시각으로 들여다보려는 것이다(6면). 작가의 이러한 목적은 사건의 치밀한 묘사 속에서 전쟁의 보편적 성격(맹목적인 잔혹성과 고통의 극한상황)을 드러내려는 것인데, 이것은 근래에 우리 사회에서 고조되고 있는 우리의 현대사 복원에 대한 열기에 깃들여 있는 의미와는 사뭇 다른 느낌을 준다. 「작가의 말」에만 비중을 두고 본다면, 김원일은 문학적 효과를 위해 우리 현대사의 한 토막을 끌어다 쓰고 있는 셈이다.

감추어진 현대사를 소재로 한 문학작품은 우리에게 특별한 의미를 띤다. 그것은 8·15 이후의 우리 역사를 심하게 은폐하거나 왜곡하면서 그러한 사실에 대한 접근을 가로막고 있는 정치·권력집단의 범죄적 허위성을 벗겨내고 역사의 본살을 드러내어 우리의 삶을 거기에서 올바르게 터잡을 수 있도록 해주며, 이러한 작품들은 대체로 우리에게 단순한 문학적 효과 이상의 것을 일깨워주기 때문이다(문학적 효과와 건전한 삶에 대한 일깨움의 효과는 궁극적으로는 서로 다른 것이 아니다).

모두 여섯 개의 장(章)으로 이루어진 『겨울골짜기』는 장이 바뀔 때마다 신원면의 '산'과 '마을'을 번갈아 보여준다. 세 차례에 걸친 '산'의 묘사에서 김원일은 인민군들 자신의 시각으로 굶주림, 고된 훈련, 사상교육, 가혹한 처벌, '인민해방전쟁'에 대한 회의와 혐오감, 오락시간, 이잡기, 심지어는 추잡한 비역질에 이르기까지 고통스러운 산생활의 이모저모를 세밀하게 드러낸다. 우리는 거의 완벽하게 묘사된 것처럼 보이는 산생활에 접하면서 그들에 대한 일종의 정서적 동화를 경험하게 되며, 때로는 국군을 적으로 보게 되는 심리적 이끌림에 스스로 놀라게 되기도 한다. 이처럼 인민군의 활동과정을 그들 자신의 시각으로 집중적으로 조명한 점은 지금까지의 소설들에서는 볼 수 없었던 것이며, 우리는 여기에서 문학적 공간에서나마 잃어버린 역사의 반쪽과 반갑게 만나게 된다.

'마을' 역시 6·25 소재의 소설들에서 흔히 볼 수 있는 범상한 것은 아니다. 이쪽저쪽에 물질과 노력(勞力)을 빼앗기고 끝내는 떼죽음까지 당하는 마을사람들은 그들이 겪는 일과 반응을 통해 인민군과 국군(또는 경찰)의 행동방식을 반영해 보여주는 거울 또는 민감한 감응장치처럼 보이기도 한다. 전쟁 당사자들의 사상 또는 행동방식의 정당성 여부는 주민들에 대한 그들의 태도와 주민들의 반응에서 간접적으로 드러날 수밖에 없는 것인만큼 마을사람들의 심리적 동향은 대단히 중요한 것이다. 이 소설에서 집중적인 조명을 받고 있는 대현리 주민들은 어느 한쪽으로 쏠리기보다는 점령군들에게 그때그때 적당히 협조함으로써 목숨을 부지하는 유동적 태도를 보인다. 인민군에게 협조하는 사람일지라도 그들을 찬양하기보다는 그들로부터 오는 피해를 최소한으로 줄이기 위해 마음을 쓰며 세상이 바뀔 때를 생각하여 표면에 나서지 않으려고 하는 성향들을 보여준다. 이것은 조상 대대로 한곳에 터잡고 살아오는 사람들의 일반적인 경향일 것이다.

한편 신원면 전체가 인민군에게 넘어가 이른바 '민주지역' 또는 '해방구'로 불리게 된 기간 동안의 묘사에서 우리는 인민군들이 그들의 이념을 정착시켜가기 위해 어떠한 행정적·사상적·교육적 사업을 펼쳐가는지를 비교적 자세하게 들여다볼 수 있는 기회를 갖는다.

'산'과 '마을'을 번갈아 보여주면서 작가는 또한 세 차례의 치열한 전투를 보여준다. 여기에서 보게 되는 인민군의 작전계획과 전투에 대한 묘사는 박진감이 넘칠 만큼 탁월하다. 김원일은 산중에 고립되어 있는 인민군의 생활, 마을 점령, 이념정착 사업, 국군의 재탈환, 대대적인 양민학살로 이어지는 이 소설의 전과정을 통해 인민군에 대해서는 그 치부까지 세밀하게 묘사하지만, 국군에 대해서는 인민군의 전투대상으로만 관찰하거나 양민학살의 역할만을 보여줄 따름이다.

김원일은 인민군과 국군의 묘사에서 대체로 엄격하게 중립적인 태도를 견지하려는 노력을 보여주지만, 작가의 이념적 화신으로 보이는 김익수라는 인민군을 통해 때때로 미묘한 이데올로기적 간섭을 시도하고 있다. 이러한 이념적 간섭은 우리 민족사의 큰 흐름에 비춰볼 때, 오히려 '반이념적'일 만큼 소박하고 '탈역사적'인 것으로 보인다. 우리는 김익수의 발언과 행동에서 소박한 휴머니즘과 이데올로기(특히 공산주의 이념과 '인민해방 전쟁' 의지)에 대한 강렬한 혐오감 그리고 그가 놓여 있는 상황, 즉 역사

적 현실로부터의 끊임없는 정신적 탈출과 도피 이상의 것을 찾아보기 어렵
기 때문이다. 인민군 내부에 이러한 인물을 배치하고 때때로 (전투 직전의
긴박한 상황에서조차) 회의적인 발언을 하게 하는 것은, 결과적으로 독자
들의 의식 속에 공산주의 이데올로기와 '인민해방전쟁'에 대한 반감을 심어
줄 수 있을 것으로 생각된다. 여기서 우리는 김원일의 다른 작품들에서도
이러한 경향이 드러나고 있음을 떠올리게 된다. 『노을』에서는 다소 맹목적
인 공산주의자('빨갱이')를 통해 참혹한 도살(백정인 그는 최순사를 도살장
천장에 매달아두고 난자해서 죽인다) 현장을 보여줌으로써 '빨갱이'에 대한
공포와 혐오감을 유발하고 있고, 『불의 제전』에서는 지식인들의 방관적·
회의주의적 시각으로 야산대에 대해 냉소와 비판을 가한다. 그는 우익에
대해서는 냉소와 비판 대신 고문(『불의 제전』)과 학살(『겨울골짜기』)의 장면
만 냉정하게 보여준다. 그의 이러한 중립적 휴머니즘 앞에서는 이쪽저쪽이
모두 비인간적인 것으로 비칠 수밖에 없다.

『겨울골짜기』에서 김원일은 회의주의적 지식인 김익수를 통해 무엇을 말
하려는 것일까? 김익수는 315부대(일명 '팔로군'으로 불리는 인민군 정규부대)
에 새로 전입해온 신원면 대현리 출신의 18세 소년 문한득과 친한 사이가
되는데, 김익수의 외모와 인품에 대한 묘사는 주로 문한득의 시각을 통해
이루어진다. 김익수는 키가 크고 허약하며 학자적인 분위기를 풍기는 사람
으로 중대장의 미움을 사고 있다. 중대장이 언젠가는 자기를 등뒤에서 쏴
죽일 거라고 생각하는 그는 전투시에 중대장 앞으로 나아가기를 꺼린다.

공산주의 사상에 대해 묻는 문한득에게 김익수는 "전쟁 전에는 이승만의
하는 짓거리가 하도 결증나서 북조선 말에도 솔깃했더랬는데, 의용군으로
뽑혀나오자 이들의 주의 주장과 이론이 현실 앞에 신기루가 되고 말았소.
구역질만 날 뿐이라오. 포장 잘된 말들이지"(73면)라고 말한다. 자기가 소
속된 인민군의 이념에 회의적이고 몸도 허약한 사람이 전공을 많이 세운
부대의 전투요원으로 박혀 있다는 것 자체가 우선 부자연스럽게 느껴지는
데, 그의 행동과 발언은 인민군으로서는 전혀 어울리지 않는 것이다. 먼저
그의 회의적 발언들을 추려본다. "전쟁 앞에는 도덕이고 나발이고, 그 어
떤 정당한 이유도 있을 수가 없소."(81면) "남의 총대나 잡고 대리싸움이

348 제 4 부 운명과 감성적 현실인식

나 하는 병신들 꼴이라니. 죽어나기는 인민들뿐이라오."(73면) "조국해방
을 위해 왜 문둥무나 내까지 꼭 싸워야 하나요?"(244면) "조선 인민 전체
의 행복과 자손들에게 영광된 조국통일을 물려주는 방법이 꼭 이렇게 동족
끼리 살상을 통해 이루어져야 하나요?"(245면) "강대국은 자기네 세력 팽
창을 위해 무기와 옷과 식량과 다른 모든 군수품을 제공해가며 여기 이 땅
을 제물로 삼아 싸우고 있소. 조선인의 몸뚱이까지 차압해서 말이오. 그런
마당에 내가 싸우다 죽는다면 저들이 그 죽음을 보상해주나요? … 세계 이
데올로기의 패권다툼에 인민이 개값도 못하고 죽었다?"(246면) "혁명이 뭔
지, 투쟁이 뭔지, 이건 인간을 인간답게 삶을 꾸려주는 것이 아니라 생매
장시키는 짓이로군."(477면) "우리 민족은 이데올로기라는 관념의 거대한
두 적과도 싸우고 있는 셈이지요."(488면) "이 해방전쟁이야말로 터져서는
안될 무모한 살상이오. 외세를 등에 업고 제 동포를 살육하는 꼴이라니."
(536면)

위에서 보았듯이 김익수는 공산주의 이념은 물론 이른바 '인민해방전쟁'
까지 신랄하게 매도하고 있다. 그가 이러한 비판의 근거로 삼고 있는 것
은, 어떠한 이유로도 전쟁은 정당화될 수 없다든가 6·25를 남의 총대나
잡고 제 동포를 살육하는 것으로 보는 데서 드러나듯이 다분히 인정주의적
인 휴머니즘이다. 이러한 생각은 물론 김익수 자신의 고통이나 민중의 참
상을 감안한다면, 전쟁 또는 역사의 진상에 대한 절실한 체험을 통해 이루
어지고 있는 것처럼 보인다. 그러나 거대한 조직이나 단체에서의 휴머니즘
의 추구는 구체적인 과학적 이데올로기를 매개로 하여 이루어질 수밖에 없
다는 것은 지극히 당연한 것이다. 그러므로 김익수가 진정한 의미의 휴머
니스트라면, 그리고 우리 민족이 처한 질곡을 꿰뚫어보고 그것의 극복을
위해 노력하는 진정한 의미의 지식인이라면, 전쟁과 이데올로기 자체에 대
한 공허한 반발 대신에 현실타개에 대한 한층 고뇌에 찬 탐색과 행동의지
를 보여주었어야 한다. 그러나 그가 지닌 유일한 목표는 살아남아 처자식
을 만나는 것뿐이다. 무엇보다 그가 드러내는 이념적·행동적 나약성은 우
리 현대사의 전체적 맥락에 대한 이해 부족과 역사에서의 민중의 역할에
대한 이해 부족에서 비롯되고 있다. 그는 한반도에서 인류역사상 가장 참

혹한 전쟁이 일어날 수밖에 없었던 이유를 국내적·국제적 관점에서 투철하게 인식하지 못함으로써 우리 민족이 왜 그러한 비참한 역사의 주인(아무리 주체성을 유지하기 어려운 상황에서라도 우리 역사의 주인은 우리 민족 자신일 수밖에 없다)이 될 수밖에 없었는지에 대한 이해를 갖지 못하고 있으며, 따라서 이 소설에서 우리 민족은 한낱 강대국의 꼭두각시이거나 일방적으로 수난만 당하는 피해자들로만 그려질 수밖에 없다. 만약 우리가 이러한 관점을 받아들인다면 '민중이 역사의 주인'이라는 것은 생각조차 할 수 없게 되며, 끝내는 역사허무주의 또는 역사비관주의로 떨어질 수밖에 없음을 참담하게 승인하게 된다. 또 이쪽도 저쪽도 나쁘다는 식의 역사이해는 어찌 보면 어느 한쪽으로 치우침이 없는 공평무사한 것으로 생각될 수도 있다. 하지만 우리가 추구해야 하는 것은 역사에 대한 이같은 '꼬리표 붙이기'가 아니고 그들의 이념과 지향을 민족사적 지평에서 올바르게 이해하는 태도이다.

6·25란 과연 우리 현대사의 무대에서 3년 동안에 치러진 참혹한 동족살육 이상의 의미를 지닐 수는 없는 것인가? 그리고 민중은 자신의 의사와는 상관없이 일방적으로 수난만을 당한 역사의 객체에 지나지 않는 것이었을까? 우리 민족은 과연 강대국들이 꾸며놓은 무대에서 "대리싸움이나 하는 병신들"에 지나지 않는 것이었는가? 6·25의 참혹성과 그것이 남긴 상처에 주목할 때 김익수의 발언은 그럴듯해 보인다. 그러나 그의 '역사읽기'에는 역사의 주체에 대한 의식이 부족하며, 따라서 그가 어느정도 역사적 사실에 접근하고 있다는 점을 인정하더라도 그것에 대한 해석에는 본질적 오류를 범하고 있는 것으로 보인다. 6·25는 8·15 이후의 국내적(6·25 이전에 일어난 수많은 내란에서 이미 10만 명이 사망했고 이 사이에 이승만의 '북벌'에 대한 발언들과 모택동의 승리 이후에 북한에서 고조된 남침 가능성 등이 6·25의 내재적 이유에 더 큰 비중을 두게 한다) 그리고 국제적(미국이 특히 한반도에서 공산주의 세력에 대한 '봉쇄'와 '롤백'이란 이름의 적극적 공세전략을 성공적으로 실천한 사실 등을 염두에 두어야 한다) 사정에 의해 거의 필연적으로 일어날 수밖에 없었으며, 우리 민족(특히 민중)은 그 역사의 험난한 터널을 어떻게든 성공적으로 통과하여 통일된 민

족국가를 세우려고 노력한 역사의 주체였지만, 우리 민족의 역량 부족(이 것은 주로 식민지시대에 정치적 역량을 쌓을 기회를 상실한 데서 비롯된 것이다)과 막강한 제국주의 세력의 간섭에 의해 좌절했을 뿐이다.

김익수의 말처럼 공산주의 사상이란 과연 한낱 "포장 잘된 말들"에 지나 지 않는 것인가? 지식인의 입을 통해 이처럼 공산주의 사상과 혁명전략을 비판하려면 거기에 대해 좀더 본질적인 접근을 시도했어야 한다. 어떤 사 상을 그것의 한 특수한 측면만을 떼어내 비판하는 것은 그 의도가 어디에 있든 그릇된 편견을 유포하게 마련이기 때문이다. 그러므로 김익수는 결과 적으로 그가 소속해 있는 인민군과 그들의 이념에 대한 비판적 관찰자로만 그치지 않고 우리의 역사적 현실에 대한 방관자로 비칠 수밖에 없는 부작 용을 낳게 한다.

『겨울골짜기』에서 또 한가지 지적해두고 싶은 것은 역사적 시간과 공간 에 대한 폐쇄성이다. 이것은 한정된 시간과 공간에서 일어난 사건일지라도 그것들은 맥맥히 흘러가는 역사적 시간의 한 토막이고 우리 민족, 나아가 서는 전세계의 사람들이 공유하고 있는 문제의 한 토막일 수밖에 없으므로 작품 속의 사건들은 역사적 시간·공간에 유기적으로 연관되면서 그 생명 력을 지니게 된다는 관점에서 볼 때 그러하다. 『겨울골짜기』는 그 제목이 암시하듯이 역사적 시간과 외부적 공간으로부터 비교적 굳게 닫혀 있으며, 따라서 사건들 자체는 숨막힐 듯한 긴박감을 고조시키면서도 역사성으로부 터는 상당히 멀어져 있다. 이런 점이 우리로 하여금 이 소설이 거창군 신 원면에서 일어난 사건일지를 문학적으로 형상화한 것이라는 인상을 갖게 한다.

우리는 「작가의 말」에서 시사되고 있듯이, 이 작품이 전쟁이라는 극한 상황과 인간의 관계에 대한 다소 실존주의적인 관심에서 씌어졌다는 것을 알면서도 소재 자체의 민족사적 특수성 때문에 어쩔 수 없이 민족사적 관 점에서의 새로운 조명에 기대를 걸었던 것이다.

작가의 의도를 문제삼지 않는다 하더라도 이 소설에서 아쉽게 생각되는 것은 인민군들의 산생활을 그토록 생생하게 그려내고 감추어진 현대사의 핵심지대에 가까이 가는 데 성공하고 있음에도 불구하고, 작가가 작품내용에 다소 상투적인 이데올로기적 간섭을 시도함으로써 이 작품에 큰 흠집을 만들어놓고 있다는 점이다. 작가가 이 작품에서 객관적 시선을 유지하려 했다면, 작품 자체의 이데올로기적 지향에서도 철저하게 객관적인 태도를 견지했어야 한다. 그랬더라면 김익수와 같은 어설픈 지식인상을 창조하지 는 않았을 것이다.

김원일은 국군을 묘사할 때는 철저하게 객관적이다. 그들의 양민학살 장면을 묘사하면서도 사실적 묘사에만 치중할 뿐 이렇다 할 비판적 조명은 보여주지 않는다. 그러므로 그 사건을 일으킨 사람들의 명령체계와 책임소재 같은 데에는 처음부터 관심이 없는 듯이 보인다. 여기서 독자들은 전쟁 속에서는 그런 만행도 일어날 수 있다는 반인간주의적 절망감을 경험하게 된다. 이 소설의 맨 끝에 아이를 낳음으로써 목숨을 건지게 된 한 가족의 신원면 탈출을 보여주는 것도 이 사건의 심각성을 허물어뜨리는 데 일조를 하고 있을 뿐만 아니라 이 작가의 인정주의적 일면을 여실히 드러낸 것으로 생각된다.

김원일은 왜 이토록 처절한 역사의 핵심을 붙잡고도 휴머니즘밖에 설파할 수 없었을까. 그는 왜 이러한 소재를 민족(발전)사적으로 조명하지 않았을까. 그는 왜 민중을 역사의 주체로 부각시킬 수 없었을까. 그는 왜 국군의 양민학살 사건을 다루면서도 반공주의적 분위기를 씻어버리지 않았을까? 이 소설을 읽고 난 지금 이러한 의문들에 사로잡히게 되어 안타깝다.

<문맥서평 창간호, 도서출판 공동체 1987>

영원회귀와 삶의 재생
윤대녕 장편소설 『옛날 영화를 보러 갔다』

　고대인들은 자기들이 살고 있는 때를 언제나 타락한 시대로 여기고 주기적인 제의(祭儀)를 통해 때묻지 않은 신성한 시간을 회복한다고 생각하며 살았다. 현대인들에게는 이러한 행위가 자기상실의 계기로 보이기 쉽지만, 그들에게는 이것이 역사에 대한 공포를 극복하고 자신을 진정한 실재로서 의식하는 집단적 삶의 방식이었다. 시간은 우주의 순환적 주기를 따라 시원(始原)으로 되돌아가기를 영원히 반복하며, 그러한 회귀의 순간들에 자연과 인간은 본래의 모습으로 되살아난다는 영원회귀 사상을 소설 속에 구현해 보이려 한다는 점에서 윤대녕은 그러한 고전적 사유체계의 사도처럼 보인다. 그의 소설들은 이른바 '존재의 시원'을 찾아가는 과정의 형상화로서, 90년대 소설의 새로운 징후들 가운데서도 비슷한 예를 찾아볼 수 없을 만큼 개성적인 빛을 발산하고 있다. 그의 첫 소설집 『은어낚시 통신』(문학동네 1994)에 실려 있는 대부분의 단편소설들은 '은어'로 상징되는 근원회귀라는 주제의 다양한 변주라고 할 만한 것들이다. 이러한 경향 때문에 그의 소설세계는 흔히 신성한 시간과 공간을 찾아헤매는 자의 낭만적 이미지와 상징들로 부드럽게 감싸여 있다. 그러나 그 지각 밑을 흐르는 물줄기는 예정된 골을 집요하게 따라가고 있으며, 시원을 향한 역류의 몸짓들은 때로는 불가역적 단호함으로 인해 일종의 과격성을 띠기까지 한다. 그것은 지난 시대의 역사적 질곡이 빚어낸 격정과 같이 파괴적인 이미지를 띠고 있다는 점에서 과격한 것이 아니라 그러한 역사적 대응을 가능케 한 근대적 사유체계를 전면적으로 부정하려 하는 의도를 숨기고 있다는 점에서 그러하다.

윤대녕의 첫 장편소설 『옛날 영화를 보러 갔다』(중앙일보사 1995) 역시 동일한 주제를 반복하고 있다. 그의 단편소설들에서 여성들이 늘 시원회귀의 매개물로 등장하고 있듯이 이 소설에 나오는 여성들 역시 그러한 기능을 담당하고 있다. 다만 이 소설에서는 예전과는 달리 매개역할을 감당하는 여성이 두 사람으로 분화되어 나타나고 있을 따름이다. 하나는 이상화된 소년시절의 여성이고, 다른 하나는 과거의 여성에 대한 기억을 환기시켜주는 현재의 여성이다. 그러나 '나'의 의식 속에서는 때때로 두 여성이 하나의 이미지로 중첩되어 나타난다. 늘 하나의 주인공으로 등장하던 '나' 역시 E와 '나' 자신으로 분화되어 나타난다(E는 물론 독립된 개인이지만 '나'의 잠재의식상의 분신처럼 보인다). 여기에 별거중이었다가 이혼하게 되는 아내와 술집 여종업원 그리고 출판 에이전시의 직원 한 명이 간간이 끼여듦으로써 이 장편소설의 인물구성은 완결된다.

현대적 삶의 어떤 틈서리에 영원회귀의 사상이 틈입해들어올 수 있는지를 보려면 이 소설의 줄거리를 잠시 살펴보아야 한다. '나'는 출판 에이전시 직원의 알선으로 번역료를 선불받고 『시간의 화살』이란 책의 번역을 맡게 된다. 그러나 번역일을 맡긴 자의 존재는 베일에 가려져 있고, 잇따라 일어나는 이상한 일들은 그에 대한 궁금증만 가중시킨다. 게다가 E라는 미지의 인물로부터 잃어버린 과거에 대한 기억을 자극하는 메씨지가 이따금 전송되어온다. '나'는 번역일조차 포기하고 자신이 놓여 있는 이상한 상황을 이해할 수 있는 단서를 찾아보려고 애쓴다. 우연한 계기에 기억의 편린들이 언뜻언뜻 비치다가 어느 순간 그것들이 하나의 완전한 상으로 결합되어 의식의 저편에서 뚜렷하게 떠오르게 된다——고교시절의 '나'·유진·희배, 이들 세 친구들은 우주와 영원한 시간에 대한 대화를 자주 나누며 그들만의 세계를 향유하고 있던 중 유진의 어머니와 희배의 아버지가 간통하는 장면을 목격하게 되고, 유진은 그 충격을 못 이겨 이 세상으로부터 영원히 사라져버린다. 이러한 과거가 재생되면서 '나'는 메씨지를 보내오는

E가 유진에 대한 사랑의 집착에서 벗어나지 못하고 있는 희배임을 알아차린다. 어두운 영화관에서 '나'는 E에게 "현실의 공간"으로 돌아가겠다고 선언하면서 이 소설은 마무리되어간다.

현실의 공간으로 돌아간다는 명백한 결말을 통해 허무를 극복하고 있는 듯이 보이는 이 이야기는 1993년 12월 시베리아산 철새인 되새떼가 30년 만에 우리나라에 찾아왔다는 기사에서 시작하여 1994년 봄 되새떼가 시베리아로 돌아갔다는 기사로 끝난다. 되새떼가 왔다가 돌아가기까지의 시간 설정은 자연의 한 순환주기와 기억의 재생으로 이루어지는 삶의 한 주기를 병치시킴으로써 영원회귀 현상을 암시하는 데 더없이 좋은 구도로 작용하고 있다. 작가는 이러한 암시에서만 그치지 않고 E의 메씨지를 통해 엘리아데(Eliade)를 직접 인용하는가 하면, 거기에 과학적 신빙성을 부여하기 위해 스티븐 호킹의 현대적 우주론까지 끌어들이고 있다. 그런데 이 사상은 실제의 삶에 어떠한 모습으로 용해되어 나타나는가? 이 소설의 분위기를 전반적으로 지배하고 있는 영원회귀 사상은 '나'의 내면에 잠복해 있다가 어떤 계기를 만날 때마다 색다른 모습으로 드러나고, E에게는 그것이 일종의 병적인 집착의 형태로 드러난다. 그러나 이 둘 사이의 차이는 변증법적인 극복의 과정을 거치지 않고 '나'의 현실공간으로의 귀환선언으로 종결된다. E가 밀실에서 벌이는 일종의 제의──한 여자를 누에처럼 분장시키는 행위──를 통해 어린 시절에 죽어버린 소녀를 그 시간 속에서 만나려 했음을 알게 된 '나'는 "거기에 있는 여기"가 아니라 "여기에 있는 거기"에 있어야 함을 E에게 설파함으로써 이 소설은 마무리되고 있는 것이다.

'나'는 결국 한겨울 동안의 괴롭고 음습한 역정 끝에 새로운 세계의 문턱에 서 있게 되었다. 그것은 그 자체로서 새로운 세계라기보다는 영원회귀의 경험을 통해 달라진 눈으로 볼 수 있게 된 현재의 세계이다. 그러나 그가 도달한 결말은 작품내재적 논리에 따를 때 너무 돌발적이며 작위적이라는 느낌을 준다. 그만큼 이 작품의 전편을 흐르고 있는 두 주인공의 의지는 영원회귀로만 쏠려 있는데, 엘리아데가 풍부한 실증적 자료들을 치밀하게 분석함으로써 새로운 의미를 띠게 된 이 사상은 역사적 현실에 대한 공포에서 벗어나기 위한 고대인들의 집단무의식의 소산이며, 그것의 현대적 의미 역시 우리들이 당면하고 있는 현실이 안겨주는 참기 어려운 고통에 대한 위무 이상의 것일 수는 없다. 그리고 이 소설의 끝머리에서 현실의 고통까지도 폭넓게 껴안겠다고 결심하는 주인공의 현실논리는 영원회귀 사상을 거쳐야만 도달할 수 있는 것이 아니기에 이 소설의 결말은 작품의 미학적 통일성에 부정적인 영향을 끼칠 수밖에 없다. 그러므로 "다시 영원회귀의 순간이 돌아오면 그때 만나 술이나 한잔씩 하세"(268면)라는, E가 건네는 마지막 인사는 텅 빈 목소리로 다시 한번 주제를 반복하면서 독자들에게 허탈감만을 안겨줄 뿐이다.

이 소설은 첫머리부터 우리의 상식과 현실감에 충격을 가해 해체의 효과를 노린다.

> 그때, 갑자기 지진이라도 난 듯 상점 건물들이 마구 흔들렸다. 파적(破寂)!
> 새떼 소리였다.
> …무거운 정적들에 눌려 있던 지붕들이 순식간에 파르르 떨고 나는 손에 쥐고 있던 담배를 떨어뜨린 채 화닥 사방을 휘둘러보았다. 그러나 비에 젖은 상점들의 닫힌 문만 눈에 들어올 뿐, 어디에도 새떼가 날아가는 것은 보이지가 않았다.
> '쇼팽네 가게'였다.
> 새떼 날아가는 소리는 카페 옆에 붙어 있는 레코드점의 스피커에서 흘러나온 소리였다. (16~17면)

이 인용문에서 보이듯이 현실에 침투해들어오는 환상을 통해 작가는 현실공간의 견고함을 거세게 뒤흔들어놓음으로써 비현실적인 사건들이 자연스럽게 들어앉을 수 있는 분위기를 마련해놓고 있다. E의 영혼을 사로잡고 있는 소녀의 자살은 비현실성을 넘어 신비스럽기까지 하다.

> 그녀는 우리로서는 도저히 알 길 없는 '저쪽'으로 영원히 가버리고 만 것이다. 바로 그 잠사에서였다. 그녀는 온몸에 하얗게 명주실을 감고, 장독만한 고치가 되어, 시렁 위에 올라앉아 있었다. 아무도 그게 유진인 줄 몰랐다. 어

떻게 제 몸에 수십 겹의 실을 감고 흰 방을 튼 다음 그 안으로 들어가 구멍을
막아버렸는지 누구도 아는 사람이 없었다. (238면)

이처럼 이 소설의 사건들은 흔히 제의적 범주로 환원되고, 인물들은 신
화적 원형을 내비치고 있다. 그리고 빈번하게 쓰이는 비유언어들로 인해
이 소설 속의 장면이나 사물들은 때때로 본래의 모습을 잃고 신화가 숨쉴
만한 공간으로 전치된다. 그러므로 앞에서 본 바와 같은 '나'의 결심이 실
감을 얻으려면, 이 소설의 끝부분에서 한 여인을 현실공간에서 만나고 싶
어하는 '나'와, 그 여인을 과거의 이상적 여성에 대한 환영으로만 고착시켜
놓으려 하는 E 사이의 줄다리기가 암시로만 그칠 것이 아니라 현실공간에
서 이루어지는 전개과정을 거쳐야 할 것이다.

윤대녕이 그려내고 있는 소설공간은 근대적 사고방식의 산물인 '역사'에
대한 강한 부정성을 드러내고 있음에도 불구하고 그러한 사유체계로써 이
루어진 우리 시대의 물질적 조건들에 대한 안티테제의 기능을 감당하지는
못하고 있다. 그의 소설에 등장하는 인물들은 거의가 까페와 팝송과 같은
후기자본주의 사회의 소비문화를 거부감없이 향유하고 있는 것으로 드러나
고 있기 때문이다. 이러한 사실이 반증하듯이, 윤대녕이 그려내고 있는 재
생에 대한 그리움의 형식은 역사로부터의 도피가 될 수밖에 없는 운명에
놓여 있는 것이다. 다시 말해 우리는 "자기가 자기 자신이기를 그만두는
정도만큼 자기가 실재적이게 되었다고"(엘리아데) 믿는 행위가 이미 불가능
해져버린 시대에 살고 있다. E라는 '나'의 분신을 통해 영원회귀가 단순히
과거에의 집착이 아님을 보여주고 있기는 하지만, 그러한 결말에 도달하기
위한 의식의 회로는 너무도 작위적이고 비현실적이다.

이 장편소설의 의미는 무엇보다 과거 소설들 속의 '나'에서 나의 대자적
존재처럼 보이는 E가 분화되어나오고 있는 데에서 찾아볼 수 있을 것이다.
시원회귀 또는 영원회귀를 위해 일방적인 모험을 감행하던 하나의 인물이
생각을 달리할 수 있는 두 인물로 분화되어 나타나고 있다는 사실은 그의
소설에 비로소 변증법적인 인간관계와 가치지향이 이루어질 수 있는 공간
이 창조되고 있음을 뜻하기 때문이다. 작가가 빼어나게 그려낸 신화적 공

간에서 현실의 공간으로 빠져나오고 있는 '나'는 이제야 비로소 근대적 문
예양식으로서의 소설의 중심인물이 될 수 있는 성격을 지니게 되었다고 말
할 수도 있을 것이다. 그리고 작가가 꿈꾸고 있는 것처럼 보이는 근대성의
극복 역시 근대성의 토대 위에서만 이루어질 수 있음을 자각하고 있는 듯
이 보이는 이 소설 끝머리에 묘사된 봄날 아침의 밝은 분위기는 그가 이미
현실의 빛 속에 몸을 드러내기 시작한 것으로 보아도 좋을 듯하다.

<동서문학 1995년 봄호>

현실과 관념의 변증법

김광섭론

1. 주제의 다양성과 관념성

우리나라의 현대 시사(詩史)에 빛을 던져준 시인들 가운데 김광섭(金珖燮)만큼 시의 주제를 폭넓게 추구한 시인도 드물다. 이러한 사실은 그가 삶의 현상들을 갈등과 극복의 관계보다는 공존과 조화의 관계로 받아들인 데에서 비롯되었을 것으로 보인다. 그는 현실과 추상, 감성과 지성, 집단적 운명과 자아의 확립, 사회적 삶과 생명의 형이상학적 근원 등 삶의 여러 대립적 요소들을 조화시킴으로써 자신의 삶과 시의 이념을 완성하려 하였다. 그러나 이러한 태도에서 빚어진 몇가지 특성들은 때로는 대립과 부조화 상태에 방치되어 있는 듯한 느낌을 주기도 한다. 이를테면 그의 초기시의 특성인 민족에 대한 열정과 자아확립에 대한 욕구 사이에는 건너뛸 수 없는 심연이 가로놓여 있는 것처럼 보인다. 그러나 이러한 현상들의 뿌리를 파헤쳐보면, 그들 사이의 거리가 그렇게 먼 것만은 아니다. 일본 제국주의의 혹독한 식민정책 아래서 지향할 바를 잃어버린 민족적 열정이 자아확립에 대한 내향적 의지로 전환되는 현상은, 현실을 절망적인 것으로 내다본 지식인들에게서 흔히 나타났던 정신적 태도이기 때문이다. 김광섭의 경우, 이러한 경향은 현실을 반영하는 "추상(抽象)된 세계를 가지"[1]려는 노력에서 비롯된 것이며, 이것은 그가 흔히 관념의 시인이라 불리는 사실과도 깊은 관련을 맺고 있다.

관념적 사유의 가장 중요한 특성은 잡다한 사물들에 공통적으로 내재해 있는 동질성을 이끌어내어 그것들을 일반화시키는 것이다. 그러므로 관념의 철학은 궁극적으로 세계를 하나의 원리로써 이해하려 하며, 헤겔의 경우 그것은 세계정신(Weltgeist)으로 나타났다. 그런데 세계정신은 구체적 사물을 통하여서만 자기를 실현시켜가는 생명적 원리이므로, 가장 구체적인 것은 가장 보편적인 세계정신을 반영한다. 그러나 김광섭의 초기시에 깃들여 있는 관념은 보편적 세계관으로까지 발전된 것이라기보다는 민족·국가·자아 등의 표상들을 만나 좌초한, 말하자면 제한된 관념들이며, 그들 사이에는 필연적 연관성이 없어 보인다. 그가 이러한 관념들 사이의 조화로운 통일을 이룬 것은 후기(뇌출혈로 졸도한 1965년 이후)에 이르러서였다. 그러므로 그의 초기시의 관념적 특성들은 세계의 관념화를 꾀한 데에서 비롯된 것이라기보다는 상황의식이 깃들인 지적인 시를 쓰려는 노력에서 빚어진 부수적인 결과였을 것이다.

김광섭 자신의 표현을 보면, 그의 '관념'은 사상의 축소개념 정도의 뜻을 지닌 것으로 보인다.

> 시(詩)는 나에게는 단순한 감정(感情)이나 서정(抒情)이 아니었다. 시인은 민족의식의 첨단에 선다. 우리의 상황의식이 곧 민족의식이 되었다. 그런 **관념**이 나의 인생과 시에 짙게 반영되었다.
> 말하자면 **관념**이 나의 모든 감정의 저변이 되고 정신의 지주가 되어 그 **관념**이 동력화하여 옥고까지 겪게 되었다. (강조는 인용자)[2]

그의 표현에 따르면, 그의 관념은 대상보다 사유를 앞세우는 데까르뜨적인 것이 아니라 상황의 중요성을 깊이 인식한 데에서 이루어진 것이어서, 그것은 필연적으로 일본의 식민통치에 대한 저항의지로 발전될 가능성을 안고 있었다. 그런데 이 인용문의 대전제라고 할 수 있는 "시인은 민족의

---

1) 김광섭, 『동경(憧憬)』跋, 대동인쇄소 1938.
2) 『김광섭 시전집』 '발문', 일지사 1974.

식의 첨단에 선다"는 명제는, 영국의 비평가 리처즈(I. A. Richards)의 "시인은 그 시대 민족의 가장 예민한 의식점(意識點)이다"는 말과 대단히 비슷하다. 만약 김광섭의 그러한 생각이 리처즈의 영향에서 비롯된 것이라면, 상황을 중요시하는 그의 관념 자체는 영문학을 통한 지적 경험에서 이루어진 것이며, 따라서 그것은 그가 자신의 현실에 대한 철저한 탐구를 통해 얻을 수도 있었을 관념과는 상당한 질적 차이를 지닐 수도 있는 것이다. 그럼에도 불구하고 그의 관념이 어떤 지적 도달에만 그치지 않고 '동력화'할 수 있었던 것은 그가 그러한 관념을 민족의 현실에 적용하려는 노력을 끊임없이 지속하였기 때문이다.

2. 어두운 현실과 자아확립

해외문학파의 일원으로서 문학논문을 발표하거나 외국문학을 번역·소개하던 김광섭이 『시원(詩苑)』 제2호에 「고독(孤獨)」이란 시를 발표하면서 본격적인 시작활동을 전개한 1935년 무렵은, 우리 문단에서 감정을 무절제하게 토로하던 영향이 점차 물러가고 여러 종류의 지적(知的)인 경향들이 자리를 잡아가고 있던 때였다. 그리고 이러한 경향들 사이의 공통된 문제의식의 하나로 인간과 사회에 대한 관심이 높아가고 있었다. 물론 그 이전의 신경향파 문인들 역시 문학을 통해 삶의 현실에 접근하려고 노력한 것은 사실이지만, 그들은 대체로 문학의 사명이 이데올로기에 봉사하는 것으로 끝나는 것처럼 생각했다. 이 무렵 시단에 등장하여 인간과 사회적 삶을 문제삼으면서도 그러한 과오에 빠지지 않았던 사람들 가운데 하나가 김광섭이다. 특히 김광섭은 현실을 자아와 대립시키면서 그것을 철저하게 내면화시켰으며, 그런 점에서 그의 시는 "30년대 후반기에 형성된 내향시(內向詩)를 대표"[3]한다고 말할 수 있다. 그러나 김광섭의 초기시에 나타나는 현실의 내면화는 그의 관념적 취향에서만 비롯된 것이 아니라 우리 민족의

---

3) 김용직, 『한국현대시 연구』, 일지사 1974, 326면.

상황을 절망적인 것으로 의식한 그의 현실감각에서 빚어진 것이기도 하다.

그 당시의 상황은 김광섭의 내면화된 현실의식조차 용납할 수 없을 만큼 암담한 것이었다. 일본은 중국과 태평양으로 전쟁을 확대시켜가는 한편 조선에 대한 탄압을 가중시켜 공포 분위기를 조성하였다. 반일세력은 대부분 침묵을 지키게 되고, 친일세력은 침략전쟁을 성전(聖戰)이라 예찬하며 청년들을 전쟁터로 꾀어내는가 하면 일선동조론(日鮮同祖論)을 내세워 모든 국민들로 하여금 민족적 자아를 포기하도록 유도했다. 이러한 상황에서 지성인들은 붓을 꺾거나 감옥에 끌려가 죽음에 직면할 수밖에 없었지만, 그런 속에서도 항일의식을 끝까지 굽히지 않은 소수의 사람들에 의해 민족의식은 완전한 말살을 간신히 모면할 수 있었다. 김광섭은 이러한 몇 안 되는 민족지성으로서 교단에서 민족의식을 고취시켰다는 죄목으로 3년 8개월 동안 "사로잡힌 조국"의 참상을 한눈에 볼 수 있는 "민족수난의 한복판" (감옥)에서 죽음을 마주보며 지냈던 것이다. [4]

『나의 옥중기』에 의하면 그의 뿌리깊은 민족감정은 함경도 경성군의 작은 고기잡이 마을에서 싹텄다. 어느 날 그의 마을에 일본 헌병들이 들어와 서당생들을 쫓아내고 마을의 서당을 차지했다. 그날부터 거기에서는 매일같이 저녁 어스름이 깔리면 "개를 달아매 죽이는 비명"과도 같은 소리가 들려오게 되었으며, 그때부터 그의 어린 가슴에는 일본 헌병을 증오하는 감정이 싹트고 자라나 민족감정으로 뿌리를 내리게 되었다. 이러한 민족감정을 그는 특별한 사상으로 무장시키지는 않았다. "민족은 근원이다. 그러므로 그 민족에 속한다는 가장 단순한 생각 하나만으로도 민족의식은 생기는 것이다"라고 말할 만큼 그의 민족의식은 소박하고도 순수한 것이었다. [5]

이러한 민족의식의 소유자였음에도 불구하고 그는 시작(詩作)에 있어서는 당시의 유럽 시단을 풍미하고 있던 주지적 흐름에 몸담고 있었다.

그러므로 그의 주지성(主知性)은, 민족이나 자신의 민족감정까지를 객관화시켜 그 실체를 드러내는 쪽보다는 그의 마음 밑바닥에 자연스럽게 침전

---

4) 김광섭, 「옥창일기(獄窓日記)」, 『나의 옥중기』, 창작과비평사 1976 참조.
5) 같은 책. 이하 출전을 밝히지 않은 인용은 모두 이 책에서 인용한 것임.

되어 있는 감정들을 지적 사유를 통해 걸러내는 쪽으로 작용되었다. 말하
자면 그의 주지성은 대상에 대한 냉혹한 비판보다는 시작의 방법에 더 강
하게 작용되었던 것이다. 대학시절 영국의 낭만파 시인들 바이런, 셸리,
키츠 등에 심취했던 그는 첫시집 『동경(憧憬)』(1938)에 고독·비애·우수
등 낭만적 색채를 띤 어휘들을 많이 남겨놓고 있지만, 그러면서도 그는 발
레리나 엘리엇 같은 주지시인들로부터 깊은 영향을 받아 시는 감정의 토로
가 아니라 지적 창조의 과정을 통해 결정(結晶)되어야 한다는 생각을 갖고
있었다.

『동경』이 당시의 문단에서 놀랄 만한 호응을 얻었던 것도 거기에 담긴
현실의식보다는 고답적인 지성 때문이었다. 이러한 사정은 이 시집의 출판
기념회(1939. 7. 18) 다음날의 『동아일보』에 실린 정인섭(鄭寅燮)의 신간평
에 비교적 자세히 드러나 있다.

"둔한 벌레가 되어 외로이 풀잎에 기다"——라고 한 것을 재삼재사 음미하
다가 그 고조된 지성과 유현한 상징과 압축된 언어를 경탄하며 이와같은 성향
을 가진 시는 아직 조선시단에 없었다 하고 반드시 독자적인 일가를 이루리라
한즉, 그는 답하되 나는 그것을 실험해보는데 발레리가 갖고 있는 지성을 염두
에 두고 있다 하였다. … 그가 「고독(孤獨)」에서 말한 한 줄 "오랜 世紀의 知
層"만이 놀라울 만한 정도의 풍성한 교양으로 상징화하고 또한 고답적으로 직
관화했다.[6]

사실, 그의 초기시의 대표작이라 할 만한 「고독」에는 그의 관념적이고
주지적인 특성과 함께 그 시대의 암담한 현실이 내밀하게 반영되어 있다.

내
하나의 生存者로 태어나 여기 누워 있나니

한 間 무덤 그 너머는 無限한 氣流의 波動도 있어
바다 깊은 곳 어느 고요한 바위 아래

6) 정인섭, 「김광섭 시집 '동경'을 읽고」, 『동아일보』 1939. 7. 19.

내
고단한 고기와도 같다

맑은 性 아름다운 꿈은 멀고
그리운 世界의 斷片은 아즐타

오랜 世紀의 知層만이 나를 이끌고 있다

神經도 없는 밤
時計야 奇異타
너마저 자려무나

────「고독」 전문

 생존자·성(性)·세계·세기·지층(知層) 등의 관념어들이 이 시에 다소
생경한 느낌을 주고 있지만, 시대적 상황을 깊이 의식하고 있는 지식인의
내면이 대단히 심화된 표현을 얻고 있다.
 '생존자'란 역사적·사회적 의미가 제거된 순수한 삶의 존재로서 생명의
존엄성을 암시하고 있지만, 그것은 "한 간(間) 무덤" 속에 누워 있으므로
진정한 의미의 삶의 공간을 박탈당한 존재이다. 이러한 생존자와 무덤의
대비에서 우리가 느낄 수 있는 것은, 세계내존재(in-der-Welt-sein)로서 자
기의 삶을 능동적으로 이끌어가야 할 하나의 실존이 모든 행동을 박탈당하
고 '무덤'에 누워 있을 수밖에 없다는 뼈아픈 상황의식이다. '무덤'은 움직
일 수 없는 현실로부터 패퇴한 자아가 "고단한 고기"와도 같이 간신히 생
명만을 유지할 수 있는 고립된 공간이지만, 그것은 또한 끊임없이 인간성
자체를 왜곡시키려 드는 현실로부터 자아를 보호해주는 공간이기도 하다.
그러므로 이러한 공간은 '고독'이란 말로밖에 표상될 수 없는 지식인의 정
신세계이다.
 독일의 소설가 무질(Robert Musil)은 시인이란 "세계 안에서 또 인간들
사이에서 구제의 손길이 뻗치지 않는 고독이라는 것을 누구보다도 가장 세

차게 의식하고 있는 인간이다"[7]라고 정의한 바 있다. 이러한 생각은 이미 낭만주의 시인들에게서도 나타났던 것이지만 그것이 현대 시인의 보편적 특성을 지적한 것으로까지 받아들여질 수 있는 근거는, 세계에는 시인을 포용할 만한 질서는 존재하지 않으며, 따라서 시인이란 시인은 어느 나라에서나 (정신적 또는 육체적으로까지) 학살당할 수밖에 없다는 인식에 있다. 현대의 지적 탐구가 현실의 밑바닥에서 끌어올린 것은 그와같은 세계의 부조리함이다. 김광섭의 현실은 말할 것도 없이 이러한 존재론적 부조리를 훨씬 뛰어넘는 것으로서 모든 양심과 비판의식을 송두리째 말살시키는 암담한 식민지시대적 상황이었다. 그러므로 김광섭이 이러한 현실 속에서 '고독'이란 어휘가 함축하고 있는 현실부정적 정신세계에 깊이 몰입했다는 것은 어쩌면 당연한 일이기조차 하다.

김광섭은 자신이 처한 상황을 '무덤'으로 의식하면서도, 한편 그러한 상황을 초월해 있는 "맑은 성(性)"을 꿈꾼다. 이와같이 그가 처한 상황과 그가 누리고자 하는 정신세계 사이의 괴리는 멀고도 아득한 것이기에 그는 '꿈'을 통해서만 그러한 초월적 세계의 '단편'이나마 그려볼 수 있는 것이다. 우리는 여기에서 그가 심취한 바 있는 셸리의 이상주의적 측면을 발견하게 된다.

이렇게 어떤 초월적 가치를 꿈꾸게 된 그는 "오랜 세기의 지층(知層)"에 이끌려간다. 이 구절이 무엇을 뜻하는지 정확하게 알 수는 없지만 '오랜 세기'는 역사적 시간의 장구함으로, '知層'은 '知+層'의 조어로 생각한다면 지식이 축적된 상태로 받아들여질 수 있을 것이다. 그렇다면 "오랜 세기의 지층(知層)만이 나를 이끌고 있다"는 독립된 1행은, 그의 의식의 지향성에 열려 있는 세계는 오직 오랜 세기 동안 축적된 인류의 지적 유산뿐이라는 뜻이 된다. 그의 시에서 주지적 특성을 지적할 때 자주 인용되는 이 구절은 사실은 그리 지적인 것은 아니다. 지적 추구란 지식에 대한 추구만을 뜻하는 것이 아니며, 그것은 오히려 기성의 지식을 부수고 새로운 정신세계를 창조하려는 태도이기 때문이다. 그러므로 '내'가 이끌려간 그 '지층

---

7) 후고 프리드리히, 김광진 옮김, 『근대시문학론』, 을유문화사 1975, 243면에서 재인용.

(知層)'은 시인이 추구할 공간이라기보다는 지식을 추구하는 교양인들이 즐겨 몸담는 세계이다.

이 시의 마지막 연은 고독의 절대성을 환기시켜 준다. "시계(時計)야 기이(奇異)타/너마저 자려무나"는, 소리를 통해 인간의 의식을 현실세계에 힘겹게 이어주는 시계마저 잠들게 하여 자아와 세계를 이어주는 마지막 매개물까지 배제함으로써 고독의 절대적 상황을 떠올려주기 위한 것이다.

이러한 절대고독을 지니게 된 그는 결국 "어데서 비롯하야/어데서 끝날"(「독백」)지도 모르는 자기 자신과의 고독한 대화에 빠져 "돌멩이 하나 움직이지 못할/허망한 사념에 다다를 뿐"(「독백」)이다. 그러나 아무리 독백을 일삼을지라도 거기에는 어떤 대상이 담겨질 수밖에 없으며, 그는 현실과 유리되어 있으므로 그 대상은 자연히 어떤 초월적 가치일 수밖에 없다. 그것은 고독한 대화가 계속될수록 만물에 깃들여 있는 신적 의지와도 같이 그의 마음을 사로잡는다. 이러한 상태 속에서 얻어진 것이, "무거운 꿈 같은 속에/하나의 뚜렷한 형상(形象)이/나의 만상(萬象)에 깃들이다"(「동경」)와 같은 표현이다. 그런데 "하나의 뚜렷한 형상"이란 도대체 무엇일까? 우리는 「송별(送別)」「연인」「환상(幻像)」「서천월(西天月)」 등의 시에서 '그대' '연인' '나를 부르는 소리' 등으로 변주되며 그의 영혼을 사로잡고 있는 그것은, 시대의 어둠에 가로막혀 있어서 쉽사리 만날 수는 없지만 몸과 마음으로 분명히 느낄 수 있는 어떤 것, 말하자면 식민정책의 강권에 유린되어 숨을 죽이고 있는 민족이나 조국과 같은 것임을 어렴풋이 느낄 수 있다. 그러므로 이제 그는 혼자이면서도 혼자가 아니다.

> 흰 손을 흔들어
> 그대를 불렀으니
> 그대를 부르는 소리
> 하늘 가에 차다
>
> ──「송별」 부분

'흰 손'의 '희다'라는 형용사는 우리의 전통적 관념 속에서 때묻지 않은 순결함을 떠올려주는 이미지로 작용하며, 그것은 더러움이나 범속함으로부터 일정한 거리를 유지함으로써만 가능한 상태이다. 그런데 이때의 '거리'는 그것을 의식하는 주체 쪽에서 보면 건너뛸 수 없는 적막한 공간이므로, '흰 손'은 일정한 거리를 두고 떨어져 있는 적막한 느낌 곧 이별의 느낌을 깨우쳐주는 이미지이다. 그러므로 위의 시구가 주는 것은, 아무리 티없이 맑은 마음으로 '그대'를 불러보아도 "부르는 소리"만이 "하늘 가에 차"게 울려퍼지는 적막한 느낌이다. 이러한 느낌은 또한 강렬한 상실감을 불러일으키기도 한다. 그래서 이 시인은 "당신은 나의 연인을 만나보셨습니까"(「연인」) 하는 향방없는 물음을 허공에 흩날려 보낸다.

> 당신은 나의 戀人을 만나보셨습니까
>
> 가슴에 그려두고 간 그림이 새로와서
> 편지를 써놓고서도 보내질 못합니다
> 꽃을 사놓고서도 드리질 못합니다
> 그이는 어데 가서 다니시는지
> 어데로 거닐어도 그이뿐입니다
> 어데를 돌아봐도 그이뿐입니다
> 지구는 그의 가슴입니다
> 내 길은 모두 다 거길 갑니다
>
> ──「연인」 부분

이 시에서 '그이'와 '내 길'의 관계는 한용운의 시 「나의 길」에서의 '님'과 '나의 길' 사이의 그것을 연상시켜준다. "아아 나의 길은 누가 내였습니까/아아 이 세상에는 님이 아니고는 나의 길을 내일 수가 없습니다"(「나의 길」)에서, 앞줄의 의문형은 다음 줄에서 "님이 아니고는 나의 길을 내일 수" 없다는 숙명적 사실을 더욱 강렬하게 환기시켜주기 위해 마련된 것이다. 「연인」에서도 '나'는 짐짓 "그이는 어데 가서 다니시는지" 모른다는 몸짓을 해보이지만 "지구는 그의 가슴"이다, 그러므로 "내 길은 모두 다 거길" 갈 수밖에 없고, 어디를 거닐고 어디를 돌아보아도 "그이뿐"이라는 귀

결을 이끌어내기 위한 배려에 지나지 않는다. 위의 시구는 그러므로 '그이'
가 이제 개인적 결단의 차원을 넘어 절대적 운명의 차원에 들어와 있음을
암시해준다.

그러나 '그이'는 언제 어디에나 있으면서도 현실을 지배하는 악의 권력과
그것에 침윤된 모든 생명체들이 깊은 잠에 빠져 있는 '야반(夜半)'에만 나
타난다.

> 夜半
> 나의 잠을 깨우쳐 나를 부르는 소리 門을 두드렸으니
> 내 잠결에 뛰어 일어나 문을 열다
>
> (…)
>
> 내 그대를 꿈에 불러
> 드디어 그대 소리가 되어 門을 두드렸으니
> 내 그대를 찾아 또다시 헛되이 門을 열다
>
> ──「환상」부분

'그대'는 모든 신성(神性)이 짓밟혀버린 현실에서 떠나버린 존재이다.
'내'가 환한 날빛 속에서 현실의 흉흉함에 몸담고 있는 한 자기 모습을 내
보일 수 없으므로 '그대'는 밤을 밝히며 깨어 있는 '나의' 영혼에 "우슬픈
얼굴"(「서천월」)로 현시되거나, 꿈속에서까지 만남을 갈망하는 '나'의 간절
함에 "소리가 되어" 잠시 응답해줄 뿐이다. 이와같이 밤을 통해서만 갖게
되는 만남, 그것은 끝내 '내'게 올빼미의 생리를 심어주게 된다.

> 말없는 世界 永遠히 파묻힌 나라가 있어서 밤에 자리를 거두는 그대는
> 어두운 寢床에서 門을 열고 밤의 아들이 되어 그 어귀에서
> 不安한 눈 疑惑 많은 귀를 기울여 空寞한 大地에 時間을 헤이느냐
>
> 이윽고 寂寞의 末梢에서 퍼덕여 그대 人跡 없는 깊은 묏골에 내려와
> 무거운 입을 들어 작은 돌문을 쪼고 한 모금 샘물을 머금어

地下의 神話로 목을 축이나니 샘물은 영영 어둠으로 흐른다

太古의 모든 闇黑이 그대의 가슴에 緊縮되었고
原始의 모든 默想이 그대의 샘 속에 隱居되었으니
작은 가슴 한줄기 샘 속에 大自然의 夜話가 敍述되었으냐

이 久遠한 밤의 神秘가 表現을 希望하여 그대의 肉體를 얻은 날
自然은 소리없이 타는 무한한 語彙를 그대에게 갖추었으니
이제 그대는 失明한 白日을 비켜 神의 부르는 소리를 홀로 기다리느냐
　　　　　　　　　　　　　　　　　　　　──「올빼미」 전문

올빼미가 잠자리를 거두는 것은 "말없는 세계 영원히 파묻힌 나라가 있"
기 때문이다. '말'이란 태초의 말씀, 곧 우주의 섭리이므로 "말없는 세계"
란 신이 떠나버린 "공막(空寞)한 대지"이다. 그러한 세계 속에 올빼미의
나라는 '영원히 파묻혀' 있다. 그러므로 올빼미는 "인적 없는 깊은 묏골에
내려와"서 "파묻힌 나라"에 이르는 "돌문을 쪼고 한 모금 샘물을 머금"는
다. 그 샘물은 어둠 속으로만 흐르는 "지하의 신화" 곧 잃어버린 나라의
이야기이다. 그런데 이 올빼미는 "밤의 신비가" 그의 "육체를 얻"음으로써
이루어진 것이고, 그때 그에게는 "소리없이 타는 무한한 어휘"가 갖추어지
게 되었던 것이다. 이렇게 무한한 말들(말씀)을 지니고 있기에 그것은 "신
의 부르는 소리를 홀로 기다"릴 수 있는 것이다. 말씀이 파묻혀버린 비극
적 세계에서는 누군가가 그것이 돌아올 길을 마련해야 한다. 그런데 이러
한 일은 어둠을 꿰뚫어볼 수 있는 눈과 말씀의 비밀스러움을 감지할 수 있
는 능력을 갖춘 시인을 통해서만 가능한 것이다. 그러므로 시인은 "소리없
이 타는 무한한 어휘를" 가지고 신이 돌아올 자리를 마련하는 사람들이다.
　시인의 본질에 대한 이러한 진술은 김광섭 자신의 시인관으로서만 의미
가 있는 것은 아니고 시인의 존재와 언어의 의미가 상실된 시대, 즉 식민
지시대의 시인상으로서 의미를 지니는 것이다. 말을 빼앗기고 이름까지 빼
앗긴 시인은 그리하여 죽을병에 걸린 환자로 자신을 표상하게 되며, 이러
한 감정이 「자화상 37년(自畵像三七年)」의 절망적 분위기를 형성한다. 여

기에서 '37년'은 1937년을 의미하며, 그해에 일어난 사건들 가운데 김광섭
에게 가장 절망적인 것으로 보였던 것은 일본이 노구교(蘆構橋)사건을 일
으켜 중국에 대한 침략을 본격화한 것이다. 그러한 현실이 가져오는 중압
감을 그는 "익사(溺死) 이전의 감정"에 비유했지만, 왜경에 체포된 후 그
의 반일감정의 증거로 채택된 바 있는 「푸른 하늘의 전락」에는 그러한 감
정을 낳게 한 상황이 좀더 객관적으로 드러나 있다.

　　나는 無數한 壁 속에 앉았다
　　壁은 돌보다 陰散하다

　　(…)

　　太陽이 없음이 아니나
　　太陽이 있음이 슬픈 理由가 되었다

　　(…)

　　門이 찰깍 열리면
　　두더지는 물 켜러 간다

　　(…)

　　時間이 戰慄하고
　　空間이 冷却된다

　　(…)

　　움직이지 못할 窓 너머서
　　가을의 푸른 午後가 轉落된다

　　(…)

아 失香의 꽃이여!

———「푸른 하늘의 전략」 2・4・8・10・13・14연

김광섭은 때때로 절망적 현실을 탈출하여 "시의 샘 속에 가라앉"(「고민의 풍토지(風土誌)」)아보려 하고, "배암이 잔등을 쪼일 듯한…먼 숲속"(「욕(谷)」)을 거닐어보려 하며, "창천(蒼天)을 바라 지향없이 날고자"(「태만(怠慢)의 언어」) 하지만 그는 언제나 자기의 운명적 현실로 되돌려지고 만다. 그만큼 그의 민족감정과 현실의식은 스러지지 않는 열망으로 그의 마음자리에 깊이 뿌리박혀 있었던 것이다.

3. 옥고・해방・정부수립에 대한 반응

앞에서 살펴본 바와 같이 『동경』은 암담한 현실이 철저하게 내면화됨으로써 이루어진 고독・독백・동경・우수・자기연민의 세계이다. 이와같은 그의 정신세계는 그의 투철한 상황의식과 주지적 성향을 배제한다면 낭만주의 시인들이 즐겨 몸담았던 세계와 유사한 것이 된다. 왜냐하면 그의 낭만적 감정들은 현실에 바탕한 시대의식과 상황의식의 회로를 통과함으로써 비로소 뿌리있는 감정으로 정착되고, 다시 지적인 시작과정을 거침으로써 퇴폐의 늪에 빠지지 않고 뚜렷한 목표를 지향할 수 있게 되었던 것이기 때문이다. 『동경』의 '발문'에 보이는 "지성과 감성이 융합하여 흐르는 논리를 놀라운 형상 속에 넣으려 하였"다는 그의 의도는 운문이란 "언어가 지닌 감각의 힘과 지성의 힘이 놀라울 만큼 아주 민감하게 균형을 이루고 있는 상태"라고 정의한 발레리의 생각과 비슷하다. 그의 이러한 생각은 자신의 절망적 감정에 지적 견고성을 부여하였지만, 한편으로는 관념어들을 남용하게 함으로써 시적 표현을 경직시키는 결과도 함께 초래하였다. 시는 감상자의 마음속에서 살아 움직여 그에게 "존재의 전환"(바슐라르)을 경험하게 하는 기능을 가져야 한다는 점에서 볼 때, 표현의 관념성이란 하나의 결함으로 지적될 수밖에 없는 것이다. 시가 지적 추구 또는 사유의 결론처

럼 제시될 때, 그것은 기성의 정신세계에 대한 안내의 역할은 감당할 수
있을지 모르나 독자의 상상력을 제한시켜 그들 스스로 도달해야 할 새로운
세계에 대한 비전을 차단하게 될 수도 있다. 김광섭의 초기시에서 눈에 띄
는 표현의 관념성은, 그가 자신의 시 속에 시대적 현실에 대한 구체적 체
험에서 얻어진 정서를 담으려 했다기보다는 지적으로 이해된 상황의식을
드러내려 한 데에서 비롯되었을 것으로 생각된다.

"돌같이 불감무각(不感無覺)으로"[8] 앉아서 보낸 3년 8개월간의 쓰라린
체험 속에서 이루어진 「이별의 노래」나 「독방 62호실의 겨울」 등의 시가
관념의 껍데기를 벗어버리고 구체적 표현을 얻고 있는 것을 보면, 감옥생
활은 김광섭의 인생과 시에 있어서 하나의 중요한 변화의 계기가 되고 있
음을 알 수 있다.

『마음』(1949)에는 『동경』 이후부터 해방까지, 그리고 해방으로부터 정부
수립 1년 후에 이르는 그의 삶의 내용이 집약되어 있다. 해방 이전에 씌어
진 작품들은 대체로 『동경』의 시적 흐름에 편입될 수 있는 것들이기는 하
지만, 표현이 더욱 구체화된 반면 자아확립을 위한 처절한 몸부림이 빚어
내는 정신적 긴장감은 오히려 이완되어 있는 듯한 느낌을 준다. 이즈음의
시에 담긴 그의 마음은 끝없이 잔잔하여 푸른 하늘이나 하얀 종이로 표상
되기도 하고(「그대 주신 푸른 하늘」), 아름다운 나비가 되어 꽃과 꽃 사이를
날기도 하고(「꽃·나비·시」), 한 마리의 고래가 되어 끝없는 물결을 헤쳐가
기도 하고(「수영」), 갈매기나 함박꽃을 찾아 바다나 산으로 가보기도 하고
(「길」), 상록수 가운데 집을 지어보려는 소박한 희망도 가져본다(「집」). 이
러한 마음의 고요가 어디에서 비롯된 것인지는 알 수 없으나 이 시인은 끝
없이 고요한 마음속에서 기하학적 도형을 빌려 순수형상, 순수감정, 시간
의 영원성까지를 창조해 보여주고 있다.

끝없이 깊은 楕圓
하이얀 空白 속에
感激된 氷遠

8) 김광섭, 『마음』 '발문', 중앙문화협회 1949.

閃光을 날리니
幻影을 따라
流浪하는 感情의 高潮
天衣를 걸치고
너의 心藏에 묻힌다

─「0＝타원(楕圓)의 표상＝」 부분

이 시에서 극치에 달한 그의 정일(精一)한 마음은 무엇인가를 기다리는 사람의 마음에까지 잔잔한 아름다움을 부여한다. 그래서 누군가의 사랑을 기다리는 여인은 "아름다운 노을을 마시며 서 있"거나 "어둠 속의 하이얀 꽃같이" 서 있다(「여인(女人)」). 그러나 아무리 잔잔하고 아름다운 모습으로 서 있을지라도 기다리는 사람의 마음에는 비애가 서려 있게 마련이다. 「여인」에서도 "어둠 속의 하이얀 꽃"으로 상징되고 있는 기다림은 이루어질 수 없는 희망만을 소중히 간직하고 있는 듯한, 아름답기는 하지만 서글픈 느낌을 불러일으킨다. 그러나 『동경』에서와 같은 치열한 열망보다는 어느정도 순화된 감정을 가지고 여유있게 기다리고 있는 것만은 분명하다. 이런 점에서 볼 때, 「마음」(1939)은 이 무렵의 시들을 대표할 만한 것이다.

나의 마음은 고요한 물결
바람이 불어도 흔들리고
구름이 지나도 그림자 지는 곳

(…)

행여 白鳥가 오는 날
이 물가 어지러울까
나는 밤마다 꿈을 덮노라

─「마음」 부분

완벽한 형식미까지 갖추고 있는 이 시에는, 마음을 순결하게 간직함으로써 기다림의 대상이 도래했을 때 부끄럼없이 그것을 맞이하려는 사람의 마음이 잘 나타나 있다. 이러한 마음가짐은 『채근담(菜根譚)』의 첫머리에 나오는 바람이 지나간 후의 대숲이나 기러기 지나가고 난 후의 못물로 비유되는 군자의 마음처럼 잔잔하고 맑은 것이다. 그러나 이러한 마음은 세상이 시끄러울 때면 동양의 선비들이 즐겨 취했던 은둔적인 모습일 수도 있고, "현실을/백지로/변질시키고"(「상징의 묵(墨)」) 난 이후에 찾아오는 평정함일 수도 있다. 우리가 역사를 통하여 알 수 있듯이, 이 무렵은 독립운동가들조차 지하로 숨어들었을 정도로 거의 완전한 암흑의 시기였으므로 현실로부터 한걸음 물러나 때묻지 않은 마음을 갈무리하는 것조차도 쉬운 일은 아니었을 것이다. 그러나 김광섭의 경우 이와같은 마음가짐은 잠정적인 것이었으며 폭풍전야의 정적과도 같은 것이었다. 그는 결국 그와같은 유연(幽然)한 공간 속에 오래 머물러 있지 못하고 또다시 그의 현실을 고통스럽게 의식하게 된다. 「30행(十三行) 인생」「시인의 윤리」「명상(瞑想)」「적막(寂寞)」과 같은 작품들에서 이 시인은 자기 자신을 "나를 해치면서 돌아가는 지구"의 "상처에서" 태어난 자, "지상의 궁색(窮塞)한 날/하느님께로 옛말 들으러" 가는 자, "자정(子正)으로 넘어가는" 시각에도 "안식할 그늘을 찾지 못하"는 자, "두상(頭上)의 관(冠)을 잃어버린 사슴 같"은 자로 생각하고 있으며, 자신이 처한 상황을 "병든 화원(花園)", "빼앗긴 애원 소리"가 들리는 곳, "동경(憧憬)을 바랄 수"조차 없는 곳, "박명(薄明)한 … 광선이 … 전율하"는 공간으로 의식하고 있다.

대학시절, 윌리엄 예이츠가 주도한 아일랜드 문예부흥운동에 깊은 감명을 받은 바 있는 그는 중동학교 교단에서 아일랜드의 애국시를 강의하는 한편 학생들에게 민족의식을 고취하고 있었다. 그것은 새 세대에게 민족감정을 일깨워줌으로써 독립운동이 대중에게 뿌리내릴 수 있는 바탕을 마련하기 위한 것이었다. 그러나 당시의 사정으로 보아 이와같은 그의 행동은 일제 식민정책 담당자들의 눈길을 끌기에 충분한 것이어서, 그는 결국 1941년 2월 21일 새벽 왜경에 붙들리게 되었다.

그해 5월 31일, 100일간의 경찰서 유치장 생활을 마치고 서대문형무소로 떠나기 직전에 그는 종로경찰서 벽에 시 한 수를 손톱으로 새겨놓았다.

나는야 간다
나의 사랑하는
나라를 잃어버리고
깊은 산 묏골 속에
숨어서 우는
작은 새와도 같이
나는야 간다
푸른 하늘을
눈물로 적시며
아지 못하는
어둠 속으로
나는야 간다

—— 「이별의 노래」 전문

이 시는 그 이전의 시에 결여되었던 두 가지 장점을 지니고 있다. 하나
는 끝없이 내면화되거나 추상화되던 슬픔이 구체적 체험으로 형상화되어
있다는 것이고, 다른 하나는 적절한 리듬을 갖춘 형식의 완결성이다. "나
는야 간다／나의 사랑하는／나라를 잃어버리고"는 행의 배열을 바꿔보면
'나의 사랑하는 나라를 잃어버리고 나는야 간다'와 같이 지극히 서술적인
문장이 되고 만다. 그런데 이 시인은 '나는야 간다'를 세 번에 걸쳐 적절한
자리에 배치함으로써 깊은 산골에 둔중하게 울려퍼지는 종소리처럼 그의
슬픔을 점진적으로 리드미컬하게 고조시켜가고 있다. 이러한 특성으로 보
아, 이 시는 글로 써서 발표하기 위한 것이었다기보다는 가락을 붙여 암송
함으로써 스스로 위안받고자 하는 심정에서 탄생된 것이라 생각된다. 이와
같은 사정은 그가 영어(囹圄)의 몸이 되어 3년이 지난 1944년 4월 3일에
쓴 일기에서도 확인된다.

관세음보살…… 관세음보살…… 저절로 몸이 시계종처럼 좌우로 흔들렸다.
검은, 그리고 두터운 그림자가 따라서 움직였다. 나는 그림자가 살고 있는 것

을 느꼈다.

그래도 시간을 다 보낼 수 없어 나는 「이별의 노래」를 손가락을 꼽으며 곡조를 붙여서 열 번이 넘으면 스무 번, 스무 번이 넘으면 서른 번, 그렇게 읊었다.

「이별의 노래」 외에도 옥중생활의 고뇌를 담은 시가 다섯 편 정도 발견되며, 그 시들에 담긴 시인의 시선은 언제나 북쪽으로 나 있는 쇠창살과 그 너머에 걸려 있는 한 조각 하늘에만 쏠려 있다.

> 낮이나 밤이나
> 北向鐵窓은 어둡고
> 검은 窓幕 너머로
> 바람은 불고……
>
> ──「독방 62호실의 겨울」 7연

이 시절의 그에게는 생명을 보존한다는 것 이상의 큰일은 있을 수 없었으며, 시를 쓴다는 것은 거의 불가능한 일이었다. 일기 쓰는 일만 해도 집 떠난 지 2년 9개월 만에야 겨우 허락된 일이었으니, 이 시절의 그의 삶과 생각이 시보다는 일기(『나의 옥중기』)에 훨씬 더 생생하고 감동적으로 기록되어 있다는 것은 지극히 당연한 일이다. 그러므로 그의 인생의 흑점(黑點)과도 같았던 이 시절의 기록 몇 토막을 살펴보는 것도 무의미한 일은 아닐 것이다.

문을 열고 날더러 도주하라 한다면 나는 어디로 갈 것인가. 아무데도 갈 데가 없다. 나는 역사를 뚫고 나갈 수가 없다. 바로 이 방 밑에 심연(深淵)이 패어져서 나는 그리로 떨어져들어가고 있다. 눈을 뜨면 나의 육신이 영원히 어두운 그 어귀에 버려진 송장처럼 발견된다. (1943. 11. 19)

12월 한 달에서 하루를 무너뜨리기 위해서 용감하게 뛰어 훈련된 노예처럼 감방 속으로 돌아왔다. (1943. 12. 1)

저녁바람이 모질게 불었다. 북풍인가 모를 바람이 산을 넘어 까치 우는 소리
내 눈에 눈물을 모았다. 먼지 낀 유리창에 하늘이 흐린 물처럼 뿌옇다. 이 시
간을 넘기에 나의 생명은 쇠잔하고 있다. 나는 단전(丹田)에 기해(氣海)를 넣
기에 힘썼다. 그러나 나의 숨결마다 누선(淚線)에 닿는 것 같았다. 나는 너무
인내하고 억제함으로써 다른 나를 만들고 있다. 눈이 감겨진다. 숨을 쉬고 눈
을 감는 것밖에 나의 할 일은 없다. (1943. 12. 3.)

그의 일기쓰기는 단순한 삶의 기록이 아니었다. 그것은 쇠잔해가는 생명
의 등불에 끊임없이 기름을 부어넣으며 자기동일성을 확인하기 위한 일종
의 의식(儀式)이었다. 그러기에 그는 생명을 지키는 것만을 최고의 목표로
삼을 수밖에 없는 묘혈과도 같은 그곳에서 거의 매일같이 한 페이지 이상
에 달하는 투쟁기록을 남기고 있는 것이다.

그가 출감하여(1944. 9) 해방을 맞이하기까지 무엇을 하며 지냈는지는 별
로 알려져 있지 않으나 해방을 맞이했을 때 그는 병석에 누워 있었다. 그
러나 해방의 감격은 그로 하여금 병든 육신을 이끌고 감격의 대열에 끼게
했으며, 「해방(解放)」이란 환희의 노래와 「눈송이」라는 정일한 기쁨의 노
래를 부르게 했다. 그는 우리 민족의 순결하고 굽힐 줄 모르는 마음을 눈
송이를 통해 아름답게 노래했다.

하염없이 쌓이는 너의 하이한 肉身 위로
밟고 지나가는 無數한 발자국마다
새로운 송이 송이로 덮는 너의 純潔한 마음

———「눈송이」 부분

때로는 드높은 목소리로, 때로는 차분하게 가라앉은 목소리로 해방의 기
쁨을 노래했지만 그는 해방된 해가 저물기도 전에 우리에겐 "아직도 예속
(隸屬)"(「슬픔을 넘어서」)이 남아 있음을 갈파하기도 했다. 그러한 예속의
실체는 「말 이야기」의 우의적 표현 속에 여실하게 드러나 있다. 평화스러
운 초원에서 자유롭게 풀을 뜯던 말은 하루아침에 늑대들에게 그의 행복을

빼앗기고 사람을 찾아가 자신의 처지를 하소연한 끝에 늑대들을 몰아냈지
만, 그때부터 말은 재갈과 고삐를 벗지 못하고 사람을 태우거나 수레를 끌
어야 하는 신세가 되고 말았다는 것이다. 이것은 말할 것도 없이 해방과
함께 또다른 속박의 굴레를 뒤집어쓴 우리 민족의 이야기이다.

　그러나 이 무렵의 그의 시에는 애국애족을 너무 표면화시키는 버릇이 드
러나기도 한다. 그것은 일제시대에 그가 치렀던 고통에 대한 보상심리에서
비롯된 것일 수도 있지만, 그보다는 국가와 민족의 장래에 대한 열망이 시
를 가다듬을 만한 여유를 그에게서 빼앗아버렸는지도 모른다. 어쨌든 일제
시대에 겪은 옥고는 해방된 후에도 오랫동안 그의 심층에 남아 "아지 못할
어둠이"(「벌(罰)」)되어 문득문득 그를 사로잡는다. 그때의 참담한 상황을
시로써 표출하지 않고는 그것에서 벗어날 수 없다고 느꼈던지, 그는 해방
후 3년이 지난 다음 관념의 편린조차 찾아볼 수 없는 대단히 구체적인 시
를 썼다.

　　三年하고도 八個月
　　一千三百餘日
　　그 어느 하루도 빠짐없이
　　나는 시간을 헤치고 손꼽으면서
　　똥통과 세수대야와 걸레
　　젓가락과 양재기로 더불어
　　추기나는 어두운 房
　　널판 위에서 살아왔다.

　　(…)

　　겨울 긴긴 밤 추위에 몰려
　　등이 시리고 허리가 꼬부라지면
　　나는 슬픔보다도 주림보다도
　　뒷머리칼이 하나씩 하나씩
　　서리같이 세어짐을 느꼈다.

　　　　　　　　　　　　　　　　　　　——「벌」 부분

감옥 안에서 그가 취했던 시선은 어쩔 수 없이 철창과 그 너머의 공간으로만 쏠려 있었고, 거기에서 얻은 몇편의 시가 대체로 체험의 심화 또는 민족의 보편적 고뇌를 제대로 보여줄 수 없었던 것은 죽음과 대결하고 있었던 그때의 사정으로 보아 어쩔 수 없는 일이었다고 생각된다. 그러나 해방으로부터 3년이란 세월이 지난 다음에 이루어진 이 시에서조차 그 체험의 본질적 의미가 천착되고 있지 못함으로 해서, 이 시로 하여금 그가 겪은 개인적 고통에 대한 때늦은 호소 이상의 의미를 내포하고 있지 못한 것으로 보이게 한다. 그의 체험이 당시의 우리 민족에게 보편적 의미를 가진 것으로 제시되기 위해서는, 거기에 친일세력의 온존이나 민족분단의 고착화와 같은 병폐를 숨긴 채 거짓 희망에 부풀어 있던 당시의 정치적 현실에 대한 시인으로서의 깊은 통찰이 깃들여 있어야 했을 것이다. 그러나 1948년에서 1949년 사이에 씌어진 그의 시들은 대체로 '새나라' 건설을 위한 국민적 단합의 필요성에만 관심이 쏠린 나머지 마땅히 가려져야 할 시비(是非)를 덮어두려는 듯한 인상조차 보여준다. 이같은 사정은 이즈음 정치와 깊은 관련을 맺고 있던 그 자신의 처지와 어떤 상관관계가 있는 것으로 보인다.

시인은 나라를 사랑하기 때문에 그것이 숨기고 있는 치부를 드러내기도 하고, 죽음에 이르는 병폐를 예고하기도 한다. 이같은 사실을 누구보다 잘 알고 있었기에 김광섭은 만년에 이르러서도 사회에 대해 팽팽한 비판의식을 견지했지만, 웬일인지 해방으로부터 1960년대 중반까지는 자신의 비판적 안목에 어떤 손실을 감수하고 있었던 것같이 보인다. 그것은 어쩌면 그가 한때(1948~51, 이때 그는 대통령 공보비서관이었다) 정치에 너무 깊숙이 관여했던 사실을 지나치게 자각하고 있었기 때문인지도 모른다.

4. 근원에의 탐구

『해바라기』(1957)에서 김광섭은 정치적 현실에 대한 지나친 관심으로부터 벗어나 생명의 근원적 충동에 대해 형이상학적인 조명을 가하고 있다.
그의 이런 변모는 해방으로부터 6·25까지 계속된 정치적 소용돌이, 6·25
로 인한 동족상잔 후의 피폐해진 민심과 허물어진 민족자존에서 빚어진 허
탈감으로부터 벗어나 생명의 근원에 몸담음으로써 생명감에 충일된 새로운
삶을 모색하기 위한 것처럼 보인다. 어쩌면 그가 크나큰 희망을 걸고 긍정
적인 입장에서 가담했던 '새 나라'가 그 자신이 기대했던 것처럼 자유와 독
립의 길로 힘차게 뻗어가지 못한 데에서 비롯된 좌절감, 그리고 잘못 인도
되고 있던 정치권력에 대해 그 자신이 정면에서 비판을 가할 만한 위치에
서 있지 못했다는 자각 때문에 적극적인 사회참여 대신 생(生)의 근원 쪽
으로 관심을 돌리게 되었는지도 모른다.

이 무렵의 그는 이 세계를 의지의 표상으로 보았던 쇼펜하우어의 철학에
공감하고 그러한 각도에서 세계를 이해하려 했다(「시에의 등정」 참조). 이러
한 태도는 쇼펜하우어의 주저(主著)인 『의지와 표상으로서의 세계』(Die
Welt als Wille und Vorstellung)에서 영향을 받아 이루어진 것이다. 플라톤
의 이데아론, 칸트의 인식론, 『베다』의 범신론과 쇼펜하우어 자신의 염세
적 세계관을 조화시켜 이루어진 이 책에는 세계의 내재적 본질은 삶에 대
한 맹목적 의지이고, 이것 때문에 인간은 항상 불만과 고통 속에 살고 있
으며, 이와같은 의지를 전면적으로 부정함으로써만 인간은 그러한 고통에
서 해방될 수 있다는 내용이 담겨 있다. 세계를 지배하는 근원적 힘으로
파악된 쇼펜하우어의 의지는 니체의 '권력의지', 프로이트의 '리비도', 에른
스트 블로흐(Ernst Bloch)의 '희망'의 개념으로까지 발전됨으로써 현대철학
의 한 줄기 중요한 흐름의 근원을 이루고 있다. 그런데 김광섭은 만물에
의지가 깃들여 있다는 사실에서 세계는 생명감에 충일되어 있다는 고무적
인 생각만을 이끌어냈으며, 해바라기와 같은 식물 속에서 생의 근원을 향
한 의지를 발견하고 깊은 감동을 얻는다.

　　바람결보다 더 부드러운 은빛 날리는
　　가을 하늘 현란한 光彩가 흘러
　　양양한 大氣에 바다의 무늬가 인다

한 마음에 담을 수 없는 天地의 感動 속에
찬연히 피어난 白日의 幻想을 따라
달음치는 하루의 奔放한 情念에 獻身된 모습

生의 根源을 향한 아폴로의 호탕한 눈동자같이
黃色 꽃잎 금빛 가루로 겹겹이 단장한
아 意慾의 씨 圓光에 묻히듯 香氣에 익어가니

한 줄기로 志向한 높다란 꼭대기의 歡喜에서
순간마다 이룩하는 太陽의 祝福을 받는 者
늠름한 잎사귀들 驚異를 담아 들고 찬양한다

——「해바라기」 전문

  이 시를 구성하고 있는 4개의 연들은 시인의 시선이 우주적 공간으로부
터 해바라기의 생리 속으로 점차 내밀하게 압축되어가는 과정을 보여준다.
첫째 연은 가을 하늘에 바다의 이미지를 불러들임으로써 하나의 공간 속에
생명의 두 근원인 햇빛과 물이 유기적으로 결합되어 있음을 떠올려주고,
둘째 연은 그러한 생명의 근원을 향해 머리를 돌리는 해바라기의 "헌신(獻
身)된 모습"을 "한 마음에 담을 수 없는 천지(天地)의 감동"으로 포착하고
있으며, 셋째 연은 황금빛 꽃잎들에 둘러싸인 씨앗 속에 '의욕' 또는 종족
의지가 향기롭게 익어감을 보여주고, 넷째 연은 태양과 같은 모습의 꽃을
"높다란 꼭대기의 환희"로 비유함으로써 해바라기 속에 깃들인 삶의 의지
에 상승적 이미지를 부여하고 있다.
  김광섭은 모든 사물 속에서 생명의 근원적 본질을 찾아낸다. 「들국화」에
서는 꽃이 주는 시각적 아름다움을 초월해 있는 들국화 자체의 이미지를
찾아내어 "네 모습 꽃 위에 선다"와 같은 아름다운 표현을 보여주는가 하
면, 「오 흙의 영혼이여」에서는 "태양을 향하여 솟아오르는 … 높은 봉우리
에 깃든 고독" "험한 고개로 올라간 힘의 정열" "황야에 달음친 산줄기의
억센 힘" 등의 비유를 통하여 흙 속에 깃들여 있는 상승적 의지를 찬미한

다.

이 무렵에도 민족에 대한 그의 열정이 아주 식어버린 것은 아니었지만, 그의 민족애는 이제 생명의 근원에 대한 형이상학적인 사유 속에 녹아들어 우리 민족에게 숙명적으로 주어진 자연조건으로서의 국토에 대한 예찬으로 변모되고 있는 듯한 느낌을 준다. 그래서인지 통일에의 염원을 노래한 「차를 타고」에는 '근원에의 사념(思念)'이란 부제가 붙어 있다.

> 車는 달린다. 푸른 山脈을 따라 車는 간다
> 서는 곳마다 제 마을이요 가는 곳마다 내 故鄕이라
> 아침 하늘에 빛나고 저녁 노을에 물든다
>
> 山 너머 첩첩한 光陰 사이에 創世의 鄕愁가 흐르고
> 江 건너 벌판에 자라는 未來의 꿈을 자랑삼는 곳
> 돌아서 千里길 하루의 거울에 비치다
>
> 蒼空에 빛나는 芳草 우거진
> 千萬年 情든 흙에 뿌리박고 이어선
> 나무들 變容하여 하늘 아래 한 집을 이루니
>
> 白雲과 함께 疆土 부풀어 鼓動하고
> 南北 山川과 景槪가 한자리에 모이어
> 展開된 마음 위에 不滅의 나라가 선다
>
> 오 車야 달리라 山脈이 뻗힌 대로 가라
> 서는 곳마다 네 마을이요 가는 곳마다 내 故鄕이라
> 아침 하늘에 빛나고 저녁 노을에 길이 물들라
>
> —— 「차를 타고」 전문

차를 타고 달리는 사람의 시점에서 보면 인위적인 장벽의 견고성은 풀어져 현실감을 상실하게 되고, 현실적인 거리는 물리적 공간성을 잃게 되어 "천리길"도 "하루의 거울에 비치"게 된다. 이러한 전진적이고 역동적인 마

음에 직관적으로 포착된 강토는 "부풀어"올라 "고동"치고, 남북으로 분단
되어 있는 산천조차 "한자리에 모이어／… 불멸의 나라"를 이룬다. 1953년
9월에 발표된 이 시가 우리에게 주는 놀라움은, 이 시인의 뜨거운 애국심
속에 펼쳐지는 조국의 희망찬 미래상을 보는 데에서 비롯된다기보다는 이
시가 휴전협정이 체결된 지 불과 두달 후에 발표되었다는 사실에서 비롯된
다. 그때부터 점점 고착되어가고 있는 분단상태를 뼈아프게 느끼고 있는
우리로서는 당시의 그 엄청난 절망과 허탈감을 뛰어넘고 이같은 감동적인
시를 창조해낼 수 있었던 시인 김광섭의 역동적인 상상력에 그저 놀랄 수
밖에 없지만, 한편 역사적 현실로서의 국토분단의 아픔이 그의 근원의식
속에 무르녹아 리얼리티를 상실하고 있는 듯한 느낌을 갖게 되는 것도 어
쩔 수 없는 일이다.

『해바라기』가 출판된 것은 1957년이고, 『성북동 비둘기』에는 한 편(「심
부름 가는……」)을 제외하면 1965년의 발병 이후 1969년까지 씌어진 시들이
실려 있으므로, 1958년부터 1964년 사이의 7년 동안에 씌어진 시들은 그의
시집들에서 모두 누락되어 있다. 그러나 이 기간에 4・19와 5・16이라는
커다란 역사적 변동을 겪었으므로 남달리 현실의식이 투철했던 이 시인이
어떠한 마음가짐으로써 이 시대를 살았는지에 우리의 관심이 기울어지는
것은 어쩌면 당연한 일이기도 하다. 이 시기에 씌어진 시들을 모두 구해
보지는 못했기 때문에 분명히 알 수는 없지만, 여러 잡지에 발표된 몇편의
시들에는 그러한 역사적 변동에 대한 구체적 반응은 보이지 않고 대체로
소시민적 애환이 짙게 깔려 있을 뿐이다.

> 눈먼 절룸바리의 지팽이 같은 것이
> 길가에 흩어졌다
> 싸이렌 소리가 요란한 거리로
> 조심스럽게 걸어가는 동안에
> 쓸 만한 時間은
> 젖은 심지처럼 타버리고
>
> (…)

絕對者의 품속에
한번도 들어가보지 못한 채
언제쯤 非我를 위하여 끝날 무렵

———「퇴근」 부분

뻐스는 滿朔
不安한 搖籃
五원이면
同行하는 兄弟
姉妹를 가득 싣고
千里 같은 여름 해에
스리나! 난 너와 잔다는데
사리돈은 왜 자꾸 깨울까

———「한발(旱魃)」 부분

4·19 직후에 씌어진 「퇴근」은 "싸이렌 소리가 요란한 거리"를 통해 불안스러운 세태를 암시하고는 있지만 신체의 일부를 상실한 불구자처럼 무기력해진 소시민의 모습을 암담하게 그려내고 있을 뿐이고, 5·16 직후에 씌어진 「한발」에는 현실에 참여할 수도 없고 그렇다고 해서 시대를 외면하고 자버릴 수도 없는 소시민들의 속으로만 응고된 갈등이 짙게 배어들어 있다. 이 두 시에서 우리가 느낄 수 있는 것은 현실을 깊이 의식하면서도 그것에 대한 표출을 절제하고 있는 시인의 모습이다. 그래서인지 이즈음에 이루어진 그의 시들은 그 들끓던 애국심이나 생에 대한 형이상학적 탐구의 심원함 대신 대체로 세상살이의 신산함과 뿌리없는 도시생활의 역겨움 같은 것을 담고 있다. 이 기간은 그의 시작생활 전체에 비추어볼 때 일종의 하강곡선을 긋고 있지만, 그렇기 때문에 그가 말년에 병을 앓으면서 이룩한 시적 승리가 더욱 값지게 느껴지는 것인지도 모른다.

5. 현실과 관념의 통일

1965년 4월 22일 서울운동장에서 야구 구경을 하다가 뇌출혈로 졸도하여 메디컬 쎈터에서 일주일 후에 깨어난 사건은 그의 인생에서 가장 큰 고통과 함께 가장 빛나는 시의 승리를 안겨준 계기가 되었다. 발병 이후에 얻은 시집들만 하더라도 『성북동 비둘기』(1969), 『반응(反應)』(1971), 『김광섭 시전집』(1974), 『겨울날』(1975) 등이 있으며, 이러한 시집들 속에서 그는 인간과 자연, 세태와 문명 비판, 고향과 통일에의 염원 등 실로 한없이 넓고 깊은 시세계를 우리 앞에 펼쳐주었던 것이다. 이와같이 죽음을 몰고 오는 치명적인 병과의 싸움에서 자신의 생명과 함께 시의 진경(眞境)을 탈취해온 그이지만, 그는 한번도 병을 미워하거나 고독을 두려워하지 않았다.

나는 한번도 병과 싸운다는 생각을 해본 적이 없다. 병과 싸운다는 것은 말뿐이지 실제 있을 수 없는 일이다. 몹시 아프면 참을 뿐이지, 싸우자면 이놈 봐라 하고 더 아픈 것이다.

人間界에 휘말리지 않기 위하여 나는 신선이 되어야 한다. 신선은 인간 사회에 접하면 없어지는 精神界이다. 그러므로 환자에게 늘상 따르는 고독을 싫어하지 않는다. 나는 인간에게서 피난온 것이라 생각한다. 9)

위의 인용문들은 병고를 이겨내는 그의 마음가짐과 그에게 시정신의 완성을 가져다 준 정신의 선경(仙境)을 보여준다. 그의 정신은 이제 가까운 곳과 먼 곳, 낮은 곳과 높은 곳, 표면적인 곳과 심층적인 곳을 자유롭게 넘나들며 인간과 자연의 참모습을 유감없이 드러낸다. 그와같은 정신은 지적 추구의 예리함이 아니라 애정을 가지고 대상을 포용함으로써 사물의 진실에 도달하려는 그의 마음가짐에서 열린 것이다. 그러므로 이러한 정신에

---

9) 김광섭, 「병을 미워하지 않는 마음」, 『나의 옥중기』, 창작과비평사 1976.

서 잉태된 그의 시는 이제 깊은 뜻을 간직하면서도 관념적 표현에 흐르지 않고, 내용과 형식, 감성과 지성의 조화를 이루게 되었다.

병상에서 그는 되찾은 생명과 자신의 정신건강을 확인하기 위해, 그리고 그것을 완전히 소유하기 위해 마음을 기울여 시를 쓰기 시작했다. 그러므로 이때에 얻은 그의 시들은 "죽음에서 파낸 생명 같은 기록들"이고, "단순한 슬픔이거나 절망이 아니고 광명을 보는 희망"이며, "생명의 원천에서 나온 빛"이기도 했다.

그의 병상에서 맨 처음에 이루어진 「봄」에는 만물이 그들의 생명을 회복해가는 재생의 느낌이 강하게 스며들어 있다. 이 시에서의 봄은, "집 사이에 쌓은 울타리를 헐 때"이고, "모든 거리(距離)가 풀리면서/멀리 간 것이 다 돌아"오는 때이며, "죽은 것과 산 것이 서로 돌아서서/그 근원에서 상견례를" 이루는 때이다. 그러나 죽은 것과 산 것은 시간과 공간을 달리하고 있는 대립적 요소가 아니라 하나의 생명 속에서 함께 숨쉬고 있는 두 가지 양상이다. 죽음이 우세한 겨울에 산 것은 깊이 은폐되어 있다가 재생의 계절인 봄과 함께 돌아와 죽음과 대등한 힘을 가지고 그것을 마주보게 된다. 그러나 아직도 죽음을 강하게 의식할 수밖에 없는 봄은 아픔의 계절이며, 그러한 아픔 속에서만 삶은 가장 절실하게 의식되는 것이므로, "죽은 것과 산 것이…그 근원에서 상견례를" 이루는 봄은 오묘한 생명의 계절이기도 하다.

「생의 감각」에는 죽음과 삶의 치열한 마주침의 공간이 '무너지는 둑'으로 비유되고 있다.

아픔에 하늘이 무너졌다
깨진 하늘이 아물 때에도
가슴에 뼈가 서지 못해서
푸른 빛은 장마에
넘쳐흐르는 흐린 강물 위에 떠서 황야에 갔다

나는 무너지는 둑에 혼자 섰다

기슭에는 채송화가 무데기로 피어서
生의 感覺을 흔들어주었다

——「생의 감각」 부분

  생명의 재생과 함께 그것이 허물어져가는 아픔을 동시에 느낄 수밖에 없
는 상황 속에서 자기 자신의 정신건강을 확인한 김광섭은 그의 대표작이라
일컬어지는 「성북동 비둘기」를 비롯하여, 그 이전의 시들을 질과 양에서
능가할 만한 성과를 거두게 된다. 이러한 시들에서 그는 삶의 근원에 대한
관심과 물질문명에 대한 비판의식을 견지하면서도 표현의 관념성을 거의
완벽하게 극복하였음을 보여준다.

    성북동 산에 번지가 새로 생기면서
    본래 살던 성북동 비둘기만이 번지가 없어졌다
    새벽부터 돌 깨는 산울림에 떨다가
    가슴에 금이 갔다
    그래도 성북동 비둘기는
    하느님의 광장 같은 새파란 아침 하늘에
    성북동 주민에게 축복의 메시지나 전하듯
    성북동 하늘을 한바퀴 휘 돈다

    성북동 메마른 골짜기에는
    조용히 앉아 콩알 하나 찍어먹을
    널찍한 마당은커녕 가는 데마다
    채석장 포성이 메아리쳐서
    피난하듯 지붕에 올라앉아
    아침 구공탄 굴뚝 연기에서 향수를 느끼다가
    산 1번지 채석장에 도루 가서
    금방 따낸 돌 溫氣에 입을 닦는다

    예전에는 사람을 聖者처럼 보고
    사람 가까이
    사람과 같이 사랑하고

사람과 같이 평화를 즐기던
사랑과 평화의 새 비둘기는
이제 산도 잃고 사람도 잃고
사랑과 평화의 사상까지
낳지 못하는 쫓기는 새가 되었다

──「성북동 비둘기」 전문

　이 시에는 정신보다는 물질의 개발에만 억세게 매달렸던 1960년대 후반
의 세태가 쫓기는 비둘기와 채석장 포성의 대비 속에 여실히 드러나 있다.
변두리의 낮은 산들을 무너뜨리며 괴물처럼 비대해가기만 했던 서울, 그러
나 발전이란 미명 아래 삶의 기본 조건인 자연에 대한 무차별한 파괴가 횡
행했던 서울을 우리는 너무도 생생하게 기억하고 있다. 김광섭이 살고 있
었던 성북동도 예외는 아니어서 병고에 신음하던 그의 가슴에 "금이" 가는
듯한 아픔을 주었을 것은 뻔한 일이지만, 그러한 속에서도 그는 삶에 대한
따뜻한 정을 키워가고 있었다. "구공탄 굴뚝 연기에서 향수를 느끼"거나
"금방 따낸 돌 온기에 입을 닦는" 비둘기의 모습 속에서 우리는 자연의 파
괴 위에 물질의 풍요만을 쌓아가는 메마른 인간성과 시인의 따뜻한 마음이
깨어진 돌의 모서리처럼 날카롭게 마주치고 있음을 볼 수 있다. 이 시에서
보여준, 물질문명에 대한 이와같은 건전한 비판정신 속에서 우리는 시인은
앓아도 시까지 앓아서는 안된다는 김광섭의 숭고한 시정신을 발견하게 된
다. 이러한 시정신은 자연과 인간에 대한 크나큰 사랑에서 잉태된 것이며,
그것은 특히 산이 주는 장엄한 이미지와 중첩되어 나타난다.

산은 양지바른 쪽에 사람을 묻고
높은 꼭대기에 神을 뫼신다

산은 사람들과 친하고 싶어서
기슭을 끌고 마을에 들어오다가도
사람 사는 꼴이 어수선하면
달팽이처럼 대가리를 들고 슬슬 기어서

도로 험한 봉우리로 올라간다

산은 나무를 기르는 법으로
벼랑에 오르지 못하는 법으로
사람을 다스린다

———「산」 부분

산의 숭엄함과 따사로움은 '이산(怡山)'이란 호를 가진 김광섭 자신의 마음이기도 하다. 이와같은 그의 마음은 자연에 대한 친화감만을 의미하는 것은 아니다. 그것은 오히려 병으로 인해 현실에 직접 참여할 수 없는, 따라서 수동적인 삶의 형태를 취할 수밖에 없는 상황 속에서 자연에 자신의 시정신을 투영시킴으로써 인간이 마땅히 추구해야 할 삶의 참모습을 보여주려는 의지에서 탄생한 것이다. 그러므로 그의 자연은 "사람이 외로우면/사람과 한방에 살면서 외롭고/사람이 슬프면/사람과 같이 가면서 슬프다"(「꽃」)에 보이듯이 단순히 목가적인 것만은 아니며, "우리의 삶 속에서만 자연은 산다"[10]고 노래한 코울리지의 그것처럼 인간이 주는 것만큼 받아오게 되는 그러한 자연이다.

자연에 대한 그의 관심은 또한 "소음(騷音)과 속도" 속에서 "퍼지며 치솟으며 … 크기와 많기"만을 자랑하는 대도시와 그 속에서 이루어지는 삶의 삭막함과 무의미함에 대한 안티테제의 설정이기도 하다(「대서울」). 그의 눈에 비치는 서울은, 그 도심(道心)에 속임수와 탐욕을 교묘하게 감추고 있는 "속이 텅 빈 종소리"(「서울 크리스마스」)이다. 그러므로 그의 눈길은 자연히 도심에서 밀려나 변두리의 산등성이에서 사는 주민들에게 쏠리며, 그들 속에서 그는 건전한 삶의 모습과 함께 진정한 구원의 가능성을 발견한다.

산등성이에서 빈대처럼 기는

---

10) Elizabeth Drew, *Poetry*, Dell Publishing Co., New York 1959, 170면에서 재인용. "In our life alone Nature live"의 졸역.

오막살이 지붕들만이 모여서
이마를 맞대고 예배를 올렸다
이튿날 아침 서울거리에는
예수의 헌 짚세기
한 켤레가 굴러다니는 것을
맨발로 가던 거지가 끄을고
세계의 새아침으로 갔다

──「서울 크리스마스」 부분

　김광섭의 초기시에 반영된 현실의식은 다분히 관념에 대한 대칭적 존재로서의 현실에 대한 의식, 다시 말해 민중적 삶에서 유리된 지식인의 현실의식이라는 느낌을 완전히 지워버리기는 어렵지만, 이 시에서 그는 변두리의 산등성이에서 사는 가난한 사람들에 대한 깊은 친화감을 통하여 참다운 민중시인의 면모를 보여주고 있다. 이처럼 깊어진 민중의식 속에서 그는 "죽음을 묻고 돌아선 민중의 슬픔에 안겨／자라는 무덤은 봉우리보다도 높고／궁전보다도 커서／산 사람의 키 위에 선다"는 뜻깊은 인식에 이르게 되지만, 이러한 깨달음도 그가 병을 앓으면서 길러낸 양식(良識) 가운데 하나이다. 그는 이러한 깨달음 속에서 물질이나 지식의 축적을 통한 편리한 삶의 충족보다는 건전한 생활 자체에서 우러나오는 충족이 더욱 값진 것임을 절실하게 느끼고 있다.

쉬운 充足으로
훨훨 살게 되었다
구두닦이라도 되어
더러운 길을 걸어온
똥 묻은 구두라도
더럽다 말고
침을 텍텍 뱉어
싹 닦아주고는

──「병」 부분

위의 시에서처럼 그는 이제 표면적 더러움의 이면에서 삶의 건강성을 발견하고, 그러한 삶을 진심으로 동경하기에 이른다. 이와같은 건전한 삶은 또한 개인적인 충족감을 가져오는 데에서만 그치는 것이 아니며, 그것은 "이름도 없는 잡초"들이 강둑의 균열을 방지하듯 우리의 사회적 삶의 파탄을 최종적으로 막아내는 가장 믿을 만한 힘의 근원이기도 하다.

아 밝은 태양 맑은 물
바람 센 여의도 강뚝
말라서 흙이 갈라질세라
덮은 풀들이여

(…)

花信 등진 저 아낙네들
지나간 고운 날을 삼키며
쑥을 캐는 눈시울이 따가와선가
가난이 얼굴바닥에 탄다

———「잡초들」 부분

잡초들의 끈질긴 생명력은 강둑의 보존을 위해 생긴 것은 아니지만, 생명과 결부된 그 끈질김의 고리들이 결과적으로 강둑의 붕괴를 막아주게 되는 것이다. 그러나 그러한 근원적 생명력에 뿌리내리지 못한 허욕들은 겉으로만 견고한 건축물을 하늘 높이 쌓아올리며, 그것을 최종적으로 지탱해주는 것은 생명을 건 진실성이라는 것을 바로 알지 못한다. 그러므로 그들은 거대한 아파트의 붕괴 배후에 도사리고 있는 엄청난 비리를 파헤치는 대신 눈앞의 이익에만 급급했던 가련한 건축업자를 발견할 뿐이다.

슬프다 슬프다
시민 아파트에 깔려
먼저 죽은 원혼들이여
서울에 길이 살라 명복을 빌면서

시장님은
부인동반
눈물의 데이트를 떠나셨다

———「와우아파트」 부분

정작 책임을 져야 할 사람은 한두 마리의 희생양을 제단에 바치고 자신
이 슬퍼해야 할 것이 무엇인지도 모른 채 그저 슬픈 모습만을 지어 보이며
문제의 심각성을 호도해버린다. 양심이 근원에서부터 마비되어버린 이와같
은 세태를 시인 김광섭은, 다음 시에서 절망적인 모습으로 그려내고 있다.

하늘과 나라 사이가 이렇게 멀어져서
나라를 세운 분의 뜻이 흙에 서지 못하니
넘어질 때 붙잡을 머리칼 하나
하늘에는 없다

———「무제」 5연

물에 빠진 자의 지푸라기는 넘어질 때 붙잡아야 할 머리칼 하나에 비하
면 얼마나 큰 것인가! 이러한 절망적인 감정에서였는지, 그는 「연가」에서
는 "시대에 코를 골면서" 잠이나 자야겠다는 역설적인 푸념까지 내뱉고 있
다. 이처럼 김광섭이 그의 만년에까지 잠재울 수 없었던 비판정신은 따지
고 보면 인간의 존엄성에 대한 굳은 신념에서 나온 것이다.
　　그는 또한 친구들 사이의 관계를 자연계의 오묘한 조화를 빌려 "구름은
봉우리에 둥둥 떠서/나무와 새와 벌레와 짐승들에게/비바람을 일러주고
는/딴 봉우리에 갔다가도 다시 온다/…/만물은 모두 이런 정에서 산다"
(「우정」)고 노래할 만큼 정이 깊은 시인이기도 했다. 그는 가족이나 친구들
에게는 말할 것도 없고 천장의 왕거미, 구석의 귀뚜라미와 같은 미물들에
게까지 끝없이 깊은 정을 쏟는다(「겨울날」). 그러나 병을 앓으며 죽음을 마
주보고 있는 그에게 무엇보다 위안이 되었던 것은 어린아이였다. 그는 아
이에게서 천진무구함과 함께 생명의 무궁한 쇄신을 보았기 때문이다.

우리 아기 얼굴은
부처님 손바닥
무엇으로 씻는지
날마다 보아도
天眞 그대롤세

아그그 아기가 웃는다
하이얀 웃음
하늘도 같이 웃네

누가 손을 드는가
만지면 물이 되는
야들야들한 손

無限을 쥐고
만물 중에
혼자 누운 새 얼굴

—— 「아기」 전문

아이에게서 이처럼 커다란 기쁨을 찾아낼 수 있는 그의 능력은 꾸밈이 없는 단순한 마음에서 열린 것이다. 그리고 이와같은 마음가짐이야말로 감정과 지성, 현실과 관념, 사회의 부조리와 인간의 존엄성 등의 이질적 요소들을 '진미(眞美)에 이르는' 단순성 속에 용해시키는 원동력이 되었다. 그러나 김광섭이 이러한 단순성에 이른 과정은 앞에서 이미 살펴본 바와 같이 그렇게 단순하지만은 않았다. 그러나 다행스럽게도 그는 중병을 앓으면서 자신이 일생 동안 추구해온 삶의 가장 중요한 목표를 달성하였다. 그는 시시각각 생명을 압축해들어오는 죽음과 대결하는 절박한 상황 속에서 그의 삶과 시를 위해 참으로 필요한 알맹이들만을 흡수하여, 깊은 뜻을 간직하면서도 관념에 흐르지 않는 시들을 빚어냈던 것이다. 그러기에 삶의 완성을 통해 시의 완성을 이룬 그의 숭고한 시정신은 "인생은 짧고 무상하지만 아무 일도 못할 정도로 짧은 것은 아니라는 것을 느꼈다"[11]는 자랑스러운 말과 함께 우리에게 감동적으로 다가오는 것이다.

지금까지 우리는, 김광섭의 시에 나타난 관념이 그의 어떠한 경험과 사유에서 비롯되어 어떠한 과정을 거쳐 삶의 현실과 조화를 이룬 훌륭한 시정신으로 승화되었는지를 살펴보았다. 그는 일본 유학 첫해에 색맹으로 인해 의과대학에 입학하지 못하고 그 이듬해에 영문학을 선택함으로써 문학수업을 시작하였으므로, 시적 감수성이나 재능에 이끌려 시를 쓰게 된 사람들과는 달리 처음부터 지성적 특성을 강하게 드러내는 관념적 시를 쓸수밖에 없었다. 이러한 특성은 서구문학의 이론을 받아들이면서 시를 쓰게 된 우리나라의 많은 시인들에게서 나타나는 것이기도 하지만, 그는 삶의 내용을 시에 담으려는 피나는 노력을 통해 서구적 지성을 민족적 또는 민중적 감성으로 육화시키는 데 성공하였다. 이러한 점에서 우리는 서구의 문학이론을 구체적으로 수용·발전시킴으로써 우리 시문학의 정신적 지평을 넓혀준 시인의 본보기로 이산 김광섭을 길이 기억해도 좋을 것이다.

<한국현대시문학대계 12 金珖燮, 지식산업사 1981>

---

11) 『김광섭 시전집』 '발문'.

형상언어와 가치의 세계

김명수 시집 『침엽수 지대』

나는 시인 김명수와 개인적으로 사귀어본 경험이 없는지라 흔히 보아온 바와 같은 '발문'을 쓸 처지가 못된다. 그러나 몇차례인가 우연히 만나본 그의 외모와 말씨에서 받은 인상만큼은 내 마음에 깊이 새겨져 있으며, 그의 시를 읽을 때마다 그것은 더욱 뚜렷한 모습과 빛깔을 띠고 내게 다가오곤 한다. 나는 '시는 언어로 표출된 인격'이란 말에는 선뜻 동의할 마음이 내키지 않지만, 김명수와 그의 시에 대해서는 이 말이 거의 들어맞는다는 생각을 가지고 있다.

1980년에 『월식(月蝕)』이란 첫 시집을 내놓은 이후 『하급반 교과서』 (1983), 『피뢰침과 심장』(1986)에 이어 네번째 시집을 내놓게 된 지금까지 김명수는 무척 다양한 소재의 시들을 보여주고 있지만, 그의 인격에 걸맞지 않은 듯한 느낌을 주는 시는 거의 없었던 것으로 기억된다. 그 자신의 인격의 내용이라고 할 수 있는 인식과 실천의 범주를 거의 벗어난 일이 없는 그의 언어가 때로는 격량의 시대를 살아가는 동시대인들에게 그들이 요구하는 만큼의 해방과 희망의 정서나 메씨지를 전해주지는 못했을지도 모른다. 그러나 사악한 권력과 비인간적인 체제에 대한 격렬한 분노와 열기로 가득 찬 80년대를 살아오면서 많은 시인들이 문학의 혁명적 기능에 집착한 나머지 자신의 인식과 실천을 초월한 언어들을 남발해온 것이 사실이고 보면, 한 시인과 그의 시 사이에 들뜨고 과장된 언어 사용에서 비롯된

괴리가 없다는 것은 가볍게 보아넘길 수 없는 깊은 뜻을 지닌다. 그것은
시대적 요구에 대해 늘 진지하고 겸허한 자세를 견지하는 데서만 가능한
것이며, 이러한 미덕을 지닌 사람만이 사물을 있는 그대로 바라볼 수 있는
능력, 다시 말해 세계에 대한 정직성을 지닐 수 있기 때문이다.

　그의 겸허한 태도는 시의 소재를 찾아 그것을 한 편의 시로 만들어내는
과정에 반영되어 나타난다. 그는 특별할 것이 없는 사물들을 시의 소재로
삼아 말의 낭비가 전혀 없어 보일 만큼 깔끔하게 정제된 모습의 시들로 만
들어내는 데 뛰어난 능력을 보여준다. 그래서 일상생활에서 일단 이 시인
의 눈길에 잡힌 사물들은 아연 강렬한 빛을 뿜어내며 한 편의 빼어난 시로
태어나게 되는 것처럼 보인다. 그러나 못, 볼트, 단추 등과 같은 하찮은
물건들이나 개미, 방아깨비, 개똥벌레 등과 같은 미물들이 시의 소재로 자
주 등장하는 것을 보면, 사물과의 우연한 마주침에서 그의 표현욕구가 촉
발된다기보다는 이 시인이 어떤 의도를 가지고 그런 사물들을 선택하고 있
다는 느낌을 갖게 된다. 이러한 선택의 경향성은 친근한 사물들이야말로
우리의 공유된 경험을 통해 시인의 의식과 독자들의 경험을 매개하는 탄탄
한 교량 역할을 해낼 수 있기 때문이 아닐까. 그러나 시를 통해 고취되는
정서와 깨달음이 일상적 느낌이나 통념을 깨뜨림으로써 얻어지는 것이라
면, 김명수의 소재 선택에는 상당한 모험성이 깃들일 수밖에 없을 것같이
생각되기도 한다. 이러한 모험에서 시인 자신이 패배하지 않고 뜻깊은 시
적 성취를 이루어내려면 숨막힐 듯한 긴장과 치열한 사유의 용광로를 거쳐
야 할 것이다. 사실 내가 「개미」라는 시 제목에 마주친 순간 일말의 불안
과 긴장을 느낀 것도 그 때문이었을 것이다.

　　개미는 허리를 졸라맨다.
　　개미는 몸통도 졸라맨다.
　　개미는 심지어 모가지도 졸라맨다.
　　나는 네가 네 몸뚱이보다 세 배나 큰 먹이를
　　끌고 나르는 것을 여름언덕에서 본 적이 있다.
　　그러나 나는 네가 네 식구들과 한가롭게 둘러앉아

저녁식탁에서 저녁을 먹는 것을 본 적 없다.
너의 어두컴컴한 굴속에는 누가 사나?
햇볕도 안 쬐 허옇게 살이 찐 여왕개미가 사나?

———「개미」 전문

　시인은 개미의 허리나 모가지가 가늘다는 존재론적 사실에 '졸라맨다'는
의지동사를 씀으로써 하나의 개별적 사물이 노동과 관련된 우리 시대의 보
편적 사회인식을 떠올리도록 만들어놓고 있다. 이것만으로도 이 시인의 모
험은 찬연한 빛을 뿌리기 시작한다. 그리고 이 시 끝줄의 "허옇게 살이 찐
여왕개미"라는 구절에서 자본가의 속성에 대한 시인의 은밀한 분노를 읽어
낼 때 우리는 이 시의 의미가 뚜렷한 대칭적 구도 속에서 깔끔하게 완결되
었음을 느끼게 된다. 이처럼 하나의 단순한 사물에 대한 통찰과 극도로 절
제된 언어를 통해 어두운 사회현실에 대한 명징한 알레고리를 만들어내는
데에서 김명수 특유의 창작기법의 일단을 볼 수 있다.
　그는 또한 하나의 사물을 존재의 연쇄성 속에서 드러냄으로써 겉으로 나
타난 모습이나 사용가치의 대상으로만 사물을 보려고 하는 우리들의 편의
주의와 상상력 부재 현상을 질타하기도 한다. 「꿀을 먹을 때」는 이러한 경
우의 한 전형처럼 보인다. 이 시에서 우리는 사물의 시간적 추이를 거슬러
오르는 상상력을 통해 이루어진, 꿀 — 꿀벌 — 꽃밭 — 흙 — 빗방울 — 구름
— 하늘로 이어지는 연상의 고리들을 보게 되는데, 여기서 드러나고 있는
자연계의 인과관계는 인간사회 내부에 존재하는 물질적 순환관계에 대한
은유적 표현으로 읽힌다. 그러기에 우리는 이 시를 읽으면서 꿀에서 단맛
만을 보듯 사물을 눈앞의 현상으로만 보려고 하는 우리들 자신의 속물근성
에 대한 반성적 성찰을 갖게 되며, 한 방울의 꿀에서 '하늘'까지 보게 되는
참된 즐거움을 맛보듯 한 그릇의 밥에서 노동자·농민의 피땀의 무게와 그
들의 노동에 담긴 '하늘'같이 큰 뜻을 기꺼이 받아들일 수 있는 마음을 갖
게 되는 것이다.
　앞에서 본 두 편의 시에서 우리는 이 시인이 지닌 사물인식과 사회의식
이 눈부실 듯 간명한 알레고리와 은유를 통해 하나로 결합되고 있는 예를

볼 수 있었다. 그러나 「숨결」과 같은 시를 보면, 이 시인이 지닌 탁월한
창조성, 사물인식과 사유에서 드러나는 폭과 깊이는 비유적 형식 속에서는
오히려 어느정도 제한된 형태로밖에 드러날 수 없는 게 아닐까 하는 느낌
을 갖게 된다. 짧은 시인데도 거기에 담긴 뜻과 힘은 그만큼 압도적이다.

벼들이 막 익은 남녘 들판에
태풍이 몰려온다
세차게 세차게 회오리쳐 몰려온다
地球여, 나는 네 고독을 안다
나는 네 슬픔을 안다

——「숨결」 전문

나는 이 시에 어떠한 해석도 가하고 싶은 마음이 내키지 않는다. 이 시
에서는 어떠한 언급도 거부하는 듯한 형언할 수 없이 팽창된 힘이 느껴지
기 때문이다. 가령 태풍이라는 거센 바람을 지구의 '숨결'로 읽었다고 하
자. 그리고 '고독'과 '슬픔'에 겨운 지구가 그것을 회오리치게 한다고 보자.
그런데 지구는 왜 고독하고 슬픈가? "벼들이 막 익은 남녘 들판"에 불가
항력적으로 회오리쳐 몰려갈 수밖에 없는 생리 때문인가. '숨결'은 숨쉬는
현상이고, 숨쉬는 존재는 숨쉼을 통해서만 존재할 수 있을 터이니 그럴 법
도 하다. 그러니까 숨쉼을 멈추어야 할 상황에서 숨을 쉴 수밖에 없다는
것은 존재론적 모순이다. 아마도 지구의 '고독'과 '슬픔'은 여기에 내재해
있는 것이리라. 그러나 휘몰아쳐오는 태풍에서 우리 농민의 생존 자체를
위협하고 있는 우루과이라운드와 농산물수입개방을 떠올린다면 어떻게 될
까? 이때의 고독과 슬픔은 농민의 것일지언정 지구의 것이 될 수는 없는
게 아닐까. 여기에 이르면 우리는 더이상 따지기를 멈출 수밖에 없다. 우
리의 생각을 두 가지 모순이 가로막고 나서기 때문이다. 하나는 앞에서 보
았듯 당위와 생리 사이에 개재하는 존재론적 모순이고, 다른 하나는 농민
의 고독과 슬픔일 수밖에 없는 현상을 지구의 것인 양 쓰고 있는 데서 드
러나는 의미론적 모순이다. 그러나 우리는 이 시에 내재된 모순의 중첩 속

에서 뭔지 모를 고독과 슬픔이 지구적인 크기로 증폭되어 우리를 사로잡는
다는 사실만은 변함없이 느낄 수 있다. 이처럼 모순의 충돌들이 빚어내는
힘과 감동은 논리적 추리가 아닌 직관을 통해 우리의 감성에 직접 호소해
온다. 그러기에 오히려 이 시에 담긴 큰 뜻이 전혀 손상받지 않은 채 깊이
갈무리될 수 있는 것이다.

앞에서 우리는 여러 차원의 다양한 사물들을 우리의 사회현상들과 하나
의 의미망 속에 결합해내는 방법들을 보았거니와, 주제 면에서도 그의 시
들은 매우 폭이 넓고 다양한 조망을 보여준다. 이처럼 다양한 주제에도 불
구하고 그의 시들에 담겨 있는 의미와 가치들은 하나의 크고 깊은 인간애
로 통일되어 있다. 소외된 노동을 말하든, 왜곡된 역사와 그릇된 사회구조
를 드러내든, 허물어져가는 농촌사회에 잔영처럼 남아 있는 전통적 삶의
아름다움을 이야기하든, 거기에서는 늘 인간에 대한 깊은 연민과 사랑의
숨결이 느껴진다.

김명수는 거대한 콘크리트 구조물들을 만드는 데 쓰이고 버려지는 판자
쪽들을 통해 소외된 노동의 스산한 느낌을 드러내기도 하고(「거푸집」), "한
평생 뗏마배도 한 척 없어/사시장철 남의 배에 고용살이"만 한 어부의 삶
을 과부가 된 여인을 통해 애절하게 노래하기도 하며(「뻘흙」), 배달꾼, 행
상, 복덕방 노인 등과 같은 도시빈민들의 희망 없어 보이는 모습들에 쓸쓸
한 시선을 보내기도 한다(「도심철로」).

우리 사회의 구조적 모순을 하나의 장면 속에 상징적으로 그려내고 있는
「부세(賦稅)」와 같은 시에도 약한 사람들에 대한 애정이 깊이 새겨져 있
다. 키가 큰 사람과 키가 작은 사람이 "막대기에 짐 하나를 꿰어 같이 어
깨에 메고" 언덕으로 올라가는 까닭에 자꾸만 "키 작은 사람 쪽으로" 짐이
쏠리게 되는 모습에서 우리는 겉모습과는 달리 엄청난 불공평을 내재하고
있는 우리나라 세금제도의 부당성을 뚜렷이 볼 수 있으며, 거기에 담긴 강
자들의 음험한 계략과 함께 거역할 수 없는 힘에 짓눌려 기를 펴지 못하고
살아가는 서민들의 고통을 절실하게 느낄 수 있다.

김명수는 또 눈앞의 자연물에서 뒤틀린 역사의 수레바퀴 밑에서 으깨어
져버린 영혼들을 불러내기도 한다. 그는 하얀 찔레꽃들에서 6·25 때 무참

히 쓰러져간 젊은이들의 넋을 보기도 하고(「찔레꽃 피는 봄날」), 지리산 계곡의 물소리에서 빨치산들의 고함소리, 비명소리, 통곡소리를 들어내기도 한다(「피아골 물소리」). 그러나 그가 흔히 과거를 떠올리는 것은 단순한 회고취미가 아니다. 그것은 "아직도 전쟁은 끝나지 않았다네"라든가 "아직도 잠들 수 없는/거친 아우성 계곡물 소리"와 같은 시구에서 뚜렷이 드러나고 있다. 이처럼 김명수에게 '과거'는 문제가 되고 있는 현재의 살아있는 내용이다. 그것은 지금도 우리의 뼈 속을 들쑤시는 아픔이기에 그것을 치유하지 않고는 맞이할 수 없는 미래에 대한 희망이기도 하다.

이 시집에서 우리는 사회적 모순을 잉태하고 있는 어두운 힘과 그것에 짓눌리고 으깨어진 사람들에 대한 연민만 읽게 되는 것은 아니다. 어두운 현실을 힘차게 헤쳐가는 삶의 모습들을 담은 시들이 있어 우리를 일종의 해방감으로 이끌기도 한다. 「여름강」과 「일각수」는 상류로 거슬러오르는 물고기와 들판을 내달리는 코뿔소의 이미지에 힘입어 발랄하고 거침없는 힘으로 고동치고 있다. 그런가 하면, 피(血)와 연관된 현상들을 다루고 있는 일련의 시들은 우리의 정치현실에 대한 경험과 기억의 핏줄 속으로 전류를 흘려보내는 듯한 뜨거운 전율을 담고 있다. 김명수는 이 시들 속에서 우리의 피흘림을 끝없이 강요하며 비대해가는 권력(「헌혈」), 눈도 귀도 코도 없이 무리무리 끌려가는 "흰옷 입은 형제들"(「유혈」), 마취된 무고통을 갈망하는 우리들 내면의 비겁성(「허혈」), 우리 곁에서 홀연히 사라졌다가 "멍든 흔적도 없이" 나타나 아무 말도 하지 않는 사람들(「어혈」), 총 맞고 칼에 찔려 무덤 속으로 간 벗들을 살려내야만 도래하게 될 우리들의 내일(「수혈」), 참담한 실패와 상처만 남긴 채 우리 앞에 가로놓인 "헛된 소문만 쌓이는 골목"(「응혈」) 등을 때로는 비장하게, 때로는 뜨겁게, 때로는 숨가쁘게 말해준다. 하나하나의 장면들을 무비 카메라로 포착하여 상징성을 띠는 핵심적 부분들만을 뽑아 편집해놓은 듯한, 대단히 상징적이면서도 구체적 느낌을 지닌 이 시들은 우리의 암담한 정치현실을 우리의 머리와 심장 속으로 옮겨놓는 듯한 실감을 전해준다. 이 시들은 또한 시인이 그려내고 있는 대상들 속에 그 자신의 피가 흘러들어가고 있는 듯한 절실함을 담고 있다. 그러기에 혁명을 부추기는 어떠한 말도 보이지 않는 이 시들을 읽으

며 우리는 변혁에의 의지가 뜨겁게 타오름을 느끼게 된다. 이러한 사실은
분노보다는 연민을, 충격보다는 깨달음을 안겨주는 그의 시들이 어떻게 하
여 우리로 하여금 내일을 향해 힘차게 떨쳐일어설 수 있는 힘까지 지니게
할 수 있는지를 극명하게 보여준다.

<침엽수지대, 창작과비평사 1991>

분단상황과 「한라산」의 의미

　이산하의 서사시 「한라산」에 대한 저의 견해를 말씀드리기 전에 먼저 저 자신의 문학관이 근거하고 있는 두 가지 전제를 간단히 말씀드려둘 필요가 있겠습니다. 하나는 우리가 몸담고 살아가고 있는 이 세계는 끊임없이 변증법적인 발전을 거듭하고 있다는 것이고, 다른 하나는 (모든) 예술은 본래 실용적인 목적에서 비롯되었으며 궁극적으로는 우리의 삶의 발전에 이바지하는 것이어야 한다는 것입니다.

　고대 그리스의 철학자 헤라클레이토스는 "만물은 유전한다"고 말했습니다. 이것은 말 그대로 모든 사물은 끊임없이 변화하고 있다는 뜻입니다. 모든 자연현상은 말할 것도 없고 인간의 역사까지도 이 법칙에서 벗어난 것은 없습니다. 만약 이 세상에 운동과 변화가 없다면 그것은 바로 죽음의 세계일 것입니다. 그러므로 만물유전의 법칙은 생명의 법칙이기도 한 것입니다. 이것이 있기에 흙에 떨어진 씨앗은 싹을 틔우고 성장하며, 꽃이 피고 열매를 맺을 수 있습니다. 이러한 변화현상을 좀더 깊이 들여다보면, 거기에는 서로 다른 요소들의 충돌과 결합에 의한 변화와 조화의 움직임이 있습니다. 여기에서 우리는 역시 헤라클레이토스가 말한 "투쟁은 만물의 아버지이다"라는 말을 수긍하게 됩니다. 이 말은 이질적인 요소의 충돌과 결합이 새로운 세계를 낳아가는 힘이 되고 있다는 사실의 수사적 표현일 것입니다. 이러한 현상들에 대한 현대적 표현이 바로 '변증법'이라는 말입니다. 저는 이 말의 뜻을 단순화시켜, '운동과 변화의 법칙'이라고만 말해

두겠습니다.

두번째 전제로서 제가 말씀드린 '예술은 본래 실용적인 목적에서 비롯되었다'는 명제에 대해 간단히 말씀드리겠습니다. 우리는 흔히 그림의 최초의 형태로 스페인 알타미라 동굴 속의 들소 그림을 들추어내는 것을 읽거나 들어왔습니다. 그런데 이 구석기시대 동굴 속의 들소 그림에는 대개 날카로운 도구로 찍힌 흔적들이 많이 발견되고 있습니다. 우리는 그 흔적들이 들소 사냥을 위한 일종의 예행연습에서 비롯된 것임을 어렵지 않게 추측할 수 있습니다. 원시인들은 이 예행연습을 통해 들소에 대한 공포심을 극복하는 한편 사냥기술을 연마했던 것입니다. 그것들은 또한 그림을 그림으로써 그 대상을 실제로 잡을 수 있다는 '마술적 동기'(A. 하우저)에서 그려지기도 했습니다. 그후 신석기시대의 그림들은 주로 제의적 목적에서 그려졌습니다. 저는 이것 역시 '실용적인 목적'의 범주에 포함시킬 수 있다고 생각합니다. 원시인에게 신적인 존재는, 시시각각으로 변화하는 자연현상을 배후에서 조종하는 힘이었으므로, 원시인들은 그것을 자신들의 삶에서 유익한 방향으로 진행시키기 위해 신에게 호소하는 행위로서 제의를 드렸던 것입니다. 그러므로 이 제의행위는 사냥 못지않게 중요한, 그들 자신의 생존을 위한 실제적 행위였던 것입니다. 그러나 이러한 예술은 대상 그 자체보다 창작자의 의도가 중요성을 띠어가면서 기하학적 모양으로 단순화되기도 했습니다. 또한 근·현대로 이행되어오는 과정에서, 특히 서구의 부르조아 시민사회가 형성되면서 유한계급의 요구에 영합하는 여러가지 다양한 예술형식들이 창조되었고, 개중에는 '예술을 위한 예술' 다시 말해 예술 자체를 위한 예술 이론과 작품들이 나오게까지 되었습니다. 이야기를 다소 비약시키면, 이러한 '예술을 위한 예술' 작품과 그 이론은 소외된 형태의 예술 또는 예술이론이며, 제국주의 또는 식민지주의자들에 의해 식민지의 지식인들을 현실도피적인 방향으로 이끌어 그들의 현실감각을 무디게 하고, 투쟁정신을 약화시키거나 말살시키는 방법으로 이용되기도 했습니다. 이것은 우리의 식민지시대 이후 두루 나타나고 있는 현상이기도 합니다.

위에서 말한 두 가지 전제를 염두에 두고 우리의 예술, 특히 문학의 성격을 규정한다면, 우리 문학은 마땅히 우리의 역사적 현실을 바로 보고 그 현실을 왜곡됨이 없이 표현함으로써 우리 민족의 바람직한 역사발전에 도움이 되도록 창조되어야 한다는 것입니다. 요즘 우리 사회는 민주화에 대한 요구가 비등하고 있고, 이러한 요구를 역사 속에서 바람직한 방향으로 성취시켜가기 위해 온 국민이 합심하여 노력하고 있습니다. 민주화에 대한 요구는 단순히 관념적으로 주어진 민주주의 이념을 실현하기 위한 것이 아니라 우리의 구체적인 역사와 현실, 그리고 생활상의 절실한 필요를 반영하는 것입니다. 그러기에 우리는 이러한 요구가 어떠한 역사적 배경과 사회적 현실에서 분출되고 있는지를 먼저 알 필요가 있고, 이러한 필요에 답하기 위해 근래의 우리 지식인사회에서는 한국사회의 성격에 대한 토론과 연구가 활기차게 진행되고 있습니다. 토론자·연구자들의 견해는 다양하지만, 많은 사람들이 현재의 한국사회를 신식민지사회로 규정하고 있습니다. 신식민지사회란 군대에 의한 직접지배와 직접수탈이 자행되고 있는 사회는 아니지만 간접적인 방법, 즉 원격조정하는 방식으로 사실상 실제적인 지배가 진행되고 있는 사회라는 뜻입니다. 한국사회를 신식민지사회로 규정하는 사람들은 비교적 온건한 사람들에 속하지만, 이들보다 진보적 또는 급진적인 성향의 사람들은 한국사회는 신식민지적 요소와 구식민지적 요소가 병존하는 사회로 보거나 한국사회는 아직도 구식민지사회라고 보고 있습니다. 한국사회를 구식민지사회로 보는 사람들은, 한국에는 아직도 미국의 군대가 주둔하고 있으며, 그만큼 군사적으로 지배받는 면이 상존하고 있다고 말합니다. 이러한 논쟁적 견해들의 옳고 그름을 따지기 전에 우리는 먼저 8·15 이후의 우리 역사에 대한 올바른 이해를 갖기 위한 노력을 기울여야 할 것입니다. 위에서 말한 한국사회의 성격에 대한 엇갈린 견해들도 따지고 보면 한국현대사에 대한 엇갈린 견해들에 지배되고 있기 때문입니다. 돌이켜보면 70년대 중반 이후 우리 국사학계가 보여준 현대사 연구에 대한 열기는 대단한 것이었고, 문학적 성취의 중요한 부분도 현대사를 소재로 한 작품들을 통해 이루어진 것이었으며, 또 현대사를 소재로 한 작품들은 거의가 분단문제를 천착한 것입니다. 이러한 사실은 물론 우리의 현대사에서 제기되는 가장 중요한 문제는 민족분단과 민족통일일 수밖에 없다는 데에서 비롯된 것입니다. 70년대에 이루어진 분단소재의 소설들 가운데 저의 기억에 남아 있는 것으로는 윤흥길의 「장마」와 김원일의 『노을』이 있고, 80년대로 접어든 이후에 나온 것들로는 김원일의 『불의 제전』, 이문열의 『영웅시대』, 이병주의 『지리산』, 조정래의 『태백산맥』, 김성동의 일련의 소설들, 그리고 김원일의 『겨울골짜기』 등이 있습니다. 해를 거듭할수록 분단문제를 다룬 소설들이 수적으로나 질적으로 발전을 거듭하고 있음에도 불구하고, 아직도 '반공주의'라고 부름직한 이데올로기적 편견에서 완전히 벗어난 작품은 드물다는 것이 저의 생각입니다. 저는 감히 '반공주의'를 편견이라고 말했습니다. 이것은 분명히 '반공'을 국시로 규정하고 있는 우리 사회를 염두에 둘 때, 도발적인 발언입니다. 그러나 '반공주의'는 분단 이후에 미국의 지배하에 놓인 남한사회의 이데올로기가 되었다는 점에서 볼 때, 그것은 분단사회의 이데올로기라고 규정할 수밖에 없습니다. 마찬가지 이유로 북한사회의 이데올로기인 공산주의 또는 주체사상 역시 저는 분단이데올로기로 규정할 수밖에 없습니다. 통일을 지향하는 노력 속에서 이루어진 이데올로기나 통일된 민족국가가 형성된 이후에 그 사회에서 몸담고 살아갈 우리 민족·민중의 필요에 의해서 주체적으로 생성된 이데올로기만이 우리 민족을 위한 편견 없는 이데올로기일 수 있을 것입니다. 그러므로 저는 지금 우리가 추구해야 할 이데올로기는 마땅히 민족통일을 지향하는 것이어야 하며, 이러한 이데올로기를 더 깊이있게 연구하고 실현시키려고 노력하는 쪽이 앞으로의 민족사에서 더 큰 정당성을 확보할 수 있다고 생각합니다.

지금까지 말씀드린 저 자신의 문학관을 바탕으로 볼 때 「한라산」은 문학사적으로 대단히 중요한 의미를 지닙니다. 그 이유는 첫째 「한라산」은 8·15 이후의 역사에서 가장 중요한 문제인 미군정의 성격, 한국 민중의 동향, 그리고 단독정부 수립의 의미를 구체적인 역사적 사건을 통해 드러내고 있다는 점, 둘째 지금까지 한국사회에서 본격적으로 연구되거나 발표된 적이 없는 이른바 4·3사건을 가장 자세하게 보여주고 있다는 점, 셋째 이러한 역사적 사실의 핵심을 근접하여 보여주면서 시적 형상화에 성공하고 있다는 점, 그리고 끝으로 작가의 시각이 반공주의적 편견을 벗어나 있다는 점 등입니다. 이 네 가지 요소 가운데 네번째 것이, 「한라산」이 실린

『녹두서평』을 낸 출판사 사장을 법정에 서게 한 이유일 것으로 생각됩니다. 그러나 저는 여기서 이 문제가 현행 법률에 의해 어떻게 다루어질 것인지에 대해서는 별다른 관심이 없습니다. 그것보다는 오히려 「한라산」이지니고 있는 적극적 측면, 즉 감추어진 한국현대사의 핵심적인 부분을 천착하여 서사시로 형상화하는 데 성공했다는 점, 그리고 이것은 궁극적으로민족통일로 가는 길목에서 우리에게 하나의 중요한 문제를 제기하고 있다는 점에 주목하고 싶습니다. 이것은 지금까지 우리 사회에서 분단과 통일에 대한 깊은 천착이 금기사항처럼 되어왔고 이러한 상황이 지속되는 한민족통일에 대한 진전을 기대하기는 어렵다는 사실에 대한 도전입니다. 제가 여기서 '도전'이라고 말한 것은 현행 정부의 공식적인 입장이 반공주의인데 이 작품은 반공주의를 뛰어넘고 있다는 사실에 대한 지적입니다. 그렇다고 해서 이 작품이 공산주의를 지향하고 있는 것은 아니라고 생각합니다. 이 작품 속에 좌경적 낌새가 다소 나타나고는 있지만, 그것은 당시의제주도 주민들 대다수가 좌경적이었다는 엄연한 역사적 사실의 반영에 지나지 않는 것입니다. 역사와 역사문학에는 역사의 주체가 있게 마련이며, 역사가와 역사문학의 작가가 역사주체의 시각으로 역사를 서술하거나 역사적 사건을 형상화하는 것은 당연한 것입니다. 그렇다면 8·15 이후 4·3사건 발발까지 제주도의 역사에서 그 주체는 누구였겠습니까? 미군정 당국이나 경찰, 서북청년단 또는 국군토벌대였겠습니까? 저는 그렇지 않다고생각합니다. 역사는 작은 지역단위에서는 주민, 국가단위에서는 민족 특히민중이 될 수밖에 없고, 역사의 발전이란 주민 또는 민족구성원의 의사가관철되어가는 과정에서만 이루어질 수 있는 것입니다. 그러므로 당시 제주도 역사의 주체는 말할 것도 없이 제주도 민중일 수밖에 없고, 4·3사건이란 역사적 대사건의 주체 역시 제주도의 민중일 수밖에 없습니다. 그리고역사가나 역사문학의 작가가 그러한 역사주체의 시각으로 역사를 서술하거나 형상화하는 것은 그들 자신의 선택에 따른 것이라기보다는 역사가나 작가로서의 의무를 성실히 수행하려는 자세에서 비롯된 것입니다. 이러한 자세에서 이루어진 「한라산」이 정치권력에 의해 재판되고 그 작가와 출판인이 법적 제재를 받기보다는 다른 학자들이나 작가들에 의해 비판적으로 수용되면서 수정되거나 극복될 때에만 우리 역사와 문학은 변증법적인 발전의 길을 걷게 되고, 우리의 민족통일은 가능성을 띠고 우리에게 다가올 수 있는 것입니다. 다시 한번 말씀드리거니와, 인류의 역사는 서로 이질적인 요소들의 상호 충돌과 조화 속에서만 발전될 수 있습니다. 이 점을 염두에 두고 이 문제에 접근할 때에만 우리는 민족통일로 가는 민족사의 길목에서 긍정적인 역할을 할 수 있을 것입니다.

<'「한라산」 재판'의 변호인측 참고인 진술, 1987>

찾아보기 (인명·작품)

414

창비신서 · 140
삶과 역사적 진실　　　　　　　　　　ⓒ 황광수 1995

1995년 9월 1일 초판 인쇄
1995년 9월 5일 초판 발행

지은이 황　광　수
펴낸이 김　윤　수
펴낸곳 (주)창작과비평사
121-070 서울 마포구 용강동 50-1
전화 718-0541 · 0542(영업)
718-0543 · 0544(편집)
716-7876 · 7877(독자관리)
팩스 713-2403
지로번호 3002568
대체구좌 010041-31-0518274
등록 1986. 8. 5. 제10-145호
조판 東國電算株式會社／인쇄 경문인쇄

ISBN 89-364-1140-3 03810　　　　　　　값 9,500원